普通高等教育规划教材

画法几何与工程制图

主　编　孔宪庶

副主编　赵凤芹　孟庆尧

　　　　邢　蕾　程　静

机械工业出版社

本书是依照教育部"画法几何及工程制图教学基本要求",参照国内外的一些同类教材,特别是总结了编者近几年来教学改革实践经验编写的。

本书主要内容有画法几何、制图基础、工程图、计算机绘图等,把标准件、常用件与零件图、装配图融为一体。

本书由《画法几何及工程制图习题集》配套,可作为高等学校工程类专业教材,也可作为其他专业和有关工程技术人员的参考书。

图书在版编目(CIP)数据

画法几何与工程制图/孔宪庶主编.—北京:
机械工业出版社,2006.1(2025.8重印)
普通高等教育规划教材
ISBN 978 – 7 –111 – 19705 – 8

Ⅰ.画… Ⅱ.孔… Ⅲ.①画法几何—高等学校—
教材 ②工程制图—高等学校—教材 Ⅳ.TB23

中国版本图书馆 CIP 数据核字(2006)第 089500 号

机械工业出版社(北京市百万庄大街 22 号 邮政编码 100037)
责任编辑:刘小慧 张祖凤
封面设计:鞠 杨
责任印制:张 博
北京机工印刷厂有限公司印刷
2025 年 8 月第 1 版第 12 次印刷
184mm×260mm·17.5 印张·434 千字
标准书号:ISBN 978 – 7 –111 – 19705 – 8
定价:38.80 元

电话服务 网络服务
客服电话: 010-88361066 机 工 官 网:www.cmpbook.com
010-88379833 机 工 官 博:weibo.com/cmp1952
010-68326294 金 书 网:www.golden-book.com
封底无防伪标均为盗版 机工教育服务网:www.cmpedu.com

前　言

　　本书是依照教育部"画法几何及工程制图教学基本要求",参照国内外的一些同类教材,遵照教育部提出的教育要面向 21 世纪,加强素质教育的基本精神,特别是总结了编者近几年来教学改革实践的经验编写的。本书具有如下特点:

　　1)画法几何作为本课程的理论基础,集中编写,便于教学。

　　2)加强徒手草图能力的培养。徒手草图是工程设计尤其是创意设计的有利工具。用徒手草图部分取代尺规作图有利于徒手图能力的培养,有利于提高学习效率。

　　3)标准件与常用件的内容融合在零件图、装配图的章节中。零件与零件结构部分在零件图中讲授,连接与装配关系部分在装配图中讲授。

　　4)包括计算机绘图的内容。本书选用 AutoCAD 软件,简要介绍其基础知识和绘图方法,独立成章。建议读者自备一本学习 AutoCAD 软件的参考书。

　　5)采用最新国家标准。全书按照课程内容的需要,采用了最新标准,以培养学生贯彻新国标的意识和查阅国标的能力。

　　参加本书编写工作的学校有大连交通大学、沈阳化工学院、沈阳农业大学、佳木斯大学。编写人员有孔宪庶、赵凤芹、孟庆尧、邢蕾、徐岩、陈丽君、程静、廖青梅、张静、唐立波、陈富新、赵萍、刘翠红。孙淑敏参加了本书的绘图及版式编排工作。全书由孔宪庶任主编,赵凤芹、孟庆尧、邢蕾、程静任副主编。大连理工大学崔长德老师阅读了全部书稿,并提出了许多宝贵意见,在此表示感谢。

　　本书在编写过程中,参考了国内外的一些同类著作,特此致谢。

　　由于编者水平有限,书中不当之处,敬请读者批评指正。

编　者

目　　录

第一章 绪 论

第一节 课程的任务和内容

一、课程的性质

图样是按照一定投影规律和规定绘制的,是人类用以表达和交流思想的基本工具之一,在工程技术上应用十分广泛。无论是制造机器还是建造房屋,都必须先画出图样,再根据图样进行加工,制造出合格的产品。工程图样成为工业生产中一种重要的技术资料,是工程界的语言。本课程是研究用投影法绘制工程图样及图解空间几何问题的理论和方法的一门技术基础课。计算机技术的发展,为制图技术走向自动化提供了先进的技术手段和广阔的发展空间。工程技术人员应当熟练掌握这一技术,具备绘制和阅读图样的能力。

二、课程的主要任务

1)学习投影法的基本理论及其应用。
2)培养绘制(包括徒手图、计算机绘图和仪器图)与阅读图样的能力。
3)培养和发展空间想像能力和空间几何分析能力。
4)培养严谨的工作作风和认真负责的工作态度。

三、课程的主要内容

(1)画法几何 研究用正投影法图示和图解空间几何问题的基本理论和方法。
(2)制图基础 学习制图的基本知识和基本规定,培养绘图的基本技能、表达能力和读图能力。
(3)机械制图 研究一般机器设备的零件图和装配图的绘制和阅读方法。
(4)计算机绘图 利用某种软件,学习计算机绘图的方法。

四、课程的学习方法

1)认真学习投影理论,注意理论联系实际,由浅入深,经常分析、想像空间形体和投影图之间的对应关系,逐步提高空间想像力和分析力,掌握正投影的作图法。
2)注意积累几何体、零件、部件等素材,熟练掌握其投影规律,提高空间想像力。
3)掌握基本的构型方法,由简到繁,由虚拟到现实,不断训练,提高构型和分析能力。
4)遵守国家标准,培养良好的工作作风。
5)学习计算机绘图方法与投影理论的结合,锻炼和培养自学能力和创新能力。

第二节　投影法的基本概念

一、投影法概述

1. 投影法

投影法是取之于自然现象并加以几何抽象的一种几何作图方法。如图 1-1a 所示,将三角板 △ABC 放在灯 S 和桌面 P 之间,即可看见它的影子 △abc。从抽象的几何角度来看,如图 1-1b 所示,灯 S 可看作是点 S,称为投射中心;桌面 P 称为投影面 P;三角板称为空间形体(或几何元素);光线称为投射线。按上述方法求作投影的过程称为投影法。

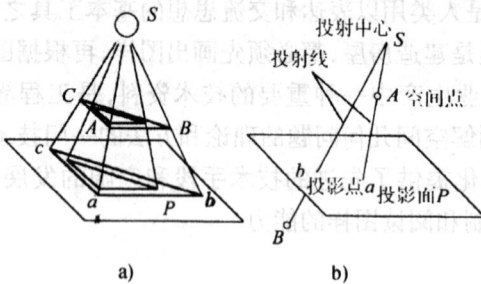

a) b)
图 1-1　中心投影法

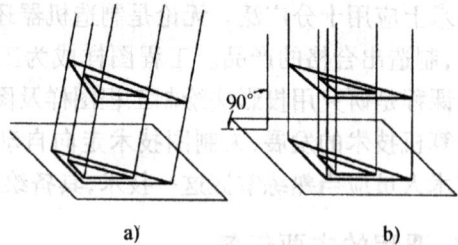

a) b)
图 1-2　平行投影法

2. 投影法分类

（1）中心投影法　如图 1-1b 所示,当投射中心 S(光源)距离投影面 P 有限远时,所有的投射线都汇交于投射中心 S,这种投影方法称为中心投影法,由此作出的投影称为中心投影。从图中可以看出,投射中心、空间元素和投影面三个要素中,任一要素的位置变动,都会引起投影的大小变化。

中心投影法是绘图的理论基础,工程中常用于绘制建筑物的透视图。

（2）平行投影法　当投射中心 S 距离投影面 P 无限远时,所有投射线将彼此平行,如图 1-2a、b 所示,这种投影方法称为平行投影法,由此作出的投影称为平行投影。

根据投影方向与投影面的相对位置的不同,平行投影分为斜投影和正投影两种。

斜投影——投影方向与投影面倾斜时得到的图形,如图 1-2a 所示。投影方向不惟一。

正投影——投影方向与投影面垂直时得到的图形,如图 1-2b 所示。投影方向惟一。

3. 平行投影的特性

1）属于线段上的点,其投影在线段的投影上,如图 1-3a 所示。投影在线段的投影上的点,空间点未必在该线段上,如图 1-3b 所示。

2）点分线段之比,投影后保持不变,如图 1-3a 所示。

3）平行两直线的投影仍平行,如图 1-3c 所示。投影平行的两直线,空间未必平行,如图 1-3d 所示。

4）与投影面平行的线段,在该投影面上的投影等于实长。

平行投影法由于有上述特点,特别是正投影法还具有投影方向惟一性,因此在工程上得到广泛应用。机械图样就是采用正投影法绘制的。以后不加说明的投影方法均指正投影法。

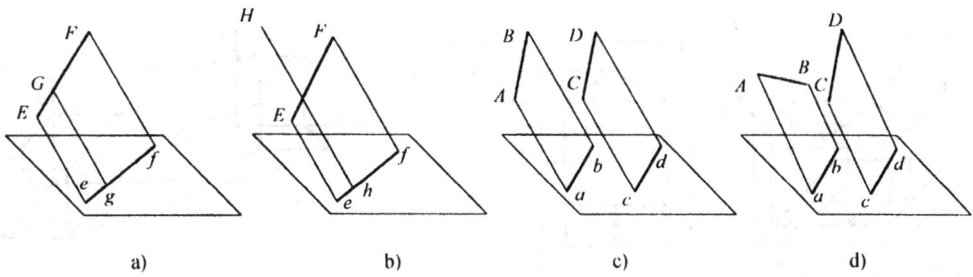

图 1-3　平行投影的特性

二、点的投影性质

从图 1-4 中可以看出：当空间点 B 的位置及投影方向确定后，它在投影面上的投影 b 就惟一确定。但是，根据点的一个投影，不能确定该点的空间位置。如图 1-4 所示，空间点 A_1、A_2 的投影都是 a。

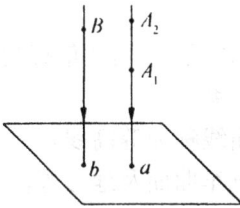

图 1-4　一个投影不能确定点的空间位置　　图 1-5　一个投影不能确定物体的形状和空间位置

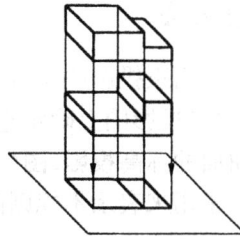

这种关系对于某一图形也是成立的，如图 1-5 所示。我们不可能依据它来确定原来物体的形状，必须增加一些补充条件。下面研究工程中应用得最普遍的几种图示方法。

第三节　工程中常用的图示方法

一、正投影法

在工程上为了保证空间形体与其投影的一一对应关系，采用了多面正投影法。习惯上仍简称正投影法。多面正投影法采用相互垂直的两个或两个以上投影面，在每个投影面上分别用正投影法获得几何体的投影。多面正投影图基本能确定几何体的空间位置和形状。图 1-6 是某一几何体的正投影。

采用正投影法时，常将几何体的主要平面与投影面平行。这样画出的投影图能反映这些平面的实形。

可以看出，正投影图度量性好，画图简便，因此在工程上得到广泛应用。

二、轴测投影法

如图 1-7 所示，用平行投影法将立体连同确定其空间位置的直角坐标系一起向单一的投

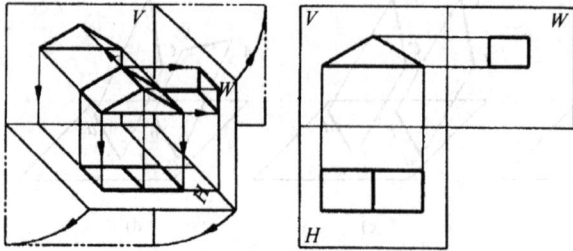

图 1-6　几何体的正投影　　　　　　　图 1-7　轴测图的形成

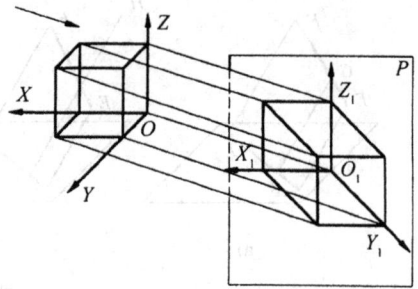

影面进行投影,即得到轴测投影图,简称轴测图。

轴测图是物体在平行投影下形成的一种单面投影图。它能同时反映出物体长、宽、高三个方向的尺寸,具有较强的立体感。缺点是物体的表面形状有所改变,度量性较差。为了帮助看图,工程上常采用轴测图作为辅助图样。

三、标高投影法

标高投影法是用正投影法获得空间几何元素的投影之后,再用数值标出空间几何元素对投影面的距离,以在投影图上确定空间几何元素的几何关系。

图 1-8 是曲面的标高投影,图中标有一系列数值的曲线称为等高线。

标高投影法常用来表示不规则曲面,如船舶、飞机、汽车曲面及地形等。

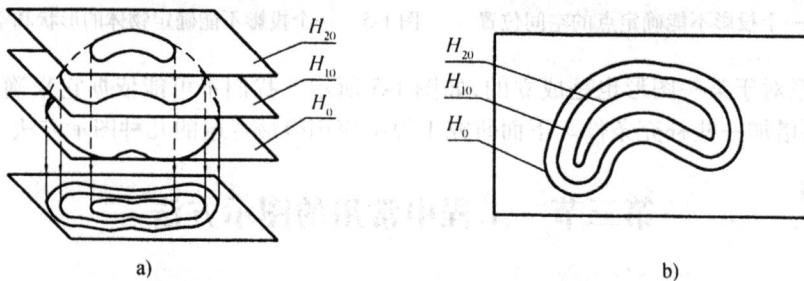

图 1-8　曲面的标高投影

a)标高投影　b)标高投影图

四、透视投影法

透视投影法使用的是中心投影法。透视投影图接近于人的视觉映象,所以透视投影图具有逼真感,直观性强。按照特定规则画出的透视投影图完全可以确定空间几何元素的几何关系。

图 1-9 是某一几何体的二点透视图。

透视投影图广泛用于工艺美术及宣传广告图样。虽然它的直观性强,但由于作图复杂且度量性差,工程上多用于土建工程及大型设备的辅助图样。计算机绘图的广泛应用将使透视投影图应用在更多领域。

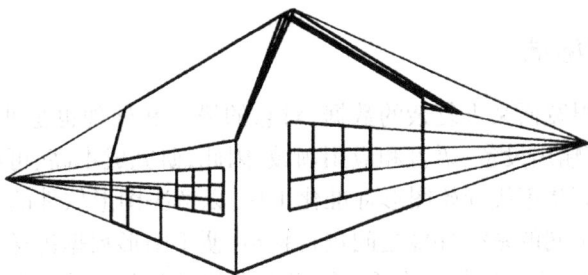

图 1-9 　 几何体的二点透视图

第四节　计算机绘图概述

一、计算机绘图原理

计算机绘图是近年来发展起来的一项新技术。由于电子技术的飞速发展和人们对现代化工作方式的要求,人们已经认识到计算机对各个学科领域所起的促进作用。计算机绘图也由开始的简单模仿手工绘图,进展到在计算机内建立产品的几何模型和物理模型,在屏幕上实时显示真实感图形,并通过数据传输直接进行生产的阶段。

计算机绘图的基本原理就是将空间物体的几何特性用一定的数学模型来描述,然后通过计算机绘图系统将其显示在屏幕上或绘制在图纸上。计算机绘图产生的图形规则、光滑,便于存储和修改,在国民经济各个领域有广泛的应用。

二、计算机绘图系统

计算机绘图系统主要由硬件和软件组成。在系统中,除计算机外,各种图形输入输出设备是必不可少的。

图形输入设备将用户的图形数据、各种指令转换成电信号传送给计算机。常用的输入设备有键盘、鼠标器、扫描仪、图形输入板、数字化仪、光笔等。

图形输出设备则是将计算机处理好的各种图形信息转换成可见的图形,以屏幕显示或打印、绘制等形式呈现给用户。常用的输出设备有图形显示器、绘图仪、打印机等。

三、计算机绘图软件

计算机绘图系统,除了要有必需的硬件外,还要有相应的软件支持。

计算机绘图软件的发展可划分为两个阶段。

第一阶段主要是静态绘图软件的研制与开发。这类软件可以分为 3 个部分:

(1)基本软件　包括画直线、写字符等,是直接与绘图机等硬件有关的软件。

(2)功能软件　具有某种特定功能的绘图软件,如画正多边形、画圆弧及画矩形等。

(3)应用软件　是在(1)、(2)类软件的基础上开发的,专用性强,种类多,一般不能通用。

第二阶段以交互式图形软件为主。交互式图形软件发展迅速,如 AutoCAD、UG、Pro/E 等都广为流行。

四、计算机绘图标准

图形是一种范围很宽而又很复杂的数据,对它的描述和处理也是非常复杂的。由于图形软件较难独立于输入/输出设备、语言和应用领域,因此,研究成本高、可移植性差。

国际上于 20 世纪 70 年代开始图形标准化工作,以解决图形软件的可移植性问题,使涉及图形的应用程序可在不同的系统环境之间进行移植,便于图形数据传送,缩短研制周期。

1985 年国际标准化组织正式通过了计算机图形软件包的二维国际标准草案 ISO7942,并制订了相应的三维标准。

我国于 1998 年颁布了《CAD 通用技术规范》、《机械工程 CAD 制图规则》等国家标准。

思 考 题

1. 工程中常用哪两种图示方法?
2. 正投影法有何特性?
3. 正投影图的主要优、缺点是什么?
4. 为什么要学习计算机绘图?
5. 叙述计算机绘图的原理。

第二章 点、线、面的投影

第一节 点 的 投 影

一、点在两投影面体系中的投影

根据点的一个投影,不能确定点的空间位置。因此,常将几何形体放置在相互垂直的两个或多个投影面之间,向这些投影面投影,形成多面正投影图。

(一) 两投影面体系的建立

如图 2-1 所示,设立相互垂直的两个投影面,正立投影面简称正面或 V 面,水平投影面简称水平面或 H 面,两个投影面的交线称投影轴,两投影面 V、H 的交线称 OX 轴。

两投影面 V、H 组成两投影面体系,并将空间划分成如图 2-1 所示的 4 个分角。

这里着重讲述在 V 面之前、H 面之上的第一分角中的几何形体的投影。

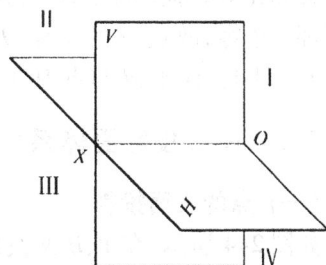

图 2-1　4 个分角的划分

(二) 点的两面投影

如图 2-2a 所示,由第一分角中的空间点 A 作垂直于 V 面、H 面的投射线 Aa'、Aa,分别与 V 面、H 面相交得点 A 的正面(V 面)投影 a' 和水平(H 面)投影 a。

由于两投射线 Aa'、Aa 所组成的平面分别与 V 面、H 面垂直,所以这三个相互垂直的平面必定交于 OX 轴上的一点 a_x,且三条交线相互垂直,即 $OX \perp a'a_x \perp aa_x$。同时可见,矩形 $Aa'a_xa$ 各对边长度相等,即 $Aa = a'a_x$,$Aa' = aa_x$。

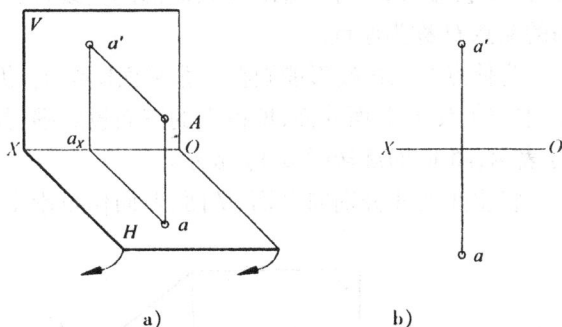

图 2-2　点在 V、H 两面体系中的投影

为使点的两面投影画在一张平面图纸上,保持 V 面不动,将 H 面绕 OX 轴向下旋转 90°,使与 V 面共面。展开后点 A 的两面投影如图 2-2b 所示。

因为在同一平面上,过 OX 轴上的点 a_x 只能作 OX 轴的一条垂线,所以点 a'、a_x、a 共线,即 $a'a \perp OX$。在投影图上,点的两个投影的连线(如 a'、a 的连线)称投影连线。在实际画投影图时,不必画出投影面的边框和点 a_x,如图 2-2b 所示。

由此,可概括出点的两面投影特性:

1)点的水平投影和正面投影的投影连线垂直于 OX 轴,即 $a'a \perp OX$。

2)点的水平投影到 OX 轴的距离,反映空间点到 V 面的距离,即 $aa_x = Aa'$。点的正面投影

到 OX 轴的距离,反映空间点到 H 面的距离,即 $a'a_X = Aa$。

根据点的两面投影,可以惟一地确定该点的空间位置。可以想像:若保持图 2-2b 中的 V 面不动,将 OX 轴以下的 H 面绕 OX 轴向前旋转90°,恢复到水平位置,再分别由 a'、a 作垂直相应投影面的投射线,则两投射线的交点,即空间点 A 的位置。

（三）特殊位置点的两面投影

图 2-3 是 V 面上的点 B、H 面上的点 C 和 OX 轴上的点 D 的立体图和投影图。这些处于投影面上或投影轴上的特殊位置点的投影仍符合前述的点的两面投影特性。如 V 面上的点 B,其 V 面投影 b' 与点 B 重合,由于点 B 到 V 面的距离等于零,故其 H 面投影 b 到 OX 轴的距离等于零,b 与 OX 轴重合,且 $b'b \perp OX$。

又如在 OX 轴上的点 D,其到 V 面、H 面的距离都等于零,故点 D 的 V 面、H 面投影 d'、d 都在 OX 轴上,且 d'、d 与点 D 重合。

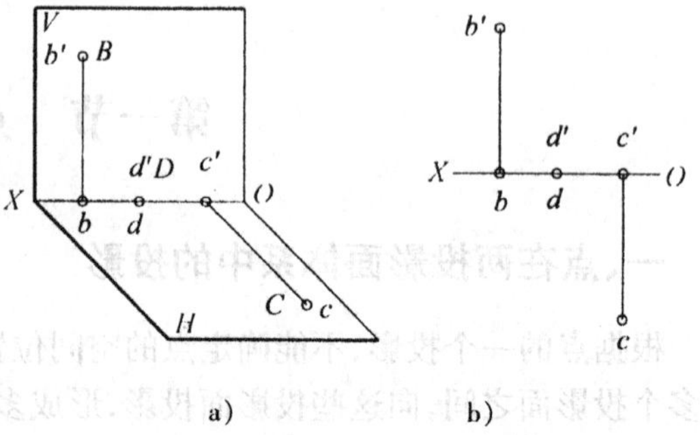

图 2-3　特殊位置点的两面投影

二、点在三投影面体系中的投影

（一）点的三面投影

如图 2-4 所示,在 V、H 两投影面体系上再加上一个与 V、H 面都垂直的侧立投影面(简称侧面或 W 面),这 3 个相互垂直的 V 面、H 面、W 面组成一个三投影面体系。H 面、W 面的交线称为 OY 投影轴,简称 Y 轴;V 面、W 面的交线称为 OZ 投影轴,简称 Z 轴;3 根相互垂直的投影轴的交点 O 称为原点。

为使点的三面投影能画在一张平面图纸上,仍保持 V 面不动,H 面、W 面分别按图示箭头方向旋转,使与 V 面共面,即得点的三面投影图,如图 2-4b 所示。其中 Y 轴随 H 面旋转时,以 Y_H 表示;随 W 面旋转时以 Y_W 表示。

将空间点 A 分别向 V 面、H 面、W 面作投影得 a'、a、a'',a'' 称作点 A 的侧面投影。

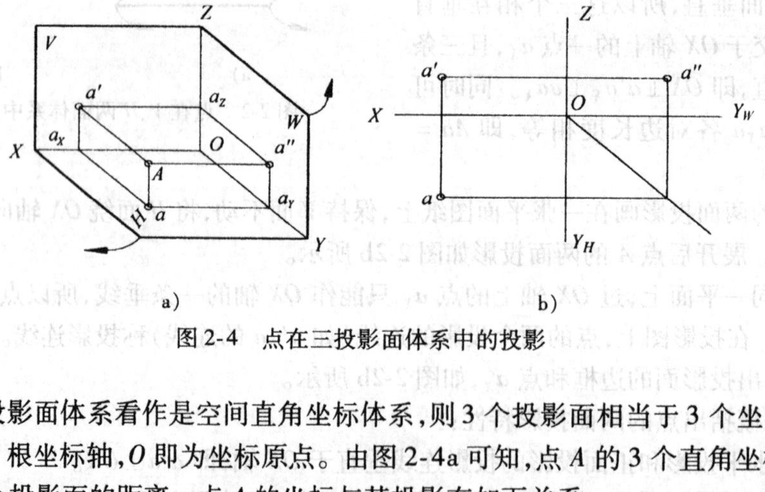

图 2-4　点在三投影面体系中的投影

如果把三投影面体系看作是空间直角坐标体系,则 3 个投影面相当于 3 个坐标平面,3 根投影轴相当于 3 根坐标轴,O 即为坐标原点。由图 2-4a 可知,点 A 的 3 个直角坐标 X_A、Y_A、Z_A 即为点 A 到三个投影面的距离。点 A 的坐标与其投影有如下关系:

X 坐标 $X_A(Oa_X) = a'a_Z = aa_Y =$ 点 A 与 W 面的距离 Aa''；

Y 坐标 $Y_A(Oa_Y) = aa_X = a''a_Z =$ 点 A 与 V 面的距离 Aa'；

Z 坐标 $Z_A(Oa_Z) = a'a_X = a''a_Y =$ 点 A 与 H 面的距离 Aa。

由投影图可见：点 A 的水平投影 a 由 X_A、Y_A 两坐标确定；正面投影 a' 由 X_A、Z_A 两坐标确定；侧面投影 a'' 由 Y_A、Z_A 两坐标确定。

因此，根据点的三面投影可确定点的空间坐标值，反之，根据点的坐标值也可以画出点的三面投影图。

根据以上分析以及两投影面体系中点的投影特性，可得到点的三面投影特性：

1）点的正面投影与水平投影连线垂直于 OX 轴，这两个投影都能反映空间点的 X 坐标，也就是点到 W 面的距离，即

$$a'a \perp OX \qquad a'a_Z = aa_{YH} = X_A = Aa''$$

2）点的正面投影与侧面投影的投影连线垂直于 OZ 轴，这两个投影都能反映空间点的 Z 坐标，也就是点到 H 面的距离，即

$$a'a'' \perp OZ \qquad a'a_X = a''a_{YW} = Z_A = Aa$$

3）点的水平投影到 OX 轴的距离等于侧面投影到 OZ 轴的距离，这两个投影都能反映点的 Y 坐标，也就是点到 V 面的距离，即

$$aa_X = a''a_Z = Y_A = Aa'$$

应当注意，投影面展开后，H 面、W 面已分离，因此 a、a'' 的投影连线不再保持 $aa'' \perp OY$ 轴的关系，但保持 $aa_{YH} = aa_{YW}$ 的关系。

点的两面投影即可以确定点的空间位置。根据点的两面投影或点的直角坐标，便可作出点的第三面投影。实际作图时，应特别注意 H 面、W 面两投影 Y 坐标的对应关系。为作图方便，如图 2-4 所示，可添加过点 O 的 45°辅助线。

（二）特殊位置点的三面投影

图 2-5 所示是 V 面上的点 B、H 面上的点 C、W 面上的点 D、OX 轴上的点 E 的立体图和投影图。从图中可以看到这些处于特殊位置的点的三面投影仍符合点的三面投影特性。例如：H 面上的点 C，其 Z 坐标为零，因此 H 面投影 c 与该点重合，V 面投影 c' 在 OX 轴上，且 $c'c \perp OX$，W 面投影 c'' 在 OY 轴上。需要注意，$c'c'' \perp OZ$，在投影图中，c'' 必须画在 W 面的 OY_W 轴上，并与 c 保持相等的 Y 坐标。

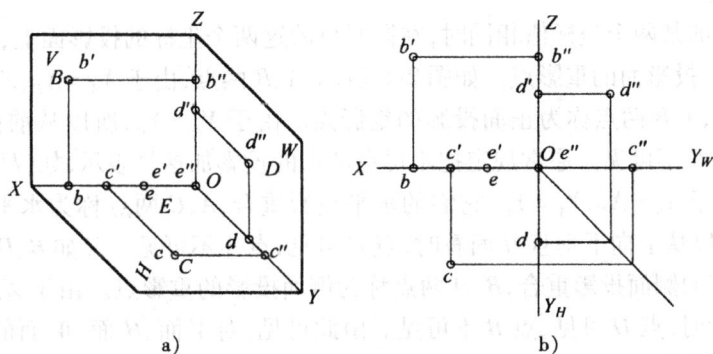

图 2-5 特殊位置点的三面投影

又如：OX 轴上的点 E，其 Y、Z 坐标为零，因此，V 面、H 面投影 e'、e 与该点重合在 OX 轴上，W 面投影 e'' 与 O 点重合。对于 OY 轴和 OZ 轴上的点，读者可自行分析，画出其三面投影图。

（三）两点的相对位置和无轴投影图

空间点的位置可以用点的绝对坐标来确定，也可以用相对坐标来确定。

如图 2-6 所示，若分析点 B 相对点 A 的位置，在 X 方向的相对坐标为 $(X_B - X_A)$，即两点对 W 面的距离差，点 B 在点 A 的左方。X 坐标方向，通常称为左右方向，X 坐标增大方向为左方。Y 方向的坐标差为 $(Y_B - Y_A)$，即两点相对 V 面的距离差，点 B 在点 A 的后方。Y 坐标方向，通常称为前后方向，Y 坐标增大方向为前方。Z 方向的坐标差为 $(Z_B - Z_A)$，即两点相对 H 面的距离差，点 B 在点 A 的下方。Z 坐标方向，通常称为上下方向，Z 坐标增大方向为上方。

显然，根据空间两点的投影沿左右、前后、上下三个方向所反映的坐标差，能够确定两点的相对位置；反之，若已知两点相对位置以及其中一个点的投影，也能够作出另一个点的投影。

由于投影图主要用来表达几何形体的形状，而没有必要表达几何形体与各投影面之间的距离，因此在绘制投影图时，特别是在绘制几何形体的投影图时，往往不画出投影轴，为使投影图形清晰，也可不画出各投影之间的投影连线。

如图 2-7 所示为 A、B 两点的无轴投影图。绘图时通常根据图面的大小，先画出某一点的三面投影，然后根据两点的相对位置关系，画出另一点的各个投影。

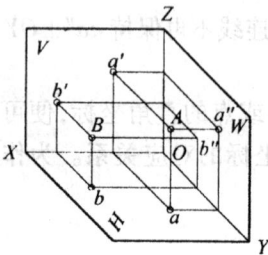 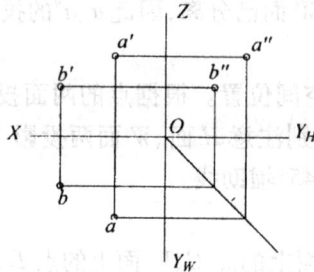 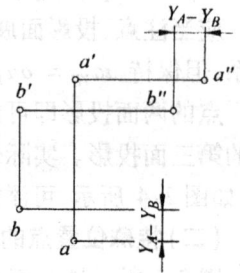

a)　　　　　　　　　　b)

图 2-6　两点的相对位置　　　　　　　　图 2-7　无轴投影图

（四）重影点

当空间两点的某两个坐标值相同时，在同时反映这两个坐标的投影面上，这两点的投影重合，这两点称为该投影面的重影点。如图 2-8 所示，A、B 两点，由于 $X_A = X_B$，$Z_A = Z_B$，因此它们的正面投影重合，A、B 两点称为正面投影的重影点。由于 $Y_A > Y_B$，所以从前向后垂直 V 面看时，点 A 可见，点 B 不可见。通常规定把不可见的点的投影加括号表示，如 (b')。从图 2-8b 可见，A、C 两点，由于 $X_A = X_C$，$Y_A = Y_C$，它们的水平投影重合，A、C 两点称为水平投影的重影点。由于 $Z_C > Z_A$，所以从上向下垂直 H 面看时，点 C 可见，点 A 不可见。又如 B、D 两点，由于 $Y_B = Y_D$，$Z_B = Z_D$，它们的侧面投影重合，B、D 两点称为侧面投影的重影点。由于 $X_D > X_B$，所以从左向右垂直 W 面看时，点 D 可见，点 B 不可见。由此可见，对 V 面、H 面、W 面的重影点，它们的可见性应分别是前遮后、上遮下、左遮右。

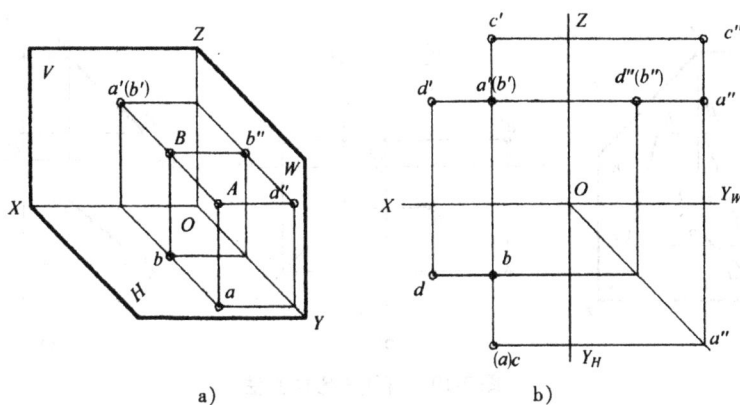

图 2-8　重影点

第二节　直线的投影

一、直线的投影特性

如图 2-9 所示,直线 AB 不垂直于 V 面,则通过直线 AB 上各点的投射线所形成的平面与 V 面的交线,就是直线 AB 的正面投影 $a'b'$;直线 CD 垂直于 V 面,则通过 CD 上各点的投射线,都与 CD 共线,它与 V 面的交点,就是直线 CD 的正面投影 $(c')d'$,这时称 $(c')d'$ 积聚成一点,或称直线 CD 的正面投影具有积聚性。

由此可见:不垂直于投影面的直线,在该投影面上的投影仍为直线;垂直于投影面的直线,在该投影面上的投影积聚成一点。

空间直线与它的水平投影、正面投影、侧

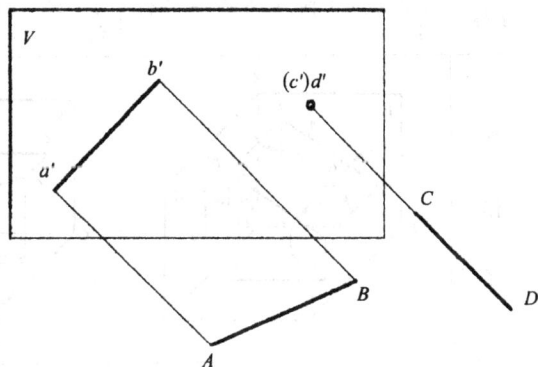

图 2-9　直线的投影

面投影的夹角,分别称为该直线对 H 面、V 面、W 面的倾角,用 α、β、γ 表示。当直线平行于某投影面时,直线对该投影面的倾角为 $0°$,直线在该投影面上的投影反映实长;当直线垂直于某投影面时,对该投影面的倾角为 $90°$;当直线倾斜于某投影面时,对该投影面的倾角大于 $0°$,小于 $90°$,直线在各投影面上的投影均缩短。

如图 2-10 所示,作直线投影时,可先作出直线上两点(通常取直线段两个端点)的三面投影,然后将两点在同一投影面(简称同面投影)上的投影用粗实线相连即得直线的三面投影图。

二、特殊位置的直线

根据直线在投影面体系中的位置不同,可将直线分为投影面一般位置直线、投影面平行线和投影面垂直线三类。后两类直线称为特殊位置直线,三类直线具有不同的投影特性。

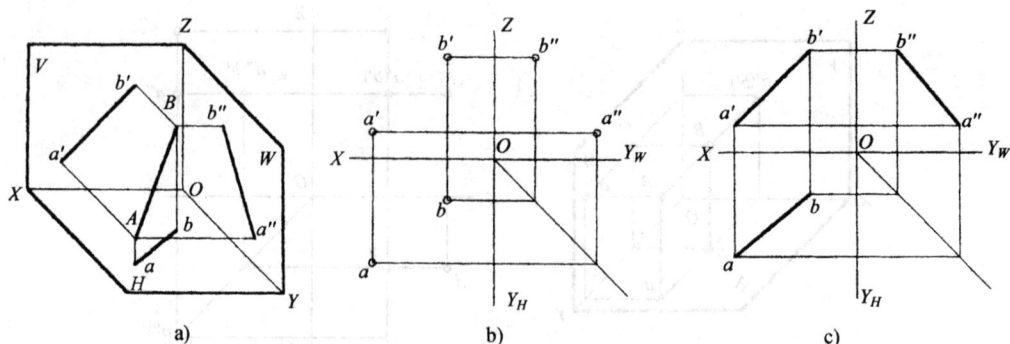

图 2-10　直线投影图画法

a）立体图　b）直线上两点的投影　c）直线的投影图

（一）投影面平行线

只平行于一个投影面的直线称投影面平行线。其中平行于 V 面的直线称为正平线；平行于 H 面的直线称为水平线；平行于 W 面的直线称为侧平线。这三种投影面平行线的立体图、投影图和投影特性见表 2-1。

表 2-1　投影面平行线

名称	正平线（ // V 面,对 H 面、W 面倾斜）	水平线（ // H 面,对 V 面、W 面倾斜）	侧平线（ // W 面,对 V 面、H 面倾斜）
立体图			
投影图			
投影特性	1. a'b'反映实长和真实倾角 α,γ 2. ab // OX,a"b" // OZ,长度缩短	1. cd 反映实长和真实倾角 β,γ 2. c'd' // OX,c"d" // OY_W,长度缩短	1. e"f'反映实长和真实倾角 α,β 2. e'f' // OZ,ef // OY_H,长度缩短

由表中正平线的立体图可知：

因为 $ABb'a'$ 是矩形，所以 $a'b'=AB$。

因为正平线 AB 上各点的 Y 坐标都相等，所以 $ab // OX,a"b" // OZ$。

因为 $AB\,/\!/\,a'b'$，所以 $a'b'$ 与 OX 轴、OZ 轴的夹角分别反映了直线 AB 对 H 面、W 面的真实倾角 α、γ。

还可以看出：$ab = AB\cos\alpha < AB$，$a''b'' = AB\cos\gamma < AB$。于是可得出表中正平线的投影特性。同理，可得出水平线和侧平线的投影特性。由此，概括出投影面平行线的投影特性：

1）在直线所平行的投影面上的投影，反映实长，该投影与投影轴的夹角分别反映直线对另两个投影面的真实倾角。

2）在直线所倾斜的另外两个投影面上的投影，平行于相应的投影轴，长度缩短。

（二）投影面垂直线

垂直于某一个投影面的直线称为该投影面垂直线。其中垂直于 V 面的称为正垂线；垂直于 H 面的称为铅垂线；垂直于 W 面的称为侧垂线。这三种投影面垂直线的立体图、投影图和投影特性见表 2-2。

表 2-2　投影面垂直线

名称	正垂线（$\perp V$ 面，$/\!/ H$ 面、$/\!/ W$ 面）	铅垂线（$\perp H$ 面，$/\!/ V$ 面、$/\!/ W$ 面）	侧垂线（$\perp W$ 面，$/\!/ V$ 面、$/\!/ H$ 面）
立体图	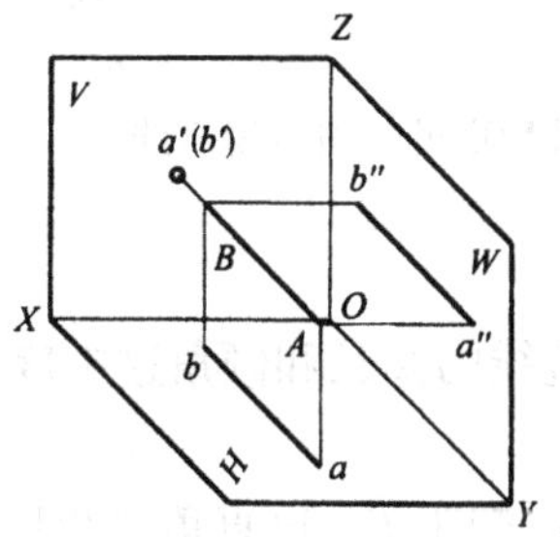	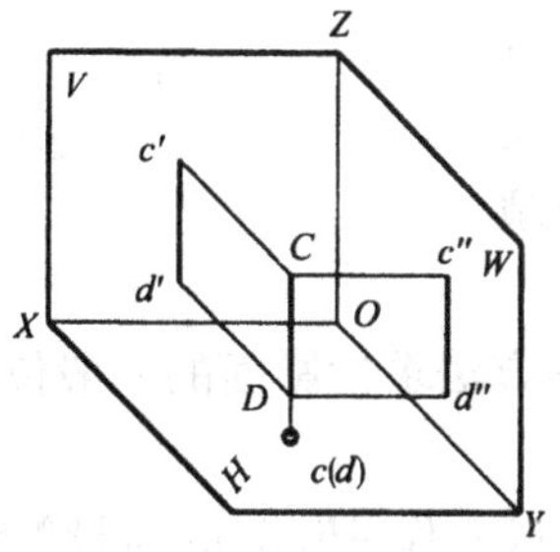	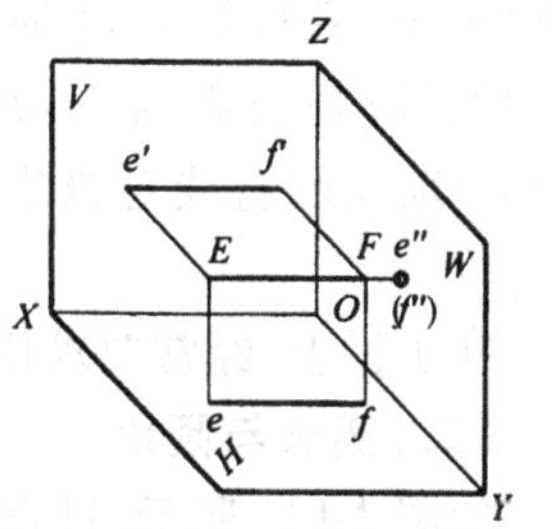
投影图	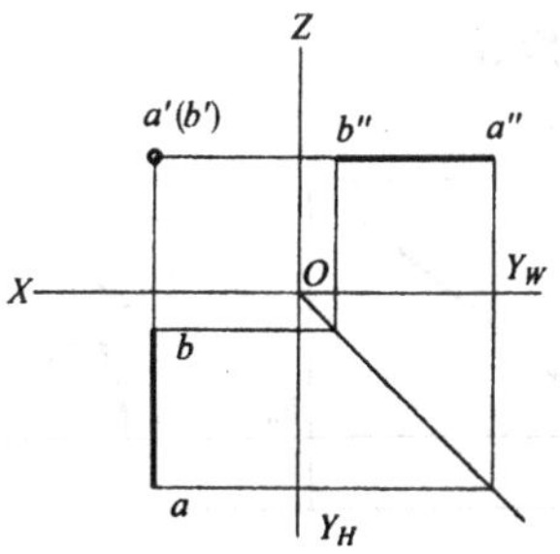	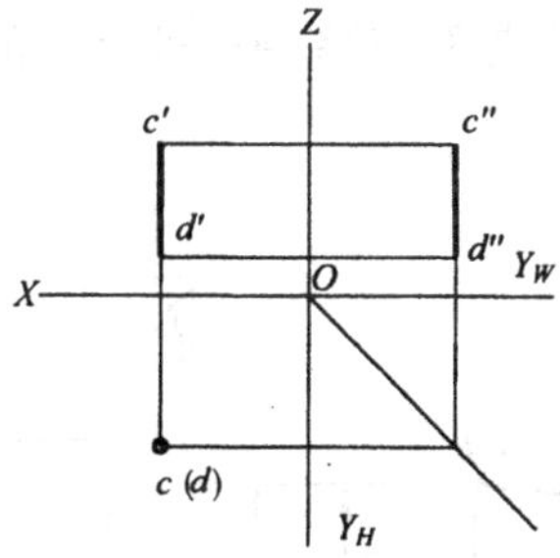	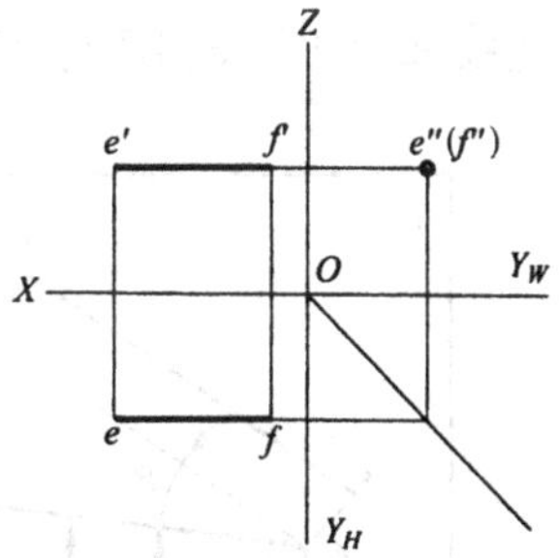
投影特性	1. $a'b'$ 积聚成一点 2. $ab\perp OX$，$a''b''\perp OZ$，反映实长	1. cd 积聚成一点 2. $c'd'\perp OX$，$c''d''\perp OY_W$，反映实长	1. $e''f''$ 积聚成一点 2. $ef\perp OY_H$，$e'f'\perp OZ$，反映实长

由表中正垂线 AB 的立体图可知：直线 $AB\perp V$ 面，所以 $a'b'$ 积聚成一点。因为 $AB\,/\!/\,H$ 面，$AB\,/\!/\,W$ 面，所以 $ab = a''b'' = AB$。于是得出表 2-2 中的正垂线的投影特性。同理，可得出铅垂线和侧垂线的投影特性。由此概括出投影面垂直线的投影特性：

1）在直线所垂直的投影面上的投影，积聚成一点。

2）另外两个投影面上的投影，垂直于相应的投影轴，投影反映实长。

三、一般位置直线的投影、实长与倾角

（一）一般位置直线

与三个投影面都倾斜的直线称为投影面的一般位置直线。

如图 2-11 所示的直线 AB，对三个投影面都倾斜，其两端点分别沿前后、上下、左右方向对 V 面、H 面、W 面有距离差，所以一般位置直线 AB 的三个投影都倾斜于投影轴。

从图 2-11a 可看出：$ab = AB\cos\alpha < AB$，$a'b' = AB\cos\beta < AB$，$a''b'' = AB\cos\gamma < AB$。同时还可看出：直线 AB 的各个投影与投影轴的夹角都不等于 AB 对投影面的倾角。

由此得出投影面一般位置直线的投影特性：三个投影都倾斜于投影轴；各投影长度都小于直线的实长；各投影与投影轴的夹角都不能反映直线对投影面的倾角。

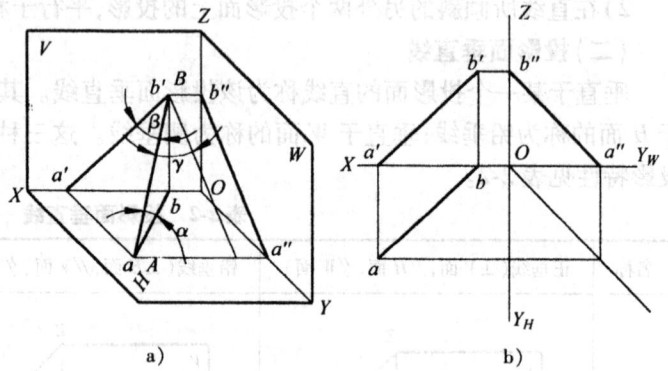

图 2-11　投影面的一般位置直线

在工程上，经常要求用作图方法求投影面的一般位置直线的实长和倾角这类度量问题。

（二）实长与倾角

如图 2-12a 所示，过直线上点 A 作 $AB_1 /\!/ ab$ 与投射线 Bb 交于 B_1，得直角三角形 ABB_1。显然，在这个直角三角形中：$AB_1 = ab$；$BB_1 = Bb - Aa$，即直线 AB 两端点与 H 面的距离差；斜边即为直线 AB 的实长；AB 与 AB_1 的夹角，就是 AB 对 H 面的倾角 α。

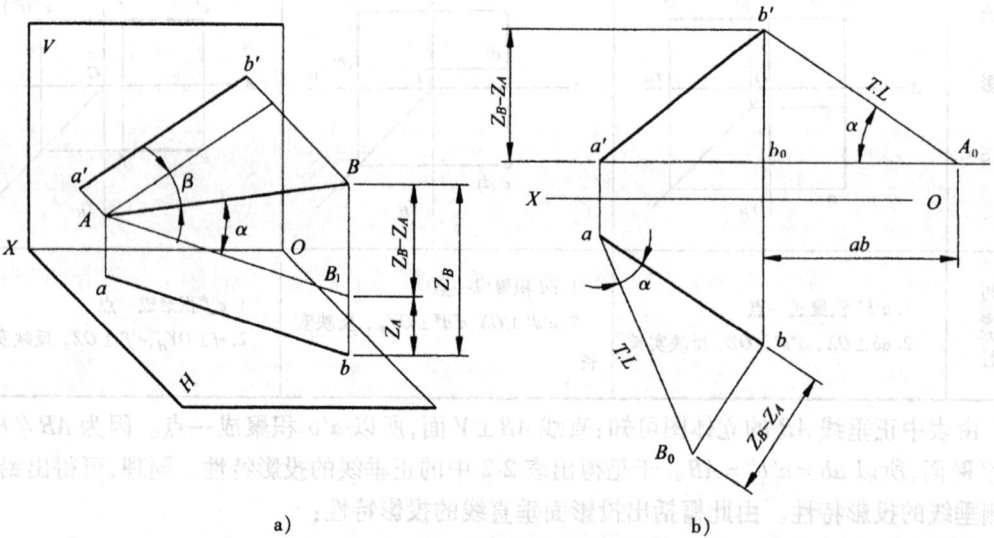

图 2-12　求直线的实长和倾角

由此可见，根据投影面一般位置直线 AB 的投影求其实长和对 H 面的倾角，可归纳为求直

角三角形 ABB_1 的实形。这种求直线实长和倾角的方法,称为直角三角形法。

求直线 AB 的实长和对 H 面的倾角 α,可应用下列两种方式作图:

1) 过 b(也可过 a)作 ab 的垂线 bB_0(图2-12b),在此垂线上量取 $bB_0 = Z_B - Z_A$,则 aB_0 即为所求直线 AB 的实长(用 $T.L$ 表示),$\angle B_0ab$ 即为所求 α 角。

2) 过 a' 作 X 轴的平行线,与 $b'b$ 投影连线相交于 $b_0(b'b_0 = Z_B - Z_A)$,量取 $b_0A_0 = ab$,则 $b'A_0$ 为所求直线 AB 的实长,$\angle b'A_0b_0$ 即为所求 α 角。

按照上述的作图原理和方法,也可以取 $a'b'$ 或 $a''b''$ 为一直角边,取直线 AB 的两端点与 V 面或 W 面的距离差为另一直角边,从而作出两直角三角形,求得 AB 的实长及其对 V 面的倾角 β 或对 W 面的倾角 γ。

由此可归纳出用直角三角形法求直线实长和倾角的方法:以直线在某一投影面上的投影作为一直角边,直线两端点与该投影面的距离差为另一直角边,所形成的直角三角形的斜边即为所求直线的实长,斜边与投影长度的夹角就是直线对该投影面的倾角。

【例2-1】 如图2-13a所示,已知直线 AB 的实长 L 和 $a'b'$ 及 a,求其水平投影 ab。

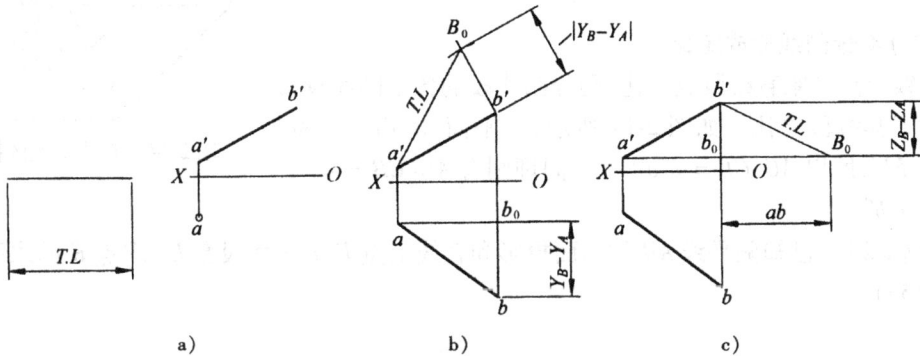

图2-13 直角三角形法求直线 AB 的投影

(1)分析

对直角三角形,其两条直角边、斜边和夹角这4个参数中,只要给定其中两个参数,就能作出该直角三角形,并求知另两参数。根据题给条件,已知实长(斜边)和 $a'b'$(一直角边),可作出该直角三角形。

(2)作图

方法一(图2-13b):

1) 过 b' 作 $b'B_0 \perp a'b'$。

2) 以 a' 为圆心,实长 L 为半径画圆弧与 $b'B_0$ 相交于 B_0,则 $b'B_0$ 为直线 AB 的两端点对 V 面的距离差 $|Y_B - Y_A|$。

3) 过 a 作 $ab_0 // X$ 轴,过 b' 作 $b'b_0 \perp X$ 轴,ab_0 与 $b'b_0$ 相交于 b_0。在 b_0 的前后两侧,以 $(Y_B - Y_A)$ 为距离定出 b,连 a、b 即是所求的水平投影(两解)。

图中给出了直线 AB 在第 I 分角的解,另一解则由于 $b'b$ 均在 X 轴上方,说明直线 AB 已穿过 V 面,点 B 处于第 II 分角中。

方法二(图2-13c):

1) 过 a' 作 $a'b_0 // X$ 轴,过 b' 作 $b'b_0 \perp X$ 轴,两直线相交于 b_0,$b'b_0$ 为直线两端点对 H 面的

距离差$(Z_B - Z_A)$。

2)以 b' 为圆心,实长 L 为半径画圆弧与 $a'b_0$ 的延长线相交于 B_0,b_0B_0 为所求 H 面投影 ab 的长度。

3)以 a 为圆心、b_0B_0 为半径画圆弧与 $b'b_0$ 的延长线相交于 b(两解)。

四、直线上的点

(一)直线上点的投影

点在直线上,则点的各个投影必定在该直线的同面投影上;反之,点的各个投影在直线的同面投影上,则该点一定在直线上。

如图 2-14 所示,过 AB 上点 C 的投射线 Cc',必位于平面 $ABb'a'$ 上,故 Cc' 与 V 面的交点 c' 也必位于平面 $ABb'a'$ 与 V 面的交线 $a'b'$ 上。同理,直线上 C 点的水平投影 c 也必位于 AB 的水平投影 ab 上。C 点的侧面投影 c'' 必位于 AB 的侧面投影 $a''b''$ 上。

(二)点分割线段成定比

直线上点分割直线段成定比,则分割线段的各个同面投影之比等于其线段之比。如图 2-14 所示,在平面 $ABb'a'$ 上,Aa' // Cc' // Bb',所以 $AC:CB = a'c':c'b'$,同理则有 $AC:CB = ac:cb = a''c'':c''b''$。

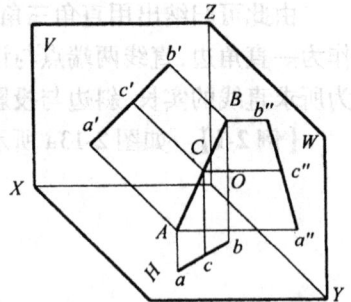

图 2-14 直线上点的投影

【例 2-2】 已知侧平线 AB 的两面投影和直线上点 K 的正面投影 k',求点 K 的水平投影 k(图 2-15a)。

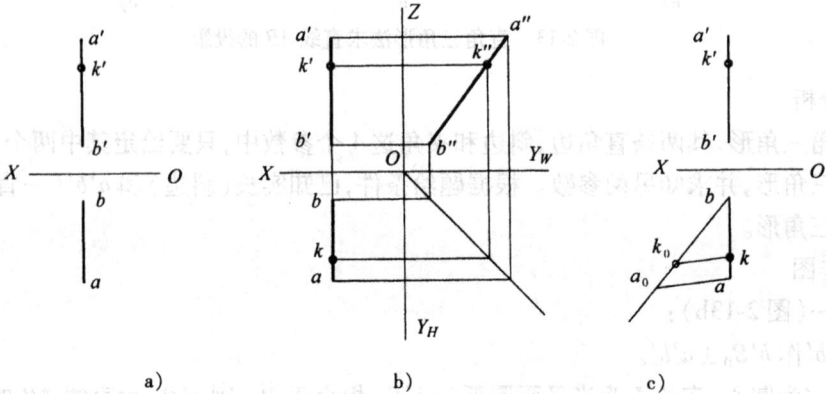

图 2-15 求直线 AB 上点 K 的投影

方法一(图 2-15b):

(1)分析

由于 AB 是侧平线,不能直接由 k' 求出 k,但根据点在直线上的投影性质,k'' 必在 $a''b''$ 上。

(2)作图

1)根据直线 V 面、H 面投影作出其 W 投影 $a''b''$,同时由 k' 作出 k''。

2)根据 k'' 在 ab 上作出 k。

方法二(图 2-15c):

(1)分析

因为点 K 在直线 AB 上,因此有 $a'k':k'b'=ak:kb$。

(2)作图

1)过 b 作任意辅助线,在辅助线上量取 $bk_0=b'k'$,$k_0a_0=k'a'$。

2)连接 a_0a,并由 k_0 作 $k_0k/\!/a_0a$ 交 ab 于 k,即为所求的水平投影 k。

五、两直线的相对位置

空间两条直线的相对位置有三种情况:平行、相交、交叉。平行、相交的两直线位于同一平面上,亦称同面直线,交叉两直线不位于同一平面上,亦称异面直线。

(一)平行两直线

空间两平行直线的投影必定互相平行(图 2-16a),因此空间两平行直线在投影图上的各组同面投影必定互相平行,如图 2-16b 所示。由于 $AB/\!/CD$,则必定 $ab/\!/cd$,$a'b'/\!/c'd'$,$a''b''/\!/c''d''$。反之,如果两直线在投影图上的各组同面投影都互相平行,则两直线在空间必定互相平行。

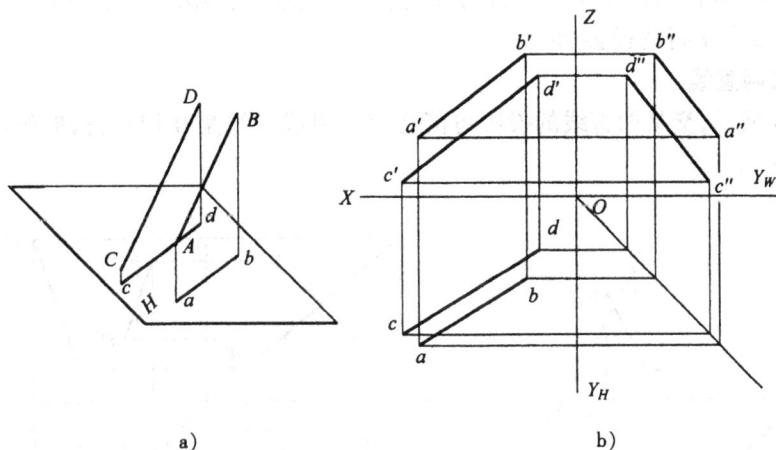

图 2-16 平行两直线

平行两直线的各同面投影的长度比相等。如图 2-16a 所示,直线 $AB/\!/CD$,则两直线对 H 面倾角相同。$ab=AB\cos\alpha$,$cd=CD\cos\alpha$,则有 $ab:cd=AB:CD$。同理可得 $a'b':c'd'=a''b'':c''d''=AB:CD$。

对于一般位置直线,若二组同面投影互相平行,则空间两直线平行;若直线为投影面平行线,在直线所平行的投影面上两投影平行,则空间两直线一定平行。

(二)相交两直线

空间相交两直线的投影必定相交,且两直线交点的投影必定为两直线投影的交点,如图 2-17a 所示。因此,相交两直线在投影图上的各组同面投影必定相交,且两直线各组同面投影的交点即为两相交直线交点的各个投影。如图 2-17b 所示,由于 AB 与 CD 相交,交点为 K,则 ab 与 cd、$a'b'$ 与 $c'd'$、$a''b''$ 与 $c''d''$ 必定分别相交于 k、k'、k'',且交点 K 的投影符合点的投影规律。

反之,两直线在投影图上的各组同面投影都相交,且各组投影的交点符合空间一点的投影

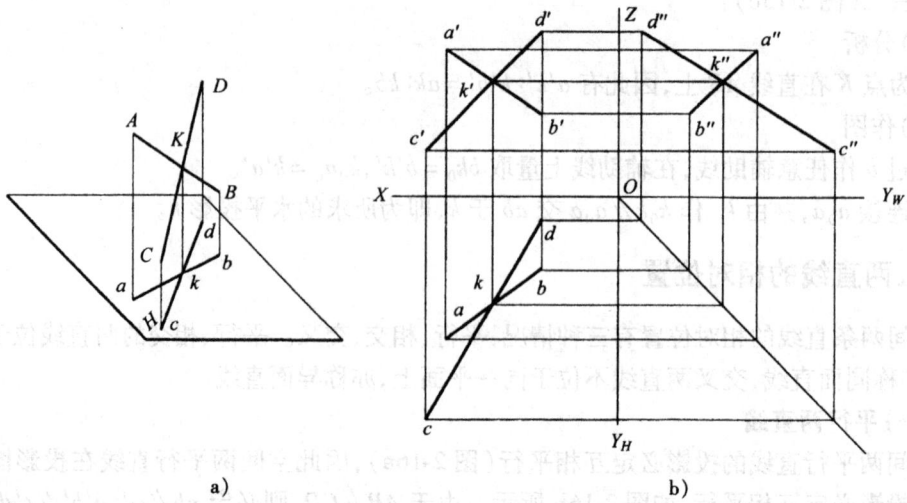

图 2-17 相交两直线

规律,则两直线在空间必定相交。一般情况下,若二组同面投影都相交,且两投影交点符合点的投影规律,则空间两直线相交。但若两直线中有一直线为投影面平行线时,则二组同面投影中必须包括直线所平行的投影面投影。

(三)交叉两直线

如图 2-18 所示,交叉两直线的投影可能会有一组或二组是互相平行,但绝不会三组同面投影都互相平行。

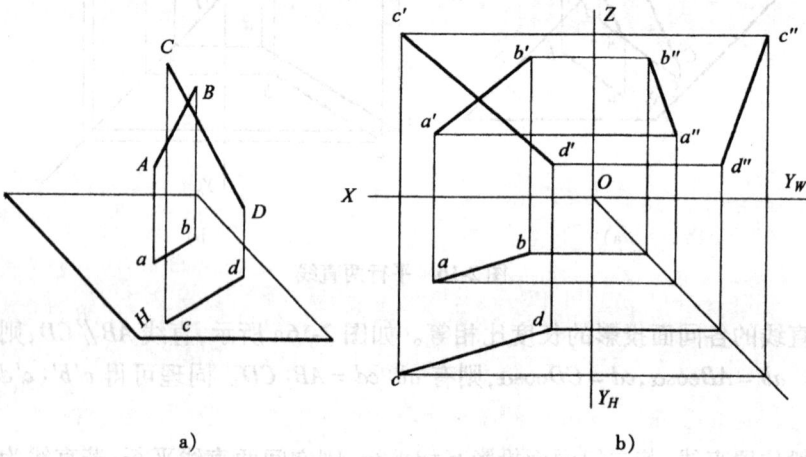

图 2-18 交叉两直线(一)

如图 2-19 所示,交叉两直线的各组投影也可以是相交的,但各组投影的交点一定不符合同一点的投影规律。从图中看出,*AB*、*CD* 两直线是交叉两直线,因为两直线投影的交点不符合同一点的投影规律,*ab* 和 *cd* 的交点实际上是 *AB*、*CD* 上对 *H* 面投影的重影点Ⅰ、Ⅱ的投影 1(2),由于Ⅰ在Ⅱ的上方,所以 1 可见,(2)不可见。同理,*a'b'* 和 *c'd'* 的交点是 *AB*、*CD* 上对 *V* 面投影的重影点Ⅲ、Ⅳ的投影 3'(4'),由于Ⅲ在Ⅳ的前方,所以 3' 可见,(4')不可见。*a"b"* 和 *c"d"* 的交点是 *AB*、*CD* 上对 *W* 面投影的重影点的投影,其可见性请自行判别。

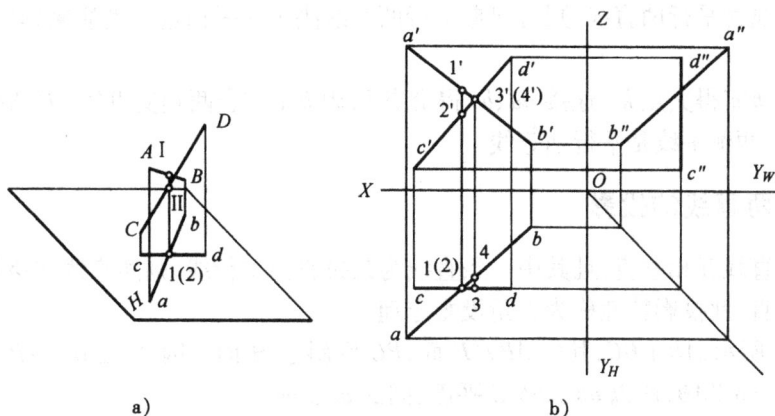

图 2-19　交叉两直线(二)

【例 2-3】　如图 2-20a 所示,判断两侧平线 *AB*、*CD* 的相对位置。

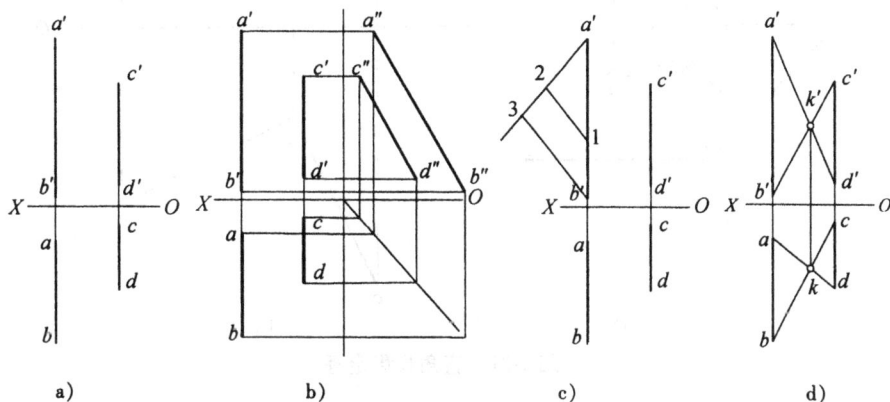

图 2-20　判断两直线的相对位置

方法一(图 2-20b):

根据直线 *AB*、*CD* 的 *V* 面、*H* 面投影作出其 *W* 面投影。若 $a''b'' \mathbin{/\mkern-5mu/} c''d''$ 则 *AB* $\mathbin{/\mkern-5mu/}$ *CD*;反之,则 *AB* 和 *CD* 交叉。

方法二(图 2-20c):

(1)分析

如两侧平线为平行两直线,则两直线的各同面投影长度比相等,但须注意,仅仅各同面投影长度比相等,还不能说明两直线一定平行,因为与 *V* 面、*H* 面成相同倾角的侧平线可以有两个方向,它们能得到同样比例的投影长度,所以还必须检查两直线是否同方向才能确定两侧平线是否平行。

(2)作图

根据投影图可看出 *AB*、*CD* 两直线是同趋势的。在 *a'b'* 上取点 1,使 $a'1 = c'd'$,过 *a'* 作任一辅助线,并在该辅助线上取点 2 使 $a'2 = cd$,取点 3 使 $a'3 = ab$,连接 21 和 3*b'*。因为 21 $\mathbin{/\mkern-5mu/}$ 3*b'*,所以有 $a'b' : c'd' = ab : cd$。因此两侧平线是平行两直线。

方法三(图 2-20d):

(1)分析

如两侧平线为平行两直线,则可根据平行两直线决定一平面这一性质来判别。

(2) 作图

连接 $a'd'$、$b'c'$ 得交点 k',连接 ad、bc 得交点 k,因 $k'k$ 符合两相交直线 AD、BC 的交点 K 的投影规律,所以两侧平线是平行两直线。

六、垂直两直线的投影

当相交两直线互相垂直,且其中一条直线为某投影面平行线,则两直线在该投影面上的投影必定互相垂直,此投影特性称为直角投影定理。

如图 2-21 所示,$AB \perp BC$,其中 $AB // H$ 面,BC 倾斜于 H 面。因 $AB \perp BC$,$AB \perp Bb$,则 $AB \perp BbcC$ 平面。因 $ab // AB$,所以 $ab \perp BbcC$ 平面,因此 $ab \perp bc$。

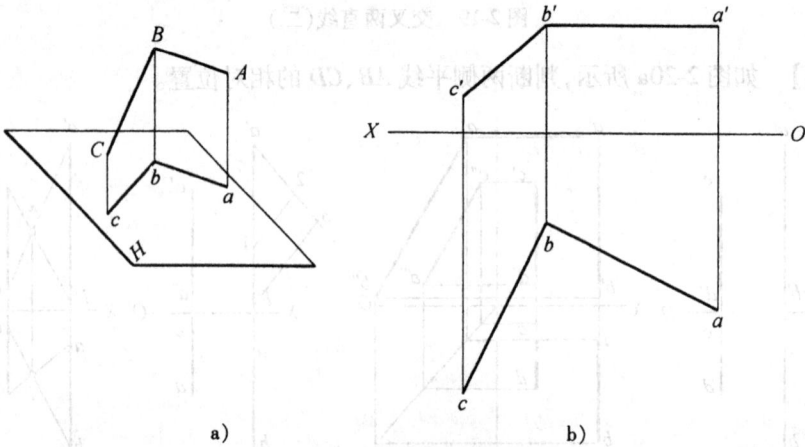

图 2-21 直角投影定理

反之,如果相交两直线在某一投影面上的投影互相垂直,且其中有一条直线为该投影面的平行线,则这两条直线在空间也必定互相垂直。

可以看出,当两直线是交叉垂直时,也同样符合上述投影特性。

【例 2-4】 如图 2-22a 所示,过 C 点作直线 CD 使与直线 AB 垂直相交于 D 点。

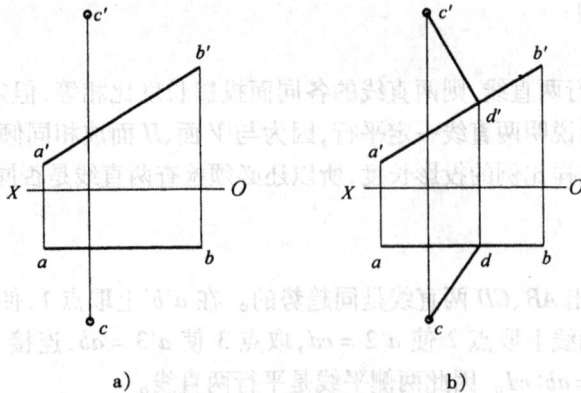

图 2-22 作直线 CD 与 AB 垂直相交

（1）分析

因为所作直线 *CD* 是与正平线 *AB* 垂直相交,*D* 为交点,所以根据直角投影定理,其正面投影应相互垂直。

（2）作图(图 2-22b)

1)作 *c'd'* ⊥ *a'b'* 交 *a'b'* 于 *d'*。

2)过 *d'* 作投影连线,与 *ab* 交于 *d*,连 *c* 和 *d*,即得 *CD* 的投影。

【例 2-5】 求 *AB*、*CD* 两直线的公垂线 *EF*(图 2-23a)。

（1）分析

因为直线 *AB* 是铅垂线,所以两条直线的公垂线 *EF* 一定是一条水平线,且有 *cd* ⊥ *ef*。

（2）作图(图 2-23b)

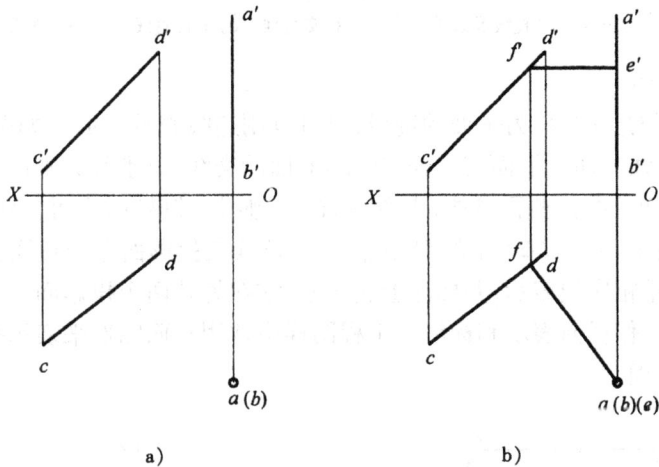

a)　　　　　　　　　　b)

图 2-23　求 *AB*、*CD* 的公垂线

1)在 *AB* 的有积聚性的投影 *ab* 上定出 *e*,作 *ef* ⊥ *cd* 与 *cd* 相交于 *f*,并由 *f* 作出 *f'*。

2)由 *f'* 作水平线 *EF* 的 *V* 面投影 *f'e'* 与 *a'b'* 相交于 *e'*,*ef* 和 *e'f'* 即为两直线的公垂线 *EF* 的两投影。

第三节　平面的投影

平面可以用确定该平面的几何元素的投影表示,也可用迹线表示。下面分别讨论。

一、平面的投影特性与平面表示法

(一)用几何元素表示

平面通常用确定该平面的点、直线或平面图形等几何元素的投影表示,如图 2-24 所示。

显然各组几何元素是可以互相转换的,如连接 *AB* 两点即可由图 2-24a 转换成图 2-24b,再连接 *BC*,又可转换成图 2-24c,将 *A*、*B*、*C* 的 3 点彼此相连又可转换成图 2-24e 等。从图中可以看出,不在同一直线上的三个点是决定平面位置的基本几何元素组。

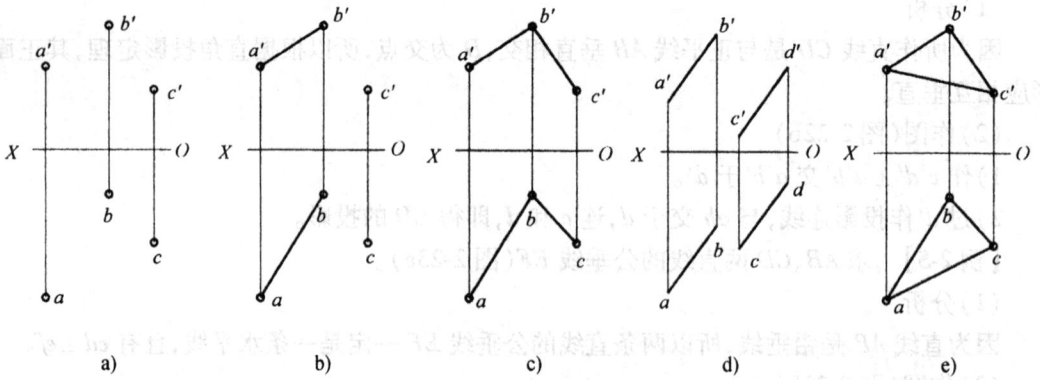

图 2-24 用几何元素表示平面

a)三点 b)直线及线外一点 c)相交直线 d)平行直线 e)平面图形

(二)用迹线表示

平面与投影面的交线,称为平面的迹线,也可以用迹线表示平面。如图 2-25 所示,用迹线表示的平面称为迹线平面。平面与 V 面、H 面、W 面的交线,分别称为平面的正面迹线(V 面迹线)、水平迹线(H 面迹线)、侧面迹线(W 面迹线)。迹线的符号用平面名称的大写字母附加投影面名称的注脚表示,如图 2-25 中的 P_V、P_H、P_W。迹线是投影面上的直线,它在该投影面上的投影与本身重合,用粗实线表示,并标注上述符号;它在另外两个投影面上的投影,分别位于相应的投影轴上,不需作任何表示和标注。工程图样中常用平面图形来表示平面,而在某些解题中应用迹线表示平面。

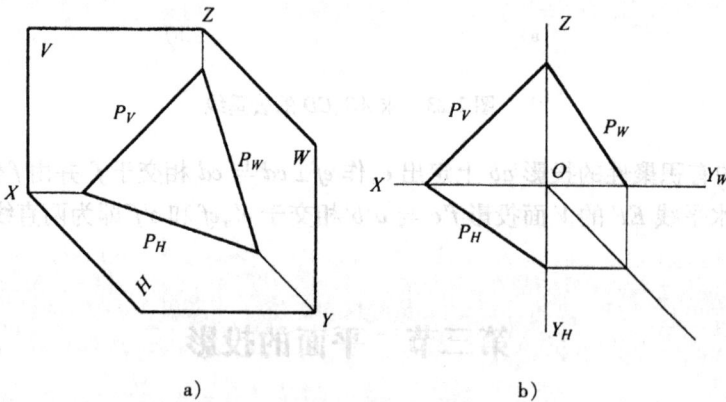

图 2-25 用迹线表示平面

二、各种位置的平面及其投影特性

根据平面在三投影面体系中的位置不同,可将平面分为投影面的一般位置平面、投影面垂直面和投影面平行面三类。后两类平面称为特殊位置平面,三类平面具有不同的投影特性。

(一)一般位置平面

与三个投影面都倾斜的平面称为投影面的一般位置平面。如图 2-26 所示,平面 $\triangle ABC$ 与三个投影面都倾斜,对三个投影面的倾角都大于 0°,小于 90°。因此三个投影图的面积有:

$$\triangle abc = \triangle ABC\cos\alpha < \triangle ABC$$

$$\triangle a'b'c' = \triangle ABC\cos\beta < \triangle ABC$$

$$\triangle a''b''c'' = \triangle ABC\cos\gamma < \triangle ABC$$

从图中也可看出,平面 $\triangle ABC$ 的三个投影都不能反映该平面与三个投影面的倾角 α、β、γ 的真实大小。

由此得出投影面一般位置平面的投影特性:它的三个投影仍然都是平面图形,且各投影面积小于实际面积,投影不能反映平面对投影面倾角的大小。

从图 2-25 可以看出,迹线平面 P 对 V 面、H 面、W 面都倾斜,是投影面一般位置平面。从图中还可看出,投影面一般位置平面与三个投影面都相交,三条迹线都不平行投影轴,并且每两条迹线分别相交于投影轴上的同一点。

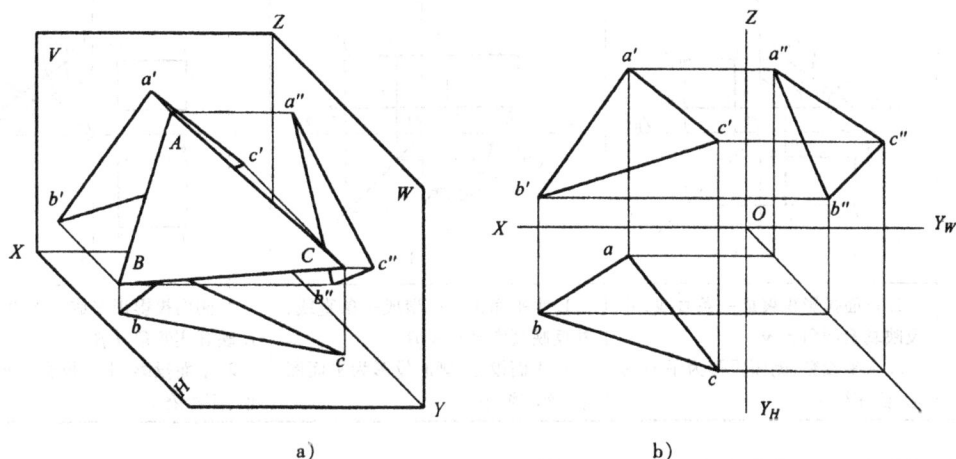

图 2-26 投影面一般位置平面

(二)投影面垂直面

只垂直于一个投影面的平面称为投影面垂直面。垂直于 V 面的称为正垂面;垂直于 H 面的称为铅垂面;垂直于 W 面的称为侧垂面。三种投影面垂直面的立体图、投影图和投影特性见表 2-3。

从表中正垂面 $ABCD$ 的立体图可知:

因为平面 $ABCD \perp V$,通过 $ABCD$ 平面上各点向 V 面所作的投射线都位于 $ABCD$ 平面内,且与 V 面交于一直线,即为它的正面投影 $a'b'c'd'$。同时,因为 $ABCD$、H、W 面都垂直 V 面,它们与 V 面的交线分别是 $a'b'c'd'$、OX、OZ,所以 $a'b'c'd'$ 与投影轴 OX、OZ 的夹角,分别反映平面 $ABCD$ 与 H 面和 W 面的倾角 α、γ 的真实大小。

因为平面 $ABCD$ 倾斜于 H、W 面,所以其水平投影 $abcd$ 及侧面投影 $a''b''c''d''$ 仍为平面图形,但面积缩小。

由此得出表 2-3 中所列的正垂面的投影特性。同理,可得出铅垂面和侧垂面的投影特性。

由此概括出投影面垂直面的投影特性:

1)在平面所垂直的投影面上的投影,积聚成直线;它与投影轴的夹角,分别反映平面对另两投影面的真实倾角。

2)在另两个投影面上的投影仍为平面图形,面积缩小。

表 2-3　投影面垂直面

名称	正垂面（⊥V面，对H面、W面倾斜）	铅垂面（⊥H面，对V面、W面倾斜）	侧垂面（⊥W面，对V面、H面倾斜）
立体图			
投影图			
投影特性	1. 正面投影积聚成一条直线，并反映真实倾角 α、γ。 2. 水平投影、侧面投影为平面图形，面积缩小	1. 水平面投影积聚成一条直线，并反映真实倾角 γ、β。 2. 正面投影、侧面投影为平面图形，面积缩小	1. 侧面投影积聚成一条直线，并反映真实倾角 α、β。 2. 正面投影、水平投影为平面图形，面积缩小

图 2-27 所示为用迹线表示的三种投影面垂直面的投影图。

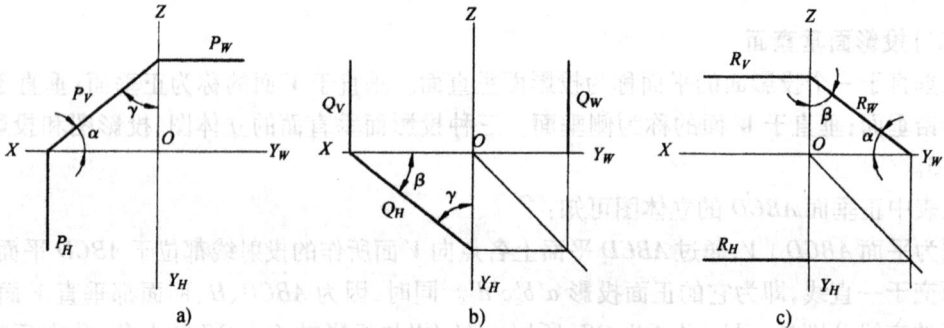

图 2-27　用迹线表示的投影面垂直面
a）正垂面　b）铅垂面　c）侧垂面

以正垂面 P 为例，可以看到：平面 P 的正面投影具有积聚性，平面上的任何点、直线的正面投影都积聚在 P_V 上。P_V 与 OX、OZ 轴的夹角，分别是平面 P 对投影面 H、W 的倾角 α、γ。又因平面 P 和 H 面、W 面都垂直 V 面，平面 P 和 H 面的交线 P_H，与 W 面的交线 P_W 也都垂直于 V 面，所以水平迹线 $P_H \perp OX$ 轴，侧面迹线 $P_W \perp OZ$ 轴。

同样，对铅垂面 Q、侧垂面 R 也具有相类似的投影性质。

可以利用有积聚性的垂直面的迹线，确定该平面的空间位置，而不必画出另外两条迹线。

(三)投影面平行面

平行于一个投影面的平面称为投影面平行面。平行于 V 面的称为正平面;平行于 H 面的称为水平面;平行于 W 面的称为侧平面。三种投影面平行面的立体图、投影图和投影特性见表2-4。

表 2-4 投影面平行面

名称	正平面(// V 面)	水平面(// H 面)	侧平面(// W 面)
立体图	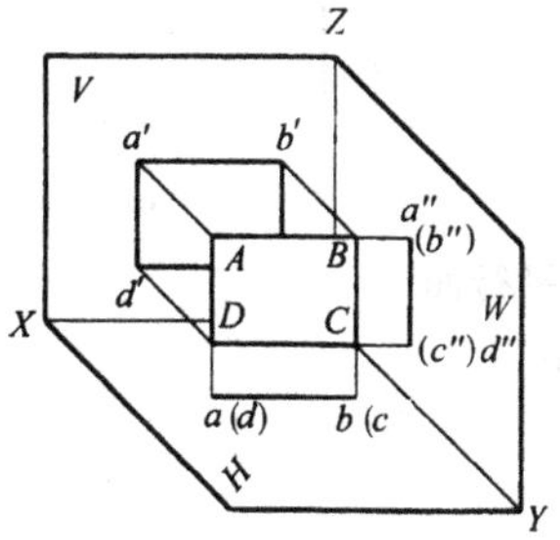	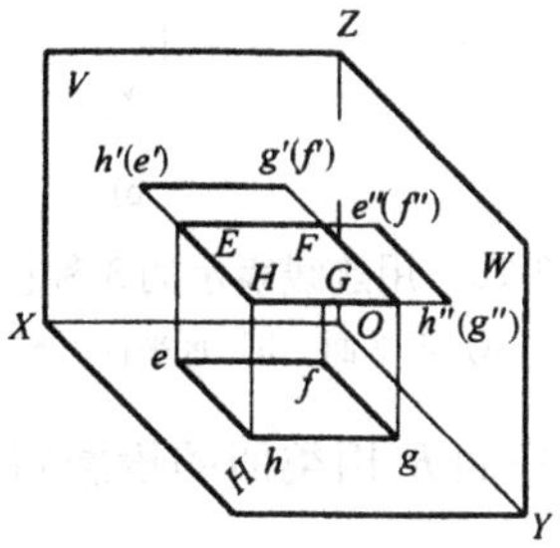	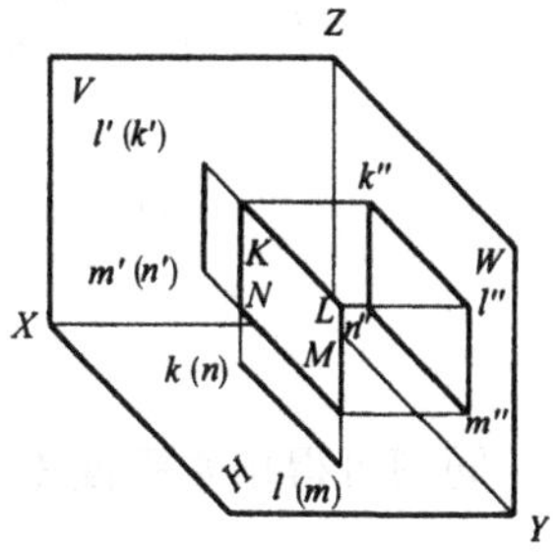
投影图	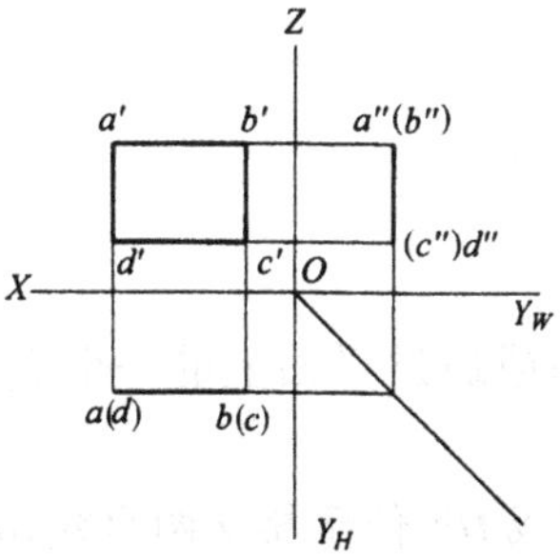	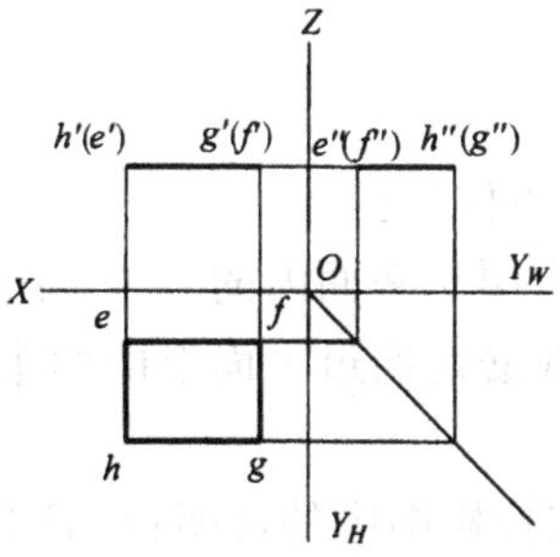	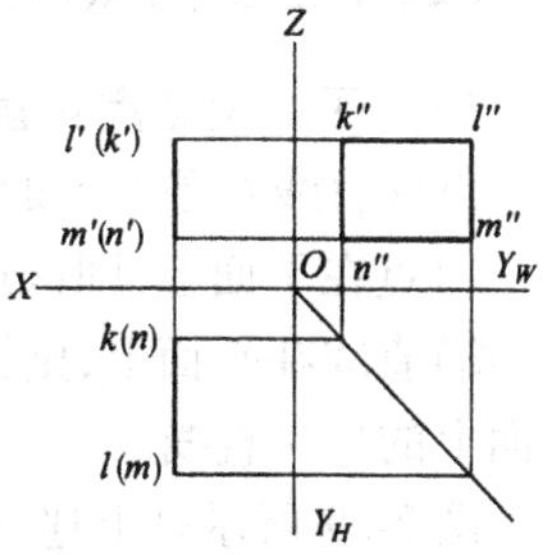
投影特性	1. 正面投影反映实形 2. 水平投影 // OX、侧面投影 // OZ,分别积聚成直线	1. 水平投影反映实形 2. 正面投影 // OX、侧面投影 // OY_W,分别积聚成直线	1. 侧面投影面反映实形 2. 正面投影 // OZ、水平投影 // OY_H,分别积聚成直线

从表2-4中的正平面的立体图可知:

因为平面 $ABCD$ // V 面,其各条边都平行于 V 面,各条边的正面投影都反映实长,所以平面 $ABCD$ 的正面投影 $a'b'c'd'$ 反映实形。

由于平面 $ABCD$ // V 面,必定垂直于 H 面和 W 面,且平面内各点的 Y 坐标都相等,因而水平投影 $abcd$ // OX,侧面投影 $a''b''c''d''$ // OZ,分别积聚成直线。由此可得出表中正平面的投影特性。同理,也可得出水平面和侧平面的投影特性。

由此概括出投影面平行面的投影特性:

1)在平面所平行的投影面上的投影反映实形。

2)在另外两个所垂直的投影面上的投影,分别积聚成直线且平行于相应的投影轴。

图 2-28 所示为用迹线表示的三种投影面平行面的投影图。

从正平面的投影图可知:

因为平面 P // V 面,所以平面 P 与 V 面不相交,无正面迹线 P_V。

因为平面 P // V 面,必定 $\perp H$ 面和 W 面,且平面内各点具有相同的 Y 坐标。所以 P_H // OX,P_W // OZ,且都具有积聚性。只需要用其中一条有积聚性的迹线即可表示出平面 P 的空间位置。

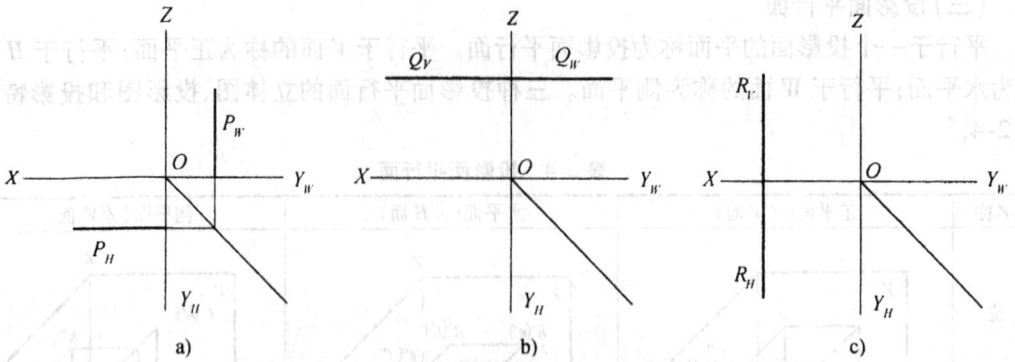

图 2-28 用迹线表示的 3 种投影面平行面

a）正平面 b）水平面 c）侧平面

同理可得出水平面 Q 和侧平面 R 相类似的投影特性。

三、平面上的点和直线

(一)平面上取点和直线

点和直线在平面上的几何条件是：

1）点在平面上，则该点必定属于平面内的一条直线。

2）直线在平面上，则该直线必定通过平面上的两个点；或通过平面上的一个点，且平行于平面上的另一直线。

图 2-29 所示是上述条件在投影图中的说明：点 D 和直线 DE 位于相交两直线 AB、BC 所确定的平面 ABC 上。

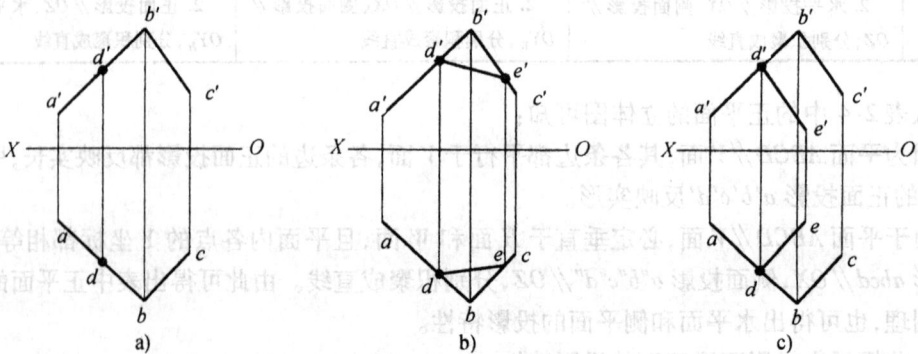

图 2-29 平面上的点和直线

a)点在平面内的直线上 b)直线通过平面内的两点 c)通过面内一点且平行于面内的一条直线

【例2-6】 已知平面△ABC,（1）判别 K 点是否在平面上；（2）已知平面上一点 E 的正面投影 e'，作出其水平投影 e（图 2-30a）。

（1）分析

判别一点是否在平面上，以及在平面上取点，都必须在平面上取直线。

（2）作图（图 2-30b）

1）连接 $a'k'$ 并延长与 $b'c'$ 交于 f'，由 $a'f'$ 求出其水平投影 af，则 AF 是平面△ABC 上的一条

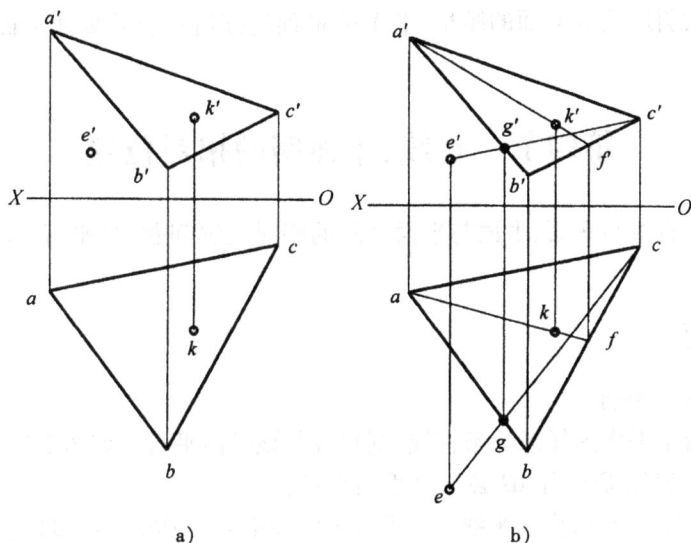

a)　　　　　　　　　　b)

图 2-30　平面上的点

直线,如果 K 点在 AF 上,则 k'、k 应分别在 $a'f'$ 和 af 上。从作图中得知 k 在 af 上,所以 K 点在平面 $\triangle ABC$ 上。

2)连接 c'、e' 与 $a'b'$ 交于 g',由 $c'g'$ 求出其水平投影 cg,则 CG 是平面上的一条直线。因点 E 在平面上,同时又在平面中的直线 CG 上,所以 e 应在 cg 上。过 e' 作投影连线与 cg 延长线的交点 e 即为所求 E 点的水平投影。

由此可见,即使一点的两个投影都在平面图形的投影线范围外,该点也不一定不在平面上。显然,如果点的一个投影在平面图形的轮廓线范围内,而另一个投影在平面图形的轮廓线范围之外,则点一定不在平面上。

(二)平面上的特殊位置直线

1. 平面上的投影面平行线

如图 2-31 所示,在 $\triangle ABC$ 平面上作水平线和正平线。如过点 A 在平面上作一水平线 AD,可先过 a' 作 $a'd' /\!/ X$ 轴,并与 $b'c'$ 交于 d',由 d' 在 bc 上作出 d,连接 ad,$a'd'$ 和 ad 即平面上水平线 AD 的两面投影。

如过点 C 在平面上作一正平线 CE,可先过 c 作 $ce /\!/ X$ 轴,并与 ab 交于 e,由 e 在 $a'b'$ 上作出 e',连 $c'e'$,$c'e'$ 和 ce 即为平面上正平线 CE 的两面投影。

2. 平面上的最大斜度线

平面上对某一投影面成倾角最大的直线称平面对该投影面的最大斜度线。因此,平面的最大斜度线分对 H 面的最大斜度线、对 V 面的最大斜度线和对 W 面的最大斜度线三种。可以证明平面上对某投影面的最大斜度线垂直于平面上对该投影面的平行线。

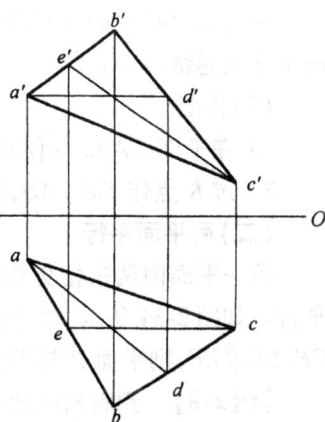

图 2-31　平面上的投影面平行线

平面对 H 面的倾角等于平面对 H 面的最大斜度线对 H 面的倾角;平面对 V 面的倾角等于

平面对 V 面的倾角等于平面对 V 面的最大斜度线对 V 面的倾角；平面对 W 面的倾角等于平面对 W 面的最大斜度线对 W 面的倾角。

第四节 直线、平面间的相对位置

本节主要讨论直线与平面、平面与平面之间的相对位置问题,分平行、相交和垂直三种情况。

一、平行问题

(一)直线与平面平行

若一直线平行于平面内任意一条直线,则直线与该平面平行。如图 2-32 所示,直线 AB 平行于 P 平面内的一直线 CD,则 AB 必与 P 平面平行。

【例 2-7】 过已知点 K,作水平线 KM 平行于已知平面 $\triangle ABC$(图 2-33)。

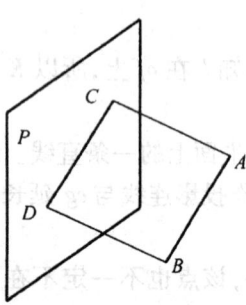

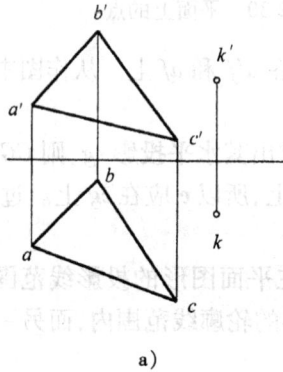

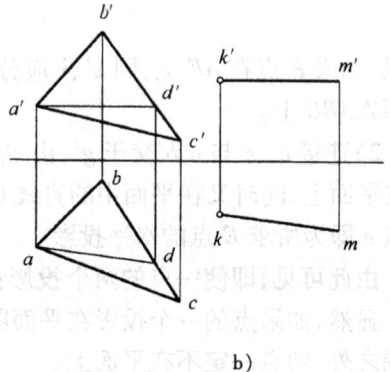

图 2-32 直线与平面平行

图 2-33 作直线平行于已知平面

(1)分析

平面 $\triangle ABC$ 内的水平线有无数条,但其方向是一定的。因此,过 K 点作平行于平面 $\triangle ABC$ 的水平线是惟一的。

(2)作图

1)在平面 $\triangle ABC$ 内作水平线 AD。

2)过 K 点作 $KM /\!/ AD$,即 $km /\!/ ad$,$k'm' /\!/ a'd'$,则 KM 为一水平线且平行于 $\triangle ABC$。

(二)两平面平行

若一平面内两条相交直线对应地平行于另一平面内的两条相交直线,则这两个平面相互平行。如图 2-34 所示,两对相交直线 AB、BC 和 DE、EF 分别属于平面 P 和平面 Q,若 $AB /\!/ DE$,$BC /\!/ EF$,则平面 P 与平面 Q 平行。

【例 2-8】 判断两已知平面 $\triangle ABC$ 和平面 $DEFG$ 是否平行(图 2-35)。

(1)分析

可在任一平面上作两相交直线,如在另一平面上能找到与它们对应平行的两条相交直线,则两平面相互平行。

(2)作图

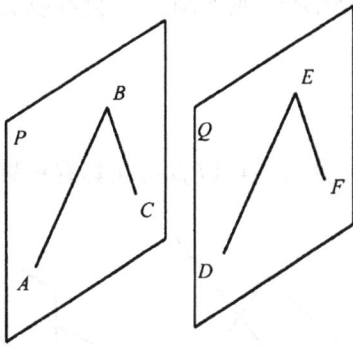

图 2-34 两平面平行

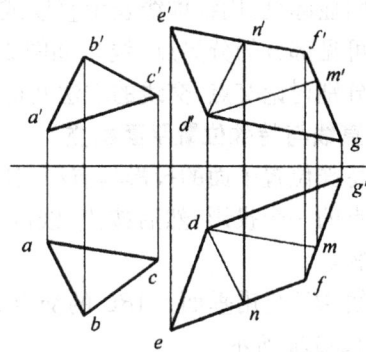

图 2-35 判断两平面是否平行

1）在平面 DEFG 中,过 D 点作两条相交直线 DM、DN,使 $d'm'/\!/a'c'$、$d'n'/\!/a'b'$。

2）求出 DM、DN 的水平投影 dm、dn,由于 $dm/\!/ac$、$dn/\!/ab$,即 $DM/\!/AC$、$DN/\!/AB$,故判断该两平面平行。

【例 2-9】 已知平面由两平行直线 AB、CD 给定,试过定点 K 作一平面与已知平面平行（图 2-36）。

（1）分析

只要过定点 K 作一对相交直线对应地平行于已知定平面内的一对相交直线,所作的这对相交直线即为所求平面。而定平面是由两平行直线给定的,因此,必须在定平面内先作一对相交直线。

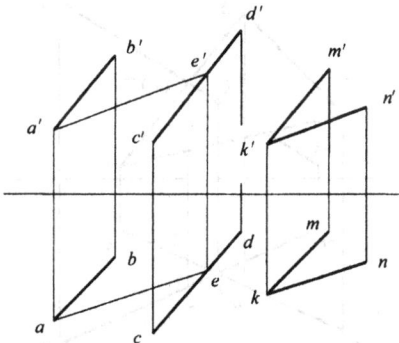

图 2-36 作平面平行于已知平面

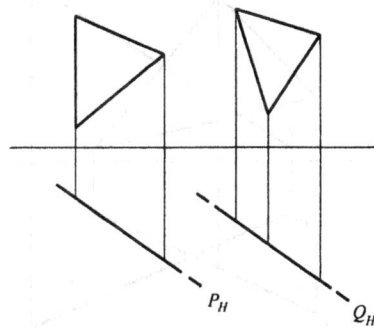

图 2-37 两特殊位置平面平行

（2）作图

1）在给定平面内过 A 点作任意直线 AE,AB、AE 即为定平面内的一对相交直线。

2）过 K 点作直线 KM、KN 分别平行于 AB、AE,即 $k'm'/\!/a'b'$,$km/\!/ab$,$k'n'/\!/a'e'$,$kn/\!/ae$,则平面 KMN 平行于已知定平面。

若两平行平面同时垂直于某一投影面,则只需检查具有积聚性的投影是否平行即可。

如图 2-37 所示,平面 P、Q 均为铅垂面,若水平投影平行,则两平面 P、Q 在空间也平行。

二、相交问题

直线与平面相交,交点是直线与平面的共有点。两平面相交,其交线是两平面的共有线。

为使图形明显起见,用细虚线表示直线或平面的被遮挡部分(或不画出),交点或交线是可见部分与不可见部分的分界点(线),如图 2-38 所示。

下面分别讨论交点、交线的求法及可见性判别。

(一)直线与特殊位置平面相交

由于特殊位置平面的投影具有积聚性,根据交点的共有性可以直接在具有积聚性的投影上确定交点的一个投影,然后按点、线的从属关系求出另一投影。

求直线 MN 与铅垂面 $\triangle ABC$ 的交点 K 并判别可见性,如图 2-39a 所示。

由于交点 K 是直线 MN 与铅垂面 $\triangle ABC$ 的共有点,所以其水平投影 k 一定是直线 MN 的水平投影 mn 与铅垂面 $\triangle ABC$ 的具有积聚性的水平投影 abc 的交点,故 k 可直接得出,根据点线的从属关系可求出交点 K 的正面投影 k'。

图 2-38 相交问题

a)直线与平面相交 b)两平面相交

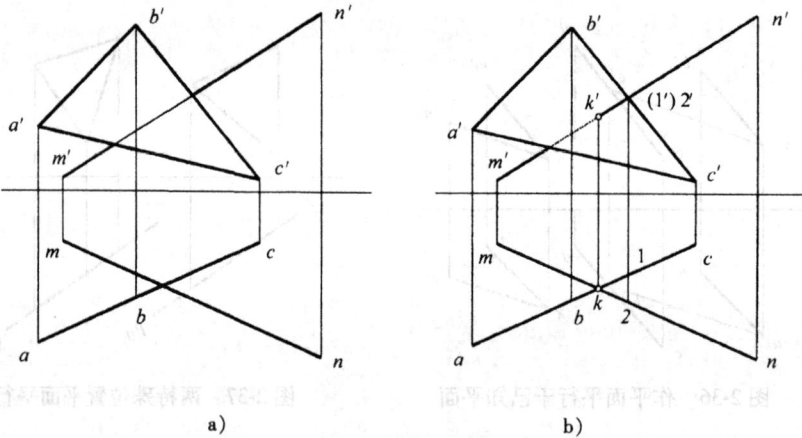

利用重影点判别可见性。水平投影中除交点 k 外无投影重叠,故不需要判别可见性。但在正面投影中,k' 是直线 MN 的正面投影 $m'n'$ 可见部分与不可见部分的分界点,故需要判别正面投影的可见性。取直线 BC 与 MN 的正面重影点 $1'$、$2'$,分别作出其水平投影 1、2,显然 2 在前、1 在后,所以正面投影 $2'$ 可见,$1'$ 不可见,由此可推出 $n'k'$ 可见,$k'm'$ 不可见,如图 2-39b 所示。

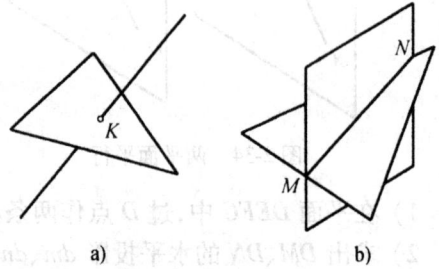

图 2-39 直线与特殊位置平面相交

(二)平面与特殊位置直线相交

已知平面 $\triangle ABC$ 与铅垂线 DE 相交,求交点 K 并判别可见性,如图 2-40a 所示。

由于铅垂线 DE 的水平投影 de 有积聚性,故交点 K 的水平投影 k 必与之重合。又因为 K 在 $\triangle ABC$ 上,可利用平面内取点的方法,求得 k'。

正面投影可见性的判别。由水平投影可以看出,ac 在 de 之前,所以 DE 的正面投影 $d'e'$ 被 $a'c'$ 遮挡,$k'e'$ 为不可见,用细虚线画出,以交点 k' 为界的另一侧 $k'd'$ 可见,用粗实线画出,如图 2-40b 所示。

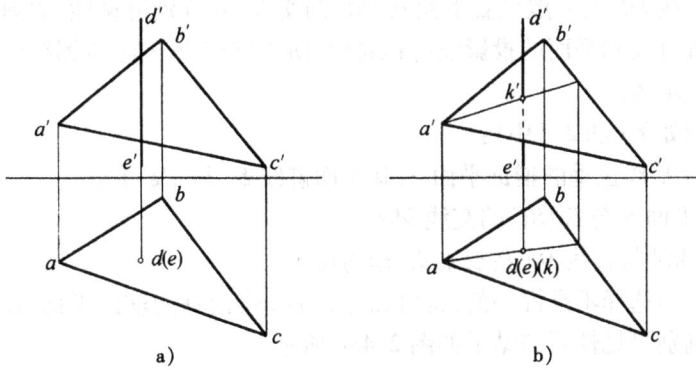

图 2-40 平面与特殊位置直线相交

(三) 一般位置平面与特殊位置平面相交

求一般位置平面△ABC 与铅垂面 DEFG 的交线并判别可见性,如图 2-41a 所示。

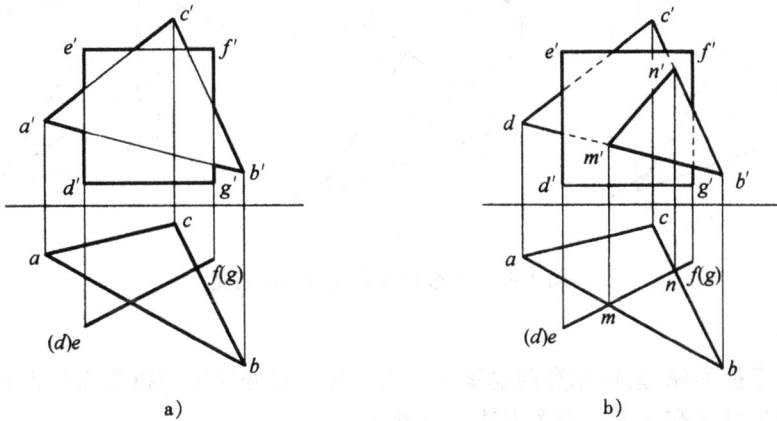

图 2-41 一般位置平面与特殊位置平面相交

由于 DEFG 是铅垂面,其水平投影 defg 具有积聚性。根据交线的共有性,交线 MN 的水平投影 mn 可直接得出。又根据点线的从属性,可求出 MN 的正面投影 m'n'。

正面投影可见性的判别:由水平投影可知,MNB 部分在铅垂面之前,故该部分的正面投影 m'n'b'可见,被遮挡的矩形部分不可见。作图结果如图 2-41b 所示。

综上所述,当相交两要素之一为特殊位置时,应利用其投影的积聚性求交点或交线。

(四) 一般位置直线与一般位置平面相交

1. 辅助平面法

如图 2-42 所示,欲求直线 DE 与△ABC 的交点,需包含直线 DE 作一辅助平面 S,求出平面 S 与△ABC 的交线 MN,则 MN 与 DE 的交点即为所求的交点 K(MN 与 DE 同属于平面 S)。如何作辅助平面 S 使交线 MN 易求是问题的关键。如果所作辅助平面 S 为特殊位置平面,那么问题就转化为相交两要素之一为特殊位置的情况,就可以采用前述方法求出交线 MN 了。

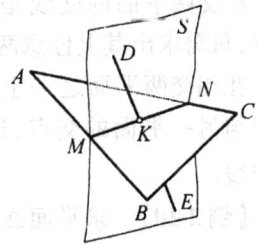

图 2-42 辅助平面法示意图

求一般位置直线 *DE* 与一般位置平面 △*ABC* 的交点,并判别可见性,如图 2-43a 所示。

由于一般位置直线和平面的投影没有积聚性,所以其交点不能在投影图上直接定出,必须引入辅助平面才能求得。

作图求解过程如下(图 2-43b):

1)包含直线 *DE* 作正垂的辅助平面 *S*,其正面迹线 *Sᵥ* 与 *d′e′* 重合。

2)求出辅助平面 *S* 与 △*ABC* 的交线 *MN*。

3)求出交线 *MN* 与直线 *DE* 的交点 *K*,即为所求。

上述辅助平面的选择不是惟一的,也可以包含 *DE* 作铅垂的辅助平面,作图步骤与上述类似。利用重影点判别可见性后的结果如图 2-43c 所示。

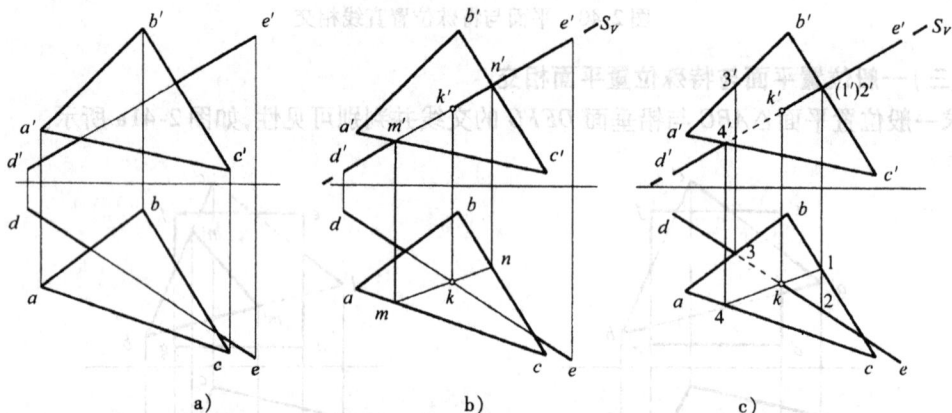

图 2-43 一般位置直线与平面相交

2. 换面法

利用投影变换的原理,把相交两要素之一由一般位置变换成与投影面垂直的情况,就可以利用投影的积聚性求交点了。作图方法不再赘述。

(五)两一般位置平面相交

两一般位置平面相交有两种情况:一种是一平面全部穿过另一平面,称为全交,如图 2-44a 所示;另一种是两个平面的棱边互相穿过,称为互交。把图 2-44a 中的 △*ABC* 向右侧平移,即成为图 2-44b 所示的互交情况。

相交两平面的交线是两平面的共有线,欲求其位置,只需求出其上任意两点的投影。

在相交两平面之一上任取两直线,分别作出两直线与另一平面的交点,连接两交点即为此两平面的交线。

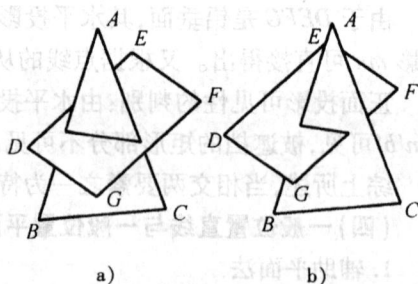

图 2-44 平面相交的两种情况

【**例 2-10**】 求平面 △*ABC* 与 △*DEF* 的交线 *KL*,并判别可见性,如图 2-45a 所示。

(1)分析

把 △*DEF* 看成两相交直线 *DE* 和 *DF*,分别求出直线 *DE*、*DF* 与 △*ABC* 的交点 *M*、*N*,直线 *MN* 即为两平面的交线。

（2）作图（图 2-45b、c）：

1）包含直线 DE 作正垂的辅助平面 P，求出 DE 与△ABC 的交点 M。

2）包含直线 DF 作正垂的辅助平面 Q，求出 DF 与△ABC 的交点 N。MN 即为所求。

3）利用重影点判别可见性。如图 2-45b 所示，以正面投影为例，以 m'n'为界，d'e'f'分为可见与不可见两部分。取平面轮廓线的二个重影点（如直线 DE、BC 的正面重影点 1'、(2')），由水平投影 1、2 的前后位置，可判别其正面投影的可见性（1'可见，2'不可见），从而可知其所属直线的可见性（m'1'可见，b'c' 不可见）。也可根据平面连续的性质，只判别一个重影点即可推断出相交边界其他各段的可见性。同理，可判断其水平投影的可见性。

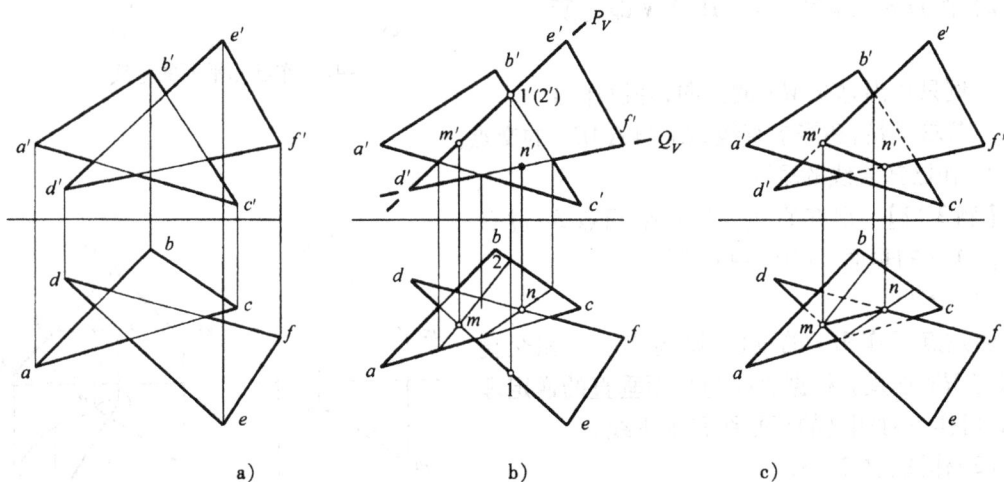

图 2-45 用辅助平面法求两一般位置平面的交线

三、垂直问题

（一）直线与平面垂直

直线与平面垂直，则直线垂直于平面内的一切直线。反之，如果直线垂直平面内的任意两条相交直线，其中包括水平线 AB 和正平线 CD，如图 2-46a 所示，则直线垂直于该平面。根据直角投影定理，则直线 MN 的水平投影垂直于水平线 AB 的水平投影，即 mn⊥ab，直线 MN 的正面投影垂直于正平线 CD 的正面投影，即 m'n'⊥c'd'，如图 2-46b 所示。

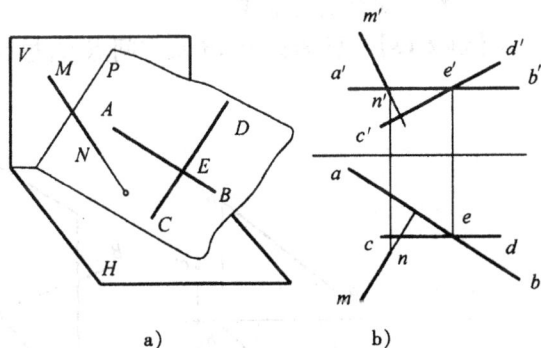

图 2-46 直线与平面垂直

定理 若一直线垂直于一平面，则直线的水平投影必垂直于该平面内水平线的水平投影；直线的正面投影必垂直于该平面内正平线的正面投影。

反之，若一直线的水平投影垂直于定平面内水平线的水平投影，直线的正面投影垂直于该平面内正平线的正面投影，则直线必垂直于该平面。

1. 作已知平面的垂线

【例2-11】 已知△ABC及空间点M,过点M求作△ABC的垂线,如图2-47a所示。

（1）分析

根据直线与平面垂直的定理,即可定出垂线MN的各投影方向。

（2）作图（图2-47b）

1）在△ABC内作水平线AⅠ和正平线DⅡ。

2）作 $m'n' \perp d'2'$、$mn \perp a1$,MN即为所求。

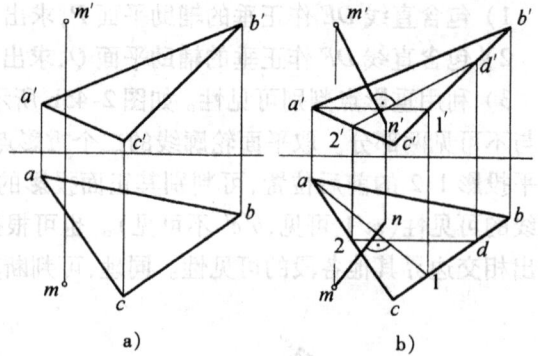

此例只作出垂线MN的方向,并没作出垂足。若求垂足,还需求直线MN与△ABC的交点。

2. 作已知直线的垂面

【例2-12】 已知直线MN及空间点K,过点K求作MN的垂面,如图2-48a所示。

（1）分析

若过点K作MN的垂面,则需作一对相交直线均与MN垂直。根据直线与平面垂直的逆定理可知,可作一对相交的正平线和水平线。

（2）作图（图2-48b）：

1）作水平线KA,使KA⊥MN,即 $ka \perp mn$。

2）作正平线KB,使KB⊥MN,即 $k'b' \perp m'n'$。相交直线KA、KB即为所求垂面。

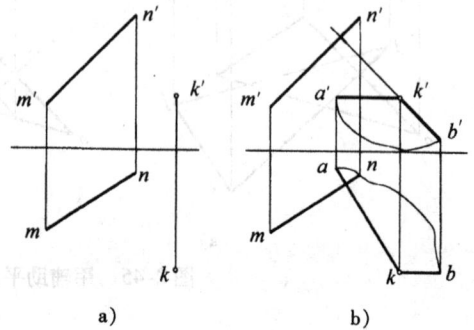

3. 作已知直线的垂线

【例2-13】 已知直线AB及空间点C,过点C求作直线CK与AB正交,如图2-49a所示。

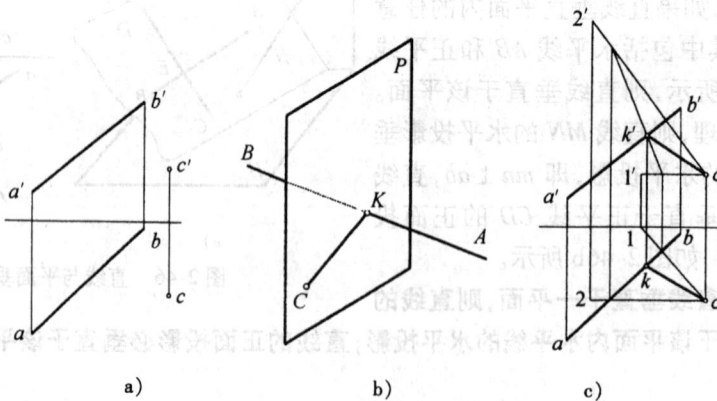

图2-47 作已知平面的垂线

图2-48 作已知直线的垂面

图2-49 作已知直线的垂线

（1）分析

过点C作AB的垂线可作无数条,均位于过点C与AB垂直的平面P上。若该垂面与AB

的交点(垂足)为 K,则 CK 即为所求,如图 2-49b 所示。

(2)作图(图 2-49c)

1)过点 C 作 AB 的垂面 C Ⅰ Ⅱ,即作水平线 C Ⅰ,$c1 \perp ab$,正平线 C Ⅱ,$c'2' \perp a'b'$。

2)求直线 AB 与平面 C Ⅰ Ⅱ 的交点 K,KC 即为所求的垂线。

4. 特殊情况讨论

相互垂直的直线与平面,当直线或平面之一为特殊位置时,另一几何要素也一定为特殊位置,如图 2-50 所示。

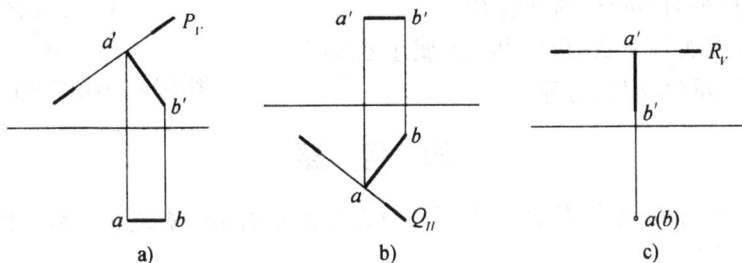

图 2-50 线、面垂直的特殊情况

a)正垂面与正平线垂直 b)铅垂面与水平线垂直 c)水平面与铅垂线垂直

(二)两平面垂直

若一直线垂直于定平面,则包含该直线的所有平面都垂直于该平面。反之,若两平面互相垂直,则从第一平面内的任意一点向第二平面所作的垂线必定包含在第一个平面内。如图 2-51 所示,点 C 是第一平面内的任意一点,CD 是第二平面的垂线。图 2-51a 中直线 CD 属于第一平面,所以两平面相互垂直;图 2-51b 中直线 CD 不属于第一平面,所以两平面不垂直。

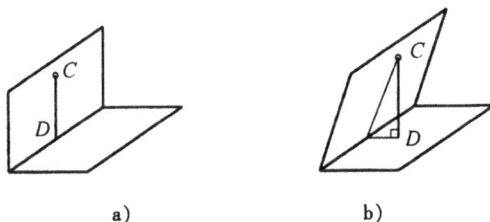

图 2-51 两平面是否垂直的示意图

【例 2-14】 过定点 S 作平面垂直于已知平面 $\triangle ABC$,如图 2-52 所示。

(1)分析

过点 S 作已知平面 $\triangle ABC$ 的垂线,包含该垂线的所有平面均垂直于 $\triangle ABC$。所以本题有无穷多解。

(2)作图

1)在 $\triangle ABC$ 中作水平线 C Ⅰ、正平线 A Ⅱ。

2)过点 S 作 $\triangle ABC$ 的垂线 SF,即 $s'f' \perp a'2'$、$sf \perp c1$。

3)过点 S 作任意直线 SN,SFN 即为所求的垂面。

【例 2-15】 判断 $\triangle ABC$ 与平面 $DEFG$ 是否垂直,如图

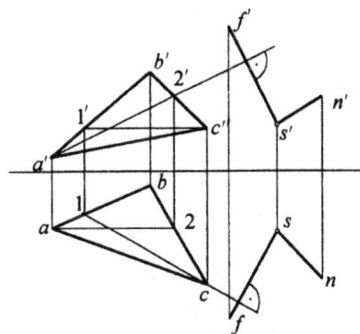

图 2-52 作平面与已知平面垂直

2-53 所示。

(1) 分析

在△ABC 中任取一点，由该点作平面 DEFG 的垂线，看垂线是否属于△ABC，由此判断该两平面是否垂直。

(2) 作图

1）在平面 DEFG 中作一对正平线和水平线。

2）过点 B 作平面 DEFG 的垂线 B1。

3）判断 B1 是否属于△ABC。因 B1 属于△ABC，故△ABC 与平面 DEFG 相互垂直。

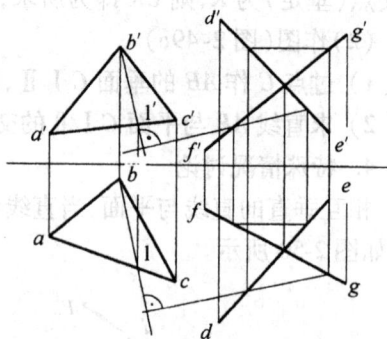

图 2-53　判断两平面是否垂直

思 考 题

1. 在三面投影图中，为何 H 面与 W 面两投影之间不能画投影连线？如何保证这两投影之间对应的投影关系？

2. 空间两条直线有哪三种相对位置关系？试分别叙述它们的投影特性。

3. 如何判断交叉两直线在投影图中重影点的可见性？

4. 特殊位置的平面可以用其有积聚性的一个投影表示该平面的位置，当平面有积聚性的投影倾斜于投影轴时，这个平面是哪一类平面？当有积聚性的投影平行于投影轴时，又是哪一类平面？投影面一般位置平面能否用其一个投影表示平面的位置？

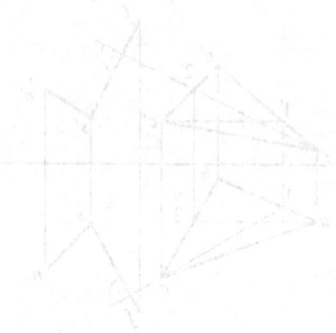

第三章 立体的投影及其表面交线

立体占有一定空间,并由内外表面确定其形状特征,若立体没有内表面则称为实体。从简单的几何体到形状各异的零件体都可看作是立体。立体从其表面形状的构成可分为平面立体和曲面立体两大类。

第一节 三视图的形成与投影规律

一、平面立体的构成

如图 3-1 是两类常见的平面立体:棱柱与棱锥。棱柱和棱锥又分为直棱柱、斜棱柱、直棱锥、斜棱锥。但不管哪种平面立体,其表面均由多个平面多边形围成。而每个平面多边形又是由多条直线段围成,每条直线段又由两端点确定。这里要特别指明:棱柱的棱线相互平行,各棱面均为矩形或平行四边形。棱锥的棱线汇交于一点(即锥顶),各棱面均为三角形。这是棱柱和棱锥外观特征的区别。

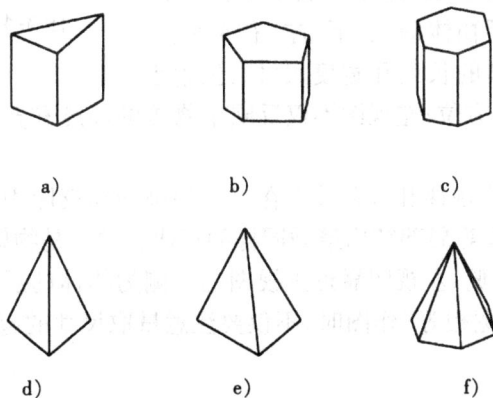

图 3-1 常见的平面立体

a)三棱柱 b)五棱柱 c)六棱柱 d)三棱锥 e)四棱锥 f)六棱锥

二、三视图的形成与投影规律

前面学习了空间点、线 、面的三面投影图及作图方法。若将平面立体置身于由 *V-H-W* 构成的三投影面体系中,分别向三个投影面进行正投影(图 3-2),便可得到物体的三面投影图。在工程制图中,将物体的正面投影、水平投影和侧面投影分别称为主视图、俯视图和左视图。这可理解为:以视线作为投射线,主视图为视线正对着正立投影面所看到的物体形状,俯视图和左视图可理解为视线分别正对着水平投影面和侧立投影面所看到的物体形状。与得到空间点的三面投影图类似,若将 *V-H-W* 三投影面体系展开,便得到物体的三面投影图,简称为"三视图",如图 3-3 所示。

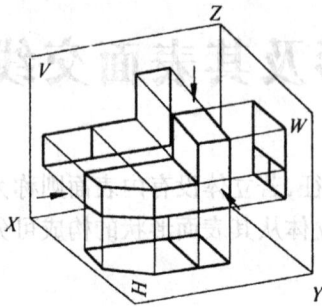

图 3-2 物体三视图的由来   图 3-3 三视图展开

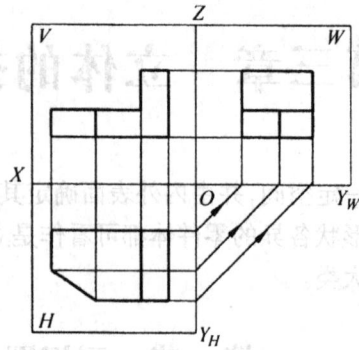

通常三视图不必画出各投影面的界限,各投影轴也省略不画,如图 3-4 所示。若将 *X*、*Y*、*Z* 三投影轴方向的尺寸分别视为物体的长、宽、高,则三视图的投影规律归纳如下:

主视图和俯视图——长对正;

主视图和左视图——高平齐;

俯视图和左视图——宽相等。

从图 3-4 中还可以看出:主视图不仅反映了物体的长度和高度尺寸,还确定了物体的上、下、左、右 4 个方位;俯视图不仅反映了物体的长度和宽度尺寸,还确定

图 3-4 三视图的对应关系

了物体的前、后、左、右 4 个方位;左视图不仅反映了物体的高度和宽度尺寸,还确定了物体的上、下、前、后 4 个方位。

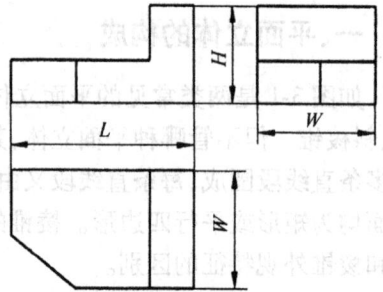

物体三视图的这些投影规律和位置关系在以后的画图和读图中经常用到,整个物体的投影,以及物体上的点、线、面等局部结构遵循同样的规律。尤其是物体的"前、后"最容易出错,下面有一规律可遵循:对于俯、左视图靠近主视图的一侧为物体的后面,远离主视图的一侧为物体的前面。因此,根据"宽相等"作图时,不仅要注意量取尺寸的起点,还要注意量取尺寸的方向。

第二节 平面立体的投影及其表面上的点、线

平面立体的表面由平面多边形围成,而平面多边形的边是相邻表面的交线(棱线,底边),多边形的顶点是各棱线或棱线与底边的交点。因此,画平面立体的投影图,就是要画出组成平面立体各平面多边形和各条交线及交点的投影并区分可见性(将可见线的投影画成实线,不可见线的投影画成细虚线);其实,也是空间各种位置直线与各种位置平面及它们之间相对位置和投影特性与作图方法的综合运用。

一、棱柱的投影与画法

1. 棱柱的投影分析

　　如图 3-5a 为一直立五棱柱的投影,五棱柱的上下底面均为水平面,因此,上下底面的水平投影重叠且显实形。其正面投影和侧面投影均具有积聚性。五棱柱的五个棱面中,最后棱面为正平面,其正面投影显实形,另两投影具有积聚性。其余 4 个棱面均为铅垂面,其水平投影均具有积聚性,另两个投影均不显实形,为相应棱面的类似形。以上是从平面的空间位置来分析其投影特性的,如果从线的角度去分析各棱线的空间位置和投影特性,将是如何? 建议读者自己分析。

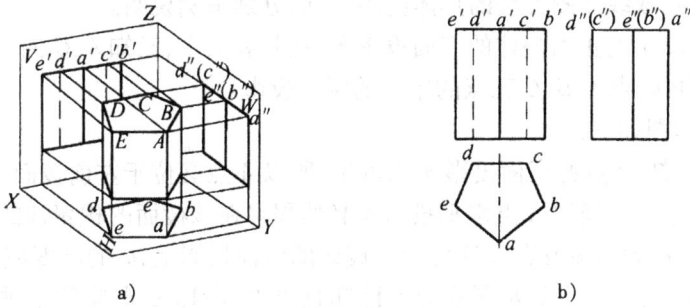

a)　　　　　　　　　　　　　　　　b)

图 3-5　五棱柱的三面投影图

2. 棱柱投影图的画法

　　如图 3-5b 所示,画棱柱的投影图,一般应先画其上下底面多边形的三面投影,然后将上下底面对应顶点的同面投影连起来即为各棱线的投影,最后再对棱线的投影区分可见性即可。

二、棱锥的投影与画法

1. 棱锥的投影分析

　　如图 3-6a 所示,为一直立四棱锥 S-ABCD,底面 ABCD 为水平面,其水平投影 abcd 显实形,正面投影 a'b'c'd' 和侧面投影 a"b"c"d"具有积聚性。而 4 个棱面均为一般位置平面,其三面投

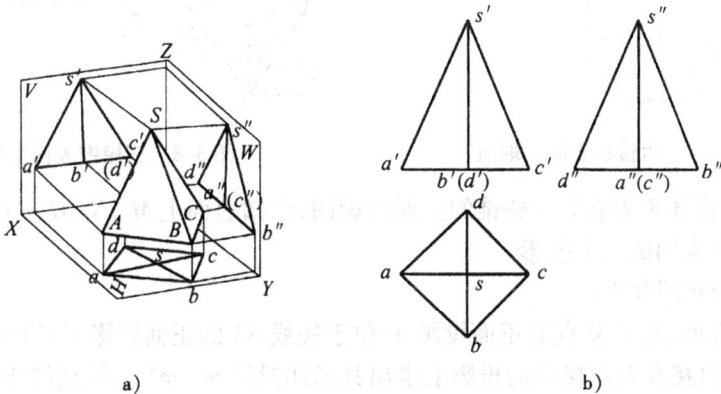

a)　　　　　　　　　　　　　　　　b)

图 3-6　四棱锥的三面投影图

影均为对应棱面的类似形。从线的角度分析:棱线 SA、SC 为正平线,其正面投影 s'a'、s'c' 显实长,棱线 SB、SD 为侧平线,其侧面投影 s"b"、s"d"显实长,而底面四边形 ABCD 在同一水平面上,因此,4 条边均为水平线,水平投影均显实长。

　　2. 棱锥投影图的画法

画棱锥的三面投影图,如图 3-6b 所示。一般应先画出其底面多边形 $ABCD$ 的三面投影 $abcd$、$a'b'c'd'$ 和 $a''b''c''d''$,再画出顶点 S 的三面投影 s、s' 和 s'',然后将顶点 S 的三面投影和底面各顶点的同面投影相连,便得到棱锥的三面投影图。

三、平面立体表面取点、线

由于平面立体的表面均为平面图形和直线段,所以表面取点的作图问题可归结为前面学过的在平面上取点、取线作图方法的具体应用,下面分别举例说明。

【例3-1】 图 3-7 为正六棱柱的三面投影图,在其表面上,已知 A、C 两点的正面投影 a'、c' 和点 B 的水平投影 b,求 A、B、C 三点的未知的两个投影。

投影分析与作图如下:

从已知条件得知:A 点的正面投影 a' 为可见,所以 A 点必位于左前棱面上。由于左前棱面的水平投影具有积聚性,所以 A 点水平投影 a 必然积聚在该棱面的积聚性的投影上;对正投影下来便可定位。A 点的侧面投影 a'' 应位于该棱面的侧面投影上,a'' 的高度应与 a' 平齐,其前后位置可量取 Y_a 确定之。B 点的水平投影 b 已知且可见,所以 B 点应位于顶面上,b' 应位于顶面积聚性的投影上,从其水平投影 b 直接对齐上去便可定位确定之。侧面投影 b'' 也积聚在顶面上,其前后位置可由 Y_b 确定。C 点的正面投影在最前棱面的右边棱线上,根据点从属于线的投影规律,便可直接在对应的棱线上定位确定,如图 3-7 所示。

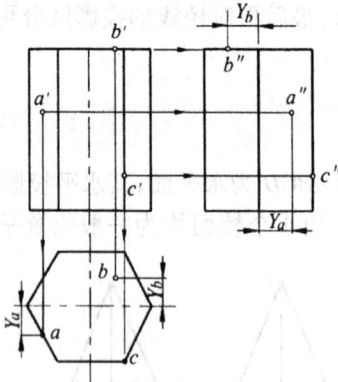

图 3-7　六棱柱表面上取点

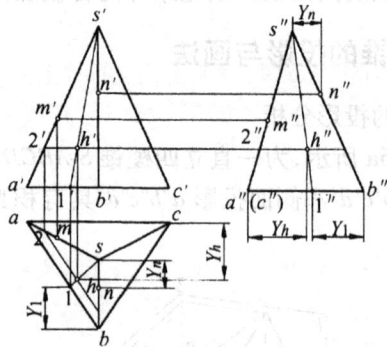

图 3-8　三棱锥表面上取点

【例3-2】 图 3-8 为直立三棱锥的三面投影图,已知表面上 M、N、H 三点的一个投影 m'、n'、h',试求三点未知的二个投影。

投影分析与作图如下:

如图 3-8 所示,由于 M 点的正面投影 m' 位于棱线 SA 的正面投影 $s'a'$ 上,根据点从属于线的投影规律,可直接在对应棱线的投影上求出其未知投影 m、m''。N 点的正面投影 n' 位于棱线 SB 上,由于该棱线为侧平线,直接对正投影下来求水平投影 n 不易定位(只能用“点分线段的定比不变性”求),为此,可根据 n' 先求出其侧面投影 n'',再利用 Y_n 确定其水平投影 n。H 点的正面投影位于右前棱面 $S-A-B$ 上,可通过其正面投影 h' 过锥顶作一辅助线 $s'1'$,并求出该辅助线的未知投影 $s1$ 和 $s''1''$ 以确定点 H 的未知投影 h、h''。也可过 h' 点作平行于对应底边 ab 的辅助线 $2'h'$ 来确定。作此种辅助线有时显得更为方便,在后面要学习的“平面与立体相交”求截交线作图时一定会用到。

第三节　曲线、曲面

一、曲线的基本概念

（一）曲线的形成

曲线可以看作是一个点在空间连续运动的轨迹。曲线也可以由平面与曲面相交或两曲面相交而形成。图 3-9 是平面与曲面立体相交而形成的交线（为平面曲线），图 3-10 是两曲面立体相交而形成的交线（为空间曲线）。

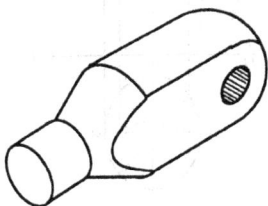

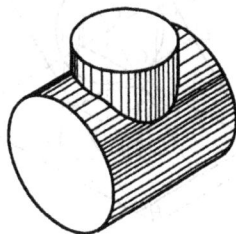

图 3-9　平面与曲面立体相交形成的交线　　　图 3-10　两曲面立体相交形成的交线

（二）曲线的分类

1. 规则曲线和不规则曲线

点的运动按一定规律，其运动的轨迹为规则曲线，否则为不规则曲线。

2. 平面曲线与空间曲线

凡曲线上所有点均处在同一平面上，称为平面曲线，如二次曲线（圆、椭圆、抛物线、双曲线等）均为平面曲线。

凡曲线上任意连续四点不在同一平面上，称为空间曲线。如图 3-10 中的交线为空间曲线。

（三）曲线的投影及其性质

1. 曲线的投影

因曲线是点的集合，因此曲线的投影作图，可在曲线上取一系列的点分别求其同面投影，并光滑地顺次连接，便可得到该曲线的投影。

2. 曲线的投影性质

图 3-11　*L* 曲线的投影

1）曲线的投影一般还是曲线。如图 3-11 所示，*L* 曲线上各点向投影面投影时，形成一个投影柱面，投影柱面与投影面的交线即为曲线的投影。只有平面曲线所在的平面与投影方向平行时，曲线的投影才积聚成为一直线。

2）曲线的切线，其投影仍为曲线投影的切线，且切点不变，如图 3-11。

3）曲线的特殊点，其投影一般保持其原有的性质，如图 3-11。

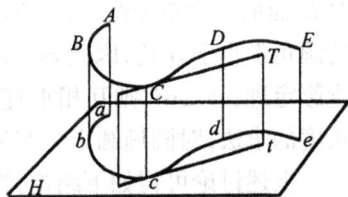

二、平面曲线——圆的投影

工程上常见的平面曲线是圆锥曲线，即圆、椭圆、抛物线和双曲线等。如果把圆看作是椭圆的特殊情况(长、短轴相等),那么二次曲线的投影仍为二次曲线,即椭圆投影仍为椭圆(特殊情况为圆),抛物线和双曲线的投影仍为抛物线和双曲线。

首先讨论一下空间圆的投影。圆的投影有三种情况:当圆平面平行于投影面时,其投影反映圆的实形;当圆平面垂直于投影面时,其投影具有积聚性;当圆平面倾斜于投影面时,其投影为椭圆,如图 3-12 所示。

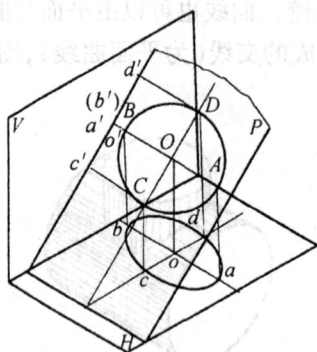

图 3-12 倾斜于投影面的圆的投影　　　　图 3-13 倾斜于投影面的圆的投影

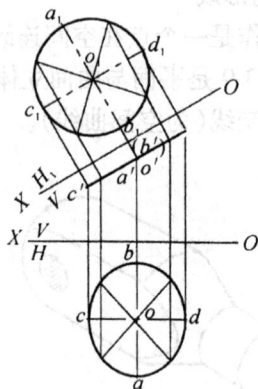

【例 3-3】　如图 3-13,已知正垂圆的 V 面投影,求其 H 面的投影——椭圆。
作图方法如下:

先用换面法求圆的实形,而根据实形圆上的每一点,都可求出其 H 面上的对应投影,在求得一定数量的点的投影后便可描绘出圆的投影椭圆。其圆心 o_1 在 H 面的投影 o 仍为椭圆的中心。

下面重点分析一下圆的 H 面投影——椭圆长、短轴的求法。从图 3-12 和图 3-13 中不难看出:圆的直径 AB 为正垂直径,其水平投影显示实长($ab = AB$)。显然,AB 是圆在 H 面上投影惟一保持长度不变的直径,即为椭圆长轴。还可以看出:与 AB 垂直的直径 CD 是属于 P 平面对 H 面的最大斜度线,$cd = CD\cos\alpha$(α 角为最大斜度线对 H 面的倾角);圆的其他直径对 H 面的倾角都小于 α 角,因此 cd 为椭圆上最短的直径(即短轴)。由 $AB \perp CD$,且 $AB /\!/ H$,根据直角投影定理,$ab \perp cd$,则互相垂直的 ab 及 cd 即为椭圆的长轴和短轴,掌握椭圆长、短轴的方向和长度的求法,对画椭圆十分有利。

上述讨论可得如下结论:当圆的投影为椭圆时,圆上平行于投影面的那条直径的投影为椭圆的长轴,短轴垂直平分长轴,其长度为圆的直径乘以 $\cos\alpha$。通常可通过作图的方法求出长、短轴的端点。

三、螺旋线

螺旋线是工程上应用较多的一种规则的空间曲线。螺旋线可以在不同的曲面上形成,常见有圆柱螺旋线、圆锥螺旋线。

1. 圆柱螺旋线的形成

一个动点沿着圆柱面的母线作匀速直线运动,同时母线又绕圆柱的轴线作匀速旋转,动点的运动轨迹为圆柱螺旋线。当母线旋转一周时,动点在母线上移动一段距离,称为螺旋线的导程,如图 3-14 中 A_1B_1、A_2B_2。螺旋线有右旋和左旋之分,右螺旋线(图 3-14a)的特征是螺旋线的可见部分自左向右升高,左螺旋线(图 3-14b)的特点是螺旋线可见部分自右向左升高。

2. 圆柱螺旋线的投影图

导圆柱的直径、动点旋转方向和导程为圆柱螺旋线的三要素。给出导圆柱直径 d,旋转方向为右旋,导程 S,即可作出其投影图,具体作图过程如图 3-15 所示。首先将导圆柱的水平投影圆周分为若干份(如 12 等份),并按逆时针方向依次标注各分点;在正面投影把导程 S 分为相等的等份(12 等份)。各分点自下而上编号。然后自正面的各分点作水平线,再由水平面各分点作垂直线,与正面相对应的水平线相交的交点($1'2'3'\cdots12'$),即为圆柱螺旋线上点的正面投影。将这些点顺次光滑连接起来,即完成圆柱螺旋线的正面投影(为一正弦曲线)。

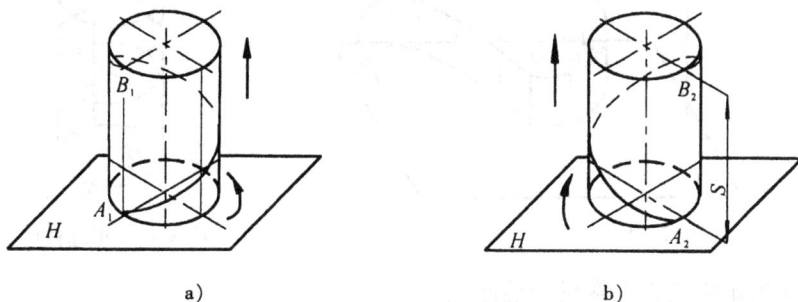

图 3-14 右螺旋线及左螺旋线

由螺旋线形成可知,母线旋转弧长与动点沿母线上升的高度之比恒为一常数,因此螺旋线随圆柱面展开后成一条斜直线。圆柱面展开后螺旋线为一矩形,其边长为 πD 和 S,矩形的对角线即为展开后的位置。还要指出:圆柱螺旋线与素线间的夹角 β 称为螺旋角,与圆柱底平面的倾角 α 称为升角,如图 3-15b 所示。

圆锥螺旋线如图 3-16 所示。

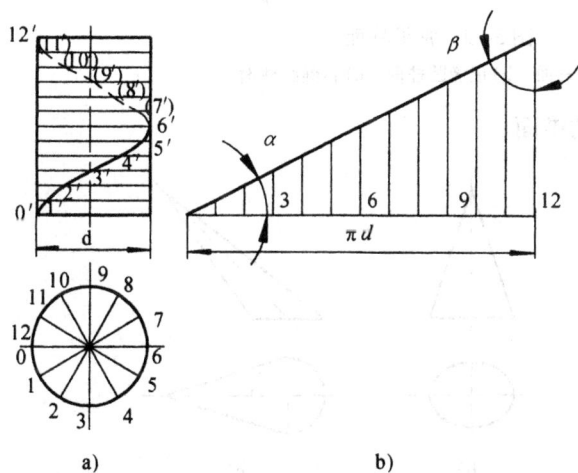

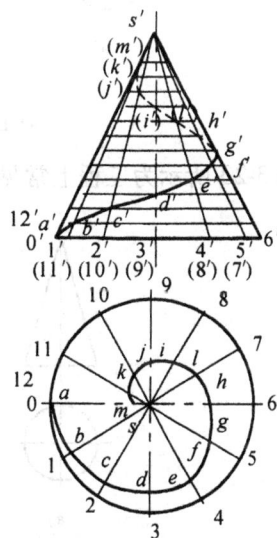

图 3-15 螺旋线   图 3-16 圆锥螺旋线

四、曲面

(一)曲面的形成

曲面可看作一条动线在空间连续运动所形成的轨迹。动线称母线,母线在曲面上的任一位置称素线。控制母线运动的一些不动的元素称导元素(例导线、导面等)。如图 3-17 所示的柱面,母线 *Mm* 沿着曲导线 *AB* 移动,且始终平行直导线 *L* 形成的曲面。

同一曲面可以有不同形成方法,如图 3-18 所示。正圆柱面可以看作是母线绕轴线旋转而形成,也可看作是一个圆平行移动且圆心通过轴线而形成。

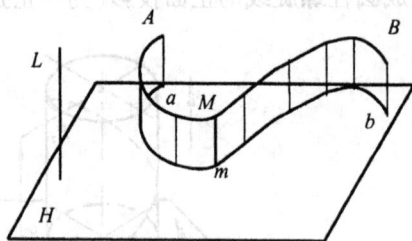

图 3-17 柱面

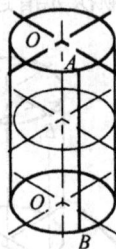

图 3-18 正圆柱面

如图 3-19 所示为工程上常见的柱面。

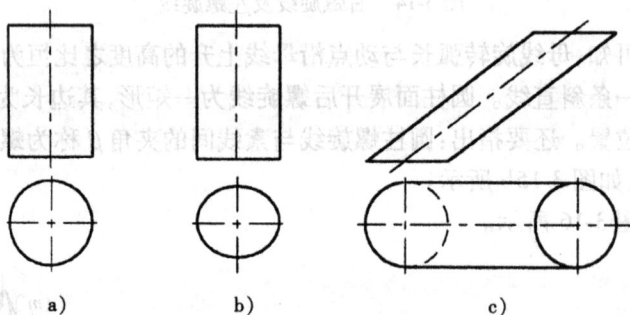

图 3-19 常见柱面

a)正圆柱面 b)正椭圆柱面 c)斜椭圆柱面

如图 3-20 所示为工程上常见的锥面。

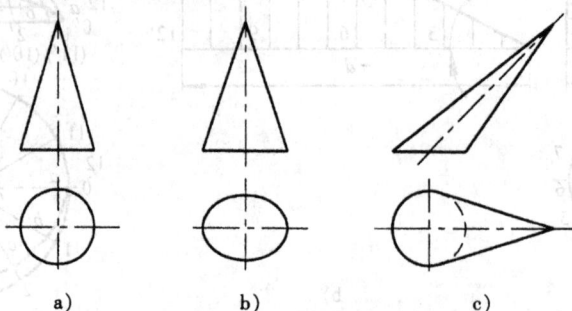

图 3-20 常见圆锥面

a)正圆锥面 b)正椭圆锥面 c)斜椭圆锥面

（二）圆柱螺旋面

一直母线以圆柱螺旋线为导线,以圆柱底面为导平面作螺旋运动所形成的曲面为圆柱螺旋面。圆柱螺旋面是工程上常见的空间曲面,如螺杆上的方牙螺纹、螺旋输送器、螺旋楼梯等,如图 3-21 所示。圆柱螺旋面为直纹扭面,实属不可展曲面,但可以近似画出其展开图。

【例 3-4】 图 3-22 是圆柱螺旋面的投影图,其作图过程如下:

1）首先画出导圆柱的两投影。

2）画出两条曲导线（圆柱螺旋线的两面投影）螺旋线的投影,见图 3-15。

3）画出一系列素线的投影（直素线始终平行于导平面）。

图 3-21 螺旋输送器

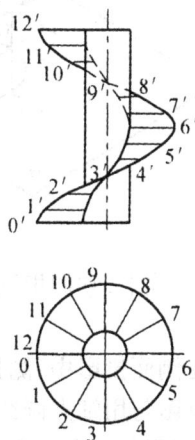

图 3-22 正螺旋柱状面

第四节 常见回转体的投影

曲面立体由曲面或曲面与平面围成。工程中常见的曲面立体是回转体,回转体由回转面或回转面与平面围成。常见的回转体有圆柱、圆锥、圆球和圆环等。图示回转体实质是表示围成回转体的回转面、平面。在回转体上取点、线的作图与平面上取点、线作图原理相同,即欲取回转面上的点必先过此点取该曲面上的线（直线或曲线）；欲取回转面上的线,必先取曲面上能确定此线的二个或一系列的已知点。

一、圆柱

1. 圆柱的形成和投影

圆柱是由圆柱面和上、下底面所围成。圆柱面是由直线绕与其平行的轴线旋转而成。

图 3-23 表示一个正圆柱的三面投影。由于圆柱的轴线为铅垂线,其正面和侧面的投影是两个相同的矩形,而水平投影是反映上、下底实形的圆,同时,此圆又积聚了圆柱面上的所有点和线。

在正面投影中,矩形的上、下两边是圆柱顶、底面的投影,长度等于圆的直径,矩形的左、右两边为圆柱面正视转向轮廓线 AA_0、CC_0 的投影,它们为圆柱面最左与最右两条铅垂素线,其侧面投影与用细点画线表示的轴线重合,画图时不需要表示；而水平投影分别积聚于圆周并在

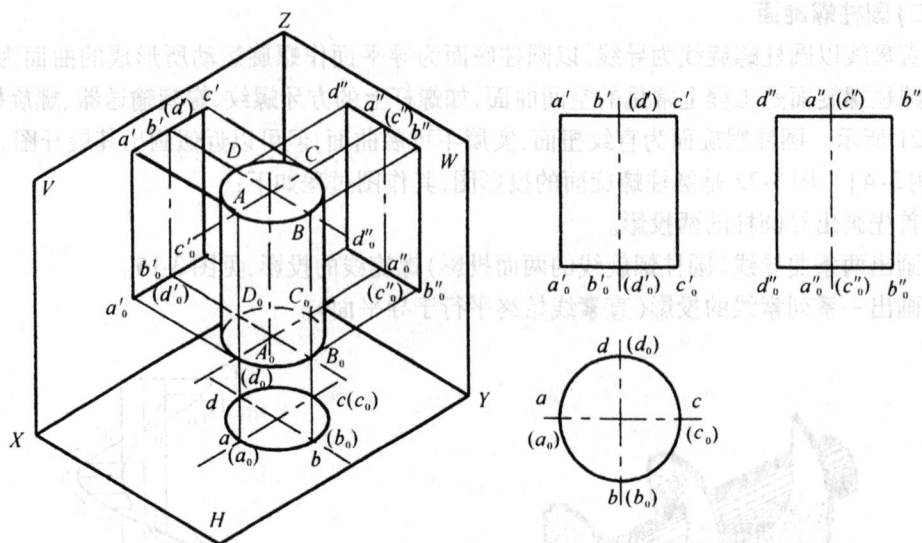

图 3-23　圆柱的投影

圆的水平中心线上,它们把圆柱分成前后两半,在正面投影中,前半圆柱面可见,后半圆柱面不可见。

　　同样,在侧面投影中,侧视转向轮廓线 BB_0、DD_0 分别为圆柱面最前与最后两条轮廓线素线,其正面投影与用细点画线画出的轴线重合,画图时也无需表示;而其水平投影分别积聚于圆周并在该圆周与左右对称中心线的交点上。它们把圆柱分成左、右两半,在侧面投影中,左半圆柱面可见,右半圆柱面不可见。

　　2. 圆柱表面上的点和线

　　在圆柱面上定点的作图原理可利用积聚性。

　　【例3-5】　如图3-24,已知圆柱的三面投影以及点 Ⅰ 和线段 Ⅱ Ⅲ 的正面投影,求作 Ⅰ 点和线段 Ⅱ Ⅲ 的水平投影和侧面投影。

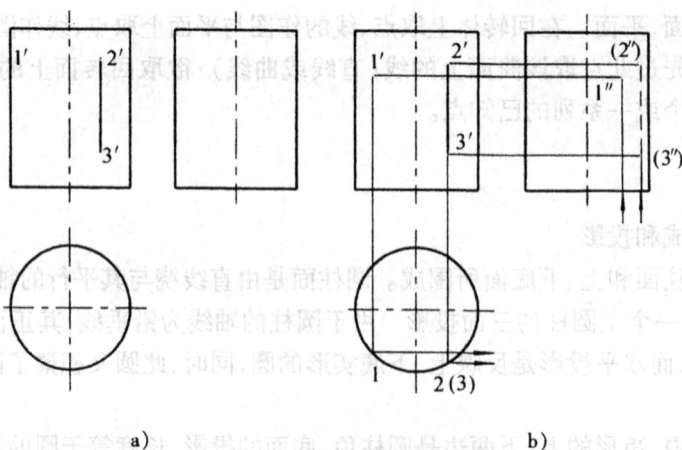

a)　　　　　　　　　　b)

图 3-24　圆柱表面上取点线

作图步骤：如图 3-24b 所示。

1）求点 Ⅰ 的水平投影和侧面投影 1、1″。由 1′可知，点 Ⅰ 在左、前圆柱表面上，其水平投影 1 必积聚在左前圆周上，于是由 1′投影连线与左前圆周相交得 1，由 1′、1 据三面投影规律求得 1″，且正面和侧面投影均可见。

2）求线段 Ⅱ Ⅲ 的水平投影和侧面投影 23、2″3″。仿 1）中 Ⅰ 点的投影作图，便可求 Ⅱ Ⅲ 点的水平投影和侧面投影 2、3 和 2″、3″。由于 Ⅱ Ⅲ 线段铅垂，水平投影积聚为一点，同时，由于 Ⅱ Ⅲ 线段在右前柱面，故正面投影可见，而侧面投影不可见，用细虚线画出。

二、圆锥

1. 形成和投影

圆锥由圆锥面和底面围成。圆锥面是由直线绕与它相交的轴线旋转而成。

图 3-25 表示一个正圆锥（轴线与锥底圆垂直）的三面投影。由于轴线铅垂，其正面投影和侧面投影为全等的等腰三角形；而水平投影是反映锥底实形的圆。

在正面与侧面投影中，等腰三角形的两腰分别为圆锥面正视转向轮廓线 SA、SB 和侧视转向轮廓线 SC、SD 的投影。SA 与 SB 分别为圆锥面最左与最右两条正平素线，其侧面投影和水平投影与用细点画线表示的轴线和水平中心线分别重合，画图时不需表示。它们把圆锥面分为前后两半，前半面在正面投影中可见，而后半面不可见；SC 与 SD 分别为圆锥面最前与最后两条侧平素线，其正面投影和水平投影与用细点画线表示的轴线和中心线（垂直于水平中心线）分别重合，画图时同样不需表示。它们把圆锥面分成左、右两半，在侧面投影中，左半面可见，而右半面不可见。

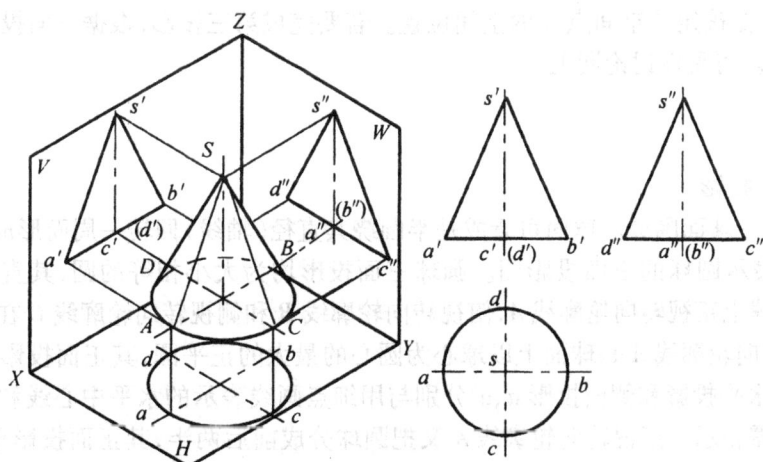

图 3-25 圆锥体的表示法

2. 圆锥表面上的点

在圆锥面上取线定点的作图原理与在平面上取线定点相同，即过锥面上的点作辅助线，点的投影必在辅助线的同面投影上。在圆锥表面上有两种简易辅助线可取：一种是正截面上的纬圆；一种是过锥顶的直素线。

【例 3-6】 如图 3-26 和图 3-27，已知圆锥的三面投影以及左前锥面上的点 A 的正面投影 $a′$，求作 A 点的水平投影和侧面投影 a、$a′$。

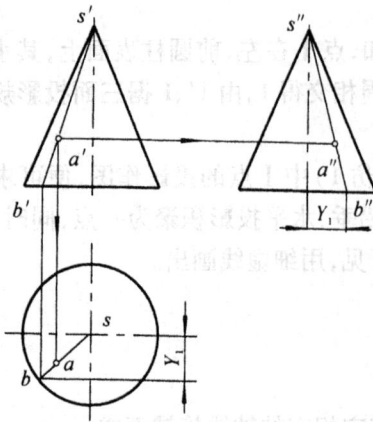

图 3-26　用素线作的点的投影　　　　图 3-27　用垂直于轴线的圆作点的投影

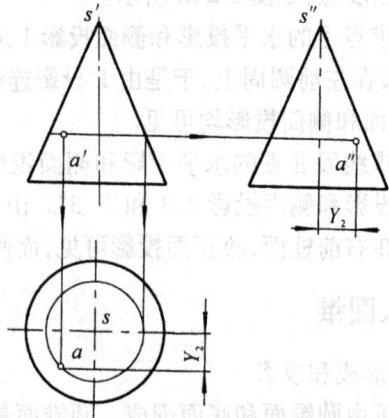

方法一:取直素线为辅助线(图 3-26)。

如图 3-26,过 a′作直线 s′b′,完成过 A 点直素线 SB 的正面投影,再作出它的水平投影 sb 和侧面投影 s″b″,点 a 和 a″必分别在 sb 和 s″b″上,由于 A 点属于左前锥面上的点,因此正面与侧面投影均可见,又由于锥顶在上方,A 点水平投影也可见。

方法二:取水平纬圆为辅助线(图 3-27)。

如图 3-27,过点 a′作与细点画线(轴线的投影)垂直的水平线(在空间,此线为水平正截面的正面投影)与正视转向轮廓线的投影相交,交点到轴线间的距离即为水平纬圆的半径,由此画出该圆的水平投影。因点 A 在左、前锥面上,故由 a′向下引投影连线与左前纬圆的水平投影相交得 a,于是确定了空间点 A 的空间位置。若要完成第三投影,根据三面投影规律由 a′和 a 便可求得 a″。可见性讨论同上。

三、圆球

1. 形成和投影

圆球由单一球面围成。球面可看成是半圆绕其直径(轴线)回转一周而形成。

图 3-28 表示圆球的三面投影图。圆球三面投影均为大小相等的圆,其直径等于圆球直径,分别是圆球上正视转向轮廓线 A,俯视转向轮廓线 B 和侧视转向轮廓线 C 在所视方向上的投影。正视转向轮廓线 A 是球面上以球心为圆心的最大的正平圆,其正面投影是反映该圆大小的圆 a′,其水平投影和侧面投影 a、a″分别与用细点画线表示的水平中心线和垂直中心线重合,画图时不需表示。正视转向轮廓线 A 又把圆球分成前后两半,其正面投影重影,前半球面可见,后半球面不可见。俯视与侧视转向轮廓线的投影情况也类似,建议读者自己分析。

2. 球面上的点

【例 3-7】　图 3-29 给出圆球的三面投影以及球面上的点 A 的正面投影,求作出水平投影和侧面投影 a、a″。

作图步骤如下:

1)过 A 点取水平纬圆。首先过 a′作水平线与正视转向轮廓线相交求得该纬圆直径(即纬圆的正面投影),并完成其水平投影。

2)自 a′引 H 面的投影连线与该纬圆水平投影的左、前圆周相交得 a,再由 a′、a 根据三面

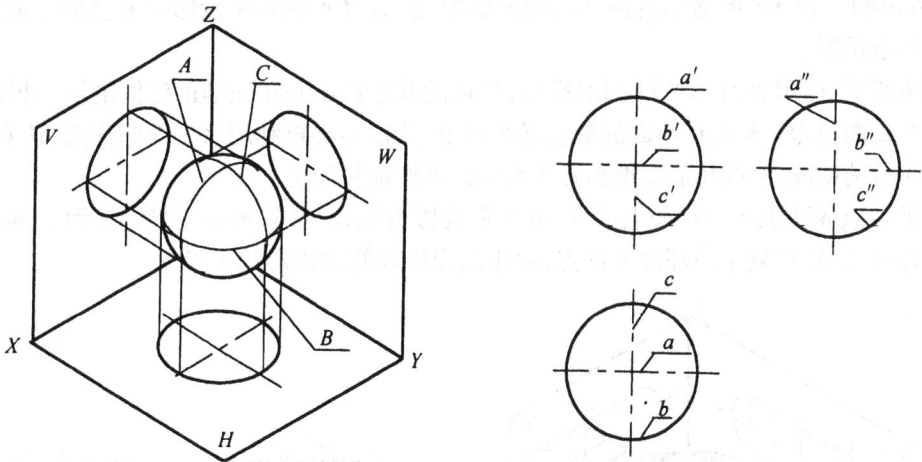

图 3-28　圆球体表示法

投影规律求得 a''。

　　本题过 A 点取正平纬圆或侧平纬圆求点的另两投影也是方便的,其方法类似。

四、圆环

1. 形成与投影

　　圆环是由圆环面围成的立体。如图 3-30a,圆环面是母线圆绕与其共面的轴线旋转而成。由母线圆外半圆回转形成外环面;由母线圆内半圆(靠近轴线的半圆)回转形成内环面;母线圆的上下两点回转后形成了内外环面的上下分界圆。母线圆上离轴线最远点和最近点旋转后分别形成了最大圆和最小圆,是上、下两半环的分界圆。

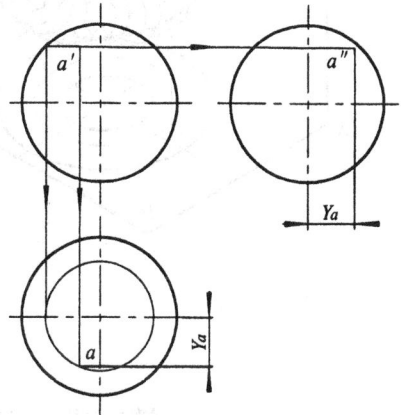

图 3-29　球及其表面上的点的投影

　　图 3-30b 表示轴线为铅垂线的圆环三面投影图。在正面投影中,左右两圆和与该两圆相切的两条公切线均是圆环面正视转向轮廓线的投影;其中两圆是圆环面最左、最右两素线圆的投影,实半圆在外环面上,虚半圆属于内环面(该半圆被前半环遮挡),这两素线圆把圆环面分为前后两半环,在正面投影中,前半外环面可见,其他部分均不可见;其中上、下两条公切线是内、外环面的上下分界圆的投影,它们是内、外环面的分界线。在水平投影中,要画出最大圆和最小圆的投影,即圆环面俯视转向轮廓线的投影,它们把圆环分成上、下两半,上半环面水平投影可见,下半环面不可见。水平投影中的细点画线圆是母线圆心轨迹的投影,且与内外环面上的上、下分界圆的水平投影重合,圆环的侧面投影与正面投影类同。

　　绘图中,注意各转向轮廓线的另外两投影都与细点画线重合,不需表示;另外,轴线、中心线必须画出。

2. 圆环表面上取点

　　圆环面是回转面,母线圆上任何一点的回转轨迹是与轴线垂直的圆。所以,圆环表面上取点利用纬圆为辅助线。

【例 3-8】 图 3-30b 表示的圆环三面投影中,已知 M 点的水平投影和 K 点的正面投影,要求完成其余投影。

作图如下:过 M 点作水平纬圆的投影,M 点的其余投影必在该辅助纬圆的同面投影上,并完成其余二面投影。K 点在环面的最左素线圆上,所以不必再利用水平纬圆作图,该素线圆是现成的简易辅助线,K 点其余二投影必在素线圆的同面投影上。

由于 K 点属于上半外环面上的点,故水平投影可见,K 点又属于左半外环面上的点,故侧面投影也可见,M 点属于内环面上的点,故正面投影和侧面投影均不可见。

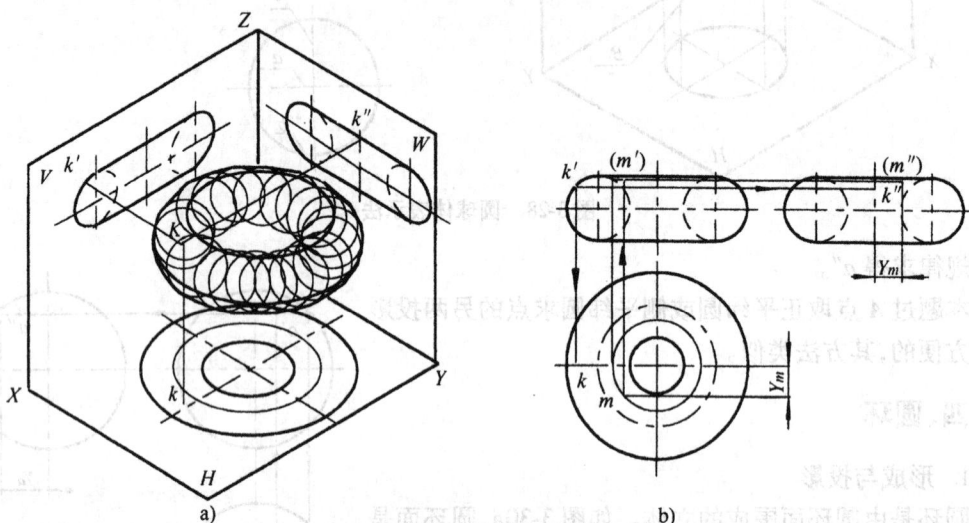

图 3-30 环的形成和投影
a)圆环 b)圆环三面投影图

第五节 平面与立体的交线(截交线)

图 3-31 是机件"机床顶尖"和"拉杆头"的简化立体图。使用中,由于端部需加工成平面,于是产生了平面与立体相交及求截交线的问题。

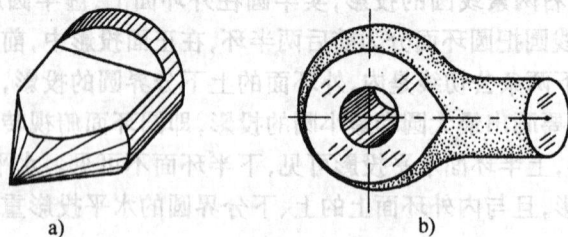

图 3-31 截切后的简化机件
a)机床顶尖 b)拉杆头

平面与立体相交可视为立体被平面所截,该平面称为截平面,截平面与立体的交线称为截交线。学习平面与立体的相交问题,就是学习如何较准确地求出立体表面的截交线。

由分析得知:截交线为截平面与立体表面的共有线,该共有线是由那些既在截平面上、又在立体表面上的共有点集合而成。因此,求截交线问题可归结为求截平面与立体表面一系列共有点的作图问题。

一、平面与平面立体表面的交线

平面与平面立体的交线为封闭的多边形。多边形的顶点一般为平面立体的棱线与截平面的交点。常见的情况为特殊位置平面与立体相交。由于特殊位置平面投影具有积聚性,所以立体的棱线与截平面的交点,可利用截平面有积聚性的投影直接定位求出。下面主要讨论特殊位置平面与立体相交求截交线的作图方法与步骤。

【例3-9】 三棱锥 S-ABC 与正垂面 P 相交,求截交线的投影,如图 3-32。

作图分析:由于截平面 P 为正垂面,P_V 为正面迹线,如图 3-32b;因此截交线的正面投影积聚在 P_V 上,可直接利用各棱线与 P_V 的交点求得。为此应先求出各交点的正面投影 e'、f'、g',再求其水平投影 e、f、g,然后顺次连接各交点的同面投影,便求得截交线的水平投影 $\triangle efg$,截交线的正面投影积聚在 P_V 上,用粗实线表示即可。

有关截交线可见性的判别,可根据各段交线所在表面的可见性来确定。可见表面上的交线其投影为可见,用粗实线画出;不可见表面上的交线其投影为不可见,用细虚线画出。

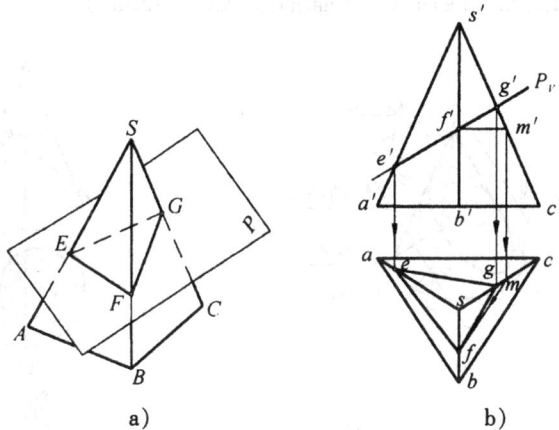

图 3-32 平面与三棱锥截交

【例3-10】 图 3-33 为被截切的五棱柱,求截交线的投影。

作图分析:此种"截切"可视为截平面与立体表面相交,其"截痕"为截交线,求法与前例类同。应该指出的是:截交线(五边形)的顶点 A、B、E 是对应棱线与截平面的交点。而顶点 C、D 是截平面与五棱柱顶面的交线端点。C、D 两点既在顶面上又分别在右前棱面和最后棱面上,还在截平面上(三面共点原理),截交线的正面投影积聚在截平面上,部分水平投影积聚在各棱面的积聚性的投影上,重点求截交线的侧面投影。作图步骤从略。

【例3-11】 图 3-34 为切口三棱锥。此切口可视为一个完整的三棱锥被一水平面和一正垂面截切而成(棱线 SA 被截去的一段,其投影用细双点画线假想表示之)。

作图分析:可以想像,由于水平截平面平行于底面,因此与棱锥的前后两棱面的交线 NG、NH 分别平行于底边 AB、AC。正垂截平面与棱锥前后两棱面的交线为 MG、MH。由于两截平面都垂直于正立投影面 V,所以其交线 GH 为正垂线,G、H 两点可视为该正垂线与前后两棱面的交点。GH 线的正面投影 $g'(h')$ 积聚,水平投影 gh 不可见,用细虚线画出。作图步骤从略。

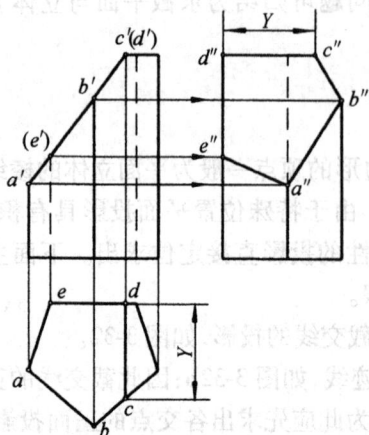

图 3-33　截切五棱柱　　　　　　　　　图 3-34　切口三棱锥

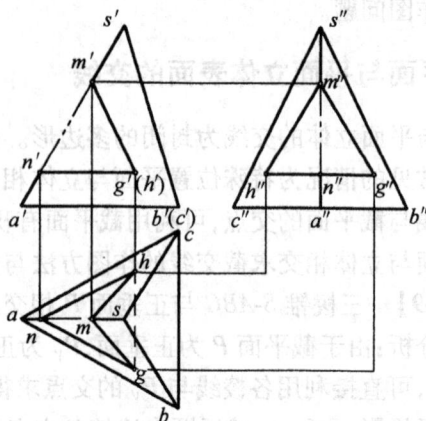

二、平面与回转体表面的交线

平面与回转体表面的截交线通常为平面曲线,如图 3-35a 所示。

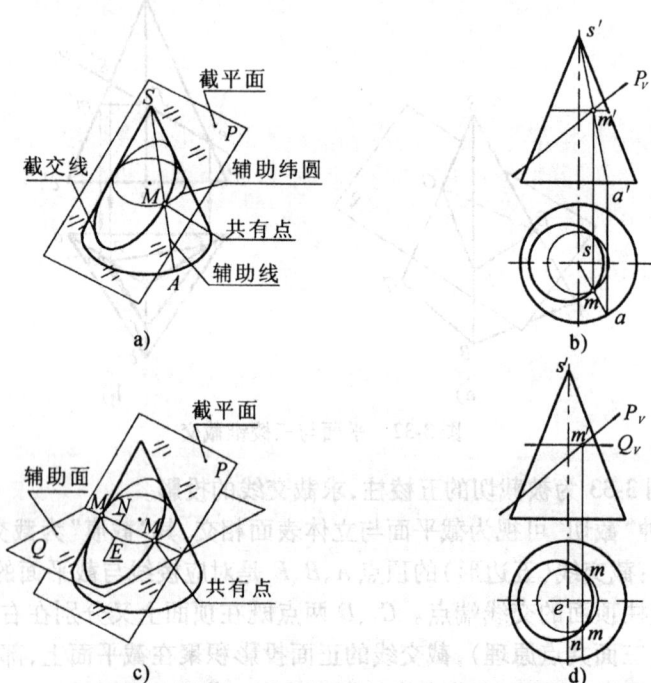

图 3-35　平面与回转体表面的截交线及共有点的求法

表 3-1 和表 3-2 分别为截平面与圆柱、圆锥表面的交线的各种情况。可以看出截交线有下列性质:

1)截交线是截平面与回转体表面的共有线,它既在截平面上,又在回转体的表面上。截交线上的点是截平面与回转体表面的共有点。

2)截交线一般为封闭的平面曲线,特殊情况是两条平行直线或两条相交直线。

3）截交线的形状取决于两个因素：①回转体的形状；②截平面与回转体轴线的相对位置。

求截交线的方法：由于截交线是截平面与回转体表面的共有线，截交线上的点是截平面与回转体表面的共有点。因此，求截交线的问题可归结为求一系列共有点的问题。

求共有点的作图方法有两种：

（1）辅助线法　即在立体表面上引辅助线，求辅助线与截平面的交点。为了作图简便，常取立体表面上的直素线或辅助纬圆作为辅助线来求共有点，图 3-35a、b 表示其共有点 M 的求法。

（2）辅助平面法　即利用三个面相交必有一共有点（即三面共点原理），作一辅助平面 Q 与立体相交得一交线为水平辅助圆 E；辅助面 Q 与截平面 P 的交线为直线 N，则两辅助线 E 和 N 的交点 M 即为共有点，如图 3-35c、d 所示。

说明：以上两种求共有点的作图方法实质上是一样的。作辅助面的目的是为了确定所引辅助线的位置和形状。作图时要视具体情况灵活运用。若立体表面能直接画出辅助线（直素线或纬圆）求共有点，就不必作辅助面。若直接在立体表面上引辅助线求共有点不便，可通过作辅助面求出辅助线。注意，辅助面的位置应使求得的辅助线的投影为简单易画的直线或者圆。

在以后求截交线的各例题中，请读者注意求共有点方法的具体应用。

（一）平面与圆柱面的交线

如表 3-1 所示，平面与圆柱表面相交时，由于截平面与圆柱轴线的位置不同，截交线的形状有三种：圆（垂直于轴）、椭圆（倾斜于轴）、两条平行线（平行于轴）。

表 3-1　平面与圆柱截交线的 3 种情况

截平面位置	平行于轴线	垂直于轴线	倾斜于轴线
立体图	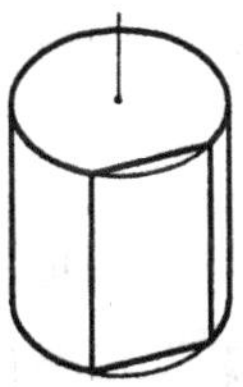	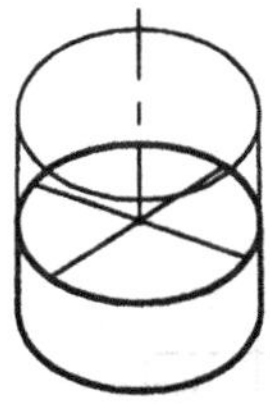	
截交线形状	两平行直素线	圆	椭　圆
投影图	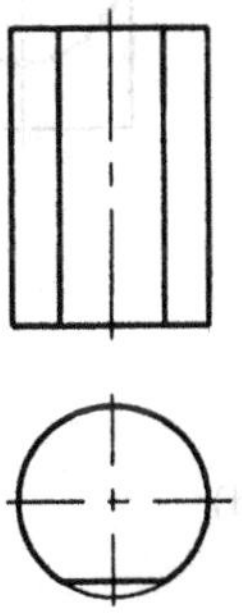	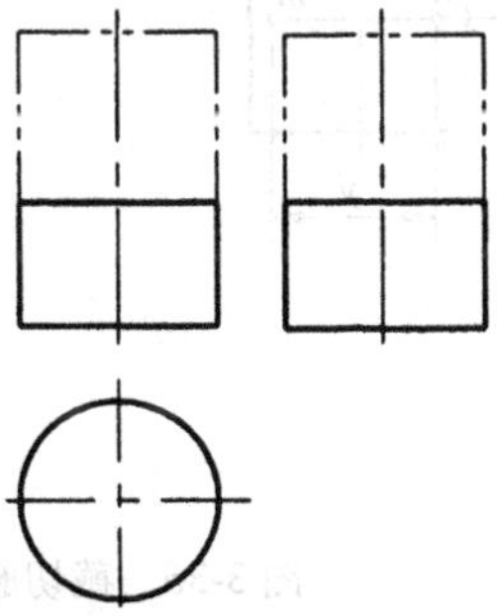	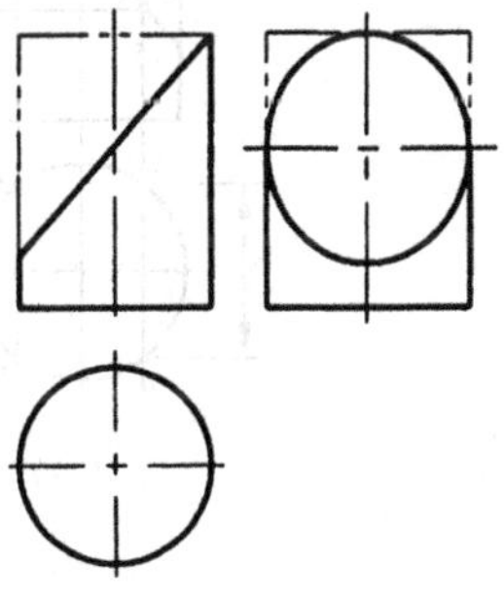

【例 3-12】　图 3-36 为正垂面 P 与铅垂圆柱相交，求其截交线。

（1）分析

本图例中，圆柱是被倾斜于轴的正垂面 P 所截，截交线的空间形状为椭圆。由于截平面 P 为正垂面，圆柱为铅垂圆柱，因此截交线的正面投影积聚在截平面的正面投影上。其水平投影积聚在圆柱面的水平投影（圆）上，只有其侧面投影待求。

从以上分析可知：由于截交线的两面投影已知，截交线的空间位置和形状已定。因此，可根据截交线有积聚性的两面投影，求出第三面投影。

（2）作图

1）在截交线上先取其特殊点，如图 3-36b：A、B 为椭圆长轴的端点，C、D 为椭圆短轴的端点。以上 4 个点分别是特殊位置的轮廓素线与截平面的交点，可方便地在水平投影（圆）上确定其位置 a、b、c、d。再在正面投影和侧面投影上对应地求出 $a'b'c'd'$ 和 $a''b''c''d''$，如图 3-36 b 所示。

2）为了较准确地画出椭圆的侧面投影，可在截交线有积聚性的投影上，适当选取 4 个点 M、N、M_1、N_1（这些点可视为圆柱面上的一般位置素线与截平面的交点，故称为截交线的一般点）。重复前面的作图步骤，可先求出它们水平投影，再求出其侧面投影，如图 3-36 c 所示。

3）依次光滑地连接所求各共有点的同面投影，并区分可见性，完成椭圆的作图，如图 3-36d 所示。

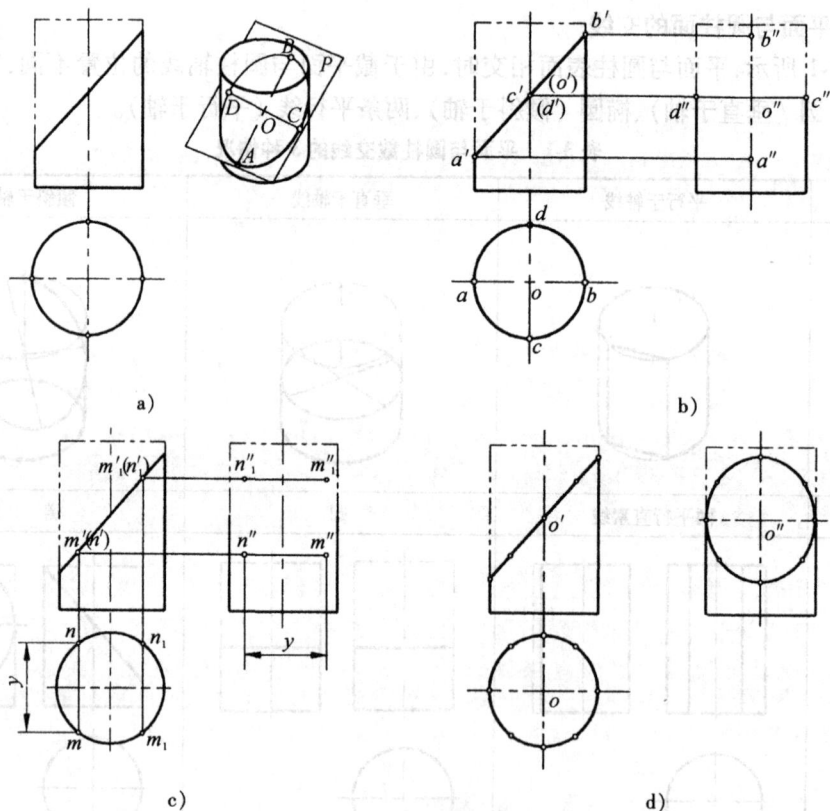

图 3-36　截切圆柱体

a）题目分析　b）求特殊点　c）求一般点　d）完成截交线

最后特别指明三点：

1）A、B、C、D 4 个点为截交线特殊位置上的点，也是椭圆长、短轴的端点。特殊点一般位于回转体的转向轮廓线上，应尽可能求全。

2）M、N、M_1、N_1 是截交线上的一般位置点，在选取时，位置要适当、个数要适量。

3）作图时还应注意截交线的对称性特点，以简化作图，并使作图准确。

【例 3-13】 图 3-37 为一切口圆柱，求其截交线的未知投影。

（1）分析

1）由于圆柱轴线为侧垂线，因此为侧垂圆柱，所以截交线的侧面投影积聚在圆柱的侧面投影（圆）上。

2）切口是由侧平面 P、正垂面 Q 和水平面 R 截切圆柱而成。由于各截平面的正面投影均具有积聚性，因此各截交线的正面投影分别积聚在对应截平面的正面投影上。各截交线的侧面投影均积聚在圆柱面的侧面投影（圆）上。待求的是切口的水平投影。

3）截平面 R 与截平面 P、Q 分别交于正垂线 AA_1、DD_1，且截交线前、后具有对称性。

（2）作图（略）

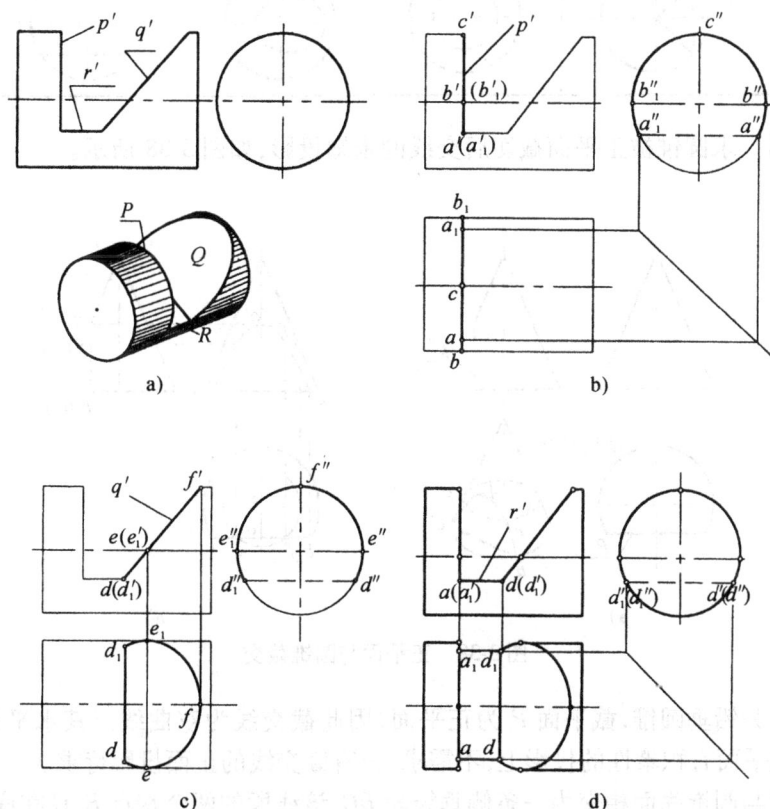

图 3-37 切口圆柱

a）题目分析 b）求截平面 P 的交线 c）求截平面 Q 的交线 d）求截平面 R 的交线并完成作图

（二）平面与圆锥面的交线

如表 3-2 所示，由于截平面与圆锥轴线位置的不同，其截交线的形状有五种：两相交直线（过锥顶）、圆（垂直轴）、椭圆（倾斜于轴并与所有素线相交）、双曲线（倾斜于轴并平行于两条素线）及抛物线（倾斜于轴并平行一条素线）。这类交线数学上称为圆锥曲线。

表 3-2　平面与圆锥面的交线

截平面位置	过锥顶	垂直于轴线	与所有素线相交	平行两条素线	平行一条素线
立体图					
投影图					

【例3-14】　求圆锥被正平面截切后交线的未知投影，如图3-38所示。

（1）分析

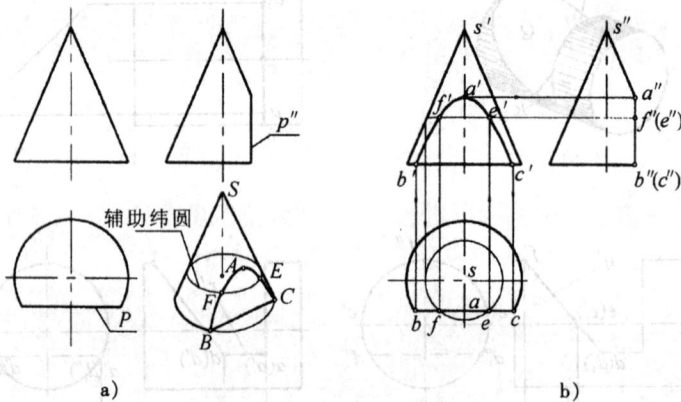

图 3-38　正平面与圆锥截交

1）该圆锥为铅垂圆锥，截平面 P 为正平面，因此截交线为双曲线。其水平投影和侧面投影均积聚在截平面有积聚性的投影上，不需求；只有截交线的正面投影待求。

2）截平面与圆锥底面相交为一条侧垂线段 BC，该线段的两个端点 B、C 在底圆上。

（2）作图

1）先求决定双曲线轮廓范围的特殊点：截平面与圆锥最前转向轮廓线的交点 A 是双曲线的最高点，与圆锥底圆的交点 B 、C 是双曲线的最低点，也是最左最右点，这些特殊点一般可直接求出。

2）再求截交线上适量的一般点：如 F、E 及其正面投影 f′、e′。f′、e′ 两点的求法可通过在圆锥表面上直接引辅助圆(或作水平辅助面求得辅助圆),求此辅助圆与截平面的交点 F、E 的水平投影 f、e 而定位。将以上所求的特殊点和一般点的同面投影 b'、f'、a'、e'、c' 光滑连接成双曲线的投影即成。注意,一般点取的个数视具体情况而定,方法类同。

【例 3-15】 求圆锥被正垂面截切后的投影,如图 3-39 所示。

(1)分析

圆锥的轴线为铅垂线,该圆锥为铅垂圆锥。截平面为正垂面且与圆锥轴线倾斜,其截交线为正垂椭圆,椭圆的正面投影积聚在截平面的正面投影上,水平投影与侧面投影待求。

(2)作图

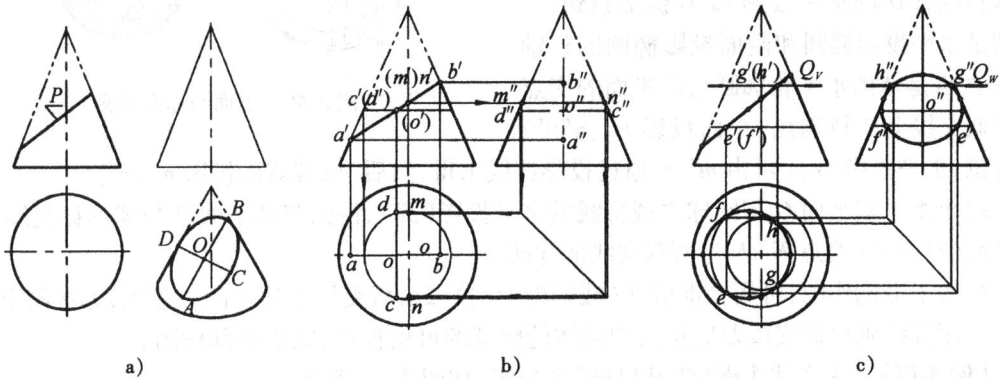

图 3-39 正垂面与圆锥截交

1)先求圆锥正视、侧视转向轮廓线与截平面的交点的正面投影 a'、b'、m'、n',侧面投影 a''、b''、m''、n'' 和水平投影 a、b、m、n。

2)确定椭圆长轴和短轴的四个端点,长轴应位于截平面内且过椭圆中心的正平线上。A、B 为椭圆长轴之端点。根据椭圆长、短轴相互垂直平分的几何关系,可知短轴为正垂线,其正面投影积聚在长轴正面投影的中点上。过长轴中点作一辅助圆,便可求出短轴端点的水平投影 c、d 和侧面投影 c''、d'',如图 3-39b 所示。

3)再求椭圆上适量的一般点如 E、F、G、H 的三面投影,并光滑连接。一般点的求法还是"辅助线"法,如图 3-39c 中 E、F 的求法。也可用"辅助面"法,例如 G、H 的求法。注意:一般点的个数要适量、位置要适当。

(三)平面与球面的交线

平面与球面相交其截交线都是圆,如图 3-40 所示。但由于截平面对投影面的位置不同,截交线(圆)的投影可以是圆、椭圆或直线段。当截平面平行于投影面时,截交线在该投影面上的投影反映圆的实形。当截平面倾斜于投影面时,截交线(圆)在该投影面上的投影为椭圆,其长轴是截交线(圆)的平行于投影面的直径 CD 的水平投影 cd、$c''d''$。短轴是截交线(圆)平面对该投影面最大斜度线位置上的直径 AB 的投影 ab、$a''b''$。

【例 3-16】 求球体被正垂面 P 和水平面 Q 截切后的投影,如图 3-40 所示。

(1)分析

1)截平面 P 为正垂面,截交线的正面投影具有积聚性,水平投影和侧面投影为椭圆的一部分。

2)截平面 Q 为水平面,截交线的正面投影和侧面投影均具有积聚性,水平投影为圆的一部分。

3）截平面 P、Q 的交线 FE 为正垂线,该正垂线与球面之交点 F、E 是两截交线的连接点。

（2）作图

1）求截平面 P 与圆球的截交线（正垂圆）的未知投影（椭圆）。AB 为截交线圆的正平直径,水平投影 ab 为水平投影椭圆的短轴,$a''b''$ 为侧面投影椭圆的短轴。CD 是截交线（圆）的正垂直径,CD 的水平投影 cd 和侧面投影 $c''d''$ 分别是水平投影椭圆和侧面投影椭圆的长轴。M、N 两点是球的水平轮廓圆与截平面的交点,

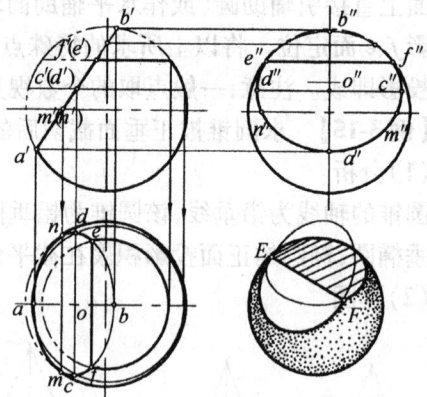

图 3-40 平面与球面相交

也是截交线上的特殊点,正面投影 m'、n' 可直接定位,水平投影 m、n 可由 m'、n' 通过投影连线求得,然后,求其侧面投影 m''、n''。

2）求水平截平面 Q 与圆球之截交线的水平投影（圆）,该圆与截平面 P 与球的截交线的水平投影（椭圆）之交点 F、E 为两截交线的连接点。

3）为了准确作图,可用辅助圆法（或辅助面法）求出截交线上适量的一般点,方法同上。

4）用实线画出截交线及应保留的球体轮廓圆的可见投影,完成全部作图。

【例 3-17】 求半球头螺钉"开启槽"的投影,如图 3-41 所示。

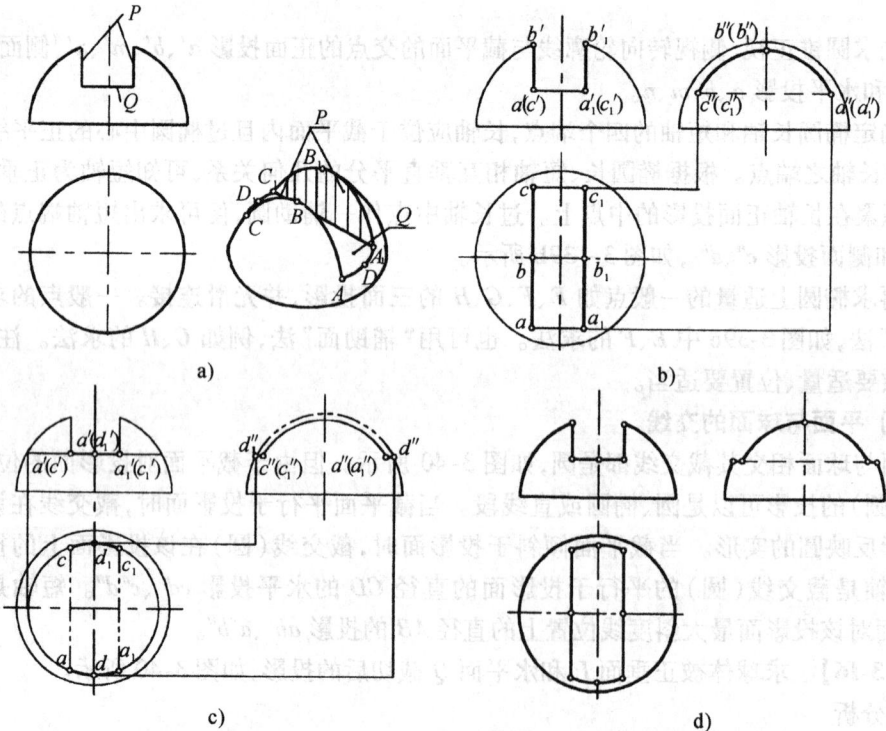

a)

b)

c)

d)

图 3-41 半圆头螺钉"开启槽"的截交线

a)题目分析 b)求两截平面 P 的交线 c)求截平面 Q 的交线 d)完成截交线的投影

（1）分析

1）半球头螺钉头的"开启槽"是由两侧平面 P、P 和水平面 Q 对称切割半球而形成的。截平面 P、P 与半球面的截交线均为圆的一部分。截平面 P 和 Q 相交为一直线段，此线段与半球面的交点 A、C、A_1、C_1 为截交线的侧平圆弧和水平圆弧的连接点。

2）"开启槽"的正面投影分别积聚在截平面 P 和 Q 有积聚性的投影上，待求的是水平投影和侧面投影。

（2）作图（略）

（四）平面与环面的交线

平面与环面相交时，由于两者相对位置的不同，截交线可能是一条或多条封闭的平面曲线。当截平面垂直于圆环回转轴线时，截交线是圆；当截平面平行于圆环回转轴线时，其截交线是多种平面曲线，情况比较复杂，在此不作详细讨论。

【例 3-18】 求作半圆环被水平面截切后的投影，如图 3-42 所示。

（1）分析

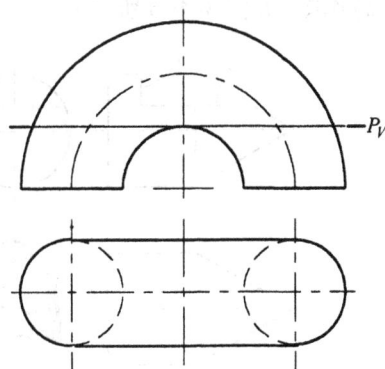

图 3-42 例 3-18 图

如图 3-42 所示，由于半圆环的回转轴线为正垂线，截平面 P 是水平面并与内环面相切，所以截交线是一前后、左右对称的平面曲线。截交线的正面投影积聚在截平面 P_V 上，水平投影待求。

（2）作图（如图 3-43 所示）

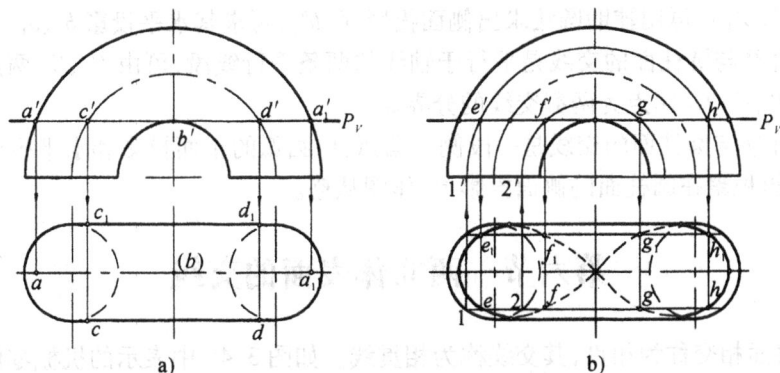

图 3-43 平面与半圆环截交
a）求特殊点 b）求一般点

（五）平面与组合回转体的交线

如图 3-44 所示，当截平面与组合回转体表面相交时，截交线是由截平面与各回转体表面所得交线组成的复合平面曲线。截交线的连接点应在相邻两回转体的分界圆处。为了较准确地绘出组合回转体的截交线，应对组合回转体进行形体分析，搞清各段回转体的形状，并求出分界圆的位置，然后，按形体分析逐个求出它们的截交线，并光滑连接。

【例 3-19】 求作"机床顶尖头"被平面截切后的投影，如图 3-44 所示。

（1）分析

1)"顶尖头"是由侧垂圆锥与圆柱组成的同轴回转体。圆锥底圆与圆柱左端圆为共底圆，该圆是两回转体的分界圆。

2)"顶尖头"的切口是由平行于轴线的水平面 P 和垂直于轴线的侧平面 Q 截切而成。由于 P、Q 的正面投影及圆柱的侧面投影均具有积聚性，对应的截交线也具有积聚性，待求的是截交线的水平投影。

3)截平面 P 与 Q 相交于一正垂线，截交线前后具有对称性。

(2)作图(如图 3-44b 所示)

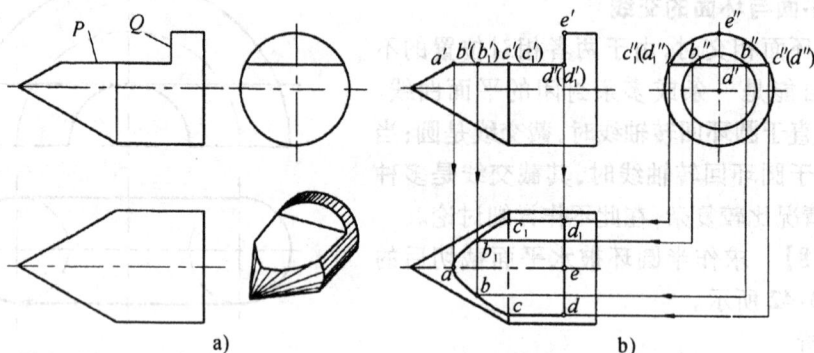

图3-44 "机床顶尖头"的截交线

1)截平面 P 与圆锥面的交线为双曲线，可先求出其特殊点以确定其形状范围。A 点是圆锥最高轮廓转向线与截平面的交点，可由其正面投影 a' 确定之，再求其水平投影 a 和侧面投影 a''。C、C_1 两点可先求其侧面投影 c''、c''_1，再求其他投影 c、c_1 和 c'、c'_1。可先确定一般点 B、B_1 的正面投影 $b'(b'_1)$，再用辅助圆法求出侧面投影 b''、b''_1，再求其水平投影 b、b_1。

2)截平面 P 与圆柱面的交线是平行于轴线的两条平行线段，可由 C、C_1 两点的水平投影 c、c_1 定位画出，C、C_1 两点为两截交线的分界点。

3)截平面 Q 与圆柱面的交线是一段侧平圆弧，该圆弧的正面投影和水平投影积聚在截平面上，侧面投影积聚在圆柱面的侧面投影上，作图从略。

第六节 两立体表面的交线

两立体表面相交称为相贯，其交线称为相贯线。如图 3-45 中表示的机械零件表面上的相贯线。

本章重点研究工程界常见的回转曲面立体之间相贯线的求法。

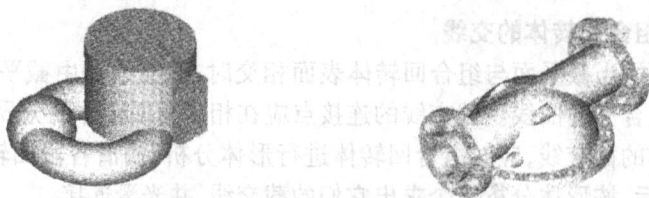

图3-45 立体表面上的相贯线

一、两曲面立体相贯

两回转曲面立体表面的相贯线,其空间形状一般取决于两回转曲面本身的形状、尺寸大小及其轴线间的相对位置。一般情况下,相贯线是闭合或不闭合的高次空间曲线;特殊情况下,相贯线是平面曲线(圆、椭圆或是两条直线)。

求作相贯线的方法有"表面取线定点法"和"辅助平面法"。

为了准确绘制相贯线的投影,应先求特殊点,如可见与不可见的分界点,以及最高、最低、最前、最后、最左、最右等特征点。求得这些点后,便可有的放矢地在适当的位置上求得相贯线上适量的一般点。然后依次光滑地连接并区分可见性。下面通过实例分别加以介绍。

(一)表面取线定点法求相贯线

【例3-20】 求轴线正交两圆柱的相贯线(图3-46)。

(1)分析

由图示可知,小圆柱铅垂,大圆柱侧垂,所以相贯线的水平投影必随小圆柱积聚在其圆周上;相贯线的侧面投影也必随大圆柱积聚在大圆柱侧面投影的圆周上。又根据相贯线为两曲面所共有的道理,相贯线的侧面投影必是小圆柱侧视转向轮廓线之间的圆弧部分。相贯线两面投影已知,正面投影待求。由于两圆柱轴线正交,轴线所在的平面为正平面,相贯线前后部分正面投影重合。相贯线上各点的正面投影只要依据三面投影规律便可求出。

(2)作图

1)确认特殊点,并完成其正面投影。在相贯线已知的 H 面与 W 面的两面投影中,依据"宽相等"的两面投影规律可以确认:Ⅰ(1,1″)、Ⅱ(2,(2″))两点,既是相贯线最左、最右两点,又都是最高点;Ⅲ(3,3″)、Ⅳ(4,4″)两点既是相贯线最前、最后两点,又都是最低点。既然点的 H 面、W 面投影已经确认,便可利用"长对正""高平齐"的投影规律来完成各点的正面投影。不过,Ⅰ、Ⅱ两点的正面投影 1′、2′,还可由 V 面投影直接确认,无需作图,因为,它们是两圆柱正视转向轮廓线正面投影的交点。

2)一般点的正面投影。在最高与最低点之间的适当位置上取一般点,可根据"高平齐"的投影规律,先找到它们的 W 面投影,如一般点 Ⅴ、Ⅵ 的 W 面投影 5″、(6″),再根据"宽相等"的投影规律找到 Ⅴ、Ⅵ 两点的 H 面投影 5、6,再完成其 V 面投影 5′、6′。

3)光滑连接各相贯点的正面投影,本题可见性无需判别。

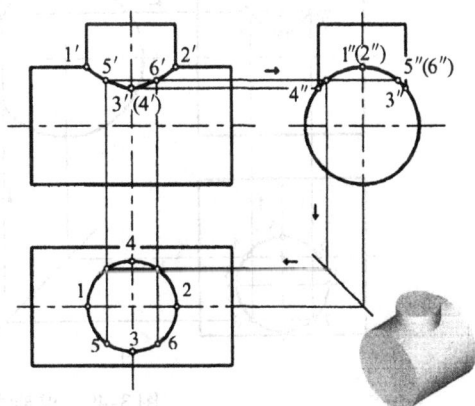

图 3-46　两正交圆柱相贯

(3)讨论

轴线正交的两圆柱相贯有三种基本形式:

1)两实圆柱相贯即两圆柱外表面相交,如图3-46所示。

2)虚、实两圆柱相贯,即一个实圆柱表面与一个虚圆柱(或称圆柱孔)表面相交,如图3-47中的相贯线 A。

3)两虚圆柱相贯,即两个圆柱孔表面相交,如图3-48中相贯线 B。

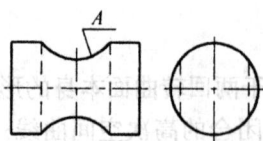

图 3-47 虚实圆柱相贯

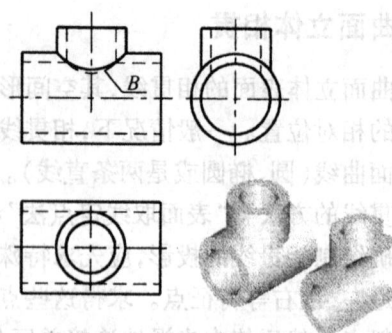

图 3-48 虚虚圆柱相贯

实际上,任何平面立体、曲面立体相贯均有上述三种基本形式,在此不再一一列举。

【例 3-21】 求作轴线垂直交叉的两圆柱相贯线(图 3-49)。

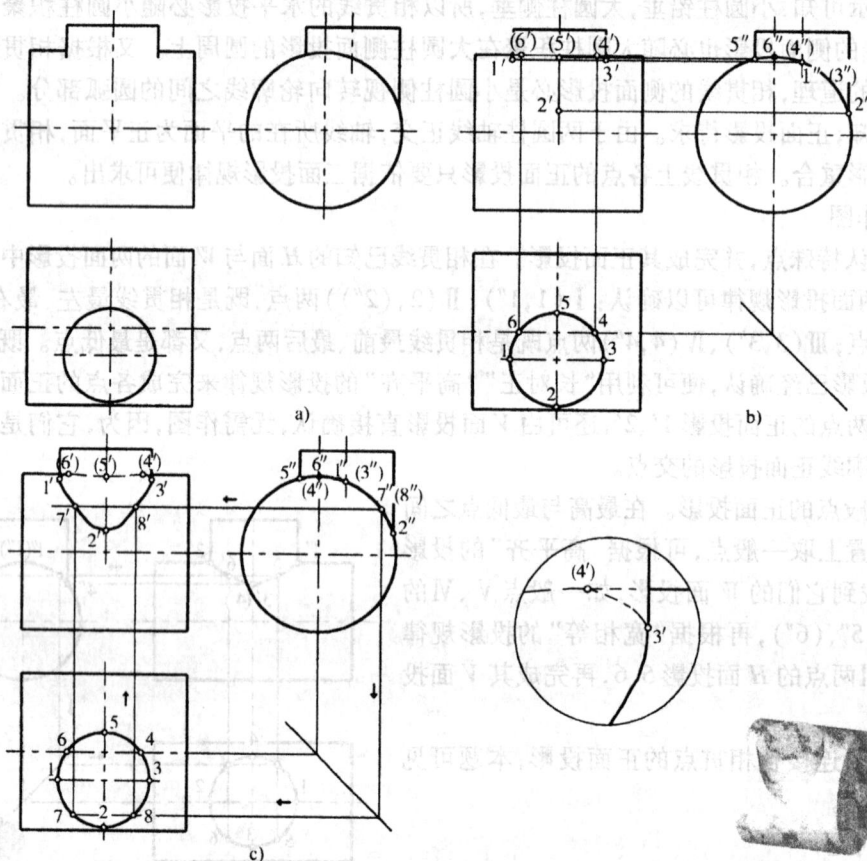

图 3-49 求轴线垂直交叉的两圆柱相贯线

(1)分析

本题与上例的主要区别是两圆柱轴线的相对位置发生了变化,轴线垂直交叉,两圆柱前后偏交,相贯线前后不对称。其余的分析与上例类同。

(2)作图

1）确认特殊点并完成其正面投影。了解相贯线的 H 面和 W 面投影,并注意两圆柱前后偏交对相贯线的影响。不难确认,本例有6个特殊点Ⅰ、Ⅱ、Ⅲ、Ⅳ、Ⅴ、Ⅵ,其中,Ⅰ(1,1″)、Ⅲ(3,(3″))两点是铅垂圆柱正视转向轮廓线与侧垂圆柱的贯穿点,是相贯线正面投影可见与不可见的分界点,又分别是最左和最右点;Ⅱ(2,2″)点既是最低点又是最前点;Ⅳ(4,(4″))、Ⅵ(6,6″)两点同是最高点;Ⅴ(5,5″)点是最后点;确认各特殊点两面投影之后,再由三面投影规律完成它们的正面投影,见图3-49b。

2）完成一般点的正面投影。先在相贯线正面投影特殊点之间的适当位置上取线,如在 W 面投影中找到一般点Ⅶ、Ⅷ的侧面投影7″、(8″),继而在 H 面投影中找到这两点的水平投影7、8,通过这条路线去完成其正面投影7′、8′,见图3-49c箭头所指。

3）连接相贯点并判别可见性。由于铅垂圆柱的遮挡,相贯线正面投影3′-(5′)-1′部分不可见,画成细虚线。注意,侧垂圆柱正视转向轮廓线被铅垂圆柱遮挡的部分不可见,也画成细虚线,见放大图。

（3）讨论

1）若曲面形状及其相对位置不变,而尺寸大小相对变化时,相贯线的形状和位置也将随之发生变化。图3-50表示轴线正交的两个圆柱其直径发生变化时,相贯线的形状和位置产生变化的几种情况。

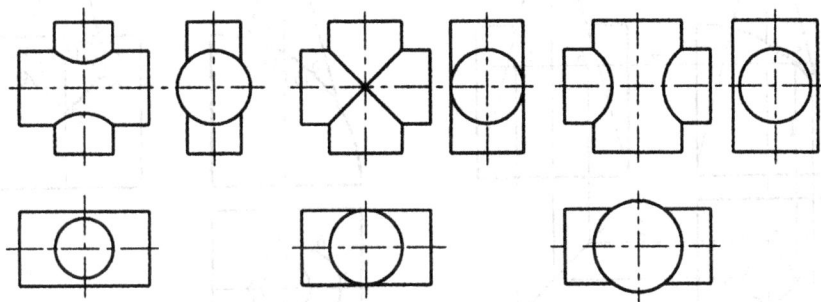

图3-50 直径大小的相对变化对相贯线的影响

2）当回转面轴线之间的相对位置发生变化时,其相贯线的形状和位置也要发生变化。图3-51中表示了位置的相对变化对相贯线的影响情况。

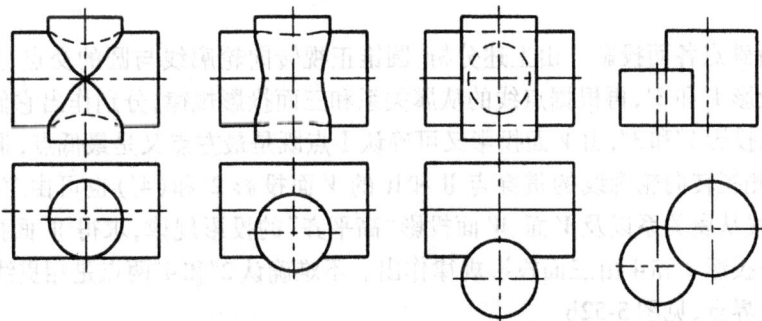

图3-51 相交的两圆柱轴线相对位置变化时对相贯线的影响

【例3-22】 求作图3-52a所示的圆台与圆柱相贯线的三面投影。

（1）分析

由图 3-52 可知,所给定的形体是由轴线铅垂的圆台与轴线正垂的圆柱(左上 1/4 柱体)前后对称、左右偏交、上下叠加而成。因为圆柱轴线与 V 面垂直,则相贯线的正面投影必随圆柱面积聚在同一个圆周上,所以相贯线的正面投影只能是圆锥正视转向轮廓线之间的圆弧部分,这就是说,相贯线 V 面投影已知,另外两面投影待求。

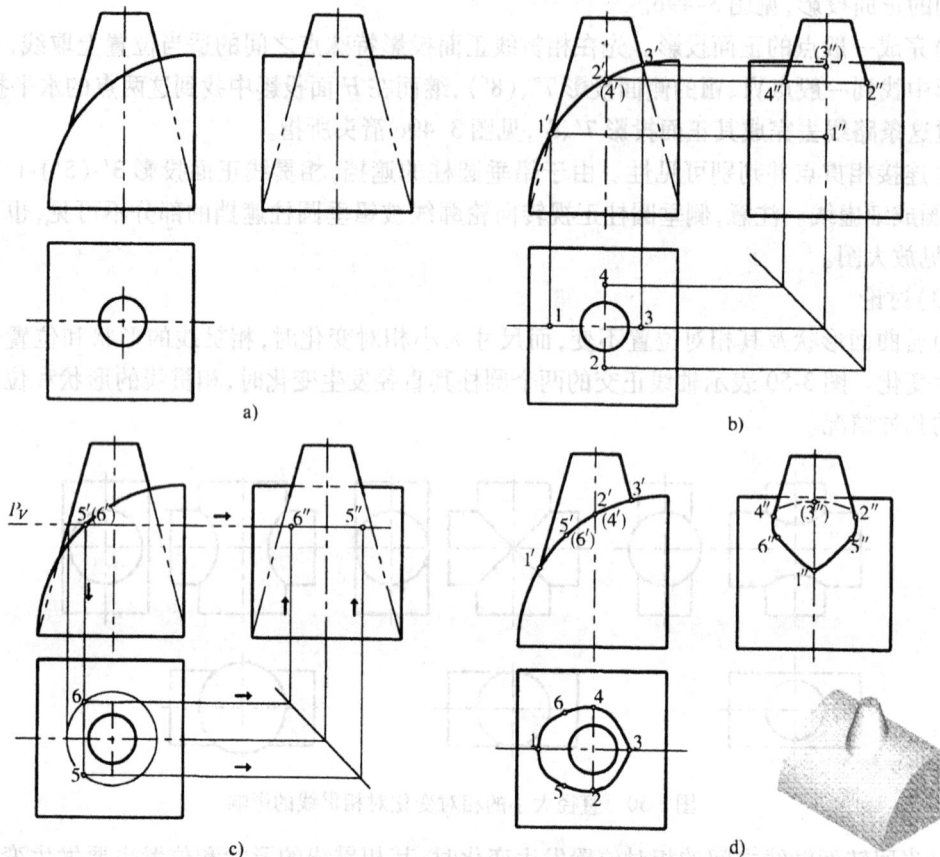

图 3-52　求作圆台与圆柱的相贯线

（2）作图

1）完成特殊点各面投影。由上述分析,圆锥正视转向轮廓线与圆的交点,正是 I、III 两个相贯点正面投影 1′ 和 3′,再根据点线的从属关系和三面投影规律,分别作出它们的水平投影 1 和 3 以及侧面投影 1″ 和 3″,由 V 面投影又可确认 I 点既是最左点又是最低点,III 点既是最右点又是最高点;侧视转向轮廓线的贯穿点 II 和 IV 的 V 面投影 2′ 和 (4′) 也可由 V 面投影直接确认,再根据点线从属关系以及 V 面、W 面投影"高平齐"的投影规律,求得 W 面投影 2″ 和 4″,至于相贯点水平投影 2 和 4 由三面投影规律作出。不难确认 2″ 和 4″ 两点是相贯线侧面投影可见与不可见的分界点,见图 3-52b。

2）求作一般点。由于相贯线的正面投影已知,可采取"面上取线定点法"在各特殊点之间的适当位置上灵活取用锥面上若干个水平纬圆,以求得足够多的一般点。现以 V 点为例说明如下:在 I 点和 II 点之间的适当位置上,取一个水平纬圆并作出其三面投影,在相贯线的 V

面投影上,确认锥面上的这一水平纬圆与圆柱面贯穿点的正面投影 5′,而后再分别求出其 H 面投影 5 和 W 面投影 5″;由于锥、柱两形体前后对称组合,其相贯线必然前后对称,所以与 Ⅴ 点对称的Ⅵ点正面投影(6′)必与 5′重影,Ⅵ点的其余两面投影可遵照"对称图形对称作"的原则分别作出。如与 5 对称作出其 H 面投影 6;与 5″对称作出其 W 面投影 6″,见图 3-52c。

3)判别可见性。由于 2″和 4″为相贯线侧面投影可见与不可见的分界点,右半锥面上的相贯线侧面投影被遮挡,因此 2″-(3″)-4″部分不可见,画成细虚线,其余部分画成粗实线;水平投影均可见;正面投影的可见性无需判别,见图 3-52d。

4)依次光滑连接各相贯点的侧面投影和水平投影,并注意检查各形体轮廓线的投影及其可见性是否有错等,如圆柱侧面投影中转向轮廓线被圆锥遮挡的部分应画成细虚线。

(二)辅助平面法求相贯线

求作相贯线的另一方法是"辅助平面法"。前述"取线定点法"可视为"辅助平面法"的简化。如"取线定点法"所取的简单线(直线或圆),实际上是辅助面与立体表面的交线;"辅助平面法"求相贯线作图的关键是如何选择辅助平面。选择辅助平面应以它与立体表面交线的投影简单易画为原则。

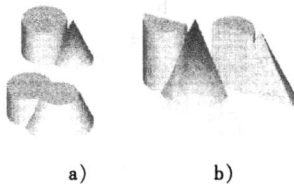

a)   b)

图 3-53   灵活选用辅助面

如图 3-53a 所示,若求作圆锥面与圆柱面的一般相贯点时,由于其轴线铅垂,因此,选择水平面作为辅助面,获得截交线均为水平投影反映实形的两个水平纬圆,根据三面共点原理,其交点即是相贯点的水平投影,可首先求得,然后再依据点与线的从属关系和投影规律便可完成其余的各面投影。还可以选用通过圆锥轴线的铅垂面作辅助面,因其截交线都是直线,如图 3-53b 所示。由上述分析可知,分析现有条件,恰当地选择辅助面十分关键。

【例 3-23】 求作图 3-54a 所示的两立体表面相贯线的三面投影。

(1)分析

图示形体由圆锥台与主形体圆球(被正平面前后对称截切的左上 1/4 球体)前后对称、左右偏交而又上下叠加组合而成,由于圆锥台轴线不通过球心,所以圆锥面与球面的相贯线为前后对称的空间曲线,其正面投影前后重合。又由于圆锥面和球面的各面投影都没有积聚性,"表面取线定点法"不便作图,因此,只能用辅助平面法作图。

(2)作图

1)求作特殊点。如图 3-54b 及 b′所示,球面和圆锥面的正视转向轮廓线在对称平面上彼此相交,因此Ⅰ、Ⅲ两个交点的正面投影 1′、3′可直接获得,再根据点与线的从属关系以及三面投影规律求出Ⅰ、Ⅲ两个相贯点的其余两面投影 1、3 和 1″、3″,显然Ⅰ点既是最低点,又是最左点;Ⅲ点既是最高点,也是最右点;求圆锥面侧视转向轮廓线的贯穿点,可选择包含这两条转向轮廓线的侧平面 Q 为辅助面,平面 Q 与球面的截交线为侧平圆,它们在 W 面投影的交点 2″、4″即是相贯线 W 面投影可见与不可见的分界点,然后再完成其 H 面投影 2、4 以及 V 面投影 2′、(4′)。

2)求作一般点。如图 3-54c 及 c′。在前面所求得的特殊点之间均匀地选取适当多的辅助平面,以求得足够数量的一般点。因最低点Ⅰ点,最高点Ⅲ点已经求出,可在Ⅰ、Ⅲ点之间选取辅助平面求出一般点。下面以求作一般点 Ⅴ、Ⅵ为例说明如下:先作出水平面 P 有积聚性的 V 面投影 P_V,然后作出截交线的水平投影,即两个水平圆弧,其交点即是 Ⅴ、Ⅵ两个一般点的水

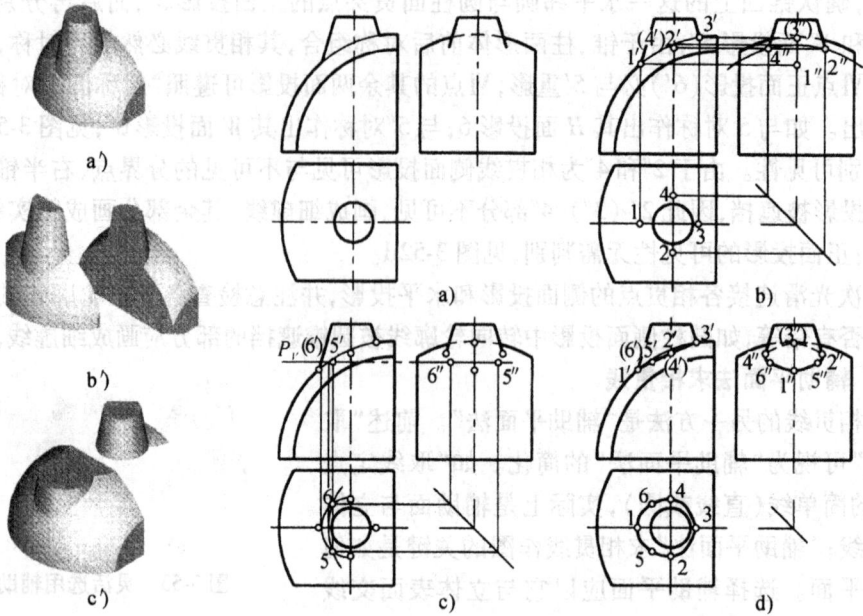

图 3-54　用辅助平面法求作圆锥面与圆球的相贯线

平投影 5、6，由此再继续完成其 V 面投影和 W 面投影，即 5′、(6′)和 5″、6″。如此可再求得若干点。

3）判别可见性。相贯线的水平投影都可见，画成一条粗实线；其侧面投影，只有锥面左半部分可见，即 2″-1″-4″可见，画成粗实线，而 2″-(3″)-4″不可见，画成细虚线。

4）依次光滑连接各相贯点，完成三面投影。

注意检查各形体轮廓线的投影是否到位或可见性是否正确等，如圆球侧面投影轮廓线由于被圆锥遮挡而不可见，应画成细虚线。

【例 3-24】　求作正交的圆柱和圆锥台的相贯线（图 3-55）。

（1）分析

图示形体是由圆柱与圆台前后对称、轴线正交而成。由于圆柱轴线侧垂，相贯线侧面投影必随圆柱积聚于同一圆周上，所以相贯线的侧面投影已知，正面投影和水平投影待求。又由于圆台轴线铅垂，选用"表面取线定点法"，连续选取锥面上的水平纬圆可确定各相贯点的投影。

（2）作图

1）确认特殊点，并完成 V 面、H 面投影。

首先由 W 面投影确认：1″、2″两点分别是最高点 I 和最低点 II 的侧面投影，又因为它们是圆柱与圆台正视转向轮廓线的交点，所以这两点的正面投影 1′、2′还可以由 V 面投影直接确认，同时判别出 2′点又是最左点的正面投影（需了解相贯线的趋势），而后完成水平投影 1、(2)；另外，判别 3″、4″两点分别是最前、最后点 III、IV 的侧面投影，又由于是圆柱俯视转向轮廓线的贯穿点，其水平投影 3、4 必是相贯线水平投影可见与不可见的分界点，可作水平纬圆先来完成，而后完成其正面投影 3′、(4′)；另外，求作最右点 V、VI 时，这一对特殊点由侧面投影不便确认，可采用多点逼近法在 H 面或 V 面中近似求作，如图 3-55b 所示。

2）求作一般点。

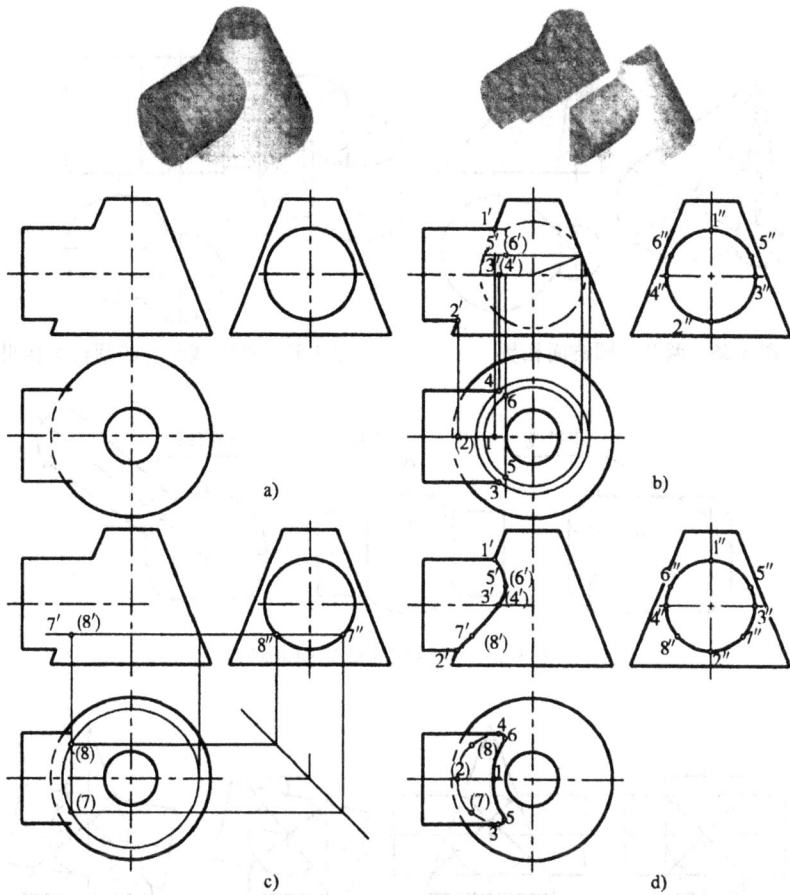

图 3-55　圆柱和圆台相贯

采用辅助平面法可求得其他一般点,具体作图,请参看其他例题练习,如图 3-55b、c 所示。

3)光滑连接各相贯点,并判别可见性。

由于相贯线前后对称,正面投影前后重合,无需判别可见性;水平投影中,只有下半柱面上的相贯线投影不可见,即 3-(2)-4 部分画成细虚线,如图 3-55d 所示。

二、相贯线的特殊情况

1)共顶的两个锥面或素线相互平行的两个柱面,其相贯线一般是两条直线,如图 3-56 和图 3-57 所示。

2)当回转面轴线通过球心或两同轴回转面相交时,其相贯线为垂直于轴线的圆,如图3-58所示。

3)当两个二次曲面(能用二次方程式表达的曲面)复切(即具有一对公共切点)共切于第三个二次曲面时,其相贯线一般为两条平面曲线。

相贯的两个二次曲面公共内切于一个球面时,其相贯线一般为两个椭圆,如图 3-59 所示。

三、复合相贯

三个或三个以上的立体相交,称为复合相贯。立体表面两两相交所形成相贯线的综合称

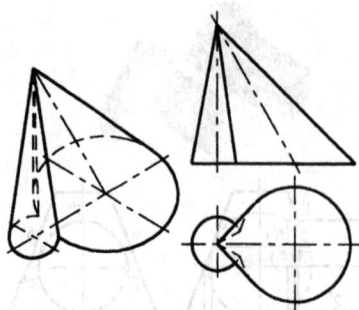

图 3-56　两共顶圆锥面相贯　　　　图 3-57　两轴线平行的圆柱面相贯

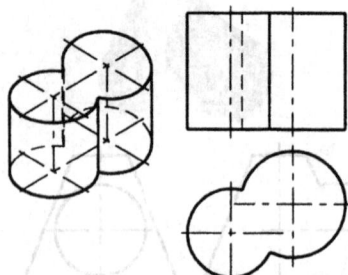

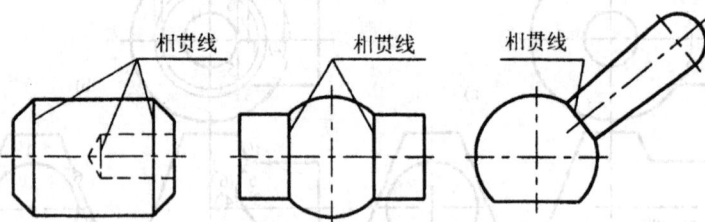

图 3-58　同轴回转体表面面相贯

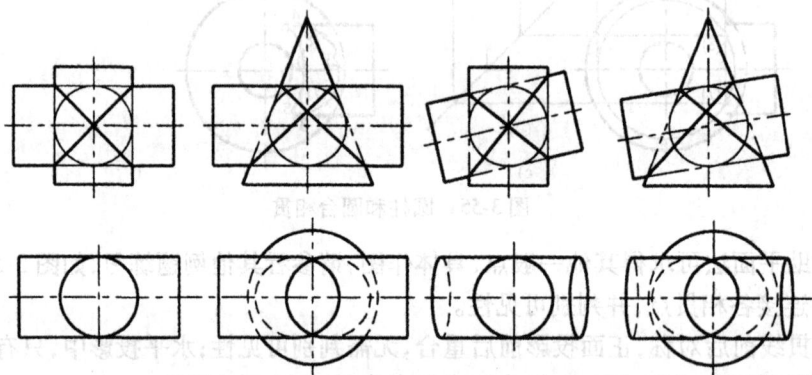

图 3-59　有公共内切球的两二次曲面相贯线

为复合相贯线,如图 3-60 和图 3-61 所示。

【例 3-25】　求作三个圆柱体相贯的相贯线。

（1）分析

图 3-60 所示形体由三个圆柱前后对称组合,其中轴线侧垂的 A、B 圆柱同轴、不等径、左右叠加,并与铅垂圆柱 C 等四个面复合相贯,复合相贯线由四条交线、两对复合点复合而成,其中,两条截交线是 A 圆柱左端面 D 与圆柱 C 的截交线。

（2）作图（图 3-61）

1）先求作圆柱 A 左端面 D 与圆柱 C 的截交线 I Ⅱ、Ⅲ Ⅳ。

它们都是铅垂线,水平投影积聚,由圆柱 C 与圆柱 A 左端面 D 的水平投影相交得(1)2、(3)4;其正面投影 1′2′、(3′)(4′)与左端面 D 投影积聚;其侧面投影不可见,画成细虚线(1″)(2″)、(3″)(4″)。

2) 求复合点。根据"三面共点原理",两条截交线与圆柱 A 以及圆柱 B 底圆棱线的交点,必为相贯线的两对复合点 Ⅰ 和 Ⅱ、Ⅲ 和 Ⅳ。

3) 求作圆柱 C 与圆柱 B 的相贯线。

由于圆柱 C 与圆柱 B 等径正交,相贯线为两段椭圆弧,正面投影是两段直线,把圆柱 C 与圆柱 B 正视转向轮廓线的交点与公切点的正面投影相连接,便是左半椭圆弧的正面投影;复合点 Ⅰ、Ⅲ 的正面投影与公切点正面投影相连,便是右半椭圆弧的正面投影。

4) 求作圆柱 C 与圆柱 A 的相贯线。

由于是两圆柱正交,具体作图前面已经讨论过,这里的相贯线只剩下复合点 Ⅱ、Ⅳ 至最高点之间的一小部分,留待读者完成。

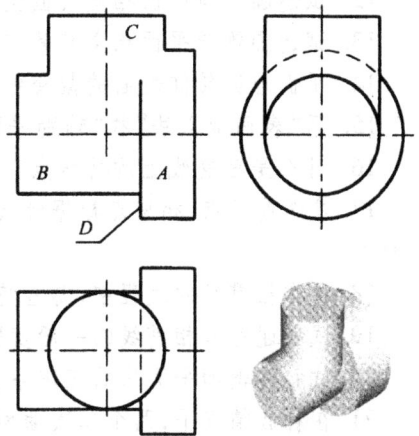

图 3-60　三个圆柱体相贯

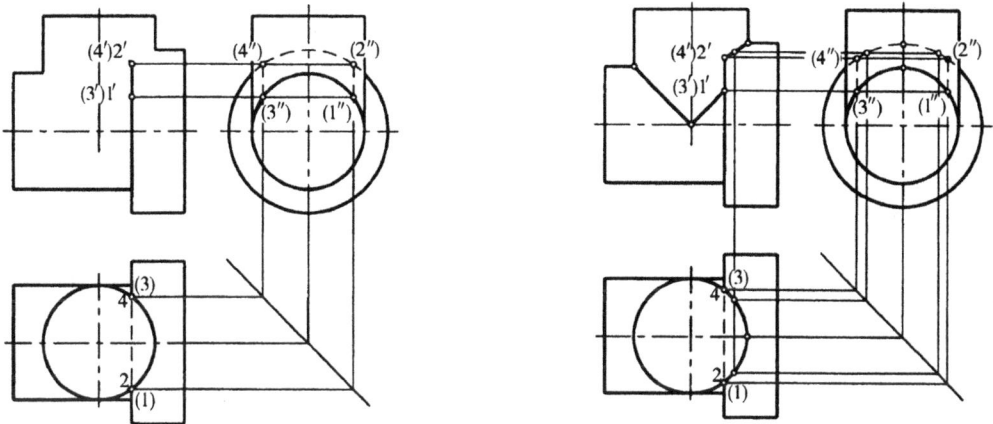

图 3-61　求作三个圆柱体的复合相贯线

5) 注意:A 圆柱侧面投影及其水平投影被 C 圆遮挡的部分不可见,应为细虚线。

思　考　题

1. 平面立体的表面是如何组成的?

2. 试述"三视图"的投影规律及对应方位。

3. 怎样画平面立体的投影图?如何判别棱线投影的可见性?

4. 怎样在平面立体表面上取点、取线?

5. 平面立体投影的线、面分析应用到那些投影性质?

6. 常见的平面曲线和空间曲线有哪些?

7. 曲面可分哪两类曲面?

8. 常见的回转体有哪些?

9. 简述回转体表面取点、定线的方法。

10. 圆锥面上取点的作图可用哪两种方法?

11. 试述平面与平面立体相交时其截交线的形状和求截交线的方法。

12. 试述圆柱与平面相交其截交线的三种形式。

13. 试述圆锥与平面相交其截交线的五种形式。

14. 平面与回转体表面的截交线有何性质？

15. 用"表面取点法"和"辅助平面法"求截交线上的共有点各应用在什么场合？

16. 什么是截交线上的特殊点？试述求截交线的步骤。

17. 求作贯穿点、相贯点根据什么原理？辅助平面选择的原则是什么？常用的辅助面有哪几种？

18. 求作相贯线的过程中,哪些特殊点应该尽量先求出？如何判别交线的可见性？

19. 试叙述完成相贯线的一般步骤(说出 5 个步骤即可)。

20. 试叙述辅助平面法的应用条件是什么？

21. 在什么情况下,两个二次曲面的交线是平面曲线？举例说明。

22. 影响两个圆柱交线形状的因素有哪些？试举例说明。

第四章 轴 测 图

　　轴测图是物体在平行投影下形成的一种单面投影图,它能同时反映出物体长、宽、高三个方向的尺度,立体感较强,具有较好的直观性。工程上有时采用轴测图作为辅助图样,进一步说明被表达物体的结构、设计思想、工作原理。在产品样本、产品广告及其他科技资料中,轴测图也得到了广泛的应用。

　　本章只对轴测图作概述性介绍,给出轴测图的一般画法。组合体轴测图的画法、轴测剖视图的画法、轴测图尺寸标注等,将在相应章节中讲述。

第一节　轴测图的基本知识

一、轴测图的形成

　　如图4-1所示,将物体连同其参考直角坐标系,沿轴测投射方向 S,用平行投影法将其投影在单一投影面 P 上,得到的投影图称为轴测投影图,简称轴测图。

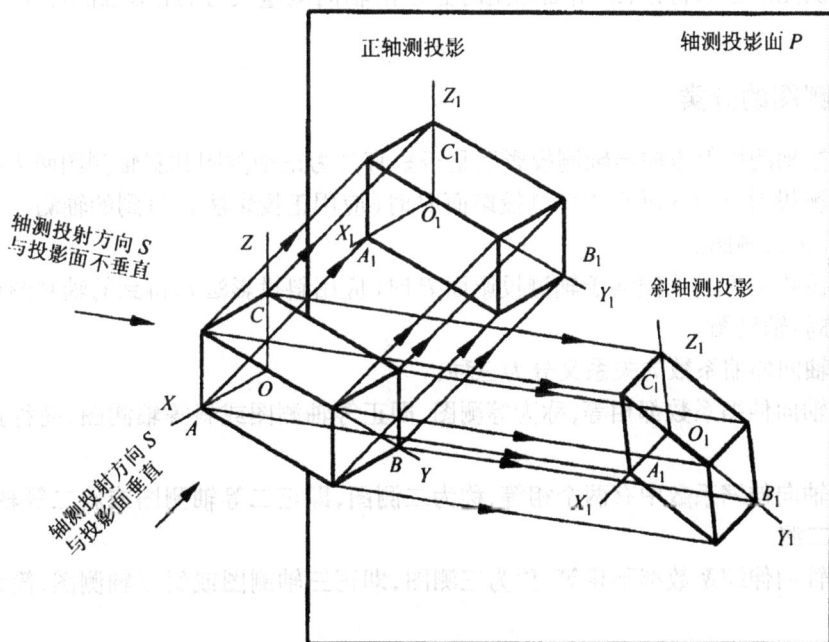

图 4-1　轴测图的形成

　　其中单一投影面 P 称为轴测投影面。轴测图的立体感随着轴测投影面和轴测投射方向的不同而有很大的区别,轴测图绘制的繁简程度差别很大。

二、轴测轴、轴间角和轴向伸缩系数

1. 轴测轴与轴间角

如图 4-1 所示,空间直角坐标轴 OX、OY、OZ 的轴测投影 O_1X_1、O_1Y_1、O_1Z_1 称为轴测轴。每两根轴测轴之间的夹角 $\angle X_1O_1Y_1$、$\angle Y_1O_1Z_1$、$\angle X_1O_1Z_1$ 称为轴间角。

2. 轴向伸缩系数

轴测轴上的线段与相应空间轴上的对应线段的长度之比,称为轴向伸缩系数。

图 4-1 中:

X 轴的轴向伸缩系数 $\qquad$ Y 轴的轴向伸缩系数 $\qquad$ Z 轴的轴向伸缩系数

$$p = \frac{O_1A_1}{OA} \qquad\qquad q = \frac{O_1B_1}{OB} \qquad\qquad r = \frac{O_1C_1}{OC}$$

三、轴测图的投影特性

轴测图是通过平行投影得到的,因而具有平行投影的特性:

1)物体上相互平行的线段,在对应轴测图上仍相互平行。物体上与空间坐标轴平行的线段,其轴测投影必与相应的轴测轴平行。

2)物体上两平行线段或同一直线上两线段长度之比,在轴测图上保持不变。物体上与空间坐标轴平行的线段,其轴测投影的伸缩系数等于对应坐标轴的轴向伸缩系数。

根据轴测图的投影特性,绘制轴测图时必须沿轴向测量尺寸,此即轴测图中"轴测"一词的意义。

四、轴测图的分类

轴测图按轴测投射方向与轴测投影面是否垂直分为正轴测图和斜轴测图两大类。

1)当轴测投射方向 S 垂直于轴测投影面 P 时(应用正投影法),得到的轴测图称为正轴测投影图,简称正轴测图。

2)当轴测投射方向 S 倾斜于轴测投影面 P 时(应用斜投影法),得到的轴测图称为斜轴测投影图,简称斜轴测图。

每类按轴向伸缩系数的关系又分为三种:

1)三个轴向伸缩系数都相等,称为等测图,即正等轴测图或斜等轴测图,简称正等测或斜等测。

2)三个轴向伸缩系数中有两个相等,称为二测图,即正二等轴测图或斜二等轴测图,简称正二测或斜二测。

3)三个轴向伸缩系数都不相等,称为三测图,即正三等轴测图或斜三等轴测图,简称正三测或斜三测。

国家标准 GB/T 4458.3—1984《机械制图 轴测图》中规定,轴测图一般采用正等轴测图、正二等轴测图和斜二等轴测图三种类型。同时还规定了这三种轴测图轴测轴的位置与各轴向伸缩系数。表 4-1 给出了常用的轴测投影(根据国家标准 GB/T 14692—1993)。

表 4-1　常用的轴测投影

特　性		正轴测投影			斜轴测投影		
		投射方向与轴测投影面垂直			投射方向与轴测投影面倾斜		
轴测类型		等测投影	二测投影	三测投影	等测投影	二测投影	三测投影
简　称		正等测	正二测	正三测	斜等测	斜二测	斜三测
应用举例	轴向伸缩系数	$p=q=r=0.82$	$p=r=0.93$ $q=\dfrac{p}{2}=0.47$	视具体要求选用	视具体要求选用	$p=r=1$ $q=0.5$	视具体要求选用
	简化伸缩系数	$p=q=r=1$	$p=r=1$ $q=0.5$			无	
	轴测轴的位置与轴间角	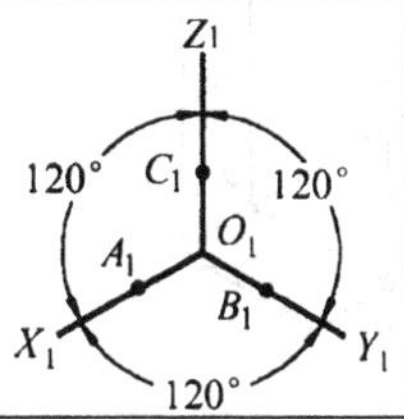	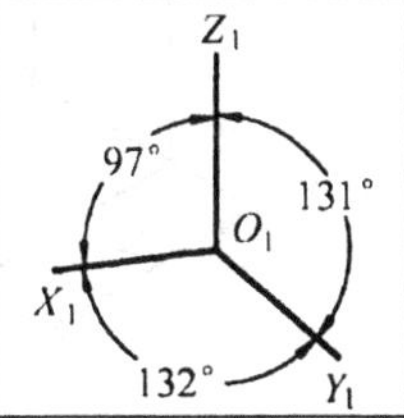			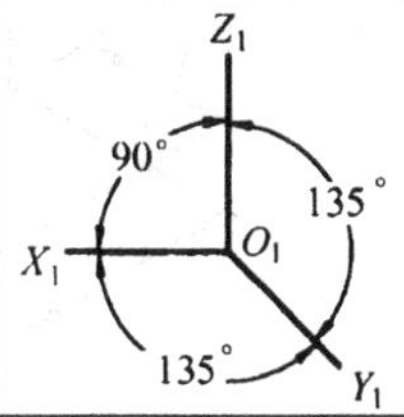	
	例图立方体	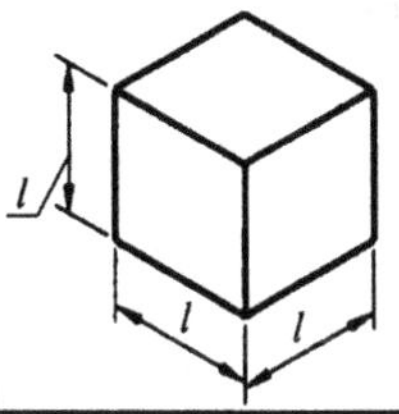	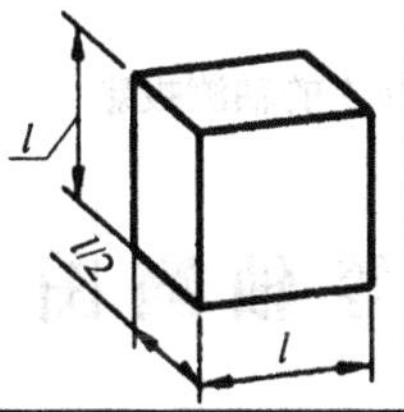			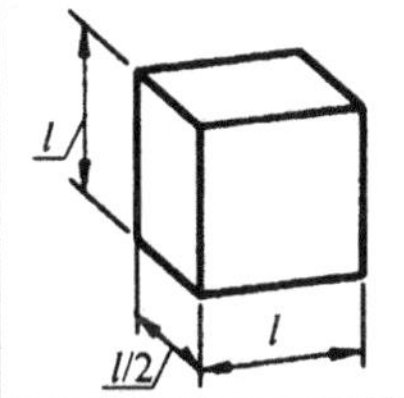	

五、轴测图的一般画法

1. 画物体轴测图的基本方法

1)对完整的立体,可采用沿坐标轴方向测量,按坐标画出各顶点的位置,然后连线绘图。这种绘制轴测图的方法称为坐标法。

2)对不完整的立体,可先画出完整形体的轴测图,然后利用切割的方法画出不完整的部分。这种绘制轴测图的方法称为切割法。

3)对较复杂的形体,可将其分成若干个基本形体,在相应位置上逐个画出,然后将各部分形体组合起来。这种绘制轴测图的方法称为组合法。

实际应用时,人们往往将上述三种方法综合起来使用。

2. 绘制轴测图的一般步骤

1)按国家标准确定轴测图种类。选择轴测图应力求图形表达清晰、完整,尽量避免物体上的面和棱线有积聚或重叠现象;力求作图简便、快捷,这一点下面还将提到。

2)确定轴间角和轴向伸缩系数(见表 4-1)。为方便作图,应采用简化的轴向伸缩系数。

3)确定轴测坐标原点与轴测轴。轴测图中的三根轴测轴应配置成便于作图的特殊位置(见表 4-1)。

4)沿着平行于轴测轴的方向,按照相关轴测轴的轴向伸缩系数,确定物体上点的轴测投影位置。

5）平行于坐标轴的各线段的轴测投影，可平行于对应轴测轴画出，并按对应坐标轴的轴向伸缩系数来度量其尺寸。与坐标轴不平行的线段，只能按上述步骤3）确定该线段的端点，然后连线画出。

6）轴测图中一般只用粗实线画出物体的可见部分，必要时才用细虚线画出不可见部分。

图4-2给出了空间一点$A(x,y,z)$轴测投影的确定方法（如图4-2a），图中的p、q、r分别为X、Y、Z轴的轴向伸缩系数。

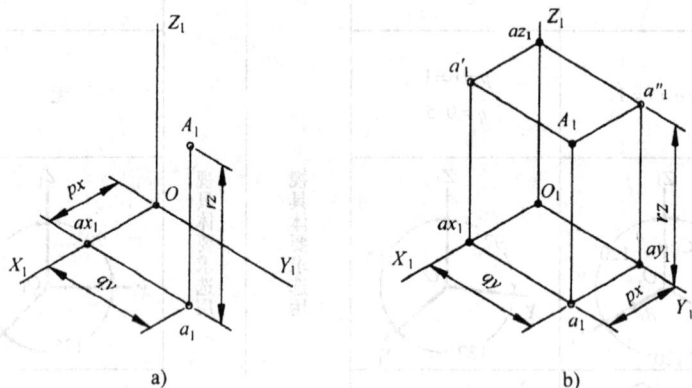

图4-2　空间一点A的轴测投影

第二节　正等轴测图

一、正等轴测图的轴测轴、轴间角和轴向伸缩系数

如表4-1所示，正等轴测图的各轴向伸缩系数相等，理论上可以证明$p = q = r = 0.82$；轴间角也相等，$\angle X_1 O_1 Y_1 = \angle Y_1 O_1 Z_1 = \angle X_1 O_1 Z_1 = 120°$。为方便作图，绘制正等轴测图时，轴测轴配置成图4-3所示的位置。轴向伸缩系数一般取$p = q = r = 1$。这时所画出图的轴向尺寸是按理论轴向伸缩系数画出图的轴向尺寸的$1/0.82 \approx 1.22$倍，如图4-3所示。

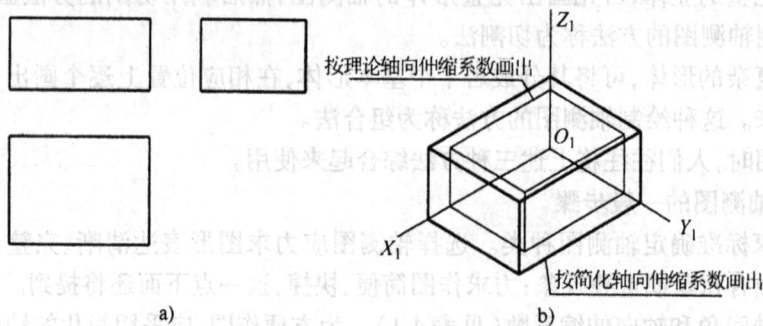

图4-3　正等轴测图理论轴向伸缩系数与简化轴向伸缩系数比较

a）投影图　b）效果比较

二、平面立体正等轴测图的画法

【例 4-1】 绘制正六棱柱的正等轴测图。

(1)分析

图 4-4a 所示为正六棱柱的两面投影图。正六棱柱共有 12 个顶点,顶面和底面平行于水平面,6 条铅垂棱线平行于铅垂轴。用坐标确定各顶点的轴测投影位置,连接各顶点间的可见棱线即为所求。

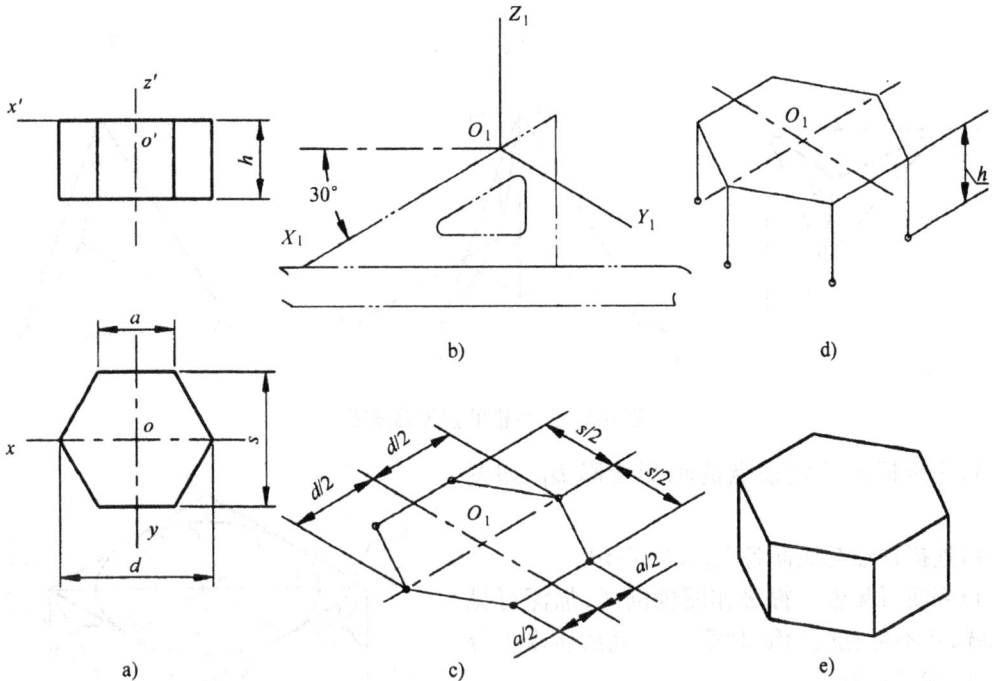

图 4-4 正六棱柱的正等轴测图

(2)作图

1)如图 4-4a,取正六棱柱顶面的对称中心为坐标原点,令 Z 轴处于铅垂位置。

2)画出正等轴测图的轴测轴。可用 60°三角板与丁字尺配合画出,如图 4-4b。

3)根据尺寸 s、d、a,确定正六棱柱顶面 6 个顶点的位置,连接各顶点,如图 4-4c。

4)根据尺寸 h 及正六棱柱顶面 6 个顶点的轴测投影,确定底面可见顶点的轴测投影,并作相应连线,如图 4-4d。

5)连接各点,擦去多余线。加深各可见棱线,完成正六棱柱的正等轴测图,如图 4-4e。

【例 4-2】 绘制三棱锥的正等轴测图。

(1)分析

图 4-5a 中两面投影图所表示的三棱锥,有 4 个顶点,底面平行于水平面。确定各顶点的轴测投影位置,相应连接各顶点,判别可见性,即为所求。

(2)作图

1)在两面投影图上建立坐标系,令 Z 轴处于铅垂位置,如图 4-5a。

2)画出正等轴测图的轴测轴。用坐标法画底面 $\triangle A_1B_1C_1$ 的轴测投影图,如图 4-5b。

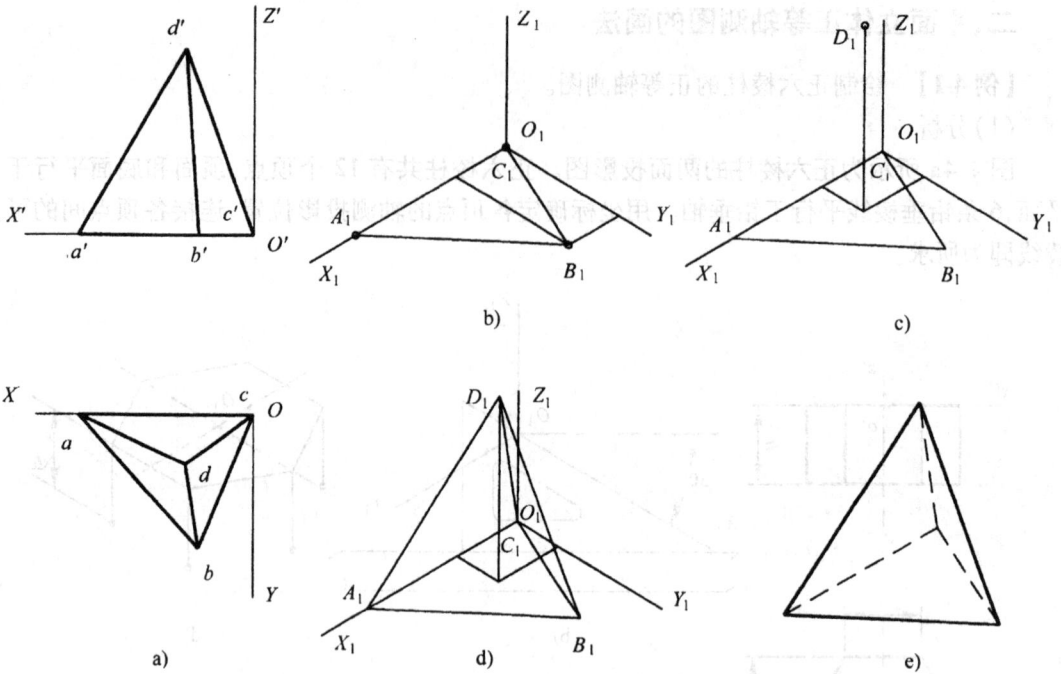

图4-5 三棱锥的正等轴测图

3)用坐标法确定顶点的轴测投影 D_1，如图 4-5c。

4)连接顶点与底面各点，如图 4-5d。

5)判断可见性。擦去作图辅助线，加深可见轮廓线，将不可见线用细虚线画出，完成所求正等轴测图，如图 4-5e。

三、基本回转体的正等轴测图的画法

1. 与坐标平面平行的圆的正等轴测图

与各坐标平面平行的圆(设直径为 d)在正等轴测图中分别投影为椭圆，如图 4-6 所示，椭圆 1 平行于 $X_1O_1Y_1$ 坐标平面，其长轴垂直于 Z_1 轴；椭圆 2 平行于 $Y_1O_1Z_1$ 坐标平面，其长轴垂直于 X_1

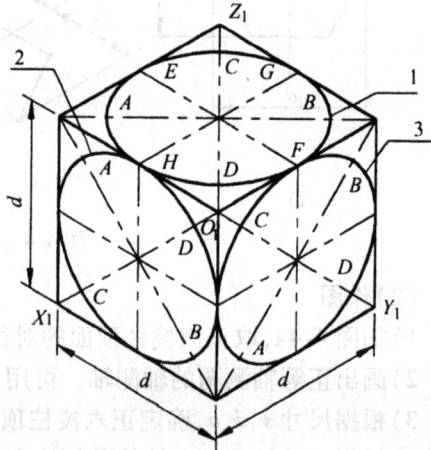

图4-6 与坐标平面平行的圆的正等轴测图

轴；椭圆 3 平行于 $X_1O_1Z_1$ 坐标平面，其长轴垂直于 Y_1 轴。采用简化的轴向伸缩系数，各椭圆的长轴 $AB \approx 1.22d$；短轴 $CD \approx 0.7d$。

可以认为上述椭圆分别是边长为 d(圆的直径)的菱形的内切椭圆。对于正等轴测图，每个坐标平面上或平行于坐标平面的椭圆都有一对平行于所在平面的轴测轴的直径(如图4-6 椭圆 1 中的 EF、GH)，称为共轭直径，其大小相等，按简化的轴向伸缩系数恰好等于圆的直径 d。用菱形法可近似画出圆的正等轴测图，如图 4-7 所示。

作图步骤如下：

1)作轴测轴 AB、CD 交于 O_1 点，使 AB、CD 等于共轭直径 d；分别过 A、B、C、D 作轴测轴的

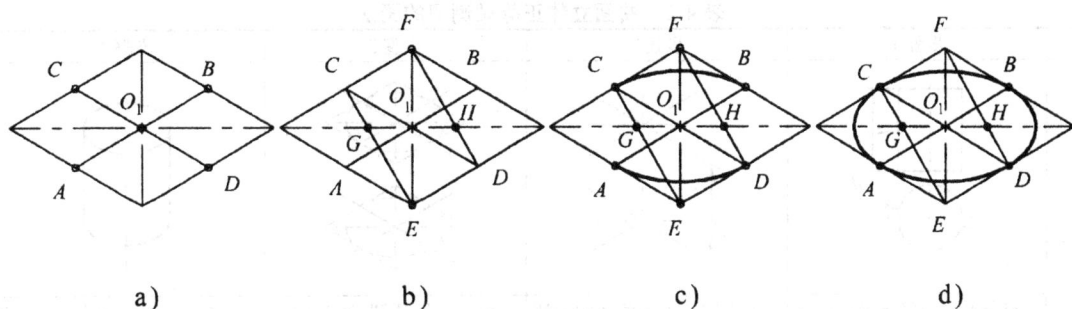

图 4-7 圆的正等轴测图近似画法

平行线,得到边长等于共轭直径 d 的菱形;作菱形的对角线,如图 4-7a。

2)连接 CE、DF 交菱形长对角线于 G、H,如图 4-7b。

3)以 E 点为圆心、CE 为半径画弧 BC;以 F 点为圆心、DF 为半径画弧 AD,如图 4-7c。

4)以 G 点为圆心、CG 为半径画弧 AC;以 H 点为圆心、DH 为半径画弧 BD,如图 4-7d。

四段圆弧组成近似的椭圆。

2. 常见曲面立体的正等轴测图

表 4-2 给出了常见曲面立体正等轴测图的画法及要点说明。

3. 圆角正等轴测图的画法

圆角正等轴测图是利用圆的正等轴测图画椭圆的近似画法来完成的。

作图步骤如下(图 4-8):

1)作出无圆角平板的正等轴测图 4-8b,在其上表面各边线上量取圆角半径 R,自量得的点作边线的垂线交于一点,即为上表面圆角的圆心。过该圆心作铅垂线,量取平板厚度,即为对应下表面圆弧的圆心。

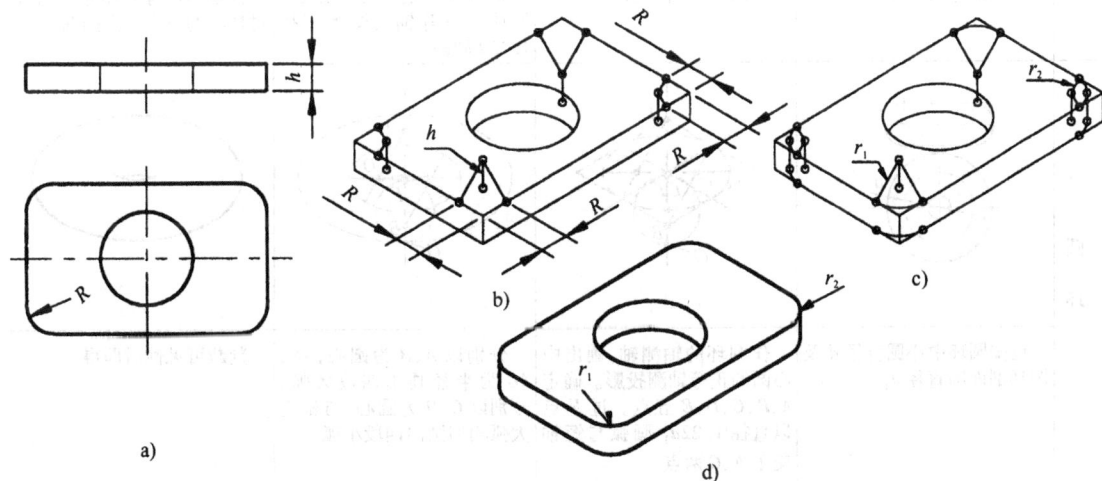

图 4-8 圆角正等轴测图的近似画法

表 4-2　曲面立体正等轴测图的画法

	步骤 1	步骤 2	步骤 3	步骤 4
圆柱	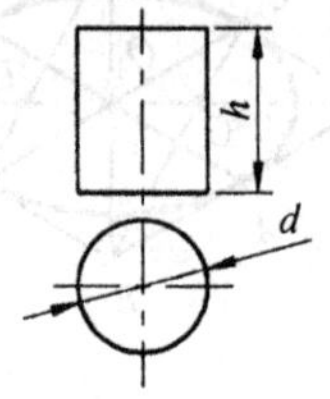	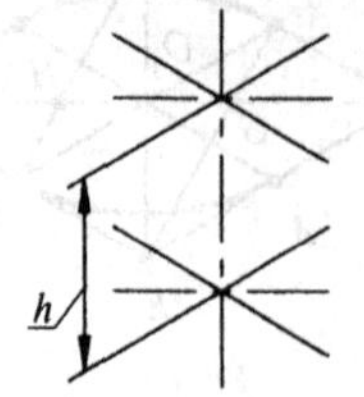	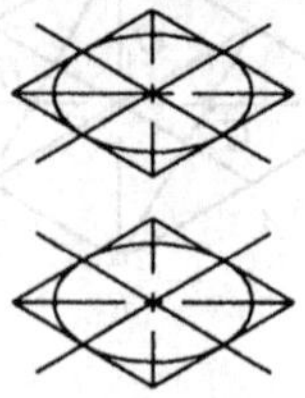	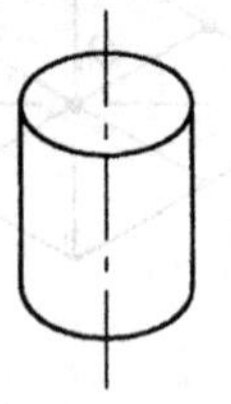
	已知圆柱直径 d 及高度 h	作出圆柱上下两底的轴测轴	画出圆柱顶圆、底圆的正等轴测图	作椭圆两侧公切线,即为圆柱两侧视转向线,判别可见性后即得
圆台	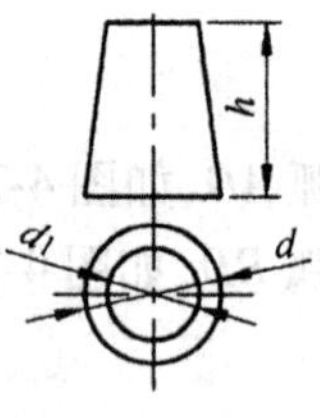	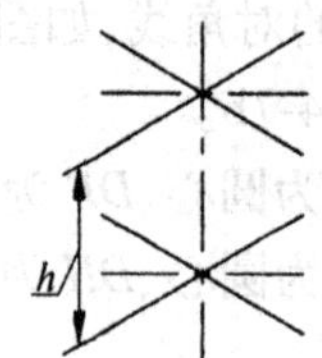	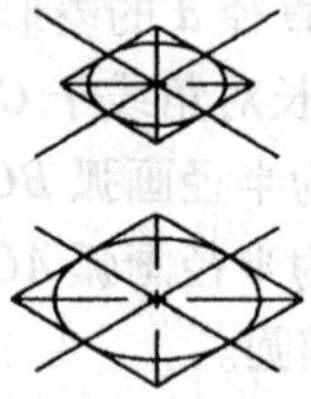	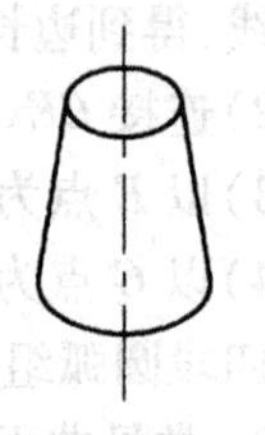
	已知圆台上、下底直径 d_1、d 及高度 h	作出圆台上下两底的轴测轴	画出圆台顶圆、底圆的正等轴测图	作椭圆两侧公切线,即为圆台两侧视转向线,判别可见性后即得
圆球	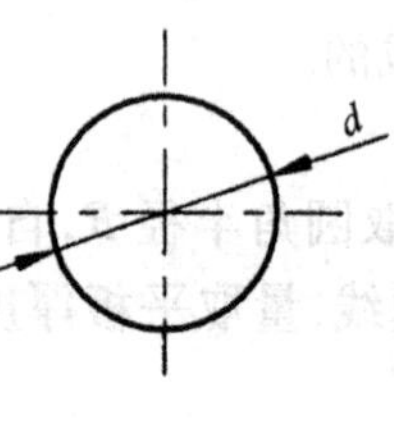	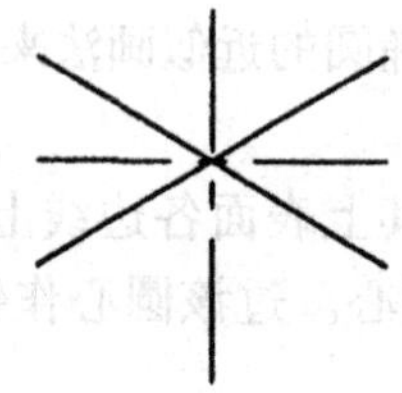	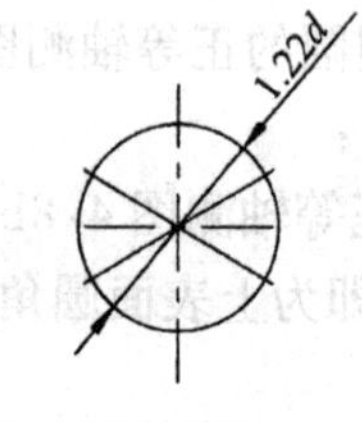	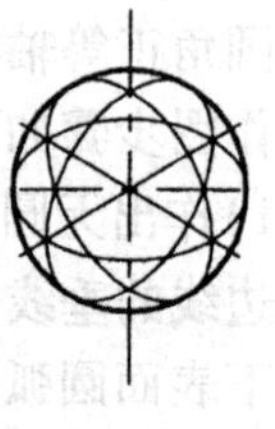
	已知圆球直径 d	作圆球的轴测轴	采用简化轴向伸缩系数,圆球的正等轴测图为直径 $1.22d$ 的圆	为使图形有立体感,可画出过球心的三个方向的椭圆
圆环	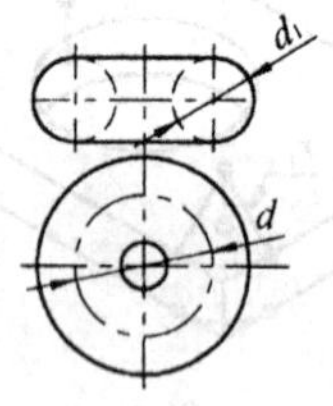	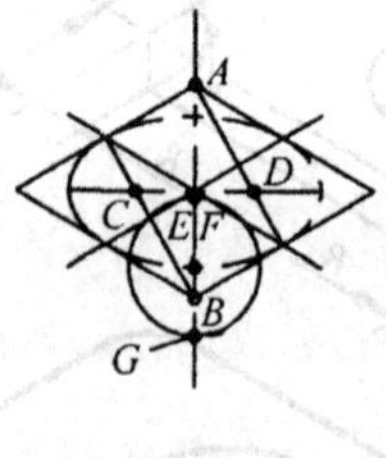	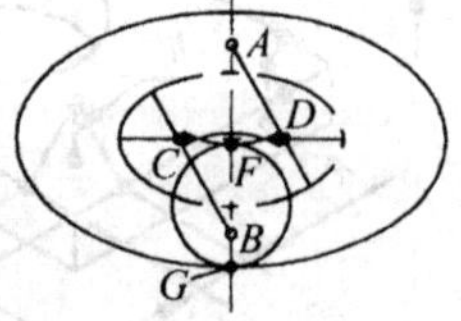	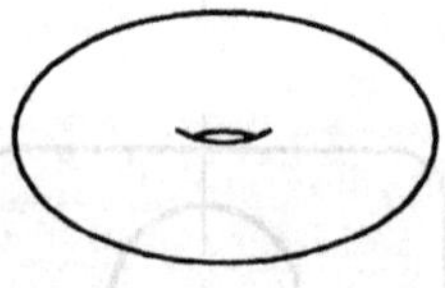
	已知圆环中心圆直径 d 及圆环剖面圆直径 d_1	作圆环的轴测轴,画出中心圆的正等轴测投影。确定 A、B、C、D、E 五点。过 E 点以直径 $1.22d_1$ 画弧与短轴交于 F、G 两点	分别以 A、B 为圆心,AF、AG 为半径画出四段大弧。分别以 C、D 为圆心,与相应大弧相切画出四段小弧	判断可见性后即得

　　2)过各圆心以对应垂线长 r_1、r_2 为半径画弧与对应边线相切,画两侧上下表面圆弧的公切线,即得所求平板圆角的正等轴测图,如图 4-8c。

　　3)也可以近似取 $r_1 = 2R$,$r_2 = R/2$ 画弧与边线相切,如图 4-8d。

【例4-3】 绘制图4-9a 所示物体的正等轴测图。

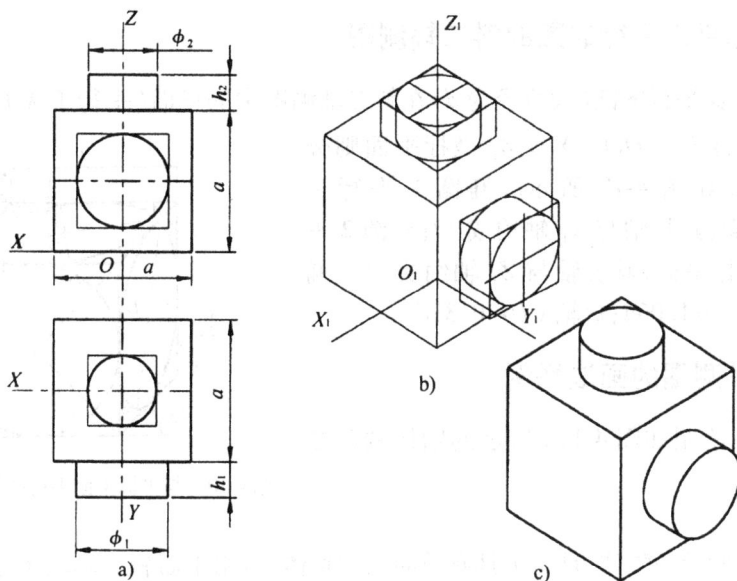

图4-9 物体的正等轴测图

（1）分析

图4-9a 中两面投影图所表示的物体，由一个正方体和两个不同方向、不同直径、不同高度的圆柱体构成。圆柱体轴线通过正方体对称线。注意物体各部分的相对位置、各圆柱体正等测图中椭圆的长短轴方向。

（2）作图

1）以正方体底面对称中心为坐标原点，令 Z 轴处于铅垂位置，如图4-9a 所示。

2）先画出立方体的轴测投影图。然后分别在正方体的顶面、右侧面确定出小圆柱体、大圆柱体底面的中心。一般画圆柱体时，为作图方便，通常首先画出圆柱体的外切平面立体轴测图，再画出圆柱体的轴测图，如图4-9b 所示。

3）擦去多余线，加深可见轮廓，完成所求轴测图，如图4-9c 所示。

第三节 斜二轴测图

一、斜二轴测图的轴测轴、轴间角和轴向伸缩系数

为作图方便，斜轴测图通常选择轴测投影面 P 平行于某一坐标平面，使平行于该坐标平面的图形的斜轴测投影反映实形。这一特性使得单一方向形状比较复杂物体的轴测投影作图变得非常方便。

斜二轴测图与正等轴测图主要区别在于轴向伸缩系数和轴间角不同，而在绘图方法上斜二轴测图与正等轴测图则大同小异。如表4-1 所示，斜二轴测图的轴向伸缩系数 $p = r = 1$，$q = 0.5$；轴间角 $\angle X_1O_1Y_1 = \angle Y_1O_1Z_1 = 135°$，$\angle X_1O_1Z_1 = 90°$。绘制斜二轴测图时，令 Z_1 轴处于铅垂位置，X_1 轴处于水平位置，Y_1 轴与水平方向成45°角。凡平行于坐标轴 X、Z 的线段，在轴测

图上均按多面正投影图的尺寸 1:1 绘制;平行于 Y 轴线段的轴测投影按 1:2 绘制。

二、与坐标平面平行的圆的斜二轴测图

与各坐标平面平行的圆(设直径为 d)在斜二轴测图中的正面(平行于 $X_1O_1Z_1$ 坐标平面)投影仍为圆,平行于 $X_1O_1Y_1$、$Y_1O_1Z_1$ 坐标平面则分别投影为椭圆,如图 4-10 所示。椭圆 1 平行于 $X_1O_1Y_1$ 坐标平面,其长轴与 X_1 轴约成 7°;椭圆 2 平行于 $Y_1O_1Z_1$ 坐标平面,其长轴与 Z_1 轴约成 7°。椭圆 1、2 的长轴 $AB \approx 1.06d$;短轴 $CD \approx 0.33d$。

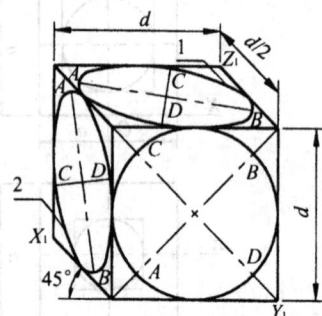

图 4-10 与坐标平面平行的圆的斜二轴测图

三、斜二轴测图的画法举例

【例 4-4】 绘制如图 4-11a 所示的物体的斜二轴测图。

(1)分析

图 4-11a 中所示的物体,是一个具有单向圆的物体,运用正面斜二轴测图作图比运用正等轴测图作图要简捷得多。但若物体两个方向或 3 个方向上有圆时宜采用正等轴测图。

(2)作图

1)以物体底面对称中心为坐标原点确定坐标轴,令 Z 轴处于铅垂位置,X 轴处于水平位置,如图 4-11a。

2)画出斜二轴测图轴测轴。可用 45°三角板与丁字尺配合画出,如图 4-11b。

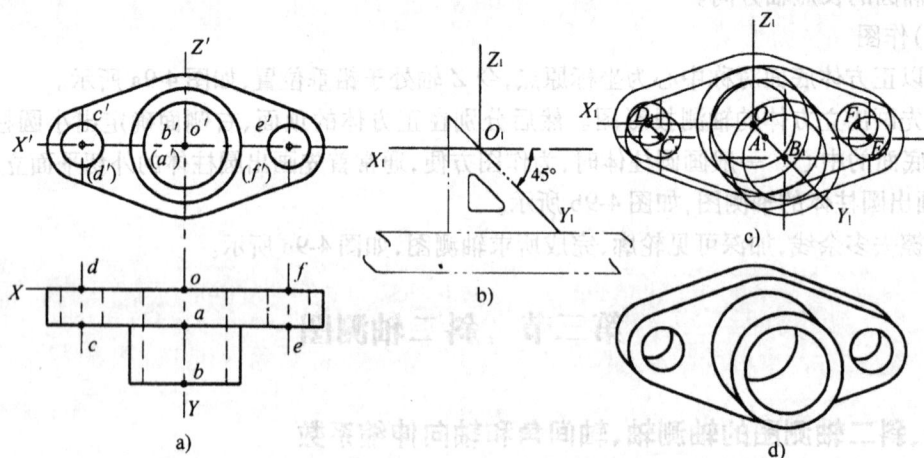

图 4-11 斜二轴测图

3)按 1:1 的比例确定各圆柱面斜二测轴线(平行于 Y_1 轴)的位置。按 1:2 的比例在各轴线上确定平板上下底、圆柱上下底上圆的圆心 O_1、A_1、B_1、C_1、D_1、E_1、F_1 点的位置。分别以上述各点为圆心,按 1:1 的比例画出各对应圆及圆弧的实形,画出相关圆或圆弧的公切线,如图 4-11c。

4)判别可见性。擦去多余线,加深可见轮廓线,完成所求斜二轴测图,如图 4-11d。

思 考 题

1. 轴测投影有哪些基本特性?
2. 什么是轴测轴、轴向伸缩系数、轴间角、简化伸缩系数?
3. 试述绘制轴测图的基本原则和步骤。
4. 试述轴测图的形成、分类及国家标准规定的常用轴测图的类型。

第五章 组 合 体

第一节 平面图形的构形分析与尺寸标注

平面图形通常是由多个简单的封闭图形组成,而每一个封闭的图形又是由线段(直线、圆弧)所组成。画图时,要根据平面图形中所标注的尺寸,分析其中各组成部分的形状、大小和它们的相对位置,从而确定正确的画图步骤。

一、平面图形的尺寸分析

平面图形中标注的尺寸,按其作用可分为定形尺寸和定位尺寸两类。要想确定平面图形中各组成部分的相对位置,首先应该了解尺寸基准这一概念。

(一)尺寸基准

在平面图形中确定尺寸起始位置的点、直线称为尺寸基准,简称基准。常用的基准是对称图形的对称中心线、较大圆的中心线、重要的直线等,如图 5-1 所示。一个平面图形至少有两个基准,以直角坐标或极坐标方式标注。

(二)定形尺寸

确定图形形状和大小的尺寸称为定形尺寸。如图 5-1 中的 $\phi8$、$\phi20$、$R16$ 和 $R20$ 等,均为定形尺寸。

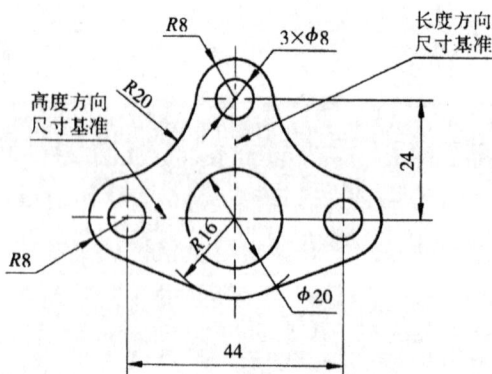

图 5-1 基准、定形尺寸、定位尺寸示例

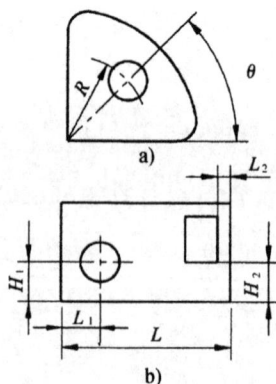

图 5-2 尺寸标注示例

(三)定位尺寸

确定平面图形上线段或线框相对位置的尺寸称为定位尺寸。如图 5-1 中的 24、44 均为定位尺寸。

对平面图形来说,每个组成部分一般需要标注两个方向的定位尺寸,如图 5-2a 中圆的定位尺寸是 θ 和 R,图 5-2b 中圆的定位尺寸 L_1、H_1,长方形的定位尺寸 L_2、H_2。但当组成部分的某些点、线位于平面图形的基准上时,在这一方向上的定位尺寸就可以不再标注了。如图 5-1 中 $\phi8$ 的圆位于长度方向的基准上,故仅标注了一个定位尺寸 24,而图 5-1 中 $\phi20$ 的圆位于长度及高度两个方向的基准上,故不标定位尺寸。

标注平面图形的尺寸时,必须满足 3 个要求:

(1)完整 尺寸必须注写齐全,不多余,不遗漏。

(2)正确 尺寸标注要符合国家标准。

(3)清晰 尺寸标注要清晰,布局要整齐、美观,便于阅读。

平面图形尺寸标注中的常见错误示例如图 5-3。图 a 中的尺寸 L、M,图 b 中的尺寸 L_1、L_2 等为多余尺寸。常见平面图形尺寸标注示例如图 5-4 所示。

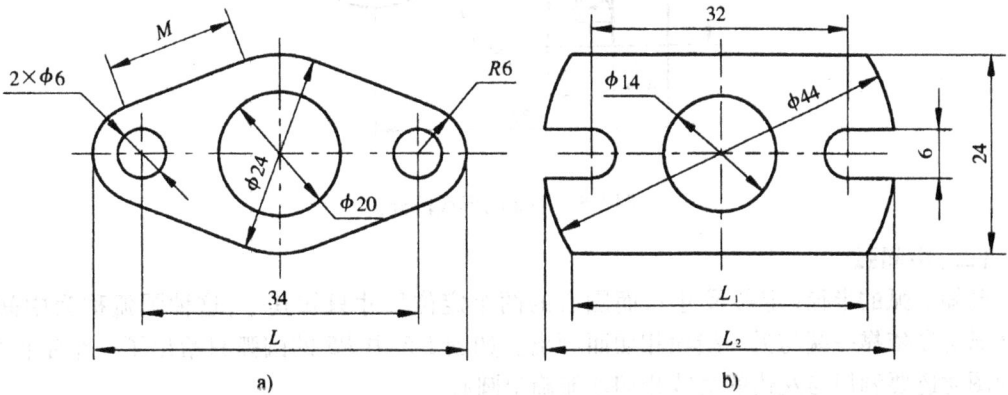

图 5-3 多余尺寸标注示例

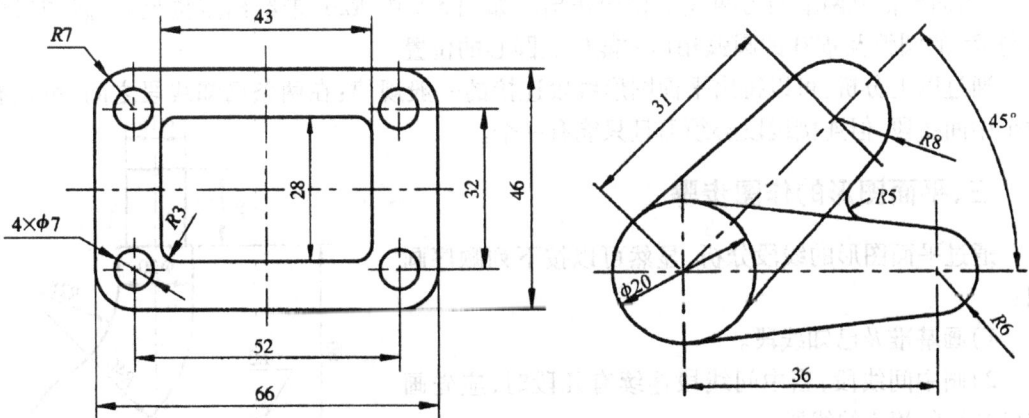

图 5-4 尺寸标注示例

二、平面图形线段分析

平面图形中的线段(直线或圆弧)按所给尺寸的数量可分为三类:已知线段、中间线段和连接线段。下面主要以圆及圆弧为例进行说明,直线可以看成是半径趋于无穷大的圆弧。

(一)已知弧

已知圆弧半径(定形尺寸)和圆心位置(两个定位尺寸)的圆弧称为已知弧。已知弧不用依靠与其他线段相切作图,就能直接按所注尺寸画出。如图5-5中的ϕ10的圆和ϕ20的圆弧,其左右位置由尺寸37确定,又由于圆心位于高度基准上,省略了一个定位尺寸。

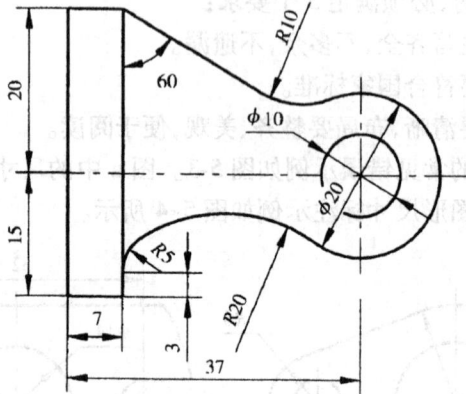

图5-5 平面图形线段分析

(二)中间弧

已知圆弧的半径(定形尺寸),而圆心的两个定位尺寸只知其一,这种圆弧称为中间弧。中间弧必须依靠一端与另一线段相切而画出。如图5-5中R5的圆弧只给出了一个定位尺寸3,画图时还要利用与左边的直线相切才能确定圆心。

(三)连接弧

仅知圆弧的半径,而圆心的位置未给定,这种圆弧称为连接弧。连接弧由于缺少两个定位尺寸,因而要依靠两端与另两线段相切作出。如图5-5中R20,未给出定位尺寸,画图时要依靠与R5的圆弧及ϕ20的圆弧相切才能确定圆心的位置。

通过以上分析,可以得出平面图形线段连接的一般规律:在两条已知线段之间,可以有任意个中间线段,但连接线段必须而且只能有一个。

三、平面图形的作图步骤

通过平面图形的线段分析,显然可以按下列顺序画图:

1)画基准及已知线段。

2)画中间线段,当中间线段连续有几段时,应先画与已知线段相连的线段。

3)最后画连接线段。

图5-6为一吊钩,从图形可知吊钩顶端ϕ20、ϕ16以及圆弧R32、ϕ27为已知线段,圆弧R27及R15为中间弧,R40、R28、R3为连接弧。其具体作图步骤见表5-1。

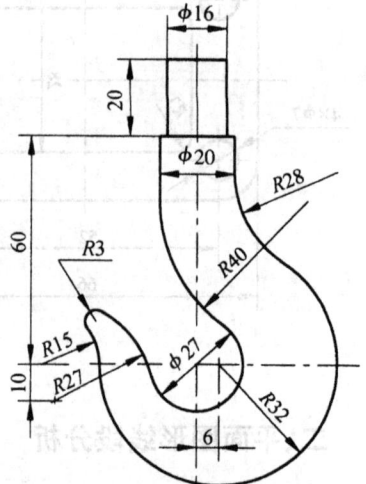

图5-6 吊钩

表 5-1　吊钩的作图过程

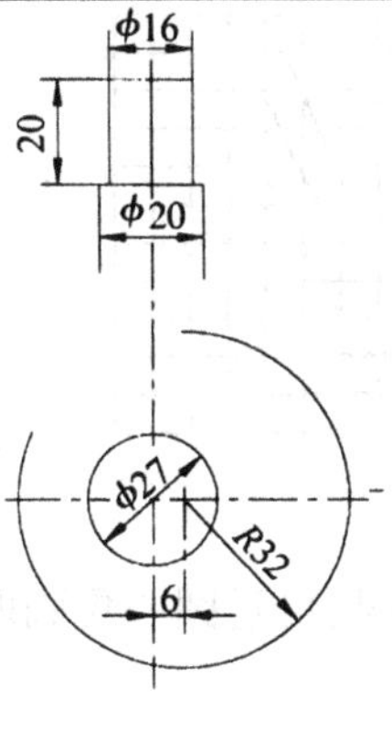

（1）画基准和已知线段

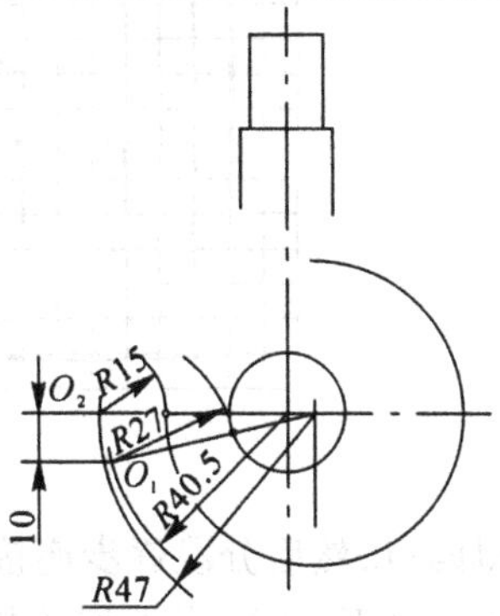

（2）利用竖直尺寸 10 和与 $\phi27$ 圆弧相切两条件，画中间弧 R27，利用圆心在高度基准上并与 R32 相切，画中间弧 R15

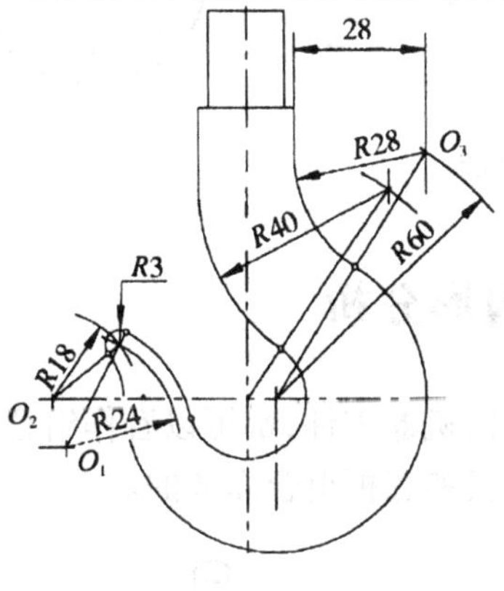

（3）利用尺寸 R28 及与 R32 圆弧相切定出圆心 O_3，从而作出连接弧 R28，同理作出 R40 圆弧，利用与圆弧 R27 和圆弧 R15 相切作出连接弧 R3

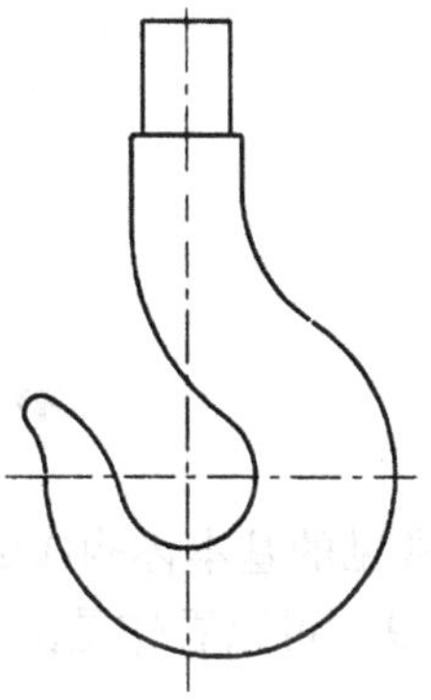

（4）加粗图形

第二节　徒手绘图的方法与步骤

靠目测估计物体各部分的尺寸比例，徒手绘制的图样称草图。在设计、测绘、修配时经常需要绘制草图。所以徒手绘图也是一项重要的绘图技能，要经过不断地实践才能逐步提高。

练习绘制草图时，可先在方格纸上进行，并尽可能使图形中的直线与方格线重合，这样不但容易画好图线，而且便于控制图形的大小和图形间的相互关系。

画各种图线时，手腕要悬空，小指轻触纸面。为了方便，还可随时将图纸转动适当的角度。常用图线的画法如下：

（1）直线　画直线时，眼睛要多注意终点，以保持直线的方向，在作较长直线时可以分段进行。对 30°、45°、60°等常见角度的斜线，可根据两直角边的比例关系画出，如图 5-7 所示。

（2）圆　画圆是先画中心线定出圆心，再根据直径大小，用目测估计半径的大小后，在中

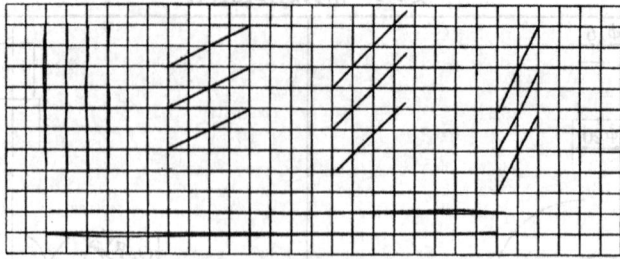

图 5-7　徒手画直线的方法

心线上截得四点,然后分段逐步连接成圆。当所画的圆较大时,可过圆心再画两条与水平方向成 45°的射线,再取四点,分八段连接成圆,如图 5-8 所示。

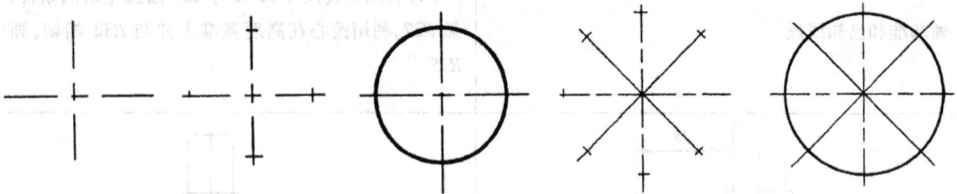

图 5-8　徒手画圆的方法

第三节　组合体的构形分析

由若干常见的基本体构成的整体,称为组合体。任何机器零件,都可以看作组合体。例如轴承座(图 5-9),可以看作是由轴承(圆筒)、支承板、肋板和底板组合而成的。

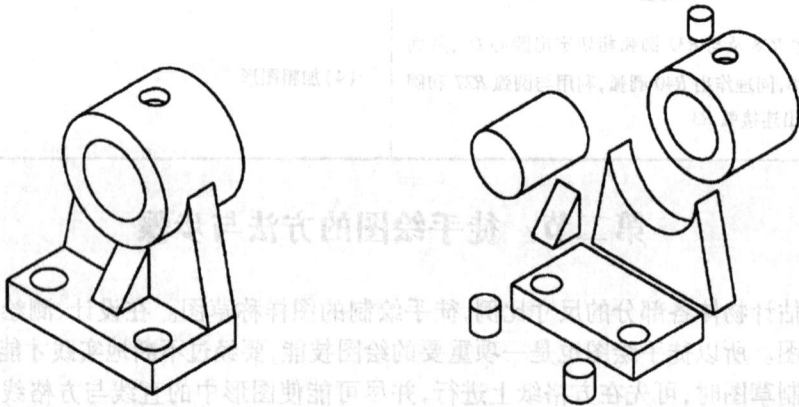

图 5-9　轴承座

一、组合体的构成方式

组合体构成的方式分为两种基本类型:叠加类和切割类,如图 5-10 所示。图 5-10a 所示组合体由一个长方体、圆柱体和两个三棱柱叠加而成。图 5-10b 所示组合体由长方体先挖去一个大的半圆柱,再挖去一个小的半圆柱,最后切去一个矩形小角而成。图 5-10c 所示为较复杂的组合体,这类组合体的组合方式往往是叠加和切割两种基本形式的综合。

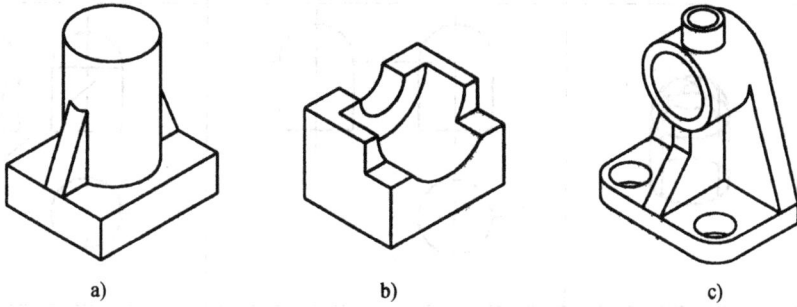

图 5-10　组合体的组合方式

a)叠加　b)切割　c)综合

二、形体间的表面连接关系

根据组成组合体各形体之间的相对位置不同,其表面连接形式可归纳为相接不平齐、相接平齐、相切和相交等四种情况,见表 5-2。

表 5-2　组合体各形体结合处的画法

（续）

组合方式	直观图	正确画法	错误画法
相切			无此线
相交			无此线　留空
			交线错
			交线错

（1）相接不平齐　当两形体表面不平齐时,中间应有线隔开。

（2）相接平齐　当两形体表面平齐时,中间不应有线隔开。

（3）相切　当两形体表面相切时,画出切点,在相切处不应画切线。

（4）相交(相贯)　当两形体表面相交时,在相交处应画出表面交线。

三、形体分析法

按照形体特征,假想把组合体分解为若干基本形体,并分析其构成方式和相对位置以及相邻表面间连接形式的方法,称为形体分析法。形体分析法是画图、读图和标注尺寸的基本方法。在画图、读图时使用形体分析法,就能将组合体化繁为简、化难为易。如图 5-9 所示的轴承座,可把它分为空心圆柱、底板和互相垂直的支承板肋板等四个部分,空心圆柱与底板之间靠支承板连接,该板与空心圆柱的连接方式是相切,肋板和底板是相接,与空心圆柱是相交等。

四、线面分析法

对于较复杂的组合体,特别是切割后的平面立体,在运用形体分析法的基础上,对局部不易看懂的结构,要按照线面的投影规律来逐个分析表面形状、交线等,这种运用线面的投影性质,分析、确定局部结构的方法,即为线面分析法。如图 5-11 所示的平面立体,被正垂面 Q 和铅垂面 P 切割后,产生一般位置交线 AB,这条交线的投影,需用线面分析法求得。

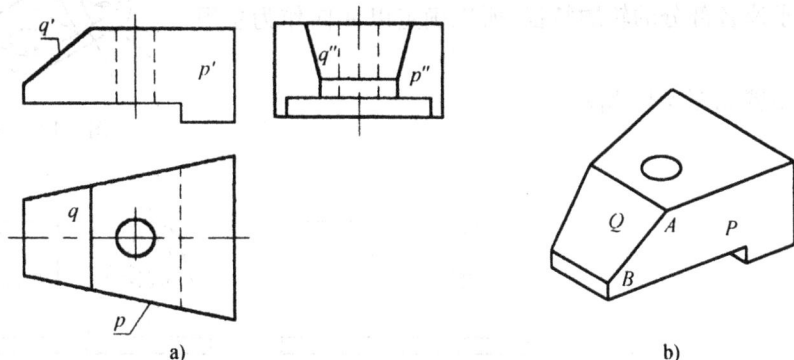

图 5-11　线面分析法

形体分析法和线面分析法是相辅相成、缺一不可的。在组合体的画图、读图过程中,以形体分析法为主,线面分析法为辅,综合运用才能有效地进行组合体的画图和读图。

第四节　组合体三视图的画法

一、画组合体三视图的步骤

画组合体三视图的方法和步骤为:

(1)构形分析　如前所述,运用形体分析法及线面分析法对组合体进行构形分析。

(2)确定主视图　组合体应自然安放或使尽可能多的面在投影体系中处于特殊位置;选择较多地反映组合体形状特征的方向为主视图投影方向。

(3)选比例、定图幅、画图形定位线　尽量选用 1:1 的比例绘图。常选用形体的对称面、圆的中心线,回转体的轴线或较大的平面作图形定位线。

(4)逐个画出形体的三视图　要先画主要形体的三视图。画形体的顺序为:先画实形体、后画空形体,先画大形体、后画小形体,先画轮廓、后画细节,三个视图联系起来画。

(5)检查、描深、确认　底稿画完后,按形体逐个检查、纠正和补充遗漏。按标准图线描深,对称图形、半圆或大于半圆的圆弧要画出对称中心线,回转体一定要画出轴线,对称中心线和轴线用细点画线画出。有时,几种图线有可能重合,一般按粗实线、细虚线、细点画线和细实线的顺序取舍。由于细点画线要超出图形轮廓 2~5mm,故当它与其他图线重合时,在图线外的那段不可忽略。描深后,要再一次检查确认。

二、组合体三视图的画法举例

【例 5-1】 轴承座(如图 5-12)三视图的画法。

(1)构形分析 把轴承座分解为矩形底板 1、肋板 2、空心圆柱 3、凸台小圆柱 4 和支承板 5。底板 1 与支承板 5 的侧面共面,支承板 5 的斜面和圆柱 3 相切,凸台小圆柱 4 与空心圆柱 3 垂直相贯,内外表面都有相贯线,肋板 2 与轴承圆柱 3 相交。

(2)主视图的选择 如图 5-12 所示,在选取轴承座的自然安放位置后,可从 A、B、C、D 四个不同方向来观察。经分析比较,A 向更能反映轴承座各部分的轮廓特征,所以确定以 A 向作为主视图的投影方向。

具体画图步骤如图 5-13 所示。

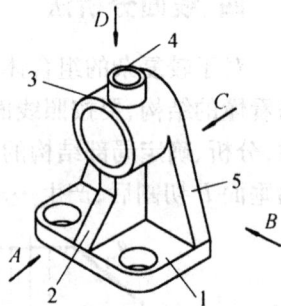

图 5-12 轴承座

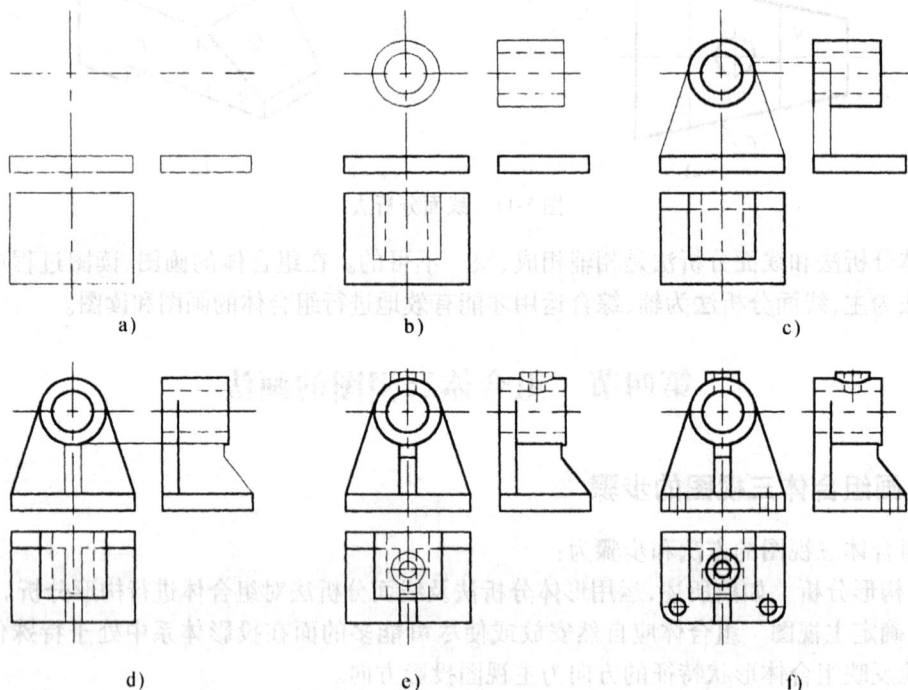

图 5-13 轴承座三视图的绘制过程

a)布图,画底板 1 b)画空心圆柱 3 c)画支承板 5(先画主视图)

d)画肋板 2(先画主视图) e)画凸台 4 f)画底板上的孔和圆角

【例 5-2】 切割型平面立体(如图 5-11)三视图的画法。

构形分析:该形体的原形为四棱柱。先被正垂面 Q 切割掉一个三棱柱,又被两个前后对称的铅垂面 P 切割掉两个角,不同投影面的垂直面 P、Q 产生一般位置交线 AB。最后被水平面和侧平面切割掉左下角,其中侧平面和 P 又产生交线。具体画图步骤如图 5-14 所示。

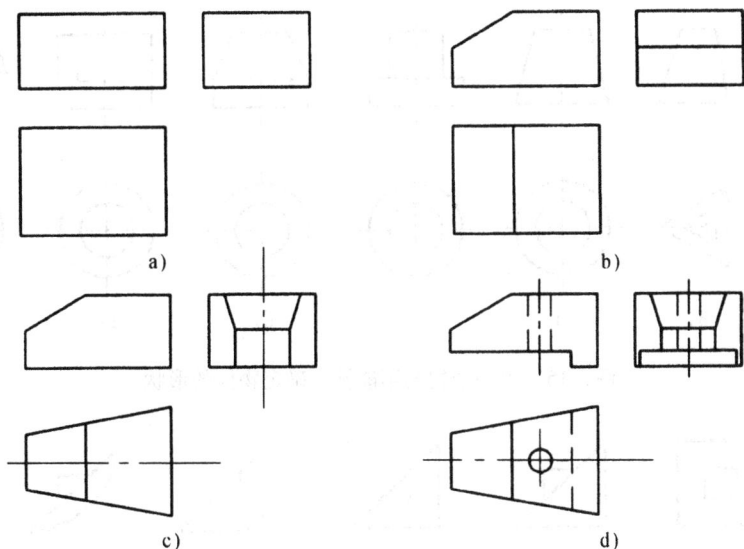

图 5-14　平面切割体三视图的画图步骤

第五节　组合体读图

　　画图是把空间的组合体用正投影法表示在平面上,是一个由三维空间立体到二维平面图形的表达过程;而读图则是画图的逆过程,是对给定的组合体视图进行分析,按照正投影原理,应用形体分析法和线面分析法从图上逐个识别出形体,进而确定各形体间的组合形式和相邻表面间的连接关系,最后综合想像出完整的组合体形状的思维过程。

一、读图的基本方法

　　形体分析法和线面分析法是读图的两种基本方法。通常读图多以形体分析法为主,辅以线面分析法。

二、读图要点

(一) 从主视图入手,几个视图联系起来看
　　由于主视图较多地反映组合体的基本形状特征以及各形体之间的相对位置关系,因此,读图时,一般从主视图入手。而通常单一视图不能反映物体的真实形状,因此,只有对照其他的视图,几个视图联系起来看,才能确定物体的真实形状和形体间的相对位置,如图 5-15 所示。

　　有时两个视图也不能惟一确定物体的形状,如图 5-16 所示的视图,它们的主、俯视图均相同,却表示了六种不同形状的物体。

　　由此可见,看图时不能只看某一个视图,而应以主视图为主,运用正确的读图方法对照其他几个视图进行分析、判断,才能想像出这组视图所表示的物体形状。

(二)弄清视图中图线和线框的含义
　　视图是由图线构成的,图线又组成了一个个封闭的线框。视图中每一条线和线框都有它的具体含义。

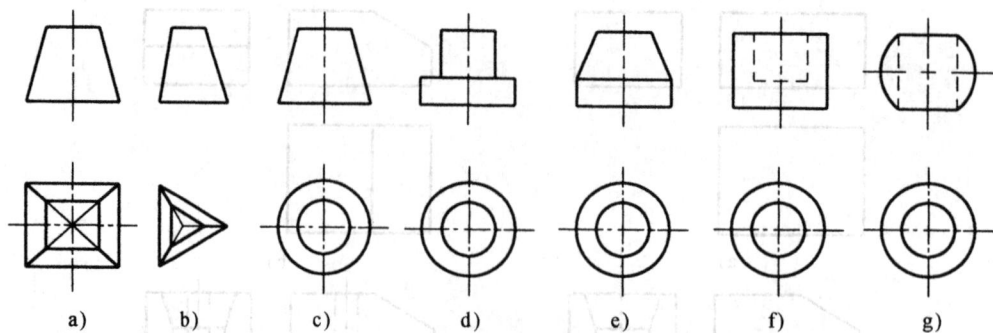

图5-15 单一个视图不能惟一确定物体的形状

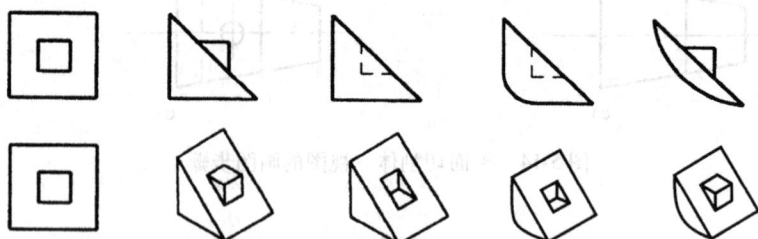

图5-16 两个视图也不能确定各种不同形状的物体

视图中图线的含义:①具有积聚性的面的投影;②交线的投影;③转向线的投影。

视图中线框的含义:①一个封闭的线框是一个面的投影;②相邻两个封闭的线框是位置不同的两个面的投影。

(三)熟悉基本体及常见结构的投影

画图是读图的基础,只有通过画图,熟悉基本体及常见结构的投影,才能快速地由平面视图想像出空间立体。

(四)对照视图反复修改想像中的组合体

读图的过程是不断地对照视图修改想像中组合体的思维过程。只有通过从平面图形到空间立体的反复对照、修改,才能逐渐培养空间想像能力与分析能力,从而提高读图能力。

下面以图5-17为例,说明用形体分析法读图的方法和步骤。

1. 分线框,对投影

从主视图入手,按照三视图的投影规律,将几个视图联系起来看。把组合体大致分为几个部分,如图5-17a所示,该组合体可分为三个部分。

2. 识形体,定位置

根据每一部分的视图想像出形体,并确定它们的相互位置,如图5-17b、c、d所示。例如,部分Ⅰ为四棱柱上面挖去一个半圆柱;部分Ⅱ为形体相同的两个三棱柱;部分Ⅲ为四棱柱下面挖去一小棱柱,如图5-18a所示。各部分相对位置关系如下:如以部分Ⅲ为基础,部分Ⅰ位于部分Ⅲ长度方向的中部,与部分Ⅲ的后表面靠齐;部分Ⅱ位于部分Ⅰ的两侧,与部分Ⅲ的后表面靠齐。

3. 综合起来想整体

根据各部分的形体分析及其相对位置关系的确定,由此想像出该组合体的空间形状,如图

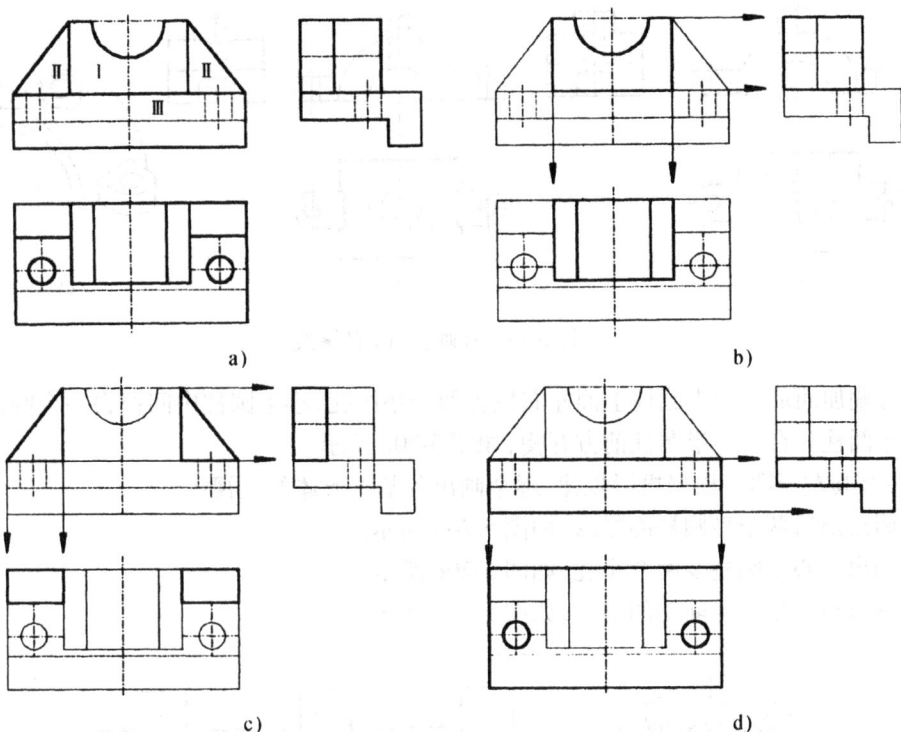

图 5-17　组合体三视图

5-18b 所示。

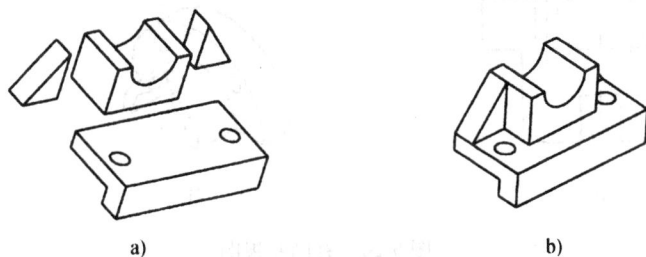

图 5-18　组合体空间形状

三、读图举例

【例 5-3】　补全三视图中所缺漏的图线(图 5-19a)。

(1)构形分析　由图 5-19a 可以看出,该物体由四部分组成,中间主体部分是轴线正垂的半个空心圆柱,上部有一铅垂小圆柱,中心钻通孔。主体空心圆柱两旁各有一个半圆形耳板,初步想像出它的空间形状如图 5-19c 所示。

(2)作图过程　按想像的物体形状,分析三视图,可知主要是漏画了截交线、相贯线等。补画出这些交线,如图 5-19b 所示。

【例 5-4】　已知物体的主、俯视图,补画其左视图(图 5-20a)。

(1)构形分析　俯视图两实线框,分别对应主视图的大、小两个半圆,可知该物体由大、小

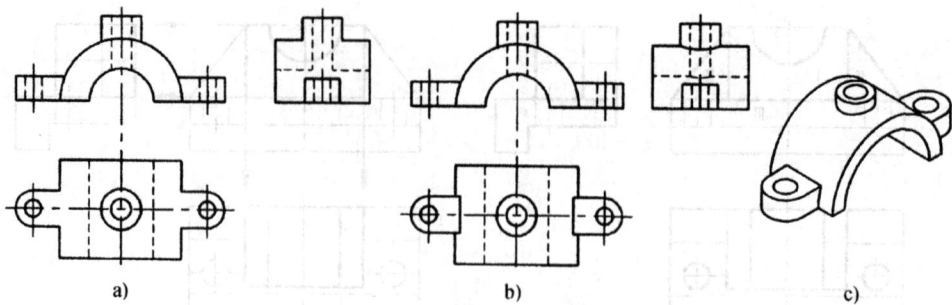

图 5-19　补画视图上的漏线

两个圆柱叠加而成。大半圆柱上面左右挖去两个小圆孔,小半圆柱中间挖去一个圆柱孔,是一个空心半圆柱。在空心半圆柱前方开槽,如图 5-20e 所示。

(2)补画左视图　根据投影规律,逐个画出各基本形体的左视图:

1)画出前后两个半圆柱的投影,如图 5-20b 所示。

2)画出空心半圆柱及两个小孔,如图 5-20c 所示。

3)画出空心半圆柱前端的切口,如图 5-20d 所示。

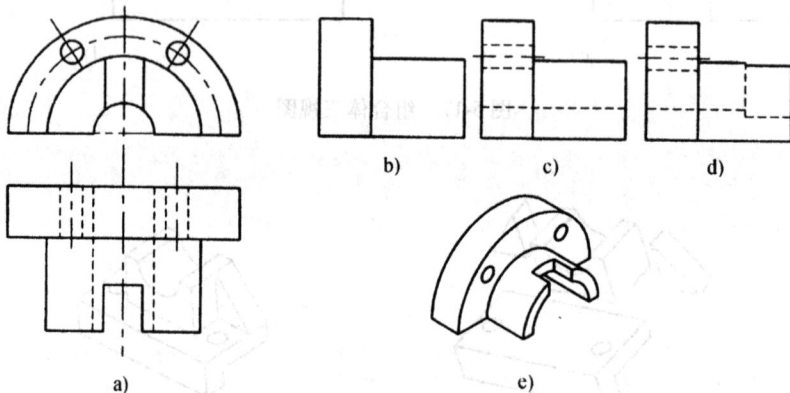

图 5-20　补画左视图

第六节　组合体的尺寸标注

一、标注尺寸的基本要求

组合体的视图只能表达形体的形状,各形体的真实大小及其相对位置必须由尺寸来确定。因此,标注尺寸应做到以下几点:

(1)正确　尺寸注写要符合国家标准《机械制图》中有关"尺寸注法"的规定。

(2)完整　尺寸必须注写齐全,不遗漏,不重复。

(3)清晰　尺寸的注写布局要整齐、清晰,便于看图。

二、常见基本体的尺寸注法

组合体的尺寸标注是按照形体分析法进行的,因此必须先熟悉和掌握基本体的尺寸标注方法。对于一些基本体,一般应注出它的长、宽、高三个方向的尺寸,但并不是每一个立体都需要在形式上注全这三个方向的尺寸。例如标注圆柱、圆锥的尺寸时,在其视图上注出直径方向(简称径向)尺寸"φ"后,不仅可以减少一个方向的尺寸,而且还可以省略一个视图,因为尺寸"φ"具有双向尺寸功能。从表 5-3 中,可以了解标注基本体尺寸的一般规律和方法。

表 5-3 常见基本体的尺寸注法

正四棱柱	正六棱柱	正四棱台
注长、宽、高三个尺寸	注对边距离及高度尺寸	注上下底面的长和宽及高度尺寸
圆柱	圆台	球
注直径及高度尺寸	注上、下底圆直径和高度尺寸	注直径
底板	底板	支板
注长、宽、高 3 个尺寸及圆角半径尺寸	注长、宽、高 3 个尺寸	注长、宽、中心高及圆弧尺寸

（续）

开槽圆柱	凸块	截头圆球
注出圆柱尺寸后,再注出槽的深度和宽度	注出圆柱尺寸后,再注出凸块的高度和宽度	注直径和高度

三、组合体尺寸标注

（一）尺寸标注要完整

标注尺寸要完整,就必须应用形体分析法,把组合体分解为若干基本形体,逐个注全各基本形体的定形尺寸、定位尺寸并恰当地处理组合体的总体尺寸。

关于定形尺寸、定位尺寸和尺寸基准的概念,和前述平面图形的相同,值得注意的是,组合体是三维的。

组合体中每个基本体都有三个方向（长、宽和高）的尺寸和相对位置,故每个方向至少要选定一个标注尺寸的起始点作为基准。在同一方向上根据需要可以有若干个基准,但其中一个为主要基准,通常选择组合体的底面、顶面、对称中心线、轴线或较重要的端面。图 5-21 中的尺寸基准用箭头"➡"表示。

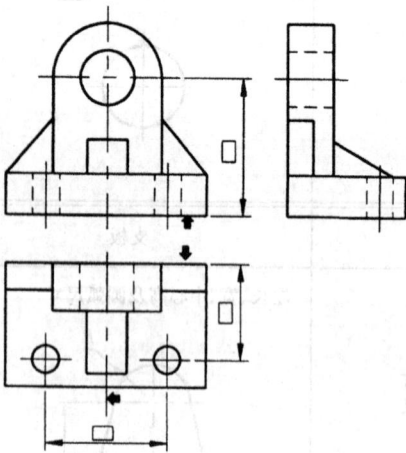

图 5-21　组合体定位尺寸　　　　图 5-22　组合体定形尺寸

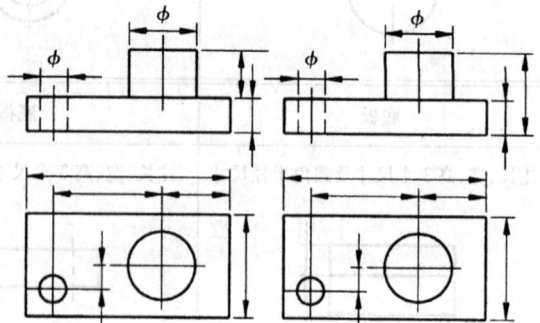

在研究组合体时,总希望知道组合体所占空间的大小,因此,一般需要标注组合体的总长、

总宽和总高。由于组合体的尺寸总数是所有定形尺寸和定位尺寸的数量之和,若再加注总体尺寸就会出现多余尺寸。因此,为了保持尺寸数量的完整,在加注一个总体尺寸的同时,应减少一个同向的定形尺寸,如图 5-22 所示的高度尺寸。有时,为了考虑制作方便,必须标注出对称中心线之间的定位尺寸和回转体的半径(或直径),而不必标注总体尺寸,如图 5-23 所示。另外,带圆角的长方体只标注总体尺寸,而不标注圆弧的定位尺寸,如图 5-24 所示。

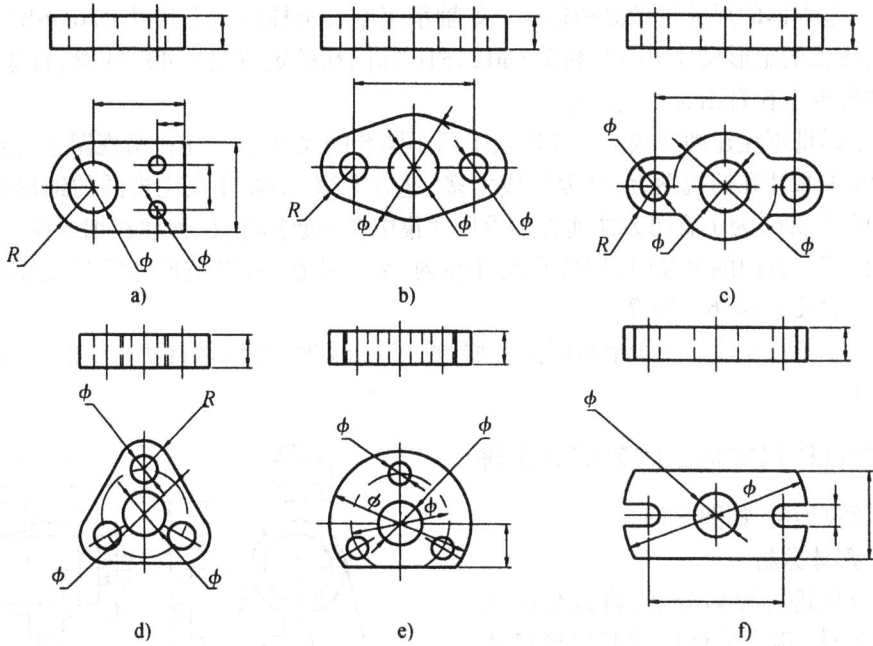

图 5-23　组合体尺寸之一

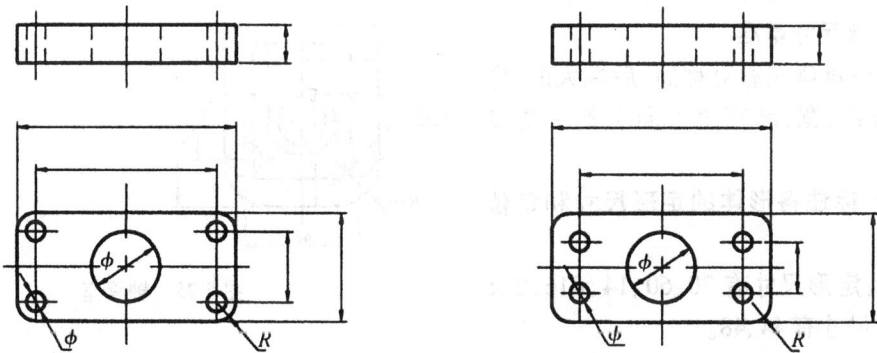

图 5-24　组合体尺寸之二

(二)标注尺寸要清晰

清晰地标注尺寸,是保证尺寸标注完整的前提。在标注尺寸时,除应遵守国标有关"尺寸注法"的规定外,还应注意尺寸的配置要清楚、整齐和便于阅读。为此,在标注尺寸时,应注意以下几点(以图 5-25 为例):

1)尺寸尽量标注在形体明显的视图上。如直径尺寸尽量注在投影为非圆的视图上,而圆弧的半径应注在投影为圆弧的视图上。如轴承座空心圆柱内、外壁的直径 $\phi26$、$\phi40$,凸台的内、外壁的直径 $\phi14$、$\phi26$，底板上的圆角 $R16$，支承板和肋板的厚度 12 等。

2）两视图的共同尺寸尽量注在两视图之间，并注在视图的外部。为便于按投影规律读图，长度方向尺寸注在主、俯视图之间，宽度方向尺寸注在俯、左视图之间，高度方向尺寸注在主、左视图之间。图 5-25 的大部分尺寸都注在视图之外。但是，为了避免尺寸界线过长或与其他图线相交，也可注在视图内部，如肋板的定形尺寸 26、12 和 20 等。

3）同一基本体的尺寸尽量集中标注。如轴承座空心圆柱的定形尺寸 $\phi26$、$\phi40$，集中注在左视图上，底板的定形尺寸 70、60 和 $2\times\phi18$、$R16$ 和圆孔的定位尺寸 48、44 等，都集中注在俯视图上，这样便于在看图时查找尺寸。

4）尺寸尽量不注在细虚线上。如底板上两小圆孔的尺寸 $\phi18$ 注在俯视图上，但是凸台的小圆孔 $\phi14$ 如果注在俯视图上，则因图线太多，地方太窄，不如注在主视图的细虚线上清晰；左视图的尺寸 $\phi26$，为了看图方便而将轴承尺寸集中在一起标注，因而注在细虚线上。

5）标注同一方向的尺寸时，应该小尺寸在内，大尺寸在外，以免尺寸线和尺寸界线相交，如主视图上的尺寸 14、60、90 等。

6）交线上不注尺寸。由于形体间的叠加（挖切）相交时，交线是自然产生的，所以，在交线上不注尺寸。

四、组合体尺寸标注的方法和步骤

以轴承座为例，如图 5-25。

（一）形体分析

对组合体进行形体分析，将其分解成几个简单形体，逐个形体标注其定形尺寸和定位尺寸。这里将其分解为底板、空心圆柱、肋板、支承板和凸台五个形体。

（二）选尺寸基准

选择轴承座左右对称面、后端大面、底面分别为长、宽、高三个方向上的主要基准。

（三）标注各形体的定形尺寸和定位尺寸

底板：定形尺寸有 70、60、14、$R16$、$2\times\phi18$；定位尺寸有 44、48。

空心圆柱：定形尺寸有 50、$\phi40$、$\phi26$；定位尺寸有 7、60。

肋板：定形尺寸有 20、26、12。

支承板：定形尺寸有 12。

凸台：定形尺寸有 $\phi14$、$\phi26$；定位尺寸有 26。

注意，相同的孔必要时可注明数量，如 $2\times\phi18$；但相同的圆角如 $R16$ 一般不注明数量。

（四）标注总体尺寸

总长尺寸 70，总宽尺寸 60，总高尺寸 90。

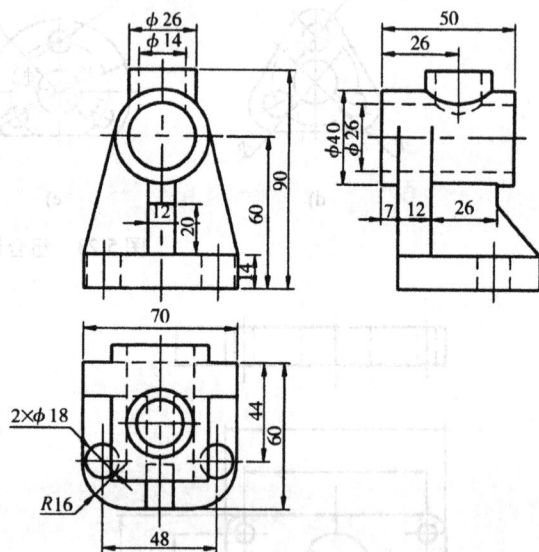

图 5-25　轴承座

第七节　组合体轴测图的画法

一、画组合体轴测图的方法

组合体是由基本体经过叠加、切割等方式组合而成,画组合体轴测图实际上是平面体、曲面体轴测图画法的综合运用。

形体分析法仍是绘制组合体轴测图的基本方法。画图前应分析该组合体是由哪些基本形体经过怎样的方式组合而成的;然后按照组合体的形成过程逐步画图。在绘制组合体轴测图时,要准确确认各组成形体之间的相对位置,并且要注意各形体间连接处的画法。画图的一般顺序为:先画出构成组合体最基本的形体,再画大的形体和外部形状,最后画小的形体及内孔等细节。一般从上而下和由前而后地画,可避免画出被遮挡的图线。

二、组合体轴测图的举例

图 5-26 是由形体分析法画出组合体的正等轴测图的过程。

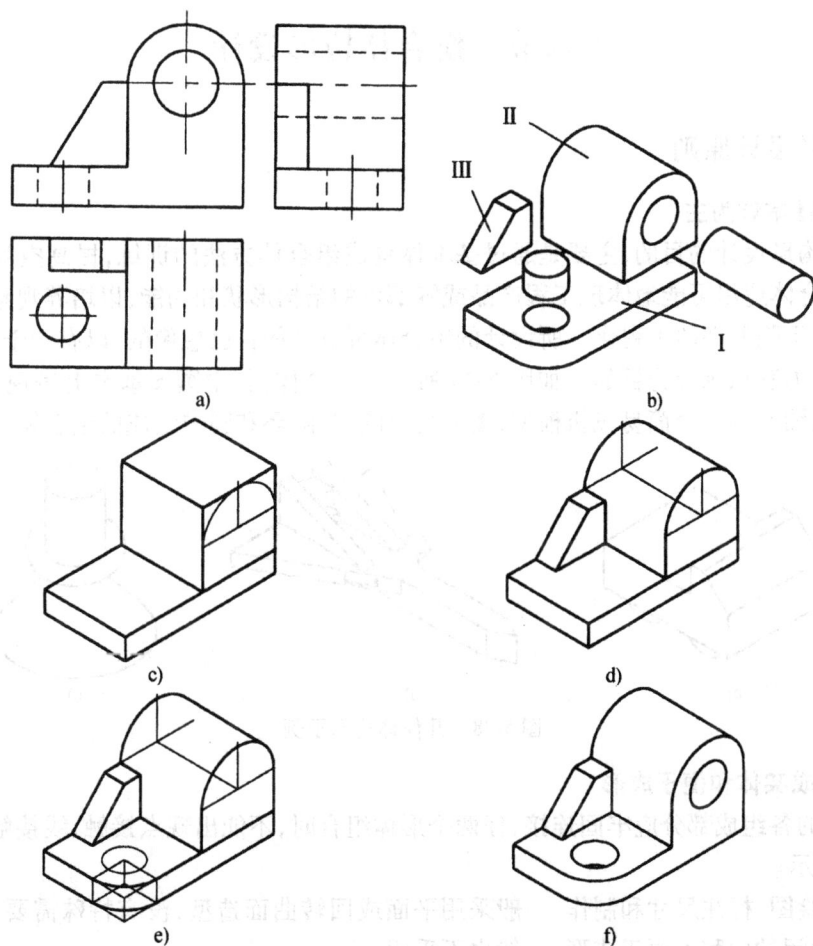

图 5-26　用形体分析法画组合体轴测图

第一步:根据图5-26a三视图,想像出其空间形体,如图5-26b所示。
第二步:画出形体Ⅰ和形体Ⅱ的基本形状(均为长方体),如图5-26c所示。
第三步:画出形体Ⅲ(四棱柱),并画出形体Ⅱ的上部(半圆柱),如图5-26d所示。
第四步:画出形体Ⅰ左前方的小孔和圆角,以及形体Ⅱ的内孔,如图5-26e所示。
第五步:除去不可见轮廓线及作图线,完成组合体的轴测图,如图5-26f所示。
图5-27表示了用形体分析法绘制箱体型组合体轴测图的过程。

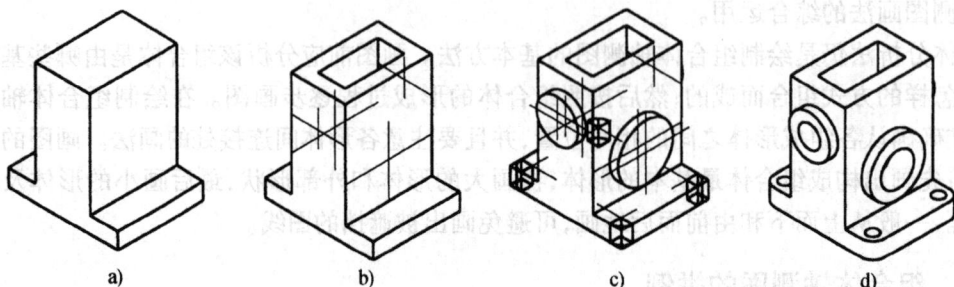

图5-27 用形体分析法绘制箱体型组合体轴测图

第八节 组合体构形设计

一、构形设计原则

(一)以基本体为主

几何体构形设计的目的,主要是通过基本体构成组合体方法的训练,提高空间思维能力。所设计的组合体应尽可能地体现工程产品或零部件的结构形状和功能,以培养观察、分析和综合能力,但又不强调必须工程化。所设计的组合体可以是凭自己想像的,以有利于开拓思维路径,培养创造力和想像力为目的。如图5-28所示的组合体,其中图a基本上表现了一部卡车的车体形状,图b为一个简易飞机模型,图c是由圆柱、圆环和圆锥组成的组合体。

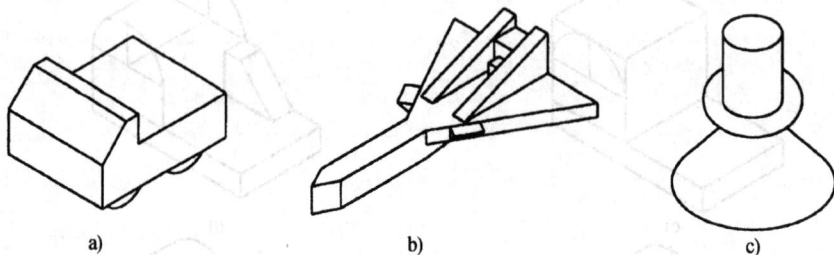

图5-28 几何体构形示例

(二)构成实体和便于成形

组合体的各组成部分应牢固连接,任两个形体组合时,不能出现点接触、线接触和面连接,如图5-29所示。

为便于绘图、标注尺寸和制作,一般采用平面或回转曲面造型,没有特殊需要不用其他曲面。此外,封闭的内腔不便于成形,一般也不采用。

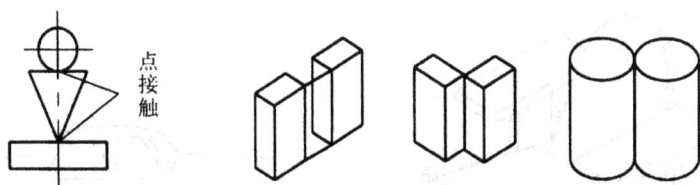

图 5-29　形体间不能出现点接触、线接触和面连接

（三）多样化、变异性、新颖性

构成一个组合体所使用的基本体种类、组合方式和相对位置应尽可能多样化，并力求构想出打破常规、与众不同的新颖方案。如图 5-30 所示，由给定的一个视图可设计出多种组合体。

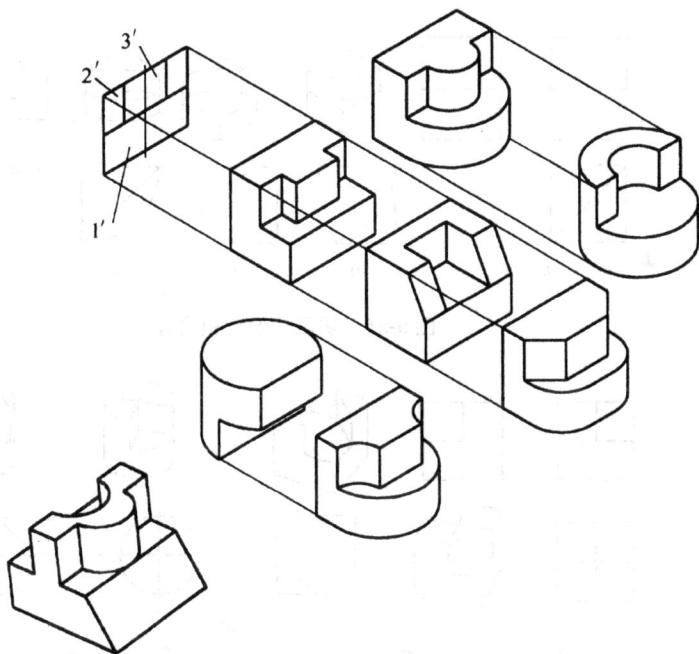

图 5-30　多种构思

（四）体现稳定、平衡等造型艺术法则

均衡和对称形体的组合体给人稳定和平衡感，例如图 5-31 所示的椅子的造型。如图 5-32 所示的小轿车的造型，显得静中有动，给人以外形美观、轻便、可快速行驶的感觉。

二、组合体构形设计的基本方法

（一）切割法

一个基本立体经数次切割，可以构成一个组合体，如图 5-33 所示。

（二）叠加法

如给定组合体的某一个或某两个视图，可用叠加组合的方式设计出各种组合体，如图 5-34a 所示，它们的主、左视图相同。同样，如果给出若干个基本体，可以变换其相对位置，叠加出各种组合体，如图 5-34b、c 所示。

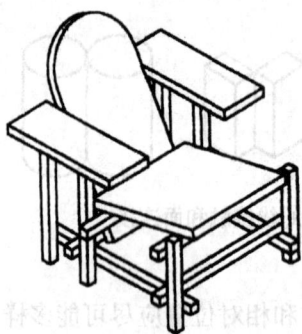

图 5-31　椅子的造型　　　　　　　　　　图 5-32　小轿车的造型

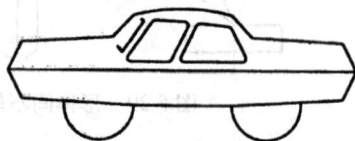

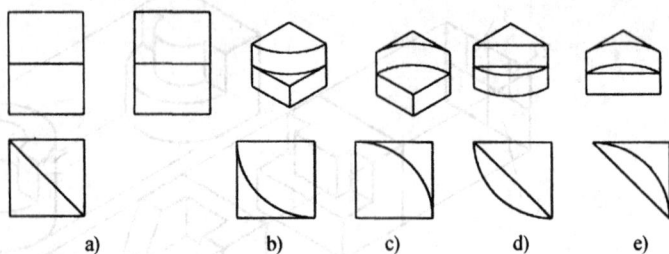

a)　　　　　b)　　　　c)　　　　d)　　　　e)

图 5-33　切割法设计组合体

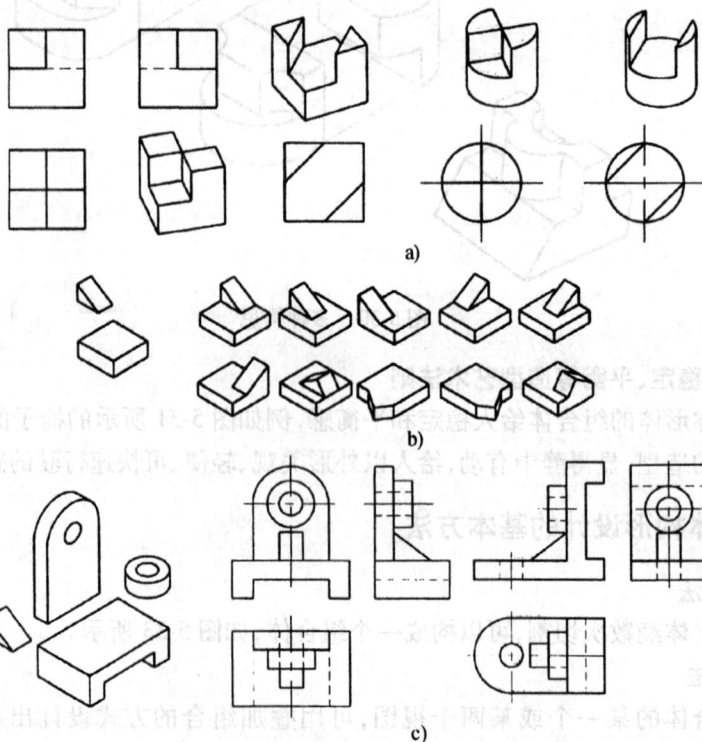

a)

b)

c)

图 5-34　叠加法设计组合体

三、组合体构形设计举例

【例5-5】 根据图5-35a所示的主视图、俯视图,试构思各种组合体,并补画左视图。

1. 视图分析

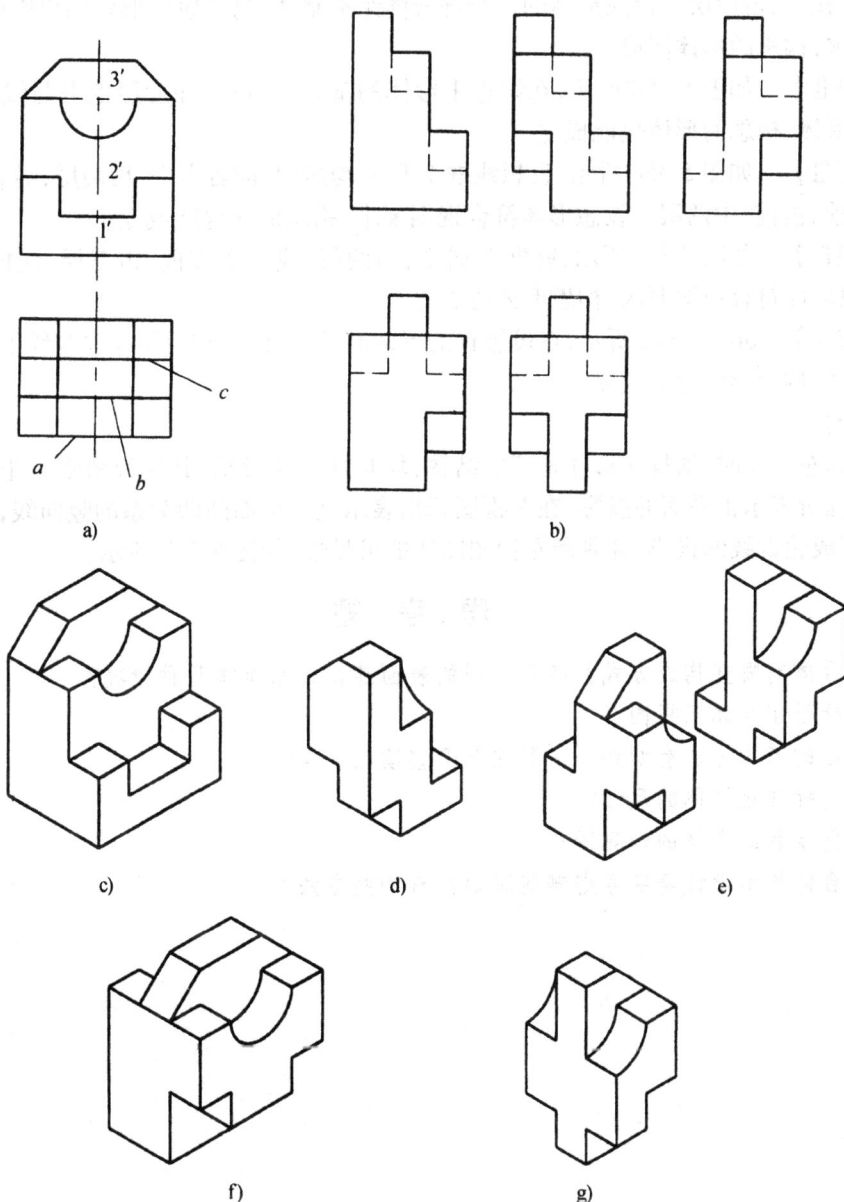

图5-35 构思五种组合体

主视图的线框1′、2′、3′与俯视图无类似形线框对应,必对应横向线 a、b、c,即三个封闭形线框均表示正平面。由于物体有厚度,因此,线框1′、2′、3′可视为三部分的形体Ⅰ、Ⅱ、Ⅲ。但三个线框不能靠主、俯"长对正"的投影关系直接在俯视图中找到对应位置,分不清各基本形体之间的相对位置。

鉴于视图表达的形体比较有规则,是柱状类的凸凹形体,宜采用形体设想归谬法进行空间思维,使构思的形体不违背给定的已知条件。

2. 构思多种形体

【设想Ⅰ】 如图 5-35c 所示,设想线框 1′在前,占前、中、后三层;线框 2′居中,占中、后两层;线框 3′在后,占后层。设想形体的三个部分能组成整体,物体轮廓形状的投影也符合主、俯视图的要求,构思的形体能成立。

【设想Ⅱ】 如图 5-35d 所示,在设想Ⅰ形体的基础上,设想在后层挖去与线框 1′所示形状相同的形体,构思的形体也能成立。

【设想Ⅲ】 如图 5-35e 所示,设想线框 1′和 3′均居中,前者占中、后两层,后者只占中层,线框 2′在前,占前、中两层。设想形体符合视图要求,构思形体也能成立。

【设想Ⅳ】 如图 5-35f 所示,线框 1′居中,占两层;线框 2′在前,占三层;线框 3′居中,占中层,设想形体符合视图要求,构思形体能成立。

【设想Ⅴ】 如图 5-35g 所示,在设想Ⅳ的形体基础上,设想在后层挖去与线框 1′所示形状相同的形体,构想形体也能成立。

3. 求作左视图

在补画左视图时,根据该形体是三层结构,均是柱状类形状,其左视图都是矩形线框。先画三个线框所表示正平面的投影,在左视图画出表示这三个面凸凹关系的竖向线,然后根据凸凹形体,完成轮廓线的投影,并判断左视图图线的可见性,如图 5-35b 所示。

思 考 题

1. 组合体有哪些构成方式?各形体间的表面连接关系有哪几种情况?
2. 怎样画组合体三视图?
3. 读图的基本方法有哪些?需要注意哪些读图要点?
4. 如何标注组合体的尺寸?
5. 如何绘制组合体的轴测图?
6. 组合体构形设计需要考虑哪些原则?有哪些方法?

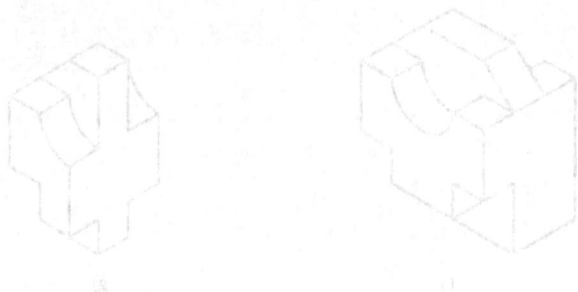

第六章　零件的表达方法

为了使图样能完整、清晰地表达零件各部分的结构形状,便于看图和画图,国家标准《机械制图》与《技术制图》图样画法(GB/T 4458.1—2002 和 GB/T4458.6—2002)与(GB/T 17451～17452—1998)规定了绘制机械图样的各种基本表达方法:视图、剖视图、断面图、局部放大图、简化画法以及其他规定画法等。这些画法是每个制图人员必须共同遵守的准则。本章主要介绍其中一些常用的表达方法。

第一节　视　　图

视图主要用来表达零件的外部结构形状,可分为基本视图、向视图、斜视图及局部视图。

一、基本视图

为了表达形状较为复杂的零件,仅限于主、俯、左三个视图,往往不够用。因此,制图标准规定,以正六面体的六个面为基本投影面,如图 6-1 所示,将零件分别向六个基本投影面投影所得到的视图称为基本视图。零件的六个基本视图是由前向后、由上向下、由左向右投影所得的主视图、俯视图和左视图,以及由右向左、由下向上、由后向前投影所得的右视图、仰视图和后视图。这时零件处于观察者和投影面之间,这种投影方法叫作第一角投影法。各基本投影面的展开方法如图 6-2 所示,展开后各视图的配置如图 6-3 所示。基本视图的配置要注意掌握:

1. 投影规律

当六个基本视图按图 6-3 配置时,仍应保持"长对正、高平齐、宽相等"的投影规律,即主视图、俯视图和仰视图长对正,

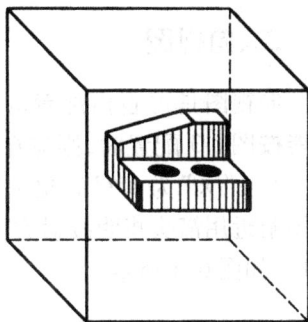

图 6-1　六面投影箱

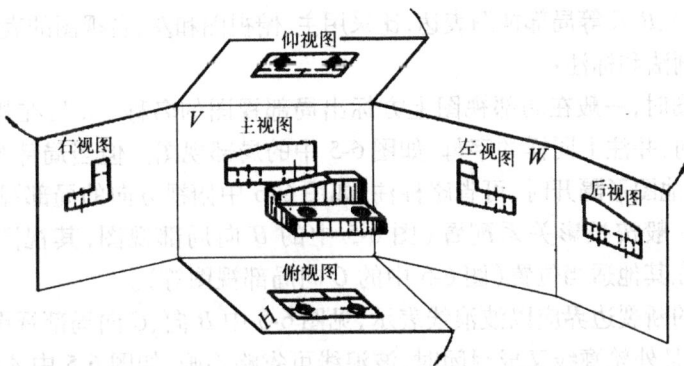

图 6-2　六个基本视图的展开

主视图、左、右视图和后视图高平齐,左、右视图与俯、仰视图宽相等。

2. 位置关系

六个基本视图的配置,反映了零件的上下、左右和前后的位置关系,如图6-3所示。特别应注意,左、右视图和俯、仰视图靠近主视图的一侧,反映零件的后面,而远离主视图的外侧,反映零件的前面。在同一张图纸内按图6-3配置视图时,不标注视图的名称。

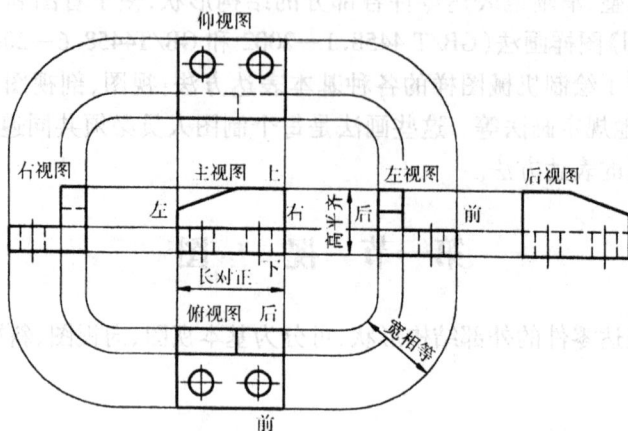

图6-3　六个基本视图的配置

二、向视图

向视图是可自由配置的视图。如果视图不能按图6-3配置时,则应在向视图的上方标注"×"("×"为大写的拉丁字母),在相应的视图附近用箭头指明投射方向,并注上相同的字母,如图6-4所示。

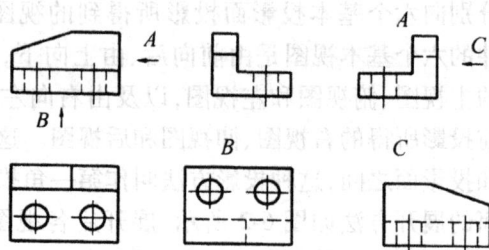

图6-4　向视图的标注方法

三、局部视图

将零件的某一部分向基本投影面投影,所得的视图称为局部视图。它用于表达零件上的局部形状,而又没有必要画出整个基本视图的情况下。例如图6-5所示零件,采用了一个主视图为基本视图,并配合 A、B、C 等局部视图表达,比采用主、俯视图和左、右视图的表达来得简洁。

局部视图的画法和标注:

1)画局部视图时,一般在局部视图上方标出局部视图的名称"×",在相应视图的附近用箭头指明投射方向,并注上同样的字母,如图6-5中的局部视图。但当局部视图按投影关系配置,中间又没有其他图形隔开时,可省略标注,如图6-6中俯视方向的局部视图。

2)局部视图一般按投影关系配置(图6-5中的 B 向局部视图,其视图名称一般省略标注),也可以配置在其他适当位置(图6-5中的 C 向局部视图等)。

3)局部视图的断裂边界应以波浪线表示,见图6-5中 B 向、C 向局部视图。当所表示的局部结构是完整的,且外轮廓线又成封闭时,波浪线可省略不画,如图6-5中 A 向局部视图。

局部视图 A 是按第三角投影配置法画出的,此时图名一般也不标注,但需用细点画线将两图连接起来。

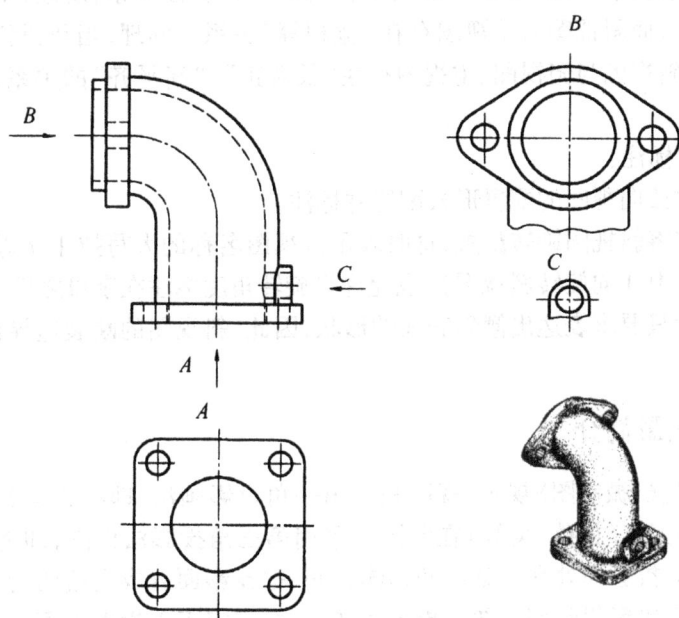

图 6-5　局部视图

四、斜视图

如图 6-6a 所示零件,由于其右方相对于水平投影面和侧投影面是倾斜的,故其俯视图和左视图都不反映实形,这两个视图表达得不清楚,画图比较困难,看图不方便。为了表示该零件倾斜表面的真形,可用换面法,设置一平面 P 平行于零件的倾斜表面,且垂直于另一基本投影面(图 6-6a 中为 P 面),然后以垂直于倾斜表面的方向向 P 面投影,就得到反映零件倾斜表面真形的视图。

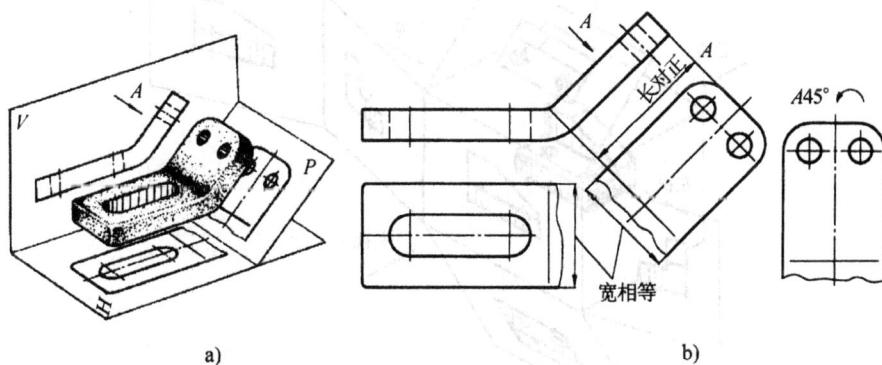

a)　　　　　　　　　　　　　b)

图 6-6　斜视图

零件向不平行于任何基本投影面的平面投影所得到的视图称为斜视图。斜视图用来表达零件上倾斜表面的真实形状。将各投影面展开后,得到的各个视图,配置如图 6-6b 所示。应注意,由于平面 P 垂直于 V 面,这时 P 面与 V 面构成两投影面体系,所以,斜视图与主视图间存在"长对正"关系,而斜视图与俯视图存在"宽相等"关系。同理,当获得斜视图的投影平面垂直于 H 面时,则斜视图与俯视图、主视图存在"长对正"、"高平齐"的关系,这些关系是画斜视图的依据。

斜视图画法和标注:

1)斜视图通常按向视图的配置形式配置并标注。

2)必要时允许将斜视图旋转配置,这时表示该视图名称的大写拉丁字母应靠近旋转符号的箭头端(图6-6c 中 A 向旋转斜视图),也允许将旋转角度标注在字母之后。

3)斜视图一般只要求表达出倾斜表面的形状,因此,斜视图的断裂边界以波浪线表示(图6-6b A 向斜视图)。

五、第三角投影简介

我国国家标准《机械制图》规定,视图采用第一角投影画法,即将物体放在第一分角内进行投影。其他有些国家(如英、美等)在制图中采用第三角投影法作图,即将物体放在第三分角内进行投影,这时投影面处在观察者和物体之间,把投影面看成是透明的,由前向后投影得到主视图,由上向下投影得到俯视图。投影面展开时,规定正立投影面不动,水平投影面向上翻转与正立投影面重合。

在第三角投影中,同样有六个基本投影面,可以得到六个基本视图,它们的名称与第一角投影一样,分别称为主视图、俯视图、右视图、左视图、仰视图和后视图,按图6-7 展开后,六个基本视图的配置如图6-8 所示。所以,第三角投影与第一角投影的基本区别在于观察者与投影面、零件三者的相对位置不同和视图的配置不同,但是第三角投影仍然采用正投影法绘制,因而视图间的投影规律,如"长对正、高平齐、宽相等"等以及投影特性如真形性、积聚性等都是同样适用的。

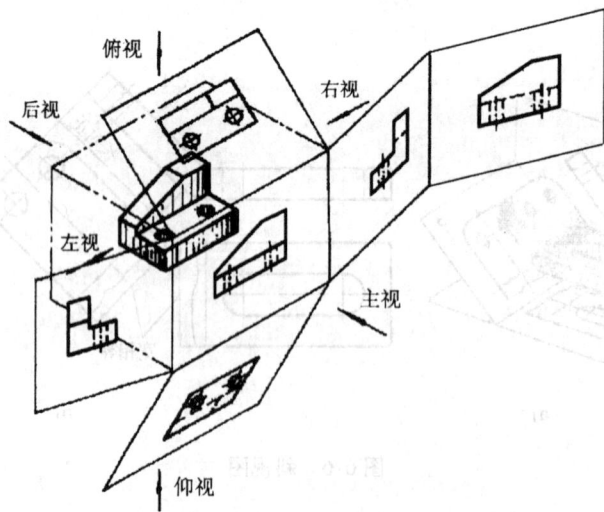

图 6-7　第三角投影的展开

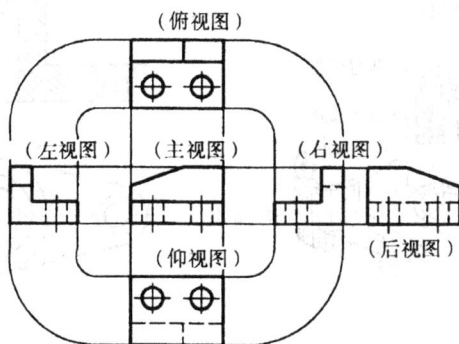

图 6-8　第三角投影基本视图配置

第二节　剖　视　图

视图中,零件的内部形状用细虚线来表示(图6-9),当零件内部形状较为复杂时,视图上就出现较多细虚线,影响图形清晰度,给看图、画图带来困难,制图标准规定采用剖视的画法来表达零件的内部形状。

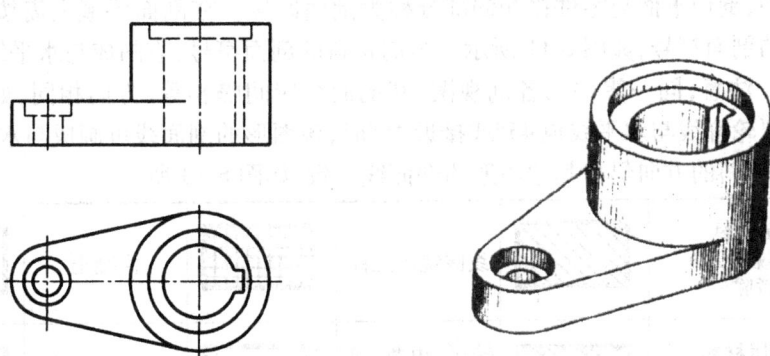

图 6-9　物体的视图与轴测图

一、剖视图的概念

假想用剖切平面剖开零件,将处在观察者和剖切平面之间的部分移去,而将其余部分向投影面投影所得到的图形称为剖视图(图 6-10a)。采用剖视后,零件内部不可见轮廓成为可见,用粗实线画出,这样图形清晰,便于看图和画图,如图 6-10b 所示。

二、剖视图的画法

按制图标准规定,画剖视图的要点是:

1. 确定剖切平面的位置

为了清晰地表示零件内部真实形状,一般剖切平面应平行于相应的投影面,并通过零件的轴线或零件的对称平面(图 6-10a)。

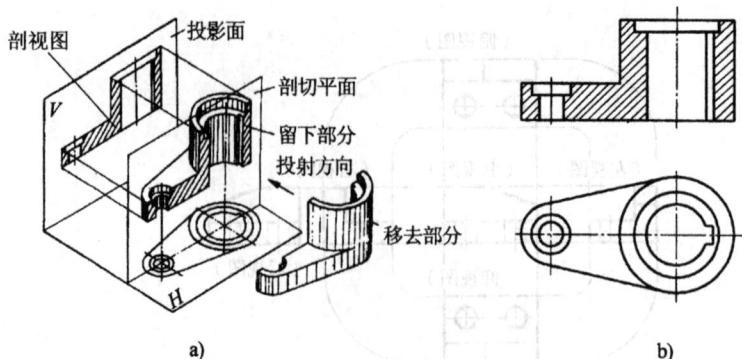

图 6-10　剖视图的概念和画法

2. 剖视图的画法

用粗实线画出零件被剖切平面剖切后的断面轮廓和剖切平面后的可见轮廓。注意不应漏画剖切平面后方可见部分的投影。

剖视图应省略不必要的细虚线,只有在必要时,对尚未表示清楚的零件结构形状才画出细虚线。

由于剖视图是假想的,当一个视图取剖视后,其他视图不受影响,仍按完整的零件画出。

3. 剖面符号的画法

剖视图中,剖切平面与零件接触的部分称为剖面区域。在剖面区域上需按规定画出与机件材料相应的剖面符号,如图 6-11 所示。金属材料的剖面符号,应画成与水平线成45°的一组平行细实线。注意,同一零件的各剖视图,其剖面线应间隔相等、方向相同,如图 6-12 所示。当图形的主要轮廓线与水平线成45°或接近45°时,该图形的剖面线可画成与水平成30°或60°的平行线,其倾斜的方向仍与其他图形的剖面线一致,如图 6-13 所示。

金属材料 (已有规定剖面 符号者除外)			线圈绕组元件		混凝土	
非金属材料 (已有规定剖 面符号者除外)			转子、电枢、变压器和电抗器等的叠钢片		钢筋混凝土	
木材	纵剖面		型砂、填砂、砂轮、陶瓷及硬质合金刀片粉末冶金		砖	
	横剖面		液体		基础周围泥土	
玻璃及供观察使用的其他透明材料			胶合板 (不分层次)		格网	

图 6-11　剖面符号

4. 剖视图的标注

为了表明剖视图与有关视图的对应关系,在画剖视图时,应将剖切平面位置、投射方向和剖视图名称标注在相应的视图上。标注内容包括剖切符号、剖视图名称等。

剖切符号:表示剖切平面的位置。在剖切面的起始、转折和终止处画上粗实线(线宽为 $1 \sim 1.5d$,线长约为 $5 \sim 10mm$),应尽可能不与图形的轮廓线相交。

箭头:指明投影方向,画在剖切符号的两端。

剖视图名称:在剖切符号的起始、转折、终止位置标注相同的字母,在剖视图正上方注出相应字母" $\times - \times$ ",如图6-12、图6-13中的 $A—A$ 剖视图。

当剖视图按投影关系配置,中间又没有其他图形隔开时,可省略箭头,如图6-12、图6-13中 $A—A$ 剖视表示投影方向的箭头均可省略。

当剖切平面与零件的对称平面完全重合,且剖切后的剖视图按投影关系配置,中间又没有其他图形隔开时,可省略标注,如图6-10b。

三、剖视图的分类

制图标准将剖视图分为全剖视图、半剖视图和局部剖视图三类:

1. 全剖视图

用剖切平面完全地剖开零件所得到的剖视图称为全剖视图,如图6-12。全剖视图运用于外形简单和内部形状复杂的不对称零件。如内外形状都较复杂的不对称零件,必要时可分别画出全剖视图和视图以表达其内外形状。对于空心回转体,且具有对称平面的零件,也常采用全剖视图。

全剖视图除符合上述省略箭头或省略标注的条件外,均应按规定标注。

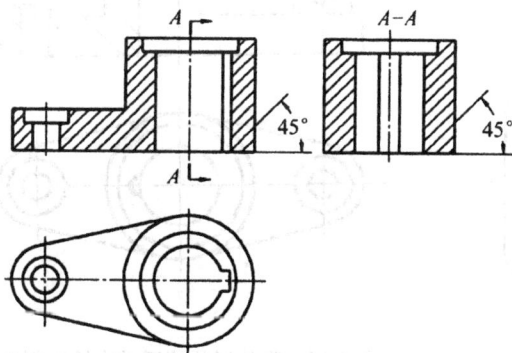

图6-12　剖视图中的剖面符号画法　　　　图6-13　零件主要轮廓线与水平线成45°

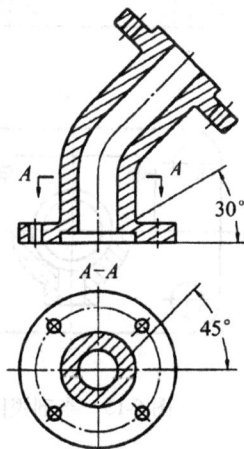

2. 半剖视图

当零件具有对称平面时,以对称平面为界,用剖切面切开零件的一半所得到剖视图称为半剖视图。半剖视图的剖切方法与全剖相同,如图6-14所示。

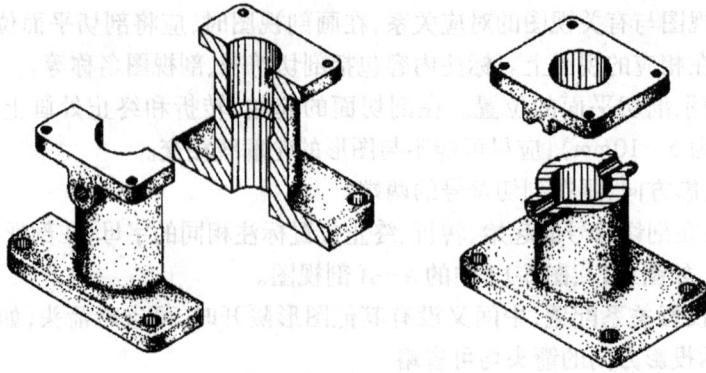

图 6-14　半剖视图的剖切

如图 6-15 所示,半剖视图适用于内外形状都需要表达,且具有对称平面的零件。若零件的形状接近于对称,且不对称部分已有其他视图表示清楚时,也可画成半剖视图,如图 6-16 所示。

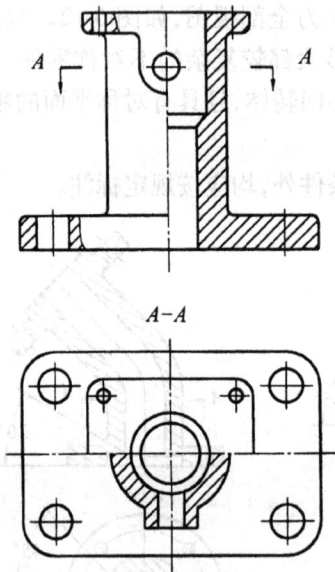

图 6-15　半剖视图

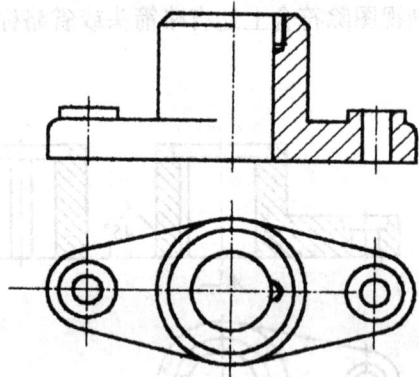

图 6-16　零件形状接近对称的半剖视图

半剖视图的标注方法与全剖视图标注相同,如图 6-15 中配置在主视图位置的半剖视图,符合省略标注的条件,所以未加标注,而俯视图位置的半剖视图,剖切平面不通过零件的对称平面,所以应加标注,但可省略箭头。

画半剖视图时应注意:

1)半剖视图中剖与未剖部分的分界线规定画成细点画线(图 6-15),而不应画成粗实线。

2)半剖视图中,零件的内部形状已由剖开部分表达清楚,所以,另外未剖开部分图中表示内部形状的细虚线不必画出(图 6-15)。

3. 局部剖视图

用剖切平面局部地剖开零件所得到的剖视图称为局部剖视图。局部剖不受图形是否对称的限制,剖在什么地方和剖切范围多大,可根据需要决定,是一种比较灵活的表达方法。

当不对称机件的内外形状均需表达,而它们的投影基本上不重叠时,如图 6-17 所示,采用局部剖视,可把零件的内外形状都表达清晰。

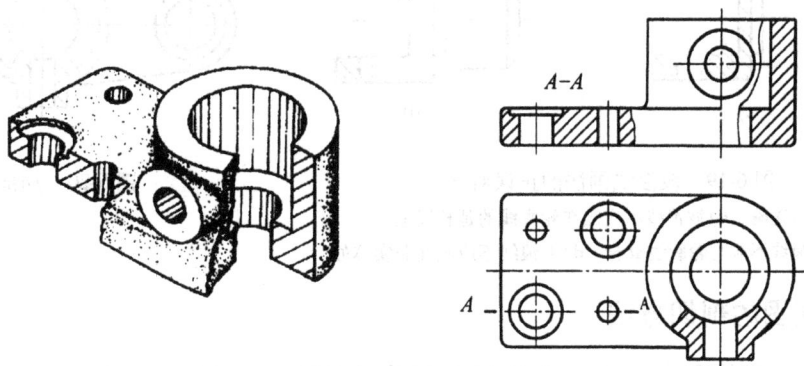

图 6-17 局部剖视图

局部剖视图运用的情况较广,但应注意,在同一视图中,过多采用局部剖视图会使图形显得凌乱。

局部剖视图中,剖与未剖部分的分界线为波浪线(图 6-17、图 6-18),波浪线不应与图形中的其他图线重合,也不应画在机件的非实体部分和轮廓线的延长线上,如图 6-19。当被剖切的局部结构为回转体时,允许将该结构的轴作为局部剖视图中剖与未剖部分的分界线(图 6-20)。

局部剖视图一般不标注。仅当剖切位置不明显或在基本视图外单独画出局部剖视图,才需加标注,如图 6-17 中的局部剖视。

图 6-18 零件轮廓线与对称中心线重合时的局部剖视图画法

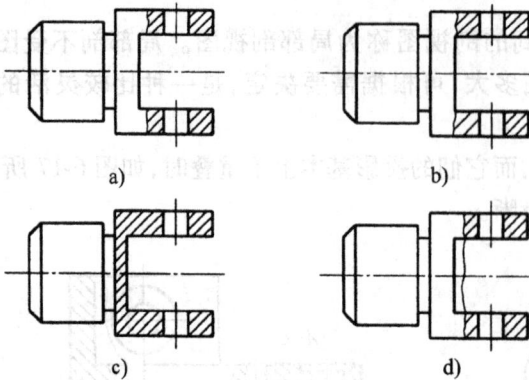

图 6-19　波浪线画法的正误对比

a)正确　b)波浪线不应画在轮廓线的延长线上

c)波浪线不应与轮廓线重合　d)波浪线不应画在非实体处

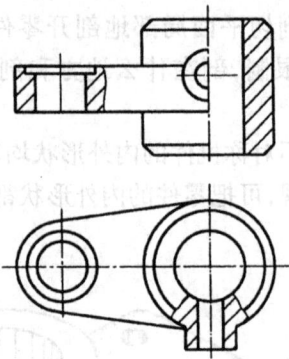

图 6-20　局部剖视图

四、剖视图的剖切方法

由于零件的结构形状不同,画剖视图时,可采用不同的剖切方法,可用单一剖切平面剖开零件,也可用两个或两个以上剖切平面剖开零件。一般情况下,剖切平面平行于基本投影面,但也可倾斜于基本投影面。制图标准规定了不同的剖切方法,上面已介绍了用单一剖切平面剖开零件的方法,下面介绍用倾斜于基本投影面和两个以上剖切平面剖开零件的方法。

1. 不平行于任何基本投影面的剖切平面

用不平行于任何基本投影面的剖切平面剖开零件的方法称为斜剖视,用来表达零件倾斜部分的内部结构,如图 6-21 所示。斜剖获得的剖视图,一般按投影关系配置,并加以标注(图 6-21(Ⅰ)),在不致引起误解时,允许将图形旋转,这时应标注"×—×α⌒"(图 6-21(Ⅱ))(α 为旋转的角度)。

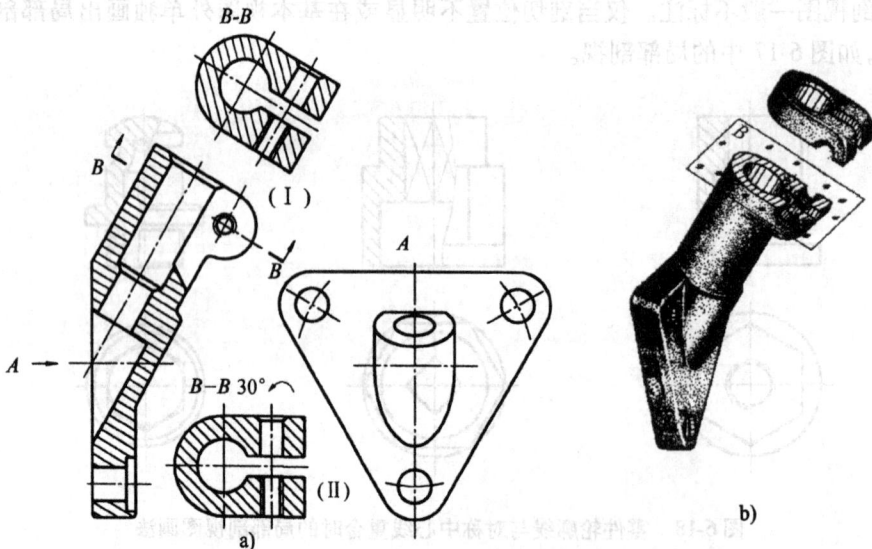

图 6-21　斜剖视图

2. 两相交剖切平面

用两相交的剖切平面（交线垂直于某一基本投影面）剖开零件的方法称为旋转剖。它用来表达那些具有明显回转轴线，分布在两相交平面上，有内部结构的零件，如图 6-22 所示。应该注意，用这种方法画剖视图时，先假想按剖切位置剖开零件，然后将被剖切平面剖开的结构及有关部分旋转到与选定的投影面（图 6-22 中为水平面）一致后，一并进行投影。但是，在剖切平面后的其他结构，一般仍按原来位置投影，如图 6-22 中 A—A 剖视图中小圆孔画法。

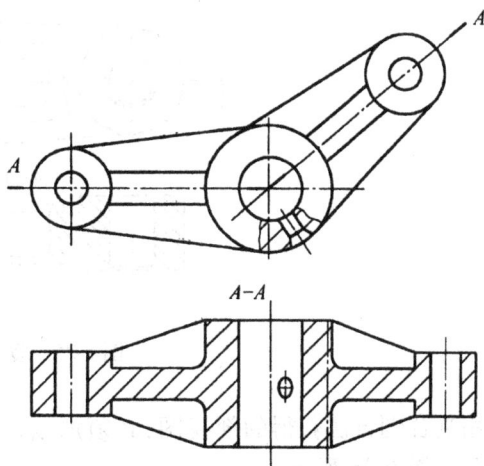

用旋转剖的方法获得的剖视图，必须加以标注，只有当剖视图按投影关系配置，中间又没有其他图形隔开时，可省略箭头（图 6-22）。

图 6-22　旋转剖的剖视图

3. 几个平行的剖切平面

用几个平行的剖切平面剖开零件的方法称为阶梯剖，用来表达零件在几个平行平面不同层次上的内部结构。图 6-23 表示用两个平行剖切平面剖开零件画出的剖视图。应该注意：

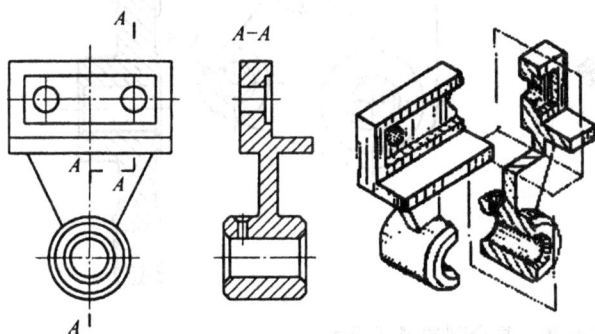

图 6-23　阶梯剖的剖视图

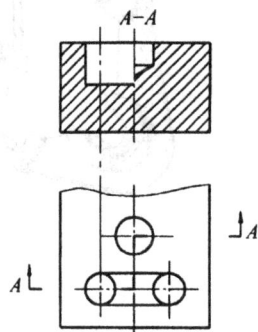

图 6-24　具有公共对称中心线

1) 剖切平面的转折处，不允许与零件上的轮廓线重合。在剖视图上，不应画出两个平行剖切平面转折处的投影。

2) 用这种方法画剖视图时，在图形内不应出现不完整的要素，如半个孔、不完整肋板等，仅当两个要素在图形上具有公共对称中心线或轴线时，可以各画一半，这时应以对称中心线为界，如图 6-24 所示。

用阶梯剖的方法获得的剖视图，必须加以标注，省略箭头的条件同旋转剖。

4. 组合的剖切平面

除旋转剖、阶梯剖以外，用组合的剖切平面剖开零件的方法称为复合剖，如图 6-25、图 6-26 所示，用来表达内部结构较为复杂且分布位置不同的零件。

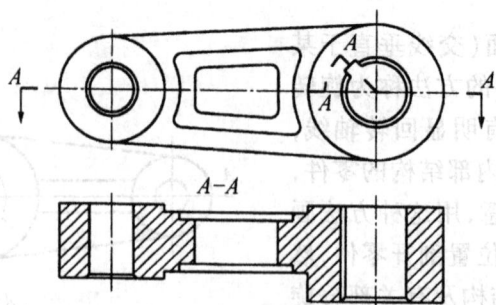

图 6-25　复合剖的剖视图

用复合剖方法获得的剖视图,必须加以标注,当剖视图采用展开画法时,应标注"×—×展开",如图 6-26 所示。

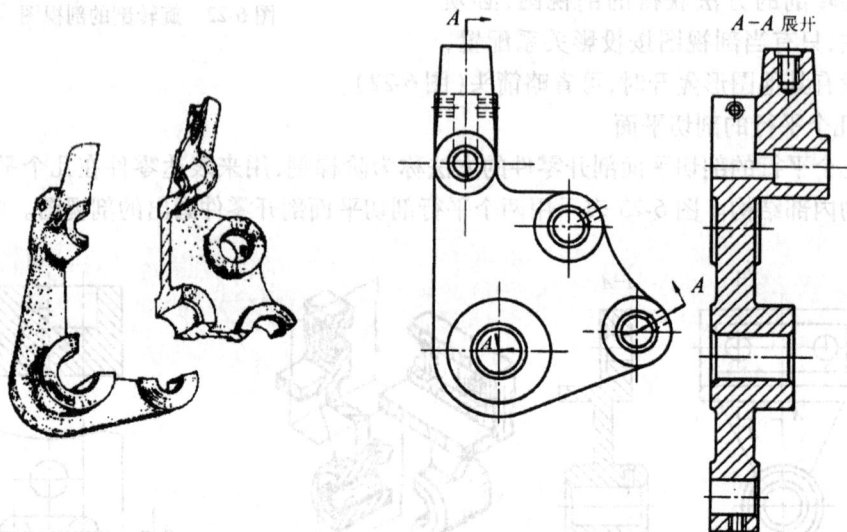

图 6-26　复合剖的展开画法

第三节　断　面　图

一、断面图的概念

假想用剖切平面将零件某处切断,仅画出截断面的图形称为断面图。断面图用来表达零件上某处的截断面形状,如图 6-27 表示轴上键槽处的截断面形状,图 6-28 表示角钢的截断面形状。应该指出,为了表示截断面的真形,剖切平面一般应垂直于所要表达零件结构的轴线或轮廓线。断面图中应画出与零件材料相应的规定剖面符号,当为金属零件时,剖面线应画成间隔相等、方向相同且与水平线成45°的平行细实线。

117

二、断面图的分类和画法

断面图分为移出断面图和重合断面图。

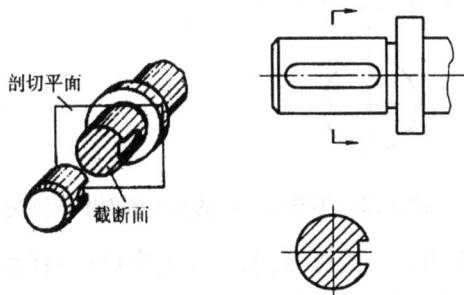

图 6-27　键槽断面图

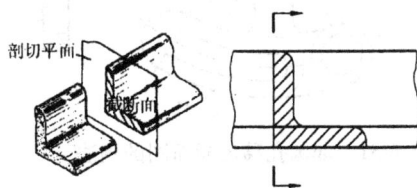

图 6-28　角钢断面图

1. 移出断面图画法

把断面图画在零件切断处的投影轮廓外面称为移出断面,如图 6-27。移出断面图的轮廓线用粗实线绘制,移出断面图应尽量配置在剖切线的延长线上。剖切线是剖切平面与投影面的交线,用细点画线表示(图 6-29 右侧的剖切线)。必要时,可将移出断面图配置在其他适当位置,如图 6-29 所示。

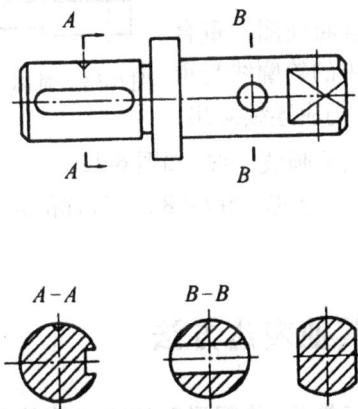

a)

b)

图 6-29　移出断面图

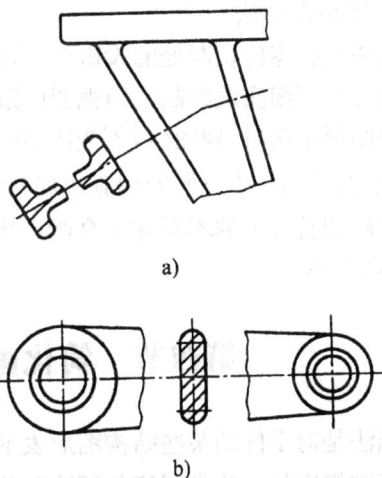

图 6-30　移出断面图

由两个或多个相交剖切平面剖切得出的移出断面图,中间一般应断开,如图 6-30a 所示。对称的移出断面图也可画在视图的中断处,如图 6-30b 所示。

当剖切平面通过回转面形成的孔或凹坑时,这些结构按剖视绘制,如图 6-29 中的 *A—A*、*B—B* 断面图。

当剖切平面通过非圆孔,会导致出现完全分离的两个截断面时,则这些结构亦应按剖视绘制,如图 6-31。

在不致引起误解时,断面图及剖视图允许省略断面符号,如图 6-32 所示。

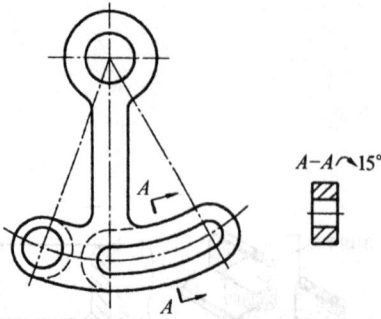

图 6-31　非圆孔移出断面图的画法

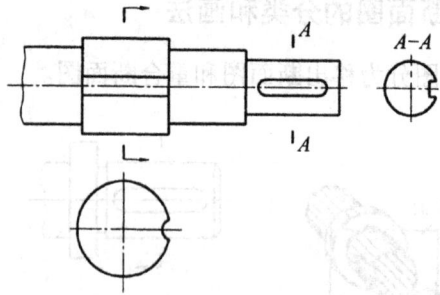

图 6-32　不画剖面线的移出断面图的画法

移出断面一般用剖切符号表示剖切位置,用箭头表示投影方向,并注上字母(一律水平书写),并在断面图的上方用相同的字母标出相应的名称"×—×"。

应当注意:

1)配置在剖切符号延长线上的不对称移出断面图,可省略字母(图 6-27)。

2)不配置在剖切符号延长线的对称移出断面图以及按投影关系配置的不对称移出断面图,均可省略箭头(图 6-29 中 B—B 断面图)。

3)配置在剖切线延长线上的对称移出断面图(图 6-29 右侧为面图)以及配置在视图中断处的对称移出断面图(图 6-30b),均不必标注。

2. 重合断面图画法

把断面图画在零件切断处的投影轮廓内称为重合断面图。重合断面图的轮廓线用细实线绘制。当视图(或剖视图)中的轮廓线与重合断面图的图形重迭时,视图(或剖视图)中的轮廓线仍应连续画出,

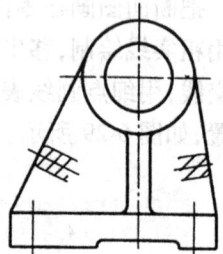

图 6-33　对称重合断面图

不可间断,如图 6-28。重合断面图画成局部时,习惯上不画波浪线,如图 6-33。

配置在剖切符号上的不对称重合断面图,不必标注字母(图 6-28)。对称的重合断面图,不必标注(图 6-33)。

第四节　简化画法和其他表达方法

简化画法是对零件的某些结构图形表示方法进行简化,使图形既清晰又简单易画。下面介绍制图标准规定的一些常用简化画法和其他表达方法。

一、简化画法

为了减少绘图工作量,提高设计效率及图样的清晰度,加快设计进程,GB/T 16675.1—1996、GB/T 16675.2—1996 和 GB/T 4656.1—2000 和制定了图样画法和尺寸注法的简化表示法。下面对其中常用的表示法进行介绍。

1. 剖视图中常用结构的规定画法

对于零件上的肋板、轮辐及薄壁等,如剖切平面通过这些结构的基本轴线或是纵向对称平面时,这些结构不画剖面符号,而用粗实线将它与其邻接部分分开;当剖切平面垂直于肋板剖

切时,则肋板的截断面,必须画出剖面符号,如图 6-34 所示。

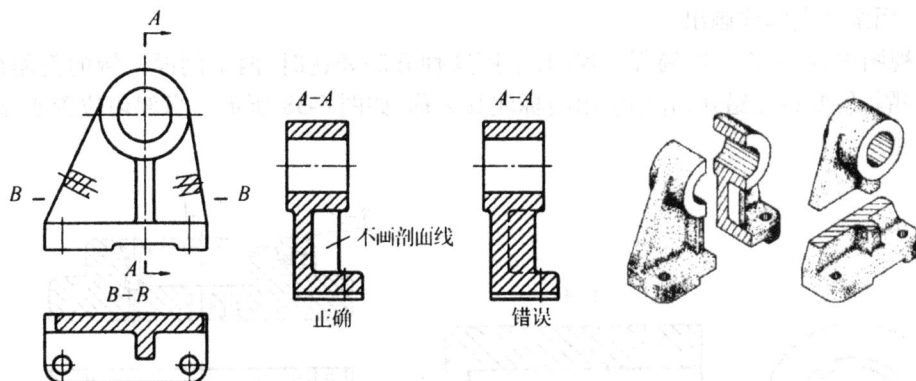

图 6-34　剖视图中肋板的画法

当回转体零件上均匀分布的肋板、轮辐、孔等结构,不处于剖切平面上时,可将这些结构旋转到剖切平面上画出,不需加任何标注,如图 6-35 中的轮辐、图 6-36a 中肋板和图 6 – 36b 中的孔。

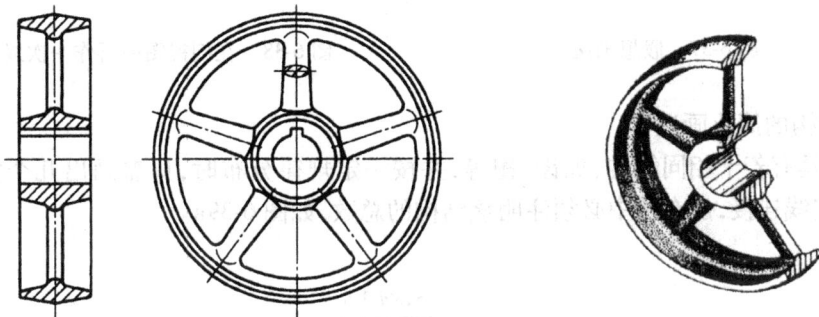

图 6-35　剖视图中轮辐的画法

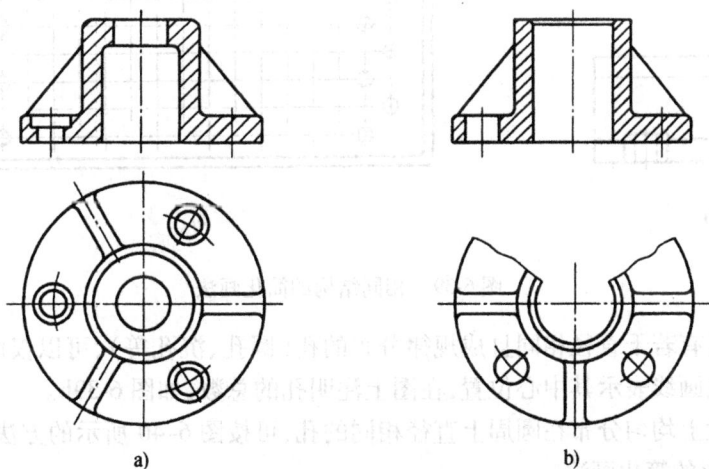

a)　　　　　　　　　　　　　　b)

图 6-36　均布肋板、孔的画法
a)均布肋板　b)均布孔

在需要表示位于剖切平面前面的零件结构时,这些结构按假想投影的轮廓线绘制,如图6-37所示,用细双点画线画出。

在剖视图中,可再作一次局部剖视图,采用这种方法表达时,两个剖面区域的剖面线应同方向、同间隔,但要相互错开,并用引出线标注其名称,如图6-38所示。当剖切位置明显时,也可省略标注。

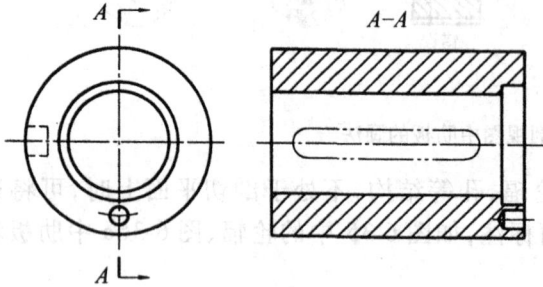

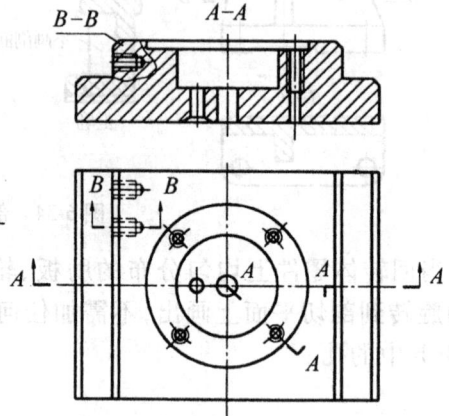

图6-37 假想画法   图6-38 在剖视图中再作一次局部剖

2. 相同结构的简化画法

当零件上具有若干相同结构,如齿、槽等,并按一定规律分布时,只需画出几个完整的结构,其余用细实线连接,但在图中必须注明该结构的总数,如图6-39a。

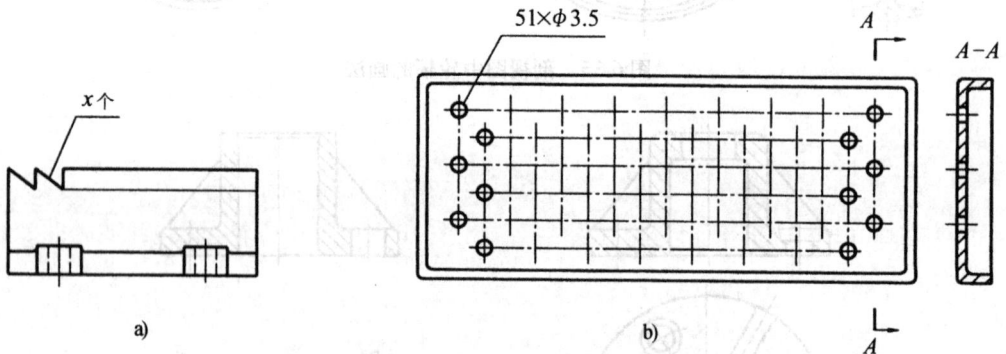

图6-39 相同结构的简化画法

当零件上具有若干直径相同且成规律分布的孔(圆孔、沉孔等),可以仅画出一个或几个,其余只需用细点画线表示其中心位置,在图上注明孔的总数,如图6-39b。

零件法兰盘上均匀分布在圆周上直径相同的孔,可按图6-40所示的方法绘制。

3. 对称图形的简化画法

在不致引起误解时,对于对称零件的视图可只画一半或四分之一,并在对称中心线的两端画出两条与其垂直的平行细实线,如图6-41所示。

零件上对称结构的局部视图,可按图 6-42 所示的方法绘制。

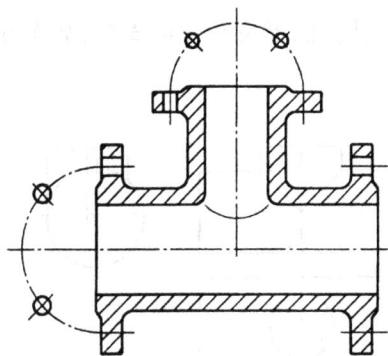

图 6-40　法兰盘上均布孔的画法

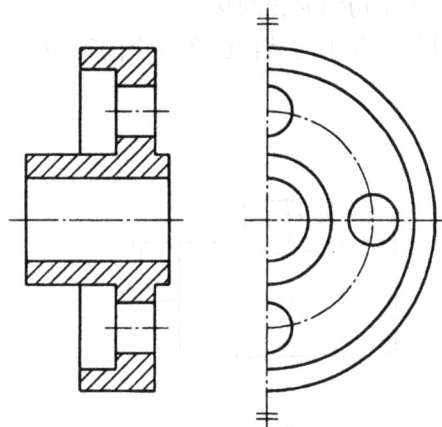

图 6-41　对称零件视图的简化画法

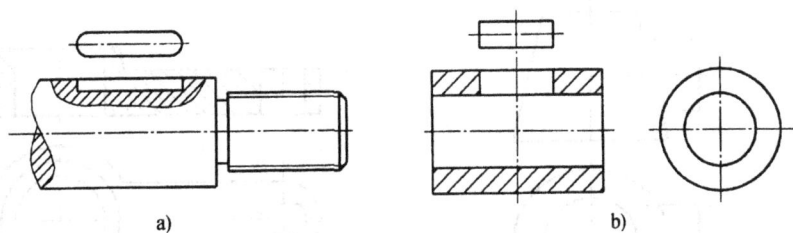

a)　　　　　　　　　　　　b)

图 6-42　局部视图的第三角配置法

4. 对投影的简化画法

零件上斜度不大的结构,如在一个图形中已表达清楚时,其他图形可按小端画出,如图 6-43 所示。

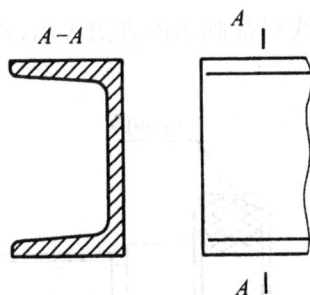

图 6-43　斜度不大结构的简化画法

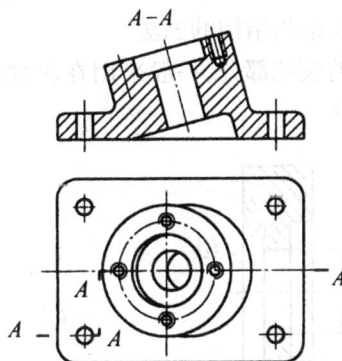

图 6-44　倾斜圆或圆弧的简化画法

与投影面倾斜角度小于或等于 30°的圆或圆弧,其投影可用圆或圆弧代替,如图 6-44 所示。
在不致引起误解时,图形中的过渡线、相贯线可以简化,例如用圆弧或直线代替非圆曲线,也可以用模糊画法表示相贯线,如图 6-45 及图 6-46 所示。

5. 对小结构的简化画法

当机件上较小的结构已在一个图形中表达清楚时,其他图形可简化或省略,如图 6-47 所示。

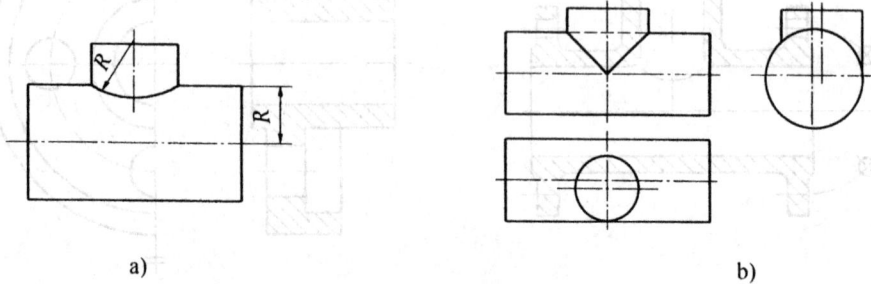

图 6-45　相贯线的简化画法

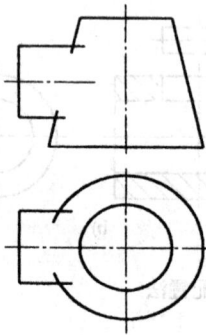

图 6-46　模糊画法表示相贯线

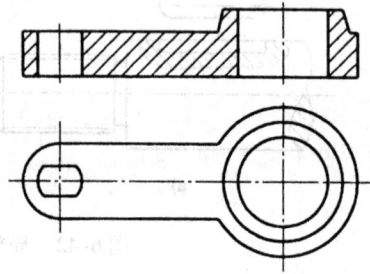

图 6-47　小结构的简化画法

在不致引起误解时,零件图中的小圆角、锐边的小倒圆或 45°小倒角允许省略不画,但必须注明尺寸或在技术要求中加以说明,如图 6-48 所示。

6. 滚花及细长结构的画法

零件上的滚花部分,一般采用在轮廓线附近用粗实线局部画出的方法表示,也可省略不画,见图 6-49。

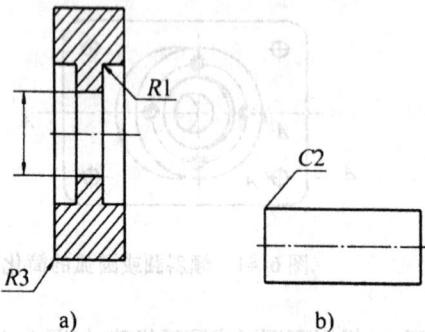

图 6-48　圆角、倒角的简化画法

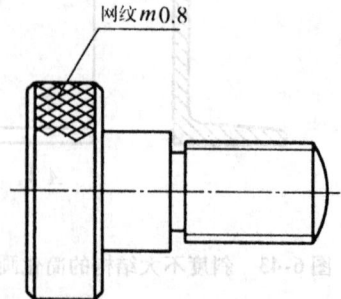

图 6-49　滚花的简化画法

较长的零件,如轴、连杆等,沿长度方向形状一致或按一定规律变化时,可断开后缩短绘制,断开部分的结构应按实际长度标注尺寸,如图 6-50a、b 所示。断裂处的边界线除用波浪线或双点画线绘制外,对于实心和空心圆柱可按图 6-50c 绘制,对于较大的零件,断裂处可用双折线绘制(图 6-50d)。

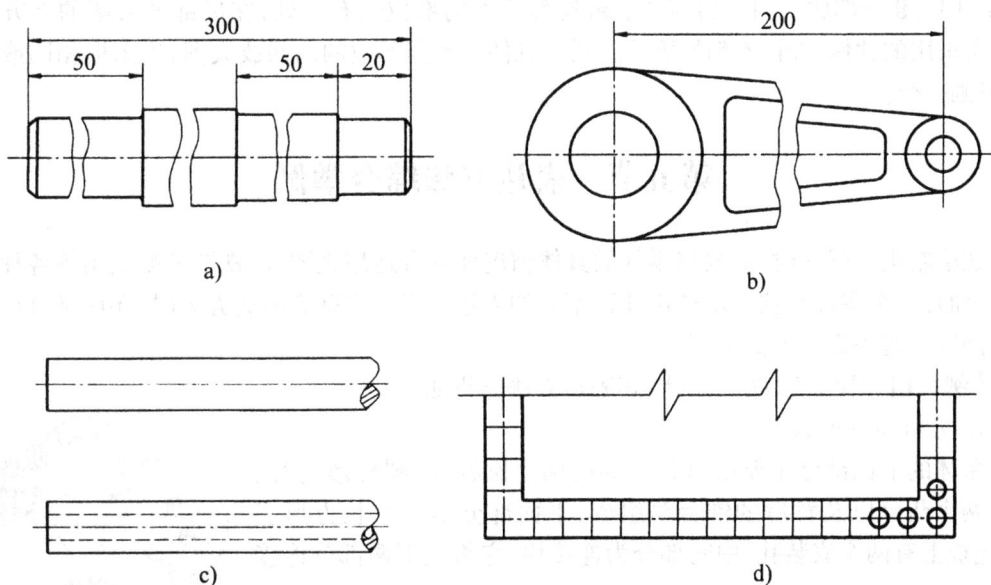

图 6-50 折断画法

二、局部放大图

机件上一些局部结构过于细小,当用正常的比例绘制机件图样时,这些结构的图形因过小而表达不清,也不便于标注尺寸,这时可采用局部放大图来表达。

将零件的部分结构,用大于原图形所采用的比例画出的图形称为局部放大图,如图 6-51所示。

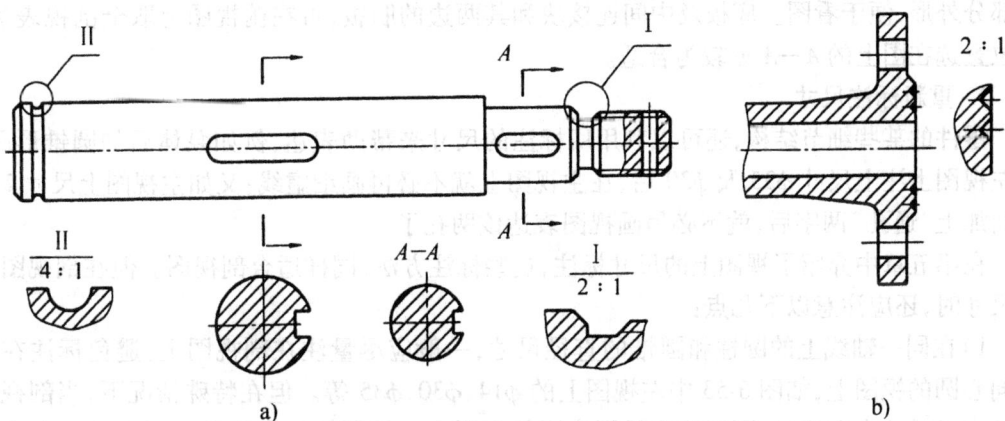

图 6-51 局部放大图

局部放大图可画成视图、剖视图、断面图,它与被放大部分的表达方式无关,见图 6-51a。绘制局部放大图时,应用细实线圈出被放大的部位,并尽量配置在被放大部位的附近。

当零件上有几个被放大的部位时,必须用罗马数字依次标明被放大的部位,并在局部放大图上方标注出相应的罗马数字和所采用的比例(实际比例,不是与原图的相对比例),如图 6-51a中Ⅰ、Ⅱ局部放大图。当零件上被局部放大的部位仅有一处,在局部放大图的上方只需标明所采用的比例,如图 6-51b 所示。同一机件上不同部位的局部放大图,当图形相同或对称时,只画一个。

第五节 表达方法综合举例

在绘制机械图样时,应根据零件的具体情况而综合运用视图、剖视图和断面图等各种表达方法,而且一个零件往往可以选用几种不同的表达方案。在确定表达方案时,还应结合标注尺寸等问题一起考虑。下面举例说明。

【例 6-1】 图 6-52 为一泵体,其表达方法分析如下:

1. 分析零件形状

泵体的上面部分主要由直径不同的两个圆柱体、圆柱形内腔、左右两个凸台以及背后的锥台等组成;下面部分是一个长方形底板,底板上有两个安装孔,中间部分为连接块,它将上下两部分连接起来。

2. 选择表达方法

通常选择最能反映零件结构特征的投影方向(如图 6-52 箭头所示)作为主视图的投影方向。由于泵体最前面的圆柱直径最大,它遮住了后面直径较小的圆柱,为了表达它的形状和左右两端的螺

图 6-52 泵体

孔以及底板上的两个安装孔,主视图上应采取剖视;但泵体前端的大圆柱及均布的 3 个螺孔也需表达,考虑到泵体左右是对称的,因而选用了半剖视图以达到内、外结构都能表达的要求(图 6-53)。选择左视图表示泵体上部沿轴线方向的结构,为了表示内腔形状应采取剖视,但若作全剖视图,则由于下面部分都是实心体,没有必要全部剖切,因而采用局部剖视,这样可保留一部分外形,便于看图。底板及中间连接块和其两边的肋板,可在俯视图上取全剖视表达,剖切位置选在图上的 *A—A* 处较为合适。

3. 重新标注尺寸

零件的某些细节结构,还可以利用所标注的尺寸来帮助表达,例如泵体后的圆锥形凸台,在左视图上注上尺寸 $\phi35$ 及 $\phi30$ 后,在主视图上就不必再画细虚线;又如主视图上尺寸 $2\times\phi6$ 后面加上"通孔"两字后,就不必另画视图表达该两孔了。

在第五章中介绍了视图上的尺寸标注,这些标注方法,同样适合剖视图。但在剖视图上标注尺寸时,还应注意以下几点:

1)在同一轴线上的圆柱和圆锥的直径尺寸,一般应尽量注在剖视图上,避免标注在投影为同心圆的视图上,如图 6-53 中左视图上的 $\phi14$、$\phi30$、$\phi35$ 等。但在特殊情况下,当剖视图上标注直径尺寸有困难时,可以注在投影为圆的视图上。如泵体的内腔是一偏心距为 2.5 的圆柱,为了明确表达各部分圆柱的轴线位置,其直径尺寸 $\phi98$、$\phi120$、$\phi130$ 等应标注在主视图上。

2）当采用半剖视后，有些尺寸（如主视图上的直径中 $\phi120$、$\phi130$、$\phi116$ 等）不能完整地标注出来，则尺寸线应略超过圆心或对称中心线，此时仅在尺寸线的一端画出箭头。

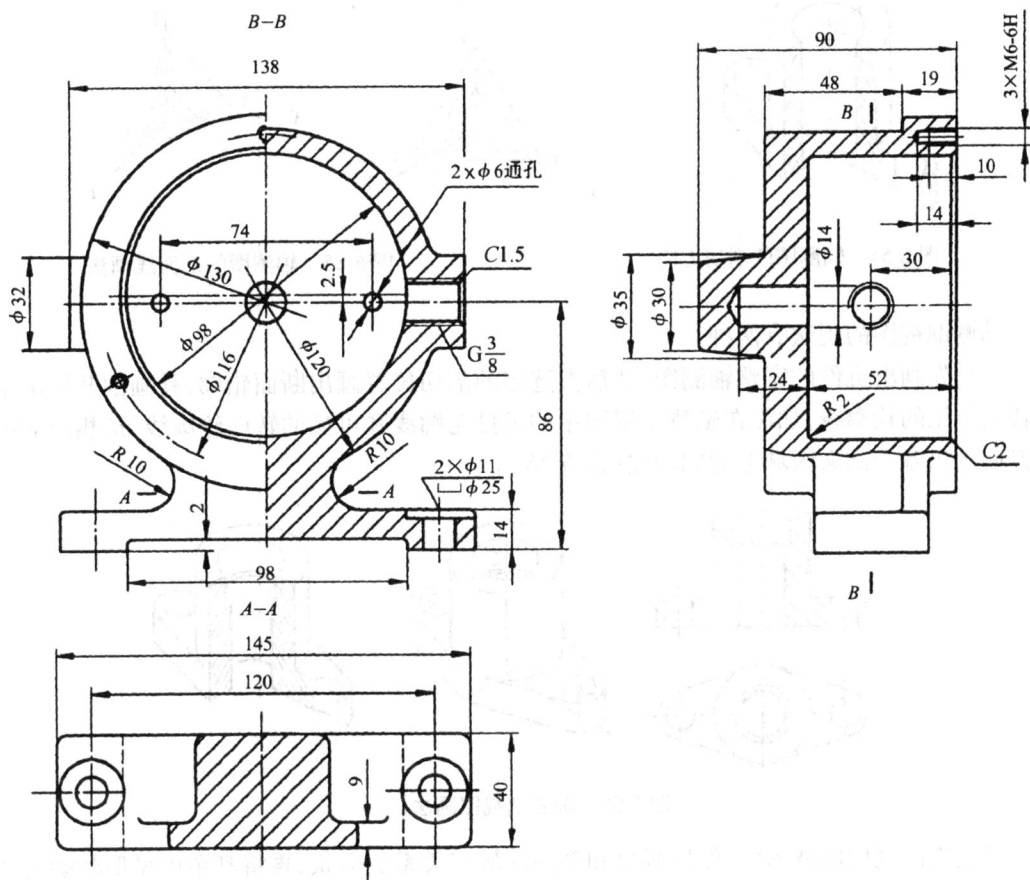

图 6-53　泵体的表达方法

3）在剖视图上标注尺寸，应尽量把外形尺寸和内部结构尺寸分开在视图的两侧标注，这样既清晰又便于看图，如在左视图上将外形尺寸 90、48、19 和内形尺寸 52、24 分开标注。为了使图面清晰、查阅方便，一般应尽量将尺寸标注在视图外。但如果将泵体左视图的内形尺寸 52、24 引到视图的下方，则尺寸界线引得过长，且穿过下部不剖部分的图形，这样反而不清晰，因此这时可考虑将尺寸标注在视图内。

4）如必须在剖面线中标注尺寸数字时，则在数字处应将剖面线断开，如左视图的孔深 24。

第六节　组合体轴测剖视的画法

画机件的轴测图时，为了表达机件的内部形状，也可假想用剖切平面将机件的一部分剖开，并在剖面区域上画上剖面符号，成为轴测剖视图。

画轴测剖视图时，一般用两个相互垂直的轴测坐标面（或其平行面）进行剖切，能较完整地显示立体的内、外形状，如图 6-54 所示。

剖面线在轴测图三个坐标面上的画法如图6-55所示。

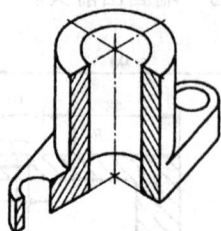

图 6-54　轴测图的剖切方法　　　　图 6-55　轴测图的剖面线画法

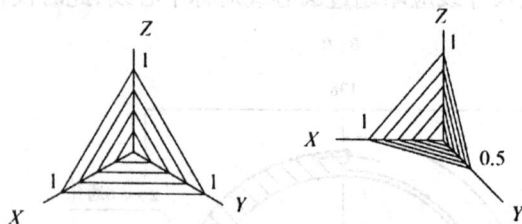

轴测剖视图的画法有两种：

一是先画出机件的完整轴测图,然后按选定的剖切位置画出断面轮廓,补画剖开后由不可见转为可见的轮廓线,加深在轴测剖视图中的可见轮廓线和可见的转向轮廓线,按相应的剖面线方向画出各个剖面区域上的剖面线(图6-56)。

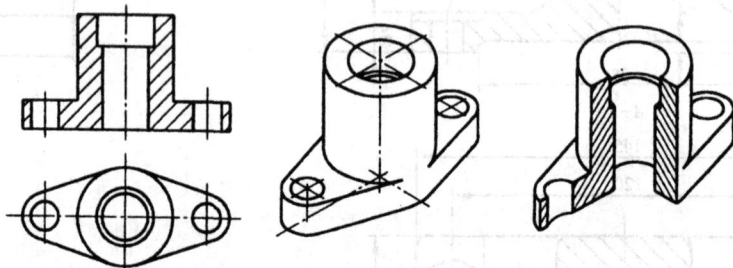

图 6-56　轴测剖视图画法(一)

二是先画剖面区域形状,然后画出和剖面区域有关系的形状,再将其余可见形状画出并加深,如图6-57所示。

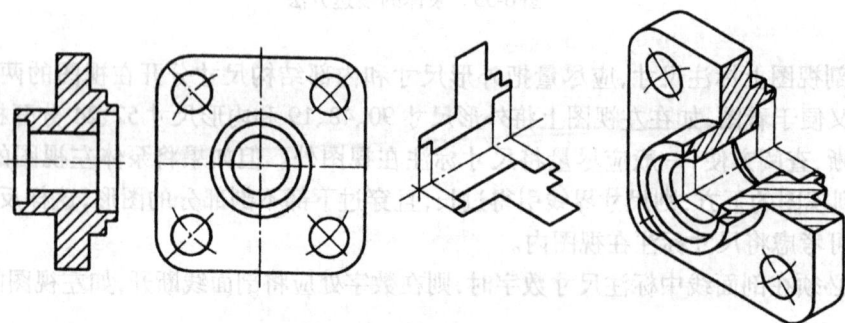

图 6-57　轴测剖视图画法(二)

思 考 题

1. 机件的表达方法包括哪些?
2. 视图主要表达什么?视图分哪几种?每种视图都有什么特点?如何表达?怎样标注?
3. 局部视图和斜视图中画波浪线时要注意什么?什么情况可省略波浪线?

4. 剖视图和断面图有何区别？

5. 剖切平面纵向通过机件的肋板、轮辐及薄壁时,这些结构该如何画出？

6. 半剖视图中,剖和未剖部分的分界线为何种图线？ 能否画成粗实线？

7. 断面图应如何配置和标注？ 何时可省略标注？ 在什么情况下,截断面按剖视绘制？

8. 试述局部放大图的画法、配置和标注。

第七章 零件图

机器从设计、制造到投入使用是一个复杂的过程,它包括可行性分析研究、方案设计、选型、总体设计、零部件设计、制造、检验、装配、使用与维护等诸多环节。在每个环节中,都可能用到各种不同的图样,这些图样都叫做机械图。这些图样由于在机械的设计、制造过程中所起的作用不同,从而要求也各不相同的。在这些图样中,最主要的图样是零件图和装配图。

图 7-1 是一张柱塞套的零件图。

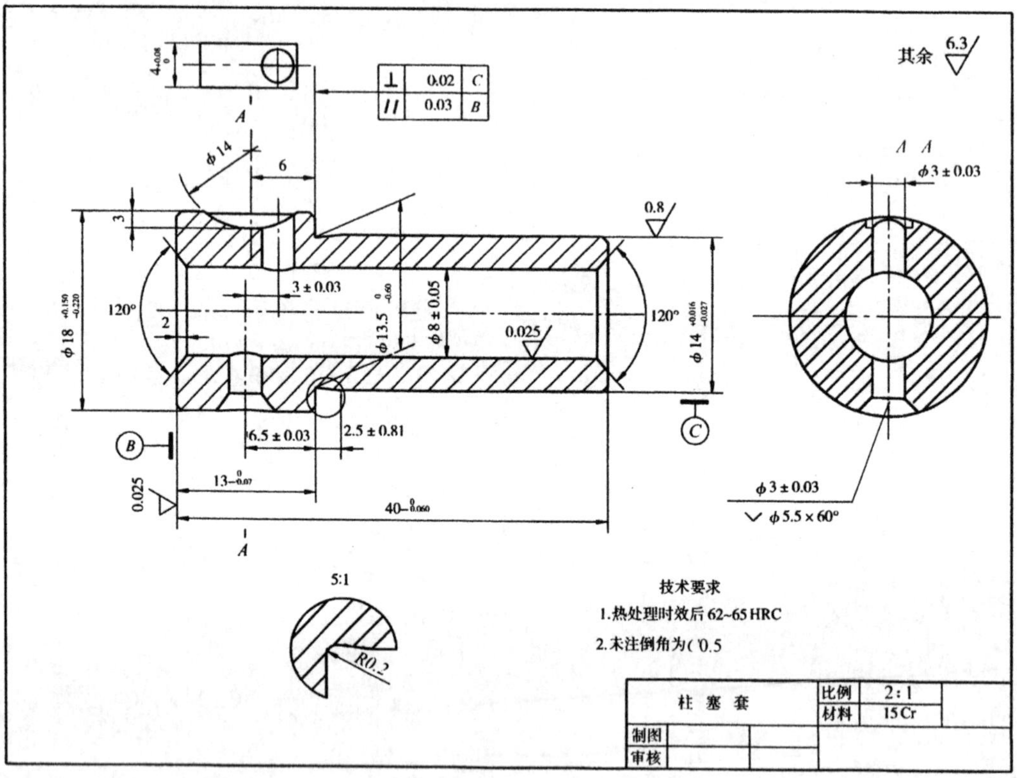

图 7-1 柱塞套的零件图

第一节 零件图内容

表达零件的图样称为零件图。它是设计部门提交给生产部门必须的技术文件。它反映设计者的设计意图,表达机器或部件对零件的要求,指导零件的生产制造过程,保证生产的零件合乎设计要求,因此,零件图是加工制造零件的依据,它不仅要表达出零件上全部结构的形状和大小,而且还要注明零件在加工和检验时所必需的技术要求。

一张零件图应包括以下四部分的内容:

（1）一组图形　用一组图形，采用视图、剖视图、断面图等各种国标规定的表达方法，完整、清晰、简洁地表达出零件的结构形状。

（2）完整的尺寸　用一组尺寸，正确、完整、清晰、合理地标注出零件各部分结构形状的大小和相对位置关系。

（3）技术要求　用一些规定的符号、数字、字母和文字注解，标明零件在加工、制造、检验时所应达到的一些技术要求，如表面粗糙度、尺寸公差、形状和位置公差、材料和热处理等要求。

（4）标题栏　用标题栏注明零件的名称、材料、图样的编号、绘图比例、设计审核和制图人员姓名、单位等管理信息。

第二节　零件的工艺与功能结构

在生产实践中，零件的形状各种各样，千差万别。但无论形状如何变化，总是和零件的功能要求、工艺要求、装配要求以及使用要求密切相关的。在设计零件时，设计人员要综合考虑这几方面的要求，并从实际需要出发，合理设计零件的结构形状，以求最大限度地使零件的结构形状趋于合理。这种综合考虑各方面因素来确定合理的零件结构形状的过程，称为零件的构形设计。合理的零件构形是在保证零件功能的前提下，尽可能使零件的结构简单紧凑、制造方便、成本低廉。

正确理解零件在部件中的作用，了解零件的功能用途，并掌握零件上常见的功能与工艺结构形状及图示特点，是学习零件图的绘制与阅读的重要基础。而掌握必要的零件基本构形知识，将有助于更好地分析和理解零件的结构形状，有助于零件的表达。

一、影响零件结构的因素

影响零件结构形状的因素很多，涉及的专业面也较广，这里不可能一一介绍，只就影响零件结构形状的一些主要因素和确定的原则作一个简单的概述。

1. 零件的功能是确定零件结构形状的主要因素

任何零件都有其承担的功能和性能指标。作为组成部件的基本单元，零件在部件中具有的功能有支撑、传动、连接、定位、密封等，每个零件都应具有其中的一项或几项功能，以完成特定的工作。

由于零件作用的不同，造成了零件结构形状上的种种差异。零件可以根据结构形状的不同分为四大类：轴套类、盘盖类、支架类和箱体类。从功能上看，零件的结构形状一般分为工作部分、连接部分、安装部分和支撑部分。

零件工作部分的构型，主要是满足零件使用功能的要求。例如箱体类零件的工作部分通常是由箱体外壁围成的空腔，空腔的形状取决于所包容和支撑的零件的形状和运动情况，是构型设计的主要内容。在构形时，一般采用由内部到外部的原则进行，先确定箱体的内部形状，以满足包容和支撑的要求，然后再根据壁厚均匀、节省材料、结构紧凑、强度可靠等原则，设计零件的外部形状，使外部形状基本上与内部形状相仿。这样设计的零件结构形状，既能保证零件的功能要求，同时又能达到紧凑、经济、可靠的目的。

零件连接部分的构形，应满足零件在装配时的连接关系，保证零件间的连接准确、可靠、稳固。此类结构通常有凸缘、法兰、键槽、销孔、螺孔等。

零件安装部分的构形,应满足零件在组装成部件或机器后,能够保证固定的要求,例如在箱体、支座等零件上通常设计有带孔的板或盘等结构,就是考虑安装需要而设计的。零件支撑加强部分的构形,主要是为满足零件结构的强度和刚度要求,在保证零件上各部分结构有机地融合为一体的基础上,在零件受力集中的部位,通过合理设计壁厚和设置加强肋等方式,确保零件结构的可靠性。

2. 加工工艺是实现零件结构的重要保证

零件是通过一定的加工工艺过程制造出来的,因此,使零件结构具有良好的加工工艺性,是实现零件结构的重要保证。零件在制造过程中涉及的加工工艺主要有铸造加工工艺、机械加工工艺、热处理工艺、焊接工艺等,这些工艺均对零件的结构提出一定的要求,如果零件结构构型不能满足这些工艺的特定要求,则零件就无法被正确加工制造出来,或者加工制造较为困难,增加零件的加工制造成本。

3. 零件结构设计应当考虑其构型的美观效果

零件的结构形状在保证功能和工艺要求的前提下,应当考虑现代工业产品设计要求,考虑工业造型,力求结构形状美观。

二、零件上常见的工艺结构

(一)铸造工艺结构

铸造工艺结构是零件在铸造过程中对零件的结构要求,其中包括起模斜度、铸造圆角、均匀壁厚等。

1. 起模斜度

铸件造型时,为了便于把木模从砂型中取出来,在铸件内外壁沿起模方向应有适当的斜度,即起模斜度。起模斜度一般在3°左右,因斜度过小,在图中允许既不画出,也不标注出尺寸。如图7-2a是实际情况,图b是在零件图中的画法。当必须表示出起模斜度时,可在技术要求中用文字加以说明。当铸件结构的斜度明显大于通常的起模斜度时,则应在零件图中画出,如图7-2c。

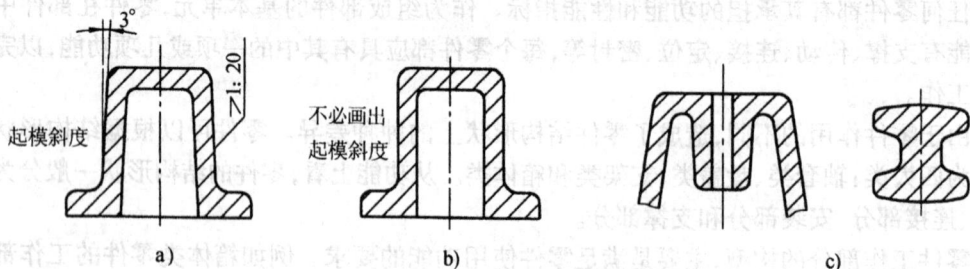

图7-2 起模斜度

2. 铸造圆角

为了防止铸件浇铸时在转角处的落砂现象及避免金属冷却时产生裂纹,在铸件各表面相交的转角处都应做成适当大小的圆角。这种铸造圆角在零件图中需要画出,其半径尺寸可统一注写在技术要求中。铸造圆角的大小可在《机械零件设计手册》中查取,一般取 $R = 3 \sim$

5mm。若铸件表面经过切削加工后，铸造圆角已被切去，在零件图中应按尖角画出，如图 7-3a。

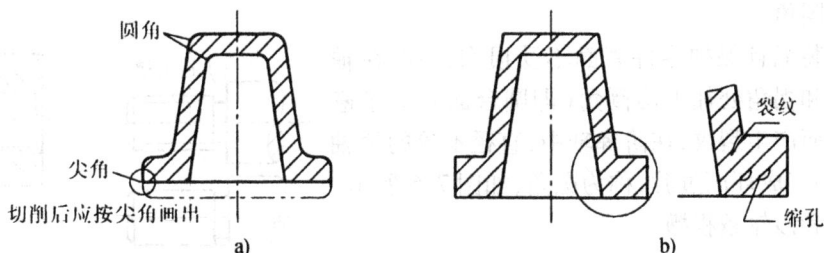

图 7-3　铸造圆角
a) 正确　b) 错误

由于铸件上有圆角，铸件表面的相贯线就不太明显了。为了区别不同表面，在零件图上仍要画出这条线，通常称该线为过渡线。过渡线用细实线画出，其画法与相贯线的画法基本相同，图 7-4 所示为几种过渡线的画法。

1）两曲面相交时，轮廓线相交处画出圆角，相贯线端部与轮廓线间留出空白，如图 7-4a。

2）两曲面有相切部位时，切点附近应留空白，如图 7-4b。

3）肋板与立体相交，肋板断面头部为长方形时，过渡线为直线，且平面轮廓线的端部稍向外弯，见图 7-4c。

4）连接板与立体相交，板断面头部为半圆时，过渡线为向内弯的曲线，如图 7-4d。

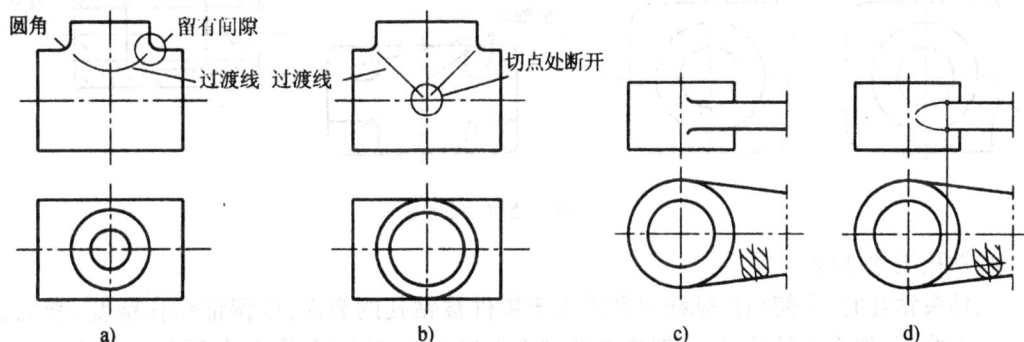

图 7-4　过渡线的画法

3. 铸件壁厚

当铸件的壁厚不均匀时，铸件在浇铸后，会因各处金属冷却速度不一致，而产生裂纹和缩孔现象。因此，铸件的壁厚应尽量均匀，当必须采用不同壁厚时，应采用逐渐过渡的方式，如图 7-5。

图 7-5　铸件壁厚

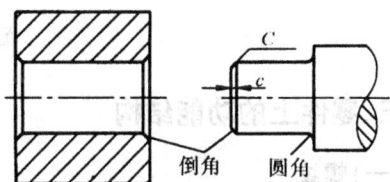

图 7-6　倒角、圆角

(二)机械加工结构

1. 倒角和圆角

为了便于装配且保护零件表面不受损伤,一般在轴端、孔口、抬肩和拐角处加工出倒角(即圆台面);为了避免因应力集中而产生裂纹,在阶梯轴中,直径不等的两轴段转角处,常加工成环面过渡,称为圆角,如图 7-6 所示。

2. 退刀槽和砂轮越程槽

为了在切削加工时便于退刀,且在装配时保证与相邻零件靠紧,常在抬肩处预先加工出一个沟槽,即退刀槽或越程槽,如图 7-7 所示。

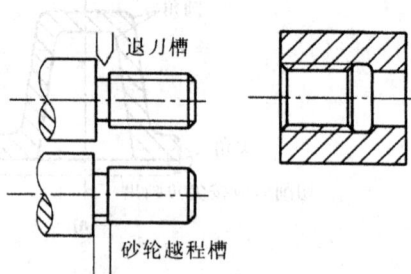

图 7-7 退刀槽、砂轮越程槽

3. 凸台和沉孔等

零件上与其他零件的接触面一般都要加工。为了保证加工表面的质量,节省材料,降低制造成本,应尽量减少加工面。因此,常在零件上设计出凸台、沉孔、凹槽和凹腔等,如图 7-8 所示。

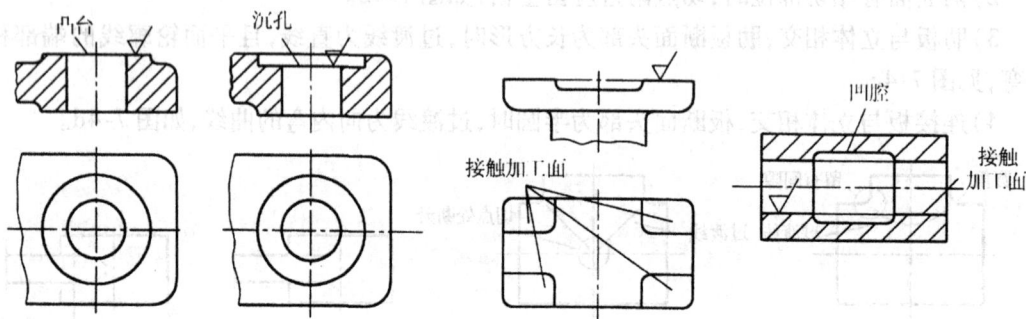

图 7-8 凸台、沉孔等

4. 钻孔工艺结构

用钻头钻孔时,应使钻头轴线尽量垂直于零件被钻孔的表面,以保证钻孔精度,避免钻头折断。在曲面、斜面上钻孔时,一般应在孔端面做出凸台、凹坑或平面,如图 7-9 所示。

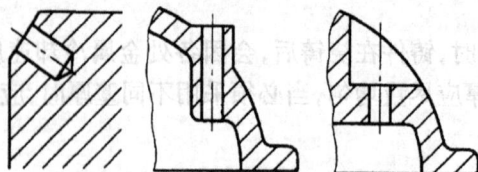

图 7-9 钻孔的表面

三、零件上的功能结构

(一)螺纹

1. 螺纹的基本知识

(1)螺纹的形成　当一个平面图形(如三角形、梯形、矩形等)绕着圆柱(或圆锥)面作螺旋运动时,形成的螺旋体称为螺纹,如图7-10所示。其中在圆柱表面上所形成的螺纹称为圆柱螺纹,如图7-10a、b,在圆锥表面上所形成的螺纹称为圆锥螺纹,如图7-10c。螺纹分外螺纹和内螺纹,在圆柱(或圆锥)外表面上产生的螺纹为外螺纹,如图7-10a、c;在圆柱(或圆锥)内表面上产生的螺纹为内螺纹,如图7-10b所示。

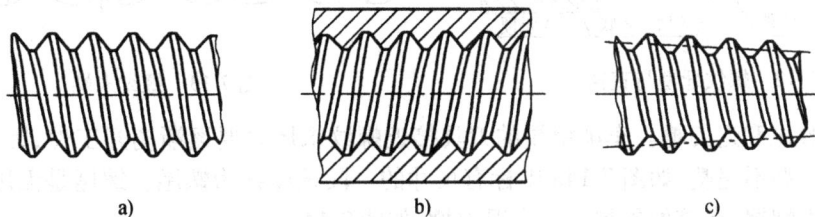

图7-10 螺纹
a)圆柱外螺纹 b)圆柱内螺纹 c)圆锥外螺纹

(2)螺纹的加工方法 螺纹的加工方法很多,如车制、碾压及用丝锥、板牙等工具加工,如图7-11所示。

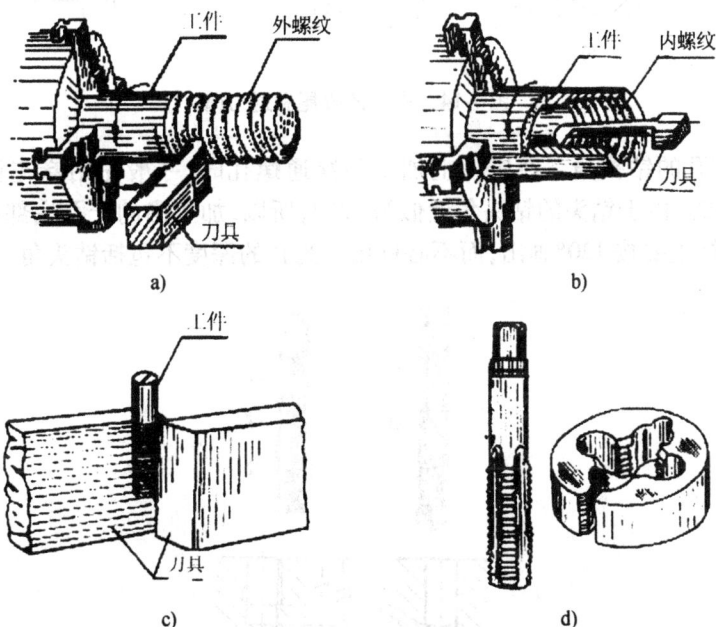

图7-11 螺纹的加工
a)在车床上加工外螺纹 b)在车床上加工内螺纹 c)碾压螺纹 d)丝锥和板牙

在加工螺纹的过程中,由于刀具的切入(或压入)构成了凸起和沟槽两部分。凸起的顶端称牙顶,沟槽的底部称牙底。在通过螺纹轴线的剖面上,螺纹的轮廓形状称螺纹牙型,如图7-12所示。

(3)螺纹的工艺结构

1)螺纹的末端。为了防止螺纹的起始圈损坏和便于装配,通常在螺纹起始处作出一定形式的末端,如图7-13所示。

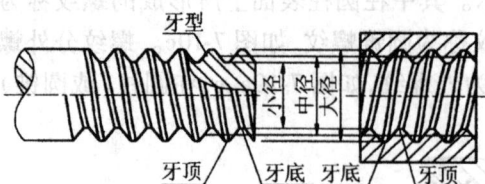

图 7-12　螺纹牙型与直径　　　　　　　　图 7-13　螺纹末端

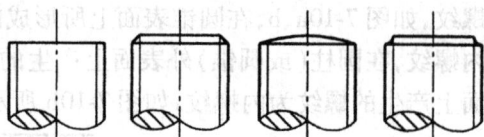

2）螺纹的收尾和退刀槽。车削螺纹的刀具接近螺纹末尾时要逐渐离开工件,因而螺纹末尾附近的螺纹牙型不完整,如图 7-14a 中标有尺寸的一段长度称为螺尾。螺尾是无用螺纹,有时为了避免产生螺尾,在该处预制出一个退刀槽,如图 7-14b。

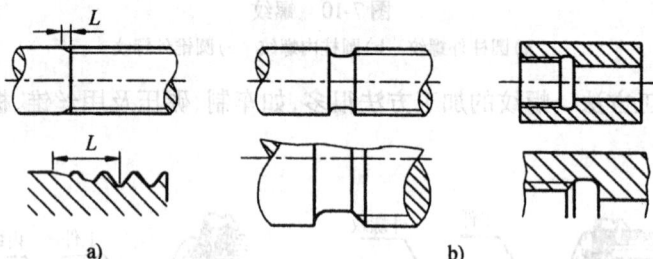

图 7-14　螺纹的收尾和退刀槽

3）不穿通螺孔的钻头角。在机件上加工不穿通螺孔时,一般先用麻花钻头钻出一个光孔,然后再制螺纹。由于钻头的钻头角近似为 120°,所以,加工出的光孔底部有一圆锥角也近似为 120°,在图样上要按 120° 画出,而不必标出。光孔的深度不包括钻头角,见图 7-15。

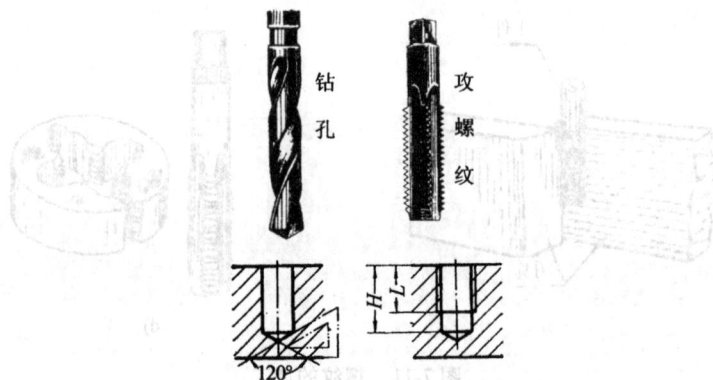

图 7-15　不穿通螺纹孔的加工

2. 螺纹要素

螺纹由下列五要素确定:

(1)牙型　指在通过螺纹轴线的剖面上螺纹的轮廓形状,如三角形、梯形、矩形等,见表 7-1。

(2)螺纹直径　有大径、中径、小径之分,如图 7-12 所示。

代表螺纹尺寸的直径称为公称直径,一般指螺纹大径的基本尺寸。

表7-1　常用标准螺纹的种类、牙型及其符号

螺纹分类			牙型及牙型角	特征代号	说　明
连接螺纹	普通螺纹	粗牙普通螺纹		M	用于一般零件的连接
		细牙普通螺纹			螺纹大径相同时,细牙螺纹的螺距小,小径大,多用于精密零件、薄壁零件上,还用于承受变载、冲击、振动载荷的连接
	管螺纹	55°非密封管螺纹		G	是一种螺纹深度较浅的特殊细牙螺纹,用于薄壁管子上,如自来水管、煤气管
		55°密封管螺纹	圆锥外螺纹		R_1 或 R_2	锥管螺纹的锥度为1:16,其密封性能比圆柱螺纹好。常用于中、高压管道连接
			圆锥内螺纹		Rc	
			圆柱内螺纹		Rp	
传动螺纹	梯形螺纹			Tr	可双向传递运动及动力,常用于承受双向力的丝杠传动
	锯齿形螺纹			B	只能传递单向动力,如千斤顶螺杆

　　大径:与外螺纹牙顶或与内螺纹牙底重合的假想圆柱面的直径,称为螺纹的大径。外螺纹的大径用 d 表示,内螺纹的大径用 D 表示。

　　小径:与外螺纹牙底或与内螺纹牙顶重合的假想圆柱面的直径,称为螺纹的小径。外螺纹的小径用 d_1 表示,内螺纹的小径用 D_1 表示。

中径:它是一个假想圆柱的直径,即在大径与小径之间,其母线上螺纹牙型上的沟槽和凸起宽度相等,该假想圆柱面的直径称为螺纹中径。外螺纹的中径用 d_2 表示,内螺纹的中径用 D_2 表示。

(3)线数 n　指在同一圆柱面上切削螺纹的条数,如图 7-16。只切削一条的称单线螺纹,切削两条的称双线螺纹。通常把切削两条以上的称多线螺纹。

(4)螺距 P 和导程 Ph　螺纹上相邻两牙在中径线上对应两点间的距离称为螺距,用 P 表示。同一条螺纹上相邻两牙在中径线上对应两点间的距离,称为导程,用 Ph 表示。螺距、导程和线数三者之间的关系为: $Ph = n \times P$。

(5)旋向　螺纹旋向分右旋和左旋。内外螺纹旋合时,顺时针旋转旋入的螺纹,称为右旋螺纹;反之,称为左旋螺纹。工程上常用右旋螺纹,如图 7-17。

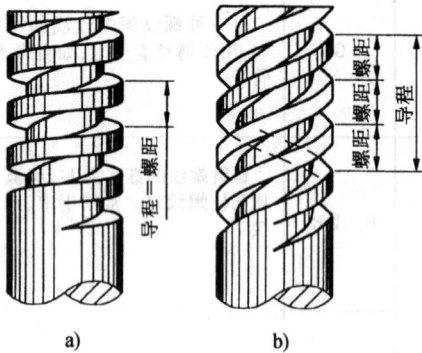

图 7-16　螺纹的线数

a)单线　b)多线

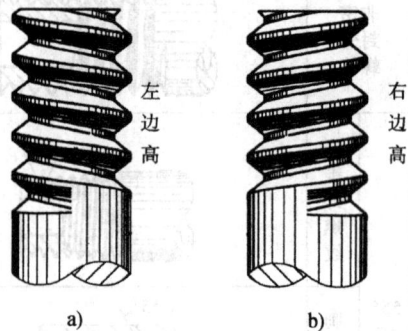

图 7-17　螺纹的旋向

a)左旋　b)右旋

内外螺纹旋合,其五要素应一致。

3. 螺纹的种类

(1)按螺纹要素是否标准分　按螺纹要素是否标准分为以下两类:

标准螺纹:牙型、直径和螺距均符合国家标准的螺纹。

非标准螺纹:牙型符合国家标准,直径和螺距不符合国家标准的螺纹;牙型不符合国家标准的螺纹。

(2)按螺纹的用途分　按螺纹的用途分以下三类:

连接螺纹:如普通螺纹、管螺纹。

传动螺纹:如梯形螺纹、锯齿形螺纹。

特殊螺纹:在特殊场合,具有特殊要求的螺纹。

常用标准螺纹的种类及其特征代号见表 7-1。

4. 螺纹的规定画法

螺纹通常采用专用的刀具加工而成,且螺纹的真实投影比较复杂。为了简化作图,国家标准《机械制图　螺纹及螺纹紧固件表示法》规定了螺纹在图样中的画法。

(1)外螺纹的画法　螺纹的牙顶(大径)及螺纹长度终止线用粗实线表示,牙底(小径)用细实线表示。在平行于螺杆轴线的投影面的视图中,螺杆的倒角或倒圆部分也应画出。在垂直螺杆轴线的投影面视图中,表示牙底(小径)的细实线圆只画约 3/4 圈,螺纹的倒角圆规定省略不画,如图 7-18 所示。

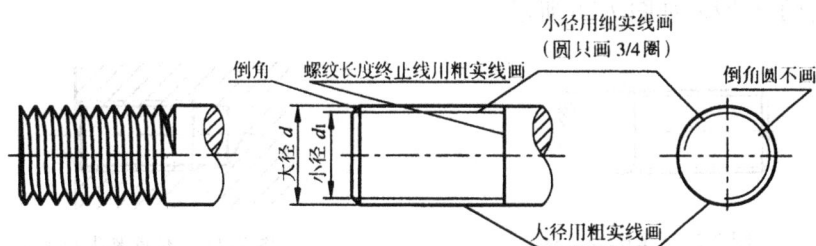

图 7-18　外螺纹的画法

（2）内螺纹的画法　在剖视图中,螺纹牙顶（小径）画成粗实线,牙底（大径）用细实线表示,见图 7-19 所示。

在不可见的螺纹中,除轴线、圆中心线以外的所有图线均按细虚线绘制,见图 7-20 所示。

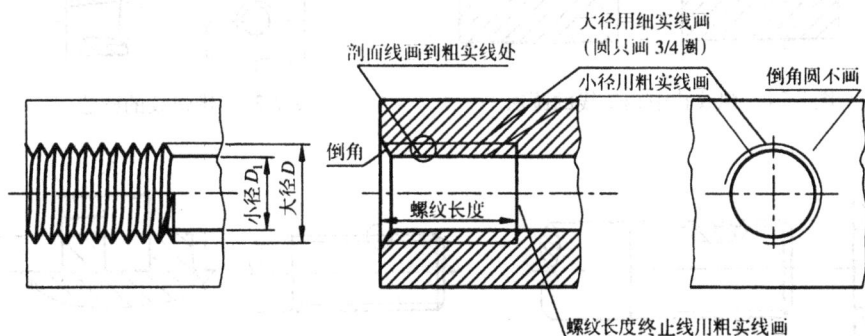

图 7-19　内螺纹的画法

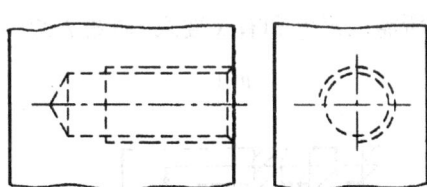

图 7-20　螺纹不可见的画法

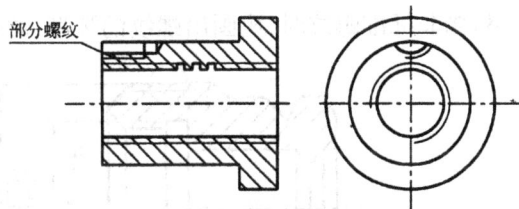

图 7-21　部分螺纹的画法

（3）其他规定

1）无论是外螺纹还是内螺纹,剖切后其剖面线均应画至牙顶线处,如图 7-19 所示。

2）在垂直螺纹轴线的投影面视图中,需要表示部分螺纹时,表示牙底的细实线圆弧也应适当地空出一段,如图 7-21 所示。

3）当需要表示螺尾时,螺尾部分的牙底用与轴线成 30°的细实线绘制,如图 7-22 所示。

4）绘制不穿通的螺孔时,一般应将钻孔深度和螺纹部分的深度分别画出,钻头角要画成120°,如图 7-23 所示。

5）螺纹孔中相贯线的画法如图 7-24 所示。

6）锥螺纹的画法如图 7-25 所示,左视图按左侧大端螺纹画,右视图按右侧小端螺纹画。

7）当需要表示螺纹牙型时,可采用重合画法、局部剖视或局部放大图表示几个牙型。非

138

标准螺纹才需画出牙型,如图7-26所示。

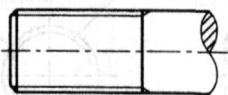

图7-22　螺尾的画法

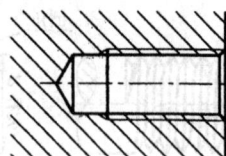

图7-23　不通螺孔的画法

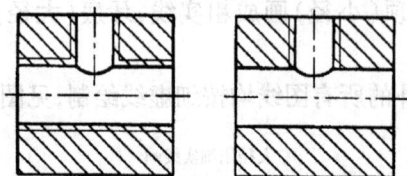

图7-24　螺纹孔中相贯线的画法

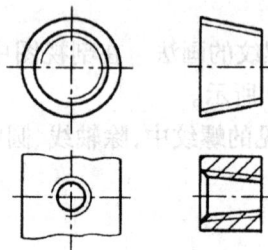

图7-25　锥螺纹的画法

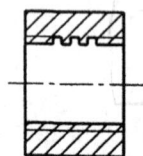 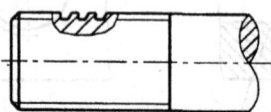 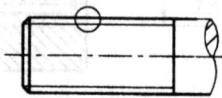 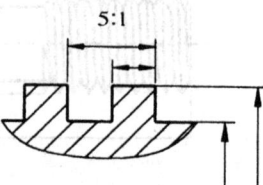

重合画法　　　　局部剖视　　　　　　　　　　局部放大

图7-26　螺纹牙型的表示法

8)画非标准螺纹时,应画出螺纹的牙型,并标出所需的尺寸和有关要求,如图7-27。

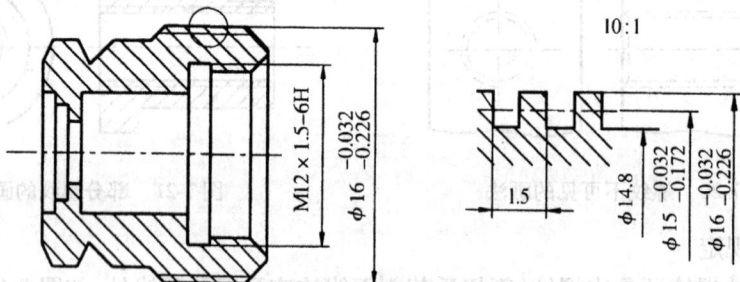

图7-27　非标准螺纹的表示法

5. 螺纹的标注

螺纹采用了规定画法后,图上无法反映出螺纹的要素及制造精度等。因此,规定用某些代号标记标注在图样上加以说明。标准螺纹的标记由螺纹特征代号、尺寸代号、公差带代号及其他信息组成。

其中普通螺纹的螺纹标记为:

特征代号 公称直径 × $\frac{螺距(单线时)}{Ph\ 导程\ P\ 螺距(多线时)}$ – 公差带代号 – 旋合长度代号 – 旋向代号

传动螺纹的螺纹标记为:

$$\text{特征代号 公称直径} \times \genfrac{}{}{0pt}{}{\text{螺距(单线时)}}{\text{导程(螺距)(多线时)}} \text{旋向代号} - \text{公差带代号} - \text{旋合长度代号}$$

而管螺纹的完整标记为：

$$\text{特征代号}\quad\text{尺寸代号}\quad\text{公差带代号或公差等级}\quad\text{旋向代号}$$

螺纹标记及在图中的具体标注方法见表 7-2。

表 7-2　标准螺纹的标注示例

项目	图例及注解	说　明
普通螺纹及传动螺纹	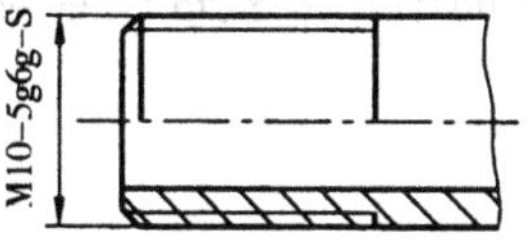 M10-5g6g-S 粗牙普通外螺纹 公称直径 10mm 短旋合长度 S 右旋(不标注) 中径、顶径公差带代号分别为5g、6g 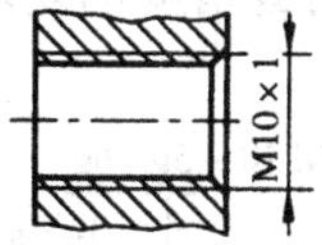 M10×1 细牙普通内螺纹 公称直径 10mm 螺距 1mm 右旋 中等旋合长度(N不注) 中径、顶径公差带代号均为 6H (不标注) 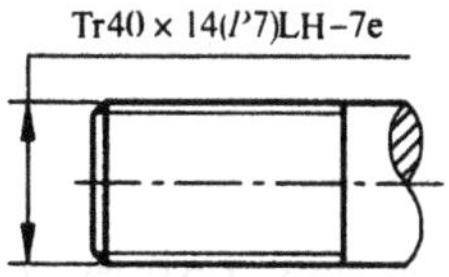 Tr40×14(*P*7)LH-7e 梯形圆柱外螺纹 公称直径 40mm 导程 14mm 螺距 7mm 双线 左旋 中径、顶径公差带代号均为 7e 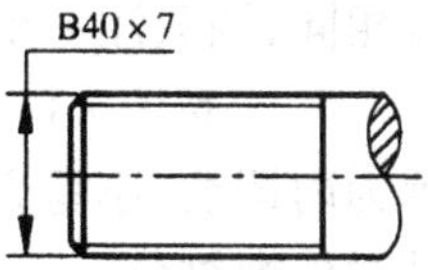 B40×7 锯齿形圆柱外螺纹 公称直径 40mm 螺距 7mm 单线 右旋	普通螺纹、梯形螺纹、锯齿形螺纹等，其标记应直接标注在大径的尺寸线上或引出线上
管螺纹	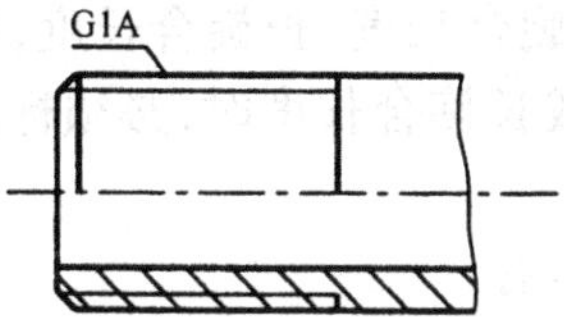 G1A 55°非螺纹密封的外管螺纹 尺寸代号为 1 公差等级为 A 右旋(不注) 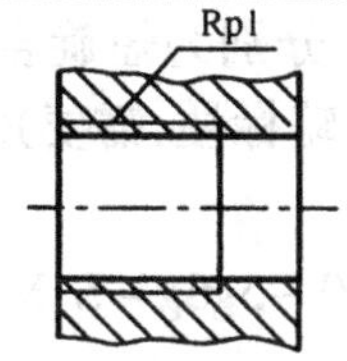 Rp1 55° 密封的圆柱内管螺纹 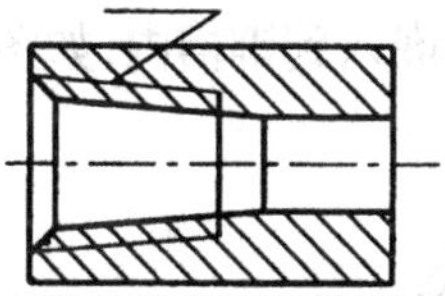 Rc1 55° 密封的圆锥内管螺纹 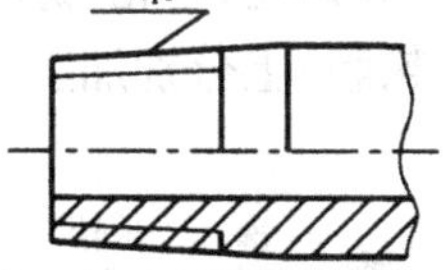 R₁1 55°密封的与圆柱内管螺纹相配合的圆锥外管螺纹	管螺纹的标记一律注在引出线上，引出线应由大径、轴线或对称中心引出
米制锥螺纹	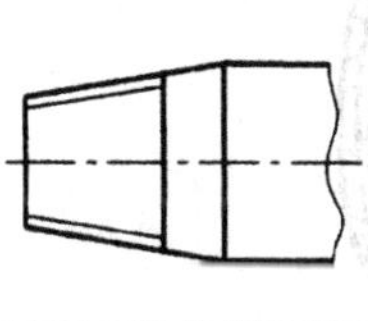 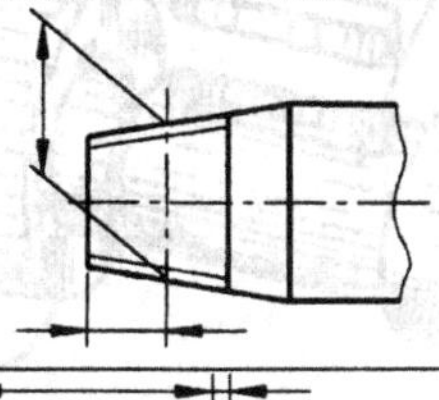	米制锥螺纹的标记一般应注在引出线上，引出线应由大径或对称中心引出，也可直接标注在从基面处画出的尺寸线上
有效螺纹长度	 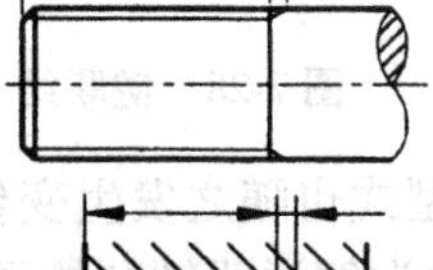 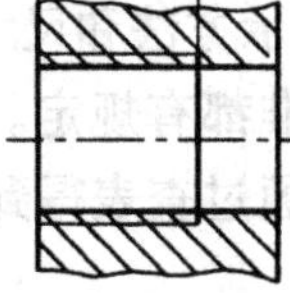 未注螺尾长度 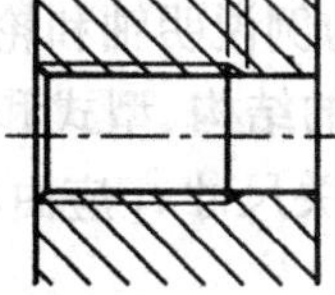　　　　　标注螺尾长度	螺纹长度应标注在图样上，且所注螺纹长度均指不包括螺尾在内的有效长度，否则应另加说明或按实际需要标注

几点说明：

1）管螺纹的尺寸代号并不是指螺纹的大径，而是指管子的通孔直径，单位为"in"。画图时，要根据尺寸代号查表得相应的尺寸数值。如查 G1 可得：管子的孔径约为 25 mm，在管壁上加工螺纹的螺纹大径为 33.249 mm。

2）粗牙普通螺纹，螺距省略标注。

3）右旋螺纹省略旋向标注，对于左旋螺纹应标注代号 LH。

4）螺纹公差带代号是对螺纹制造精度的要求。如果螺纹的中径公差带代号与顶径公差带代号不同，则分别标注，如：

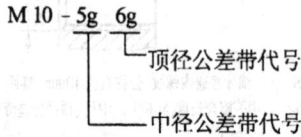

$$M\,10\,-\,5g\quad 6g$$

├─顶径公差带代号

└─中径公差带代号

如果中径与顶径公差带代号相同，则只注一个代号，如：

$$M10\times1-7H$$

公差带代号中字母大写表示为内螺纹，小写为外螺纹。

管螺纹的螺纹公差等级代号对外螺纹分为 A、B 两级标记，如 G2A、G2B 等，对内螺纹则不标记（因为只有一种公差带），如 G2。

5）螺纹的旋合长度分为三组，分别为短旋合长度、中等旋合长度、长旋合长度，相应的代号为 S、N、L。中等旋合长度 N 省略标注，需要短旋合长度或长旋合长度时，必须标注相应的旋合长度代号 S 或 L。如：

$$M10-5g6g-S\text{、}M10\times1-7H-L$$

（二）键槽

工程上常用键将轴和轮子（如齿轮、带轮、链轮等）联结起来，以达到传递运动和动力的目的。因此，需要在轴和轮子的孔壁（轮毂）上分别加工出键槽以便将键嵌入到键槽内，如图 7-28。

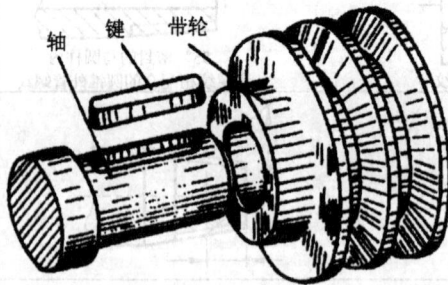

图 7-28　键联结

键的型式有多种，因此，键槽的型式也随之发生变化，但其在图样上的表示方法基本不变，图 7-29 和图 7-30 是以圆头普通平键为例说明轴和轮子上键槽的表示方法和尺寸注法。

需要指出的是：键是标准件，它们的结构、型式和尺寸，国家标准都有规定。因此，轴上键槽的结构尺寸 b、t_1 和轮毂上键槽的有关尺寸 t_2 应由相应国家标准通过查表得到。

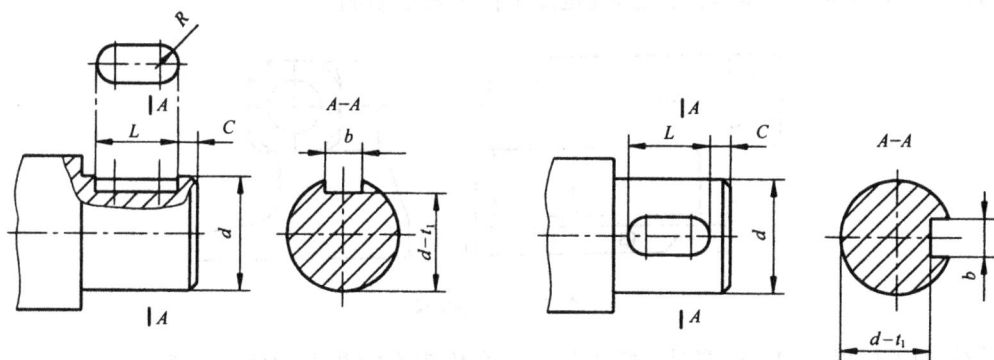

图 7-29　轴上键槽的常用表示方法和尺寸注法

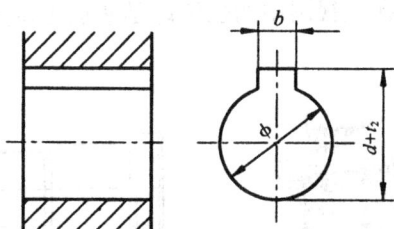

图 7-30　轮上键槽的表示方法和尺寸注法

第三节　零件图的视图选择

零件与组合体的不同在于零件具有实际的功用,因而,对其表达方案的确定,必须紧紧围绕其功用去考虑。零件的不同功用决定了其具有不同的结构形状,而不同的结构形状应采用不同的视图方案来表达。确定零件图视图方案时,首先应当考虑的是看图方便。其次,在完整、清晰地表达零件各部分结构形状的前提下,力求画图简便。

零件图视图方案选择的主要内容包括主视图的选择、视图数量的确定和表达方法的选择。

一、主视图的选择

主视图是一组图形的核心,它的选择将直接影响到其他视图的数量和表达方式,同时,也影响到看图和画图的方便程度,因此,主视图的确定是零件图视图方案选择的核心。选择主视图时应按下列步骤:

1. 确定零件的安放位置

零件在主视图上所表现的位置,根据零件的结构特点和零件在部件或机器中的作用,通常有以下三种:

(1) 工作位置　工作位置是指零件在机器中的安装和工作时的位置。主视图的位置和零件工作位置一致,能较容易地将主视图和零件所属的机器联系起来,想像零件的工作状况,也便于根据装配关系来考虑零件的形状与有关尺寸,方便阅读理解。

如图 7-31 所示尾座体,其主视图就是按工作位置绘制的。

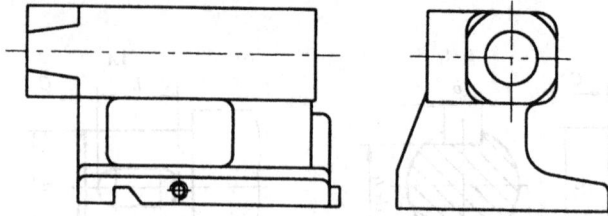

图 7-31　尾座体

(2) 加工位置　加工位置是指零件加工时在机床上的装夹位置。在选择主视图时,按加工位置放置,便于在加工时对照看图,可减少加工中的差错。例如回转体类零件,主要在车床或磨床上加工,因此,画主视图时,一般均将其轴线水平放置,以便于操作者在加工时直接对照看图。如图 7-32 所示的轴,其在主视图中的位置即是按加工位置放置的。

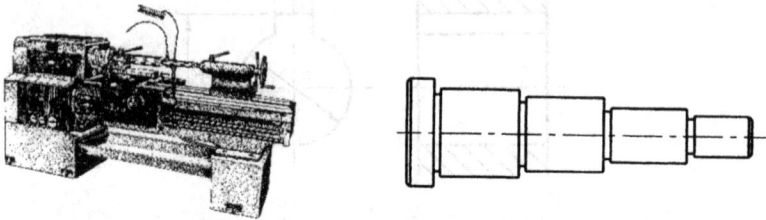

图 7-32　轴的加工位置及主视图

(3) 自然放正的位置　对一些工作位置是倾斜的或运动的零件,不便于采用工作位置或加工位置来画主视图。对此类零件,可按照画图的一般习惯,按自然放正的位置来画主视图。如图 7-33 所示的连杆,由于是运动零件,工作位置不固定,且加工工序也较多,因此,采用将轴线自然放正的位置。

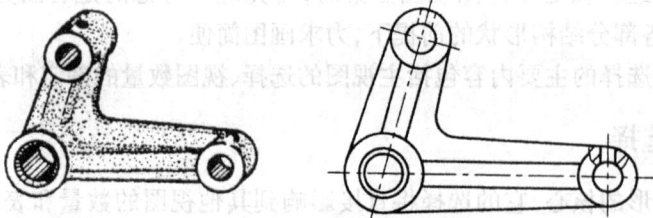

图 7-33　连杆

除考虑上述各项原则外,还应考虑其他视图的选择和图幅的合理使用。

2. 主视图的投影方向

主视图的投影方向应能最大限度地反映零件主要部分的形状特征。所谓反映形状特征即在主视图上应尽可能多地展现零件内、外部结构形状及它们之间的相对位置关系,并达到看图后即对零件构形有明显印象的目的。

如图 7-34 所示的尾座体,有 A、B、C、D、E 五个方向可供选择,但 B、C、D、E 四个方向均不能反映该零件的结构特点,且可能出现部分结构得不到反映的情况,而方向 A 则能较大限度地反映出零件的结构形状特征,所以应选择 A 向为主视图投影方向。

二、视图数量和表达方式的选择

要完整、正确、清晰、简明地表达零件的内外结构形状,仅有主视图是不够的,还需要适当选择一定数量的其他视图。视图数量的多少主要取决于零件结构的复杂程度,当然也和表达方式的选择有关。

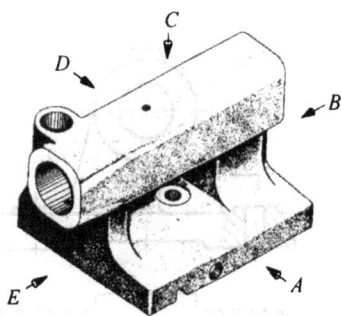

图 7-34　尾座体

其基本原则是:灵活采用各种表达方法,在满足完整、正确、清晰地表达零件的前提下,使视图数量尽可能少。

通常,在主视图确定之后,可以在对零件的结构形状进行分析的基础上,检查零件上每一个组成部分在主视图的基础上还需要补充哪些视图、剖视和断面等才能表达清楚,一般可按如下步骤来考虑:

1)从零件的外部形状出发,考虑需要补充哪些基本视图。

2)从零件的内部形状出发,考虑需要选用哪些适当的剖视,并考虑这些剖视是否可以在基本视图上作出。

3)考虑零件上尚未表达清楚的局部和细节,选择适当的局部视图、局部剖视图、断面图和局部放大图等。

零件的表达应建立在对零件形体的分析和零件本身结构形状的基础上,以机件表达方法为基础,抓住零件的主体构形规律来确定零件的表达方案。

三、机件表达方案举例

【例 7-1】　试确定如图 7-35 所示轴承座的视图表达方案。

1. 结构分析

轴承座由支承、圆筒、底板三部分组成。

2. 表达方案分析比较

主视图选择工作位置,从表达零件形状特征及整体表达方案考虑,选择 A 方向为主视图的投影方向。支承肋板部分需用主、左两个视图表达,底板需要主、俯两个视图表

图 7-35　轴承座

达,将轴承座的三个部分都完整地表达清楚则需选取主、俯、左三个视图。

图 7-36a 的方案是将左视图画成全剖视图,表达了圆筒部分相互正交两孔的结构及底板凹槽深度,同时也使支撑肋板的形状更清楚;主视图用局部剖视图表达底板上的两孔为通孔,另用移出断面图 $A—A$ 表达后支撑板、前肋板的断面形状和相互关系。

仔细分析,图 7-36a 中圆筒部分已在主、左视图上表达清楚,俯视图上可不再表示。因此,可将俯视图作成"$A—A$"剖视图,把断面图和俯视图结合起来,使得俯视图的目的性更明确,如方案图 7-36b 所示,显然,这样的表达显得更清楚而简练。

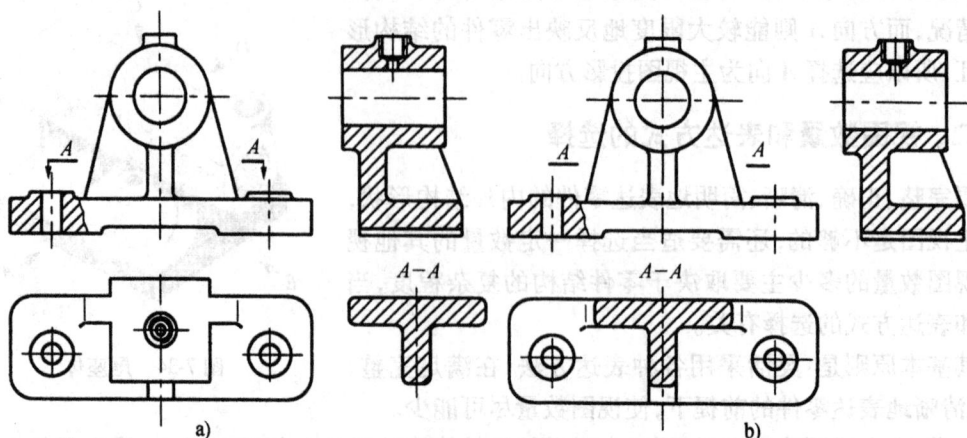

图 7-36   轴承座的视图表达

第四节   零件图的尺寸标注

零件图上标注的尺寸是零件加工和检验的重要依据。在组合体部分,介绍了尺寸标注的一些基本规定和要求。但在零件图中,只考虑这些内容还不能满足实际需要。因为零件图的尺寸标注应当考虑零件加工制造时的要求,即尺寸标注的合理性问题。零件图上标注的尺寸既要符合零件功能设计的要求,又要满足制造、加工、测量和检验的要求。要做到这一点,首先要了解零件在机器中的位置、作用及加工方法。在形体分析的基础上,进行结构分析和工艺分析,选择合理的尺寸基准,分清功能尺寸和工艺尺寸,结合零件的具体情况合理地标注尺寸。

一、尺寸基准

基准是指零件在机器中或在加工及测量时用以确定其位置的一些面、线。

由于用途不同,基准可以分为设计基准和工艺基准两类。

尺寸基准选择是否合理将直接影响零件尺寸的合理标注,而尺寸标注的合理性又直接影响零件的加工质量。

尺寸标注时,面基准一般选择零件上的加工面,特别是最先加工的较大平面,如端面、底面、两零件的结合面、零件的对称平面等;线基准一般选择回转结构的回转轴线、对称中心线等。

1. 设计基准

在机器或部件中,确定零件结构位置的一些面和线。

2. 工艺基准

在加工或测量时,确定零件结构位置的一些面和线。

从设计基准出发标注尺寸,体现该尺寸的设计要求;从工艺基准出发标注尺寸,符合零件加工、测量的要求。在标注尺寸时,应尽量使设计基准和工艺基准统一起来,这样,既能满足设计要求,又能满足工艺要求,同时减少误差。当二者不能统一时,应选设计基准为主要基准。

由于基准是每个方向尺寸的起点,因此,零件在长、宽、高三个方向上均应有一个基准,作为度量尺寸的起点,这样的基准,称为主要基准。主要基准(一般为设计基准)确定后,为了加工、测量方便,往往还要选择一些辅助基准(一般为工艺基准)。辅助基准与主要基准之间必须具有尺寸联系。

二、尺寸标注的形式

根据尺寸在图上的布置特点,尺寸标注可以分为三种形式。

1. 链状法

链状法是将同一方向的尺寸逐段首尾相接地注出,前一尺寸的终止就是后一尺寸的基准。如图 7-37 所示。链状法的优点是前段加工尺寸的误差并不影响后段加工尺寸;其缺点是总尺寸有加工误差累计。链状法常用于标注阶梯状零件中尺寸要求十分精确的各段以及用组合刀具加工的零件等。

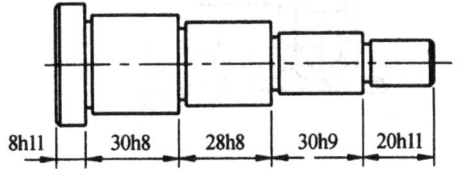

图 7-37　链状法

2. 坐标法

坐标法是把同一方向的尺寸从同一基准出发注出,如图 7-38a 所示。坐标法的优点是任一尺寸的加工精度只决定于本段加工误差,不受其他尺寸误差的影响;其主要缺点是对某些加工程序及检验不大方便。

3. 综合法

综合法即坐标法和链状法的综合。综合法具有上述两种注法的优点,在实际中应用最多,如图 7-38b 所示。

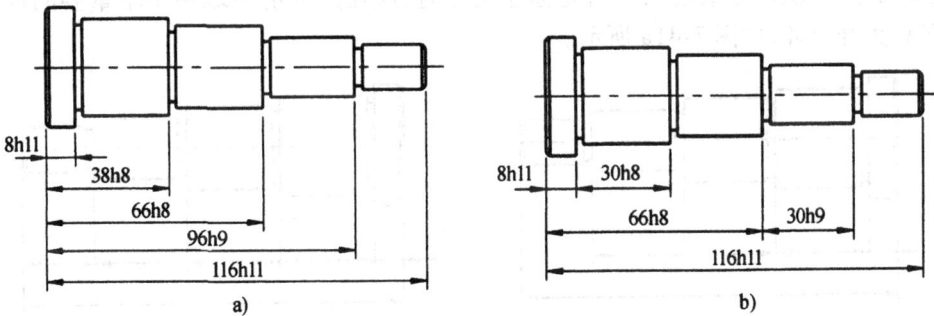

图 7-38　尺寸标准

a) 坐标法　b) 综合法

三、合理标注尺寸的一些原则

(一)考虑设计要求

1. 主要尺寸应直接注出

主要尺寸是指影响产品力学性能、工作精度等的尺寸,如配合表面的尺寸、重要的定位尺寸、重要的结构尺寸等。

图 7-39 所示为一泵体,其主动轴和从动轴之间的中心距 L 是保证传动精度的重要尺寸该尺寸应当直接注出。

图 7-40 所示是两个相互有配合关系的零件,其中尺寸 A 是应当保证的配合尺寸,该尺寸应当直接注出,以保证配合要求,如图 7-40a,如果注成图 7-40b 中 B、C 的尺寸则不能满足设计要求。

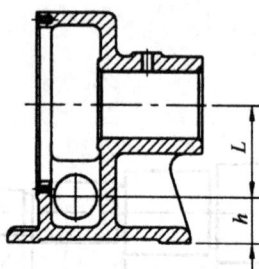

图 7-39　重要尺寸直接注出

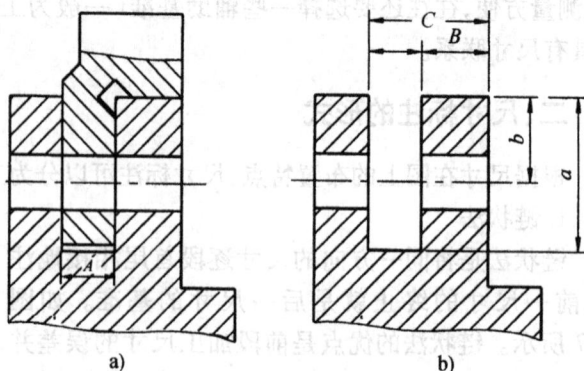

图 7-40　有配合关系的零件

2. 相关尺寸的基准和注法应一致

在相互连接的各零件间总存在一个或几个相关表面,相关尺寸就是保证这些相关表面的定形、定位尺寸的一致。对相关零件的结构尺寸,在标注时应当做到基准一致、注法一致,以保证在制造时达到设计要求,在图 7-40 中,尺寸 A、B 和 b 即是关联尺寸,因此,它们在两个零件中均选择相同的基准面注出,保证了设计要求。

3. 不要注成封闭尺寸链

封闭尺寸链是头尾相接,绕成一整圈的一组尺寸,每个尺寸都是尺寸链中的一个环,如图 7-41b 所示。封闭尺寸链标注的尺寸在加工中难以保证设计要求,很可能将加工误差积累在某一重要尺寸上,从而导致废品。因此标注尺寸时,应在尺寸链中取一个不重要的环不注尺寸,此环称为开口环,如图 7-41a 所示。

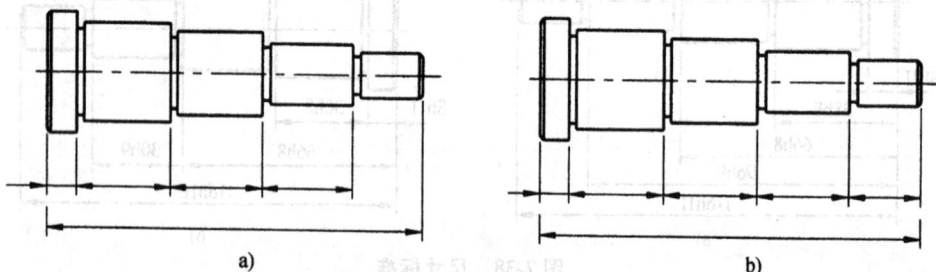

图 7-41　尺寸链

a)开口环　b)封闭链尺寸

(二)考虑工艺要求

在标注非功能尺寸时,应考虑加工顺序和测量的方便。非功能尺寸通常不影响产品的工作性能,也不影响零件间的配合性质和精度。

1. 按加工顺序标注尺寸

按加工顺序标注尺寸,符合零件的加工过程,便于加工和测量。图 7-42 所示的轴,仅有尺寸 51 是长度方向的主要尺寸,要直接注出,其余都按加工顺序标注。为便于备料注出总长 128;为了加工 φ35 的轴颈,直接注出了尺寸 23;调头加工 φ40 的轴颈时,应保证主要尺寸 51。这样标注的尺寸既保证了设计要求,又符合加工顺序。

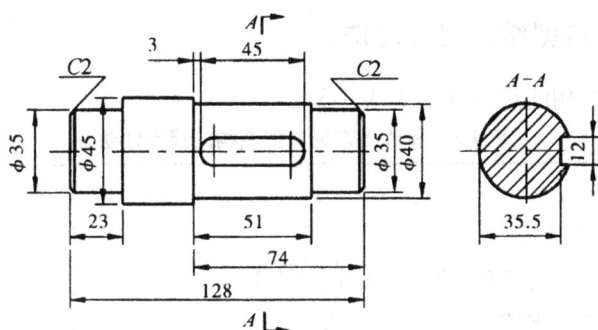

图 7-42　按加工顺序标注尺寸

2. 相关尺寸分组标注

将不同类型和用途的尺寸分开成组标注,既能保证加工要求,又能避免不相关尺寸间的互相影响,还能方便看图。一般常见的分组标注情况有:不同工序尺寸的分组标注;加工面尺寸与毛坯面尺寸的分组标注;内、外形尺寸的分组标注,如图 7-43 所示。

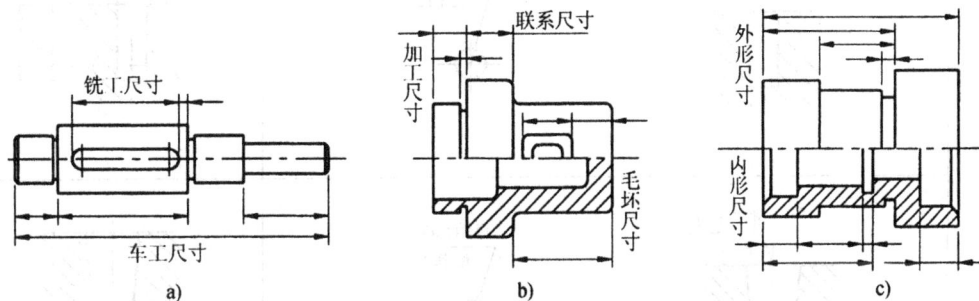

图 7-43　相关尺寸标注

a)不同工序尺寸分组标注　b)加工尺寸与毛坯尺寸分组标注　c)内外形尺寸分组标注

3. 铸件、锻件按形体标注尺寸

铸件和锻件按形体标注尺寸,便于制作模型和锻模。

4. 尺寸标注要便于测量

在对设计要求影响不大的情况下,标注尺寸应尽量考虑加工和检验时测量方便,如图 7-44 所示。

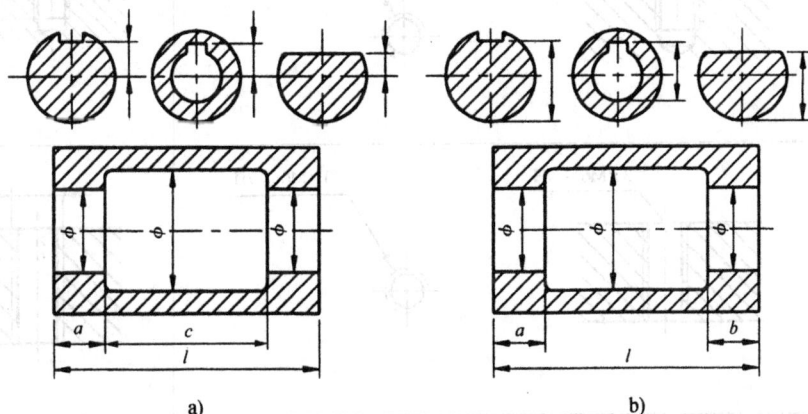

图 7-44　尺寸标注要便于测量

a) 不便于测量　b) 测量方便

四、零件上常见典型结构尺寸注法

零件上常见典型结构的尺寸注法见表7-3。

表7-3 零件上常见典型结构的尺寸注法

类型	旁 注 法		普 通 注 法
光孔	4×φ4▽10	4×φ4▽10	4×φ4
	4×φ4H7▽10 孔▽12	4×φ4H7▽10 孔▽12	4×φ4H7
	锥销孔φ4 配作	锥销孔φ4 配作	锥销孔φ4 配作
螺孔	3×M6–7H▽10 孔▽12	3×M6–7H▽10 孔▽12	3×M6–7H
	3×M6–7H	3×M6–7H	3×M6–7H

类型	旁 注 法		普 通 注 法
沉孔	4 × φ6.4 ⨆φ12↧4.5	4 × φ6.4 ⨆φ12↧4.5	φ12 4.5 4 × φ6.4
	6 × φ7 ⌵φ13 × 90°	6 × φ7 ⌵φ13 × 90°	90° φ13 6 × φ7
	6 × φ9 ⨆φ20	6 × φ9 ⨆φ20	φ20 6 × φ9
退刀槽	2 × φ10	2 × 0.5	2 × 0.5
倒角	C1.5	C1.5	C1.5
	30° 1.5	30° 1.5	

第五节 典型零件的图例分析

一、轴套类零件

1. 结构分析

轴套类零件一般由回转体组成,如图 7-45 所示,通常是由不同直径的圆柱等构成的细长件。由于通常起支撑、传动、连接等作用,因此根据设计、安装、加工等要求,常有局部结构,如倒角、圆角、退刀槽、键槽、中心孔及锥度等。

2. 表达方案分析

1)采用加工位置轴线水平放置,轴线细长特征的视图作为主视图。用一个基本视图把轴上各段回转体的相对位置和形状表达清楚。

2)用断面图、局部视图、局部剖视图或局部放大图等表达方式表示轴上的局部构形。

3)对于形状简单且较长的零件也可采用折断的方法表示。

4)空心轴套因存在内部结构,可用全剖视图或半剖视图表示。

3. 尺寸标注分析

1)轴套类零件常以重要的定位轴肩端面作为长度方向的主要尺寸基准,轴的端面为工艺基准,而以回转轴线作为另两个方向的主要基准。

2)主要性能尺寸必须直接标出,其余尺寸多按加工顺序标注。

3)注意车、铣不同工序的加工尺寸相对集中,注在轴的两边。

4)零件上标准结构较多,注意其尺寸标注的规定。

二、盘盖类零件

1. 结构分析

盘盖类零件包括手轮、带轮、端盖及盘座等,其主体一般为回转体或其他平板形,厚度方向的尺寸比其他两个方向的尺寸小,如图 7-46 所示的端盖。盘盖类零件的毛坯通常为铸件或锻件,需经必要的切削加工才能制成。常见的局部构形有凸台、凹坑、螺孔、销孔及轮辐等。

2. 表达方案分析

1)以回转体为主体的盘盖类零件主要在车床上加工,所以应按加工位置选择主视图,轴线水平放置。对非回转体类盘盖类零件可按工作位置来确定主视图。

2)该类零件一般需两个基本视图,如主、左视图或主、俯视图。

3)常采用单一剖切面或旋转剖、阶梯剖等剖切方法表示各部分结构。

4)注意均布肋板、轮辐的规定画法。

3. 尺寸标注分析

1)盘盖类零件通常以主要回转面的轴线、主要形体的对称线或经加工的较大的结合面作为主要基准。

2)盘盖类零件各部分的定形尺寸和定位尺寸比较明显。具体标注时,应注意同心圆上均布孔的标注形式和内外结构形状尺寸分开标注等。

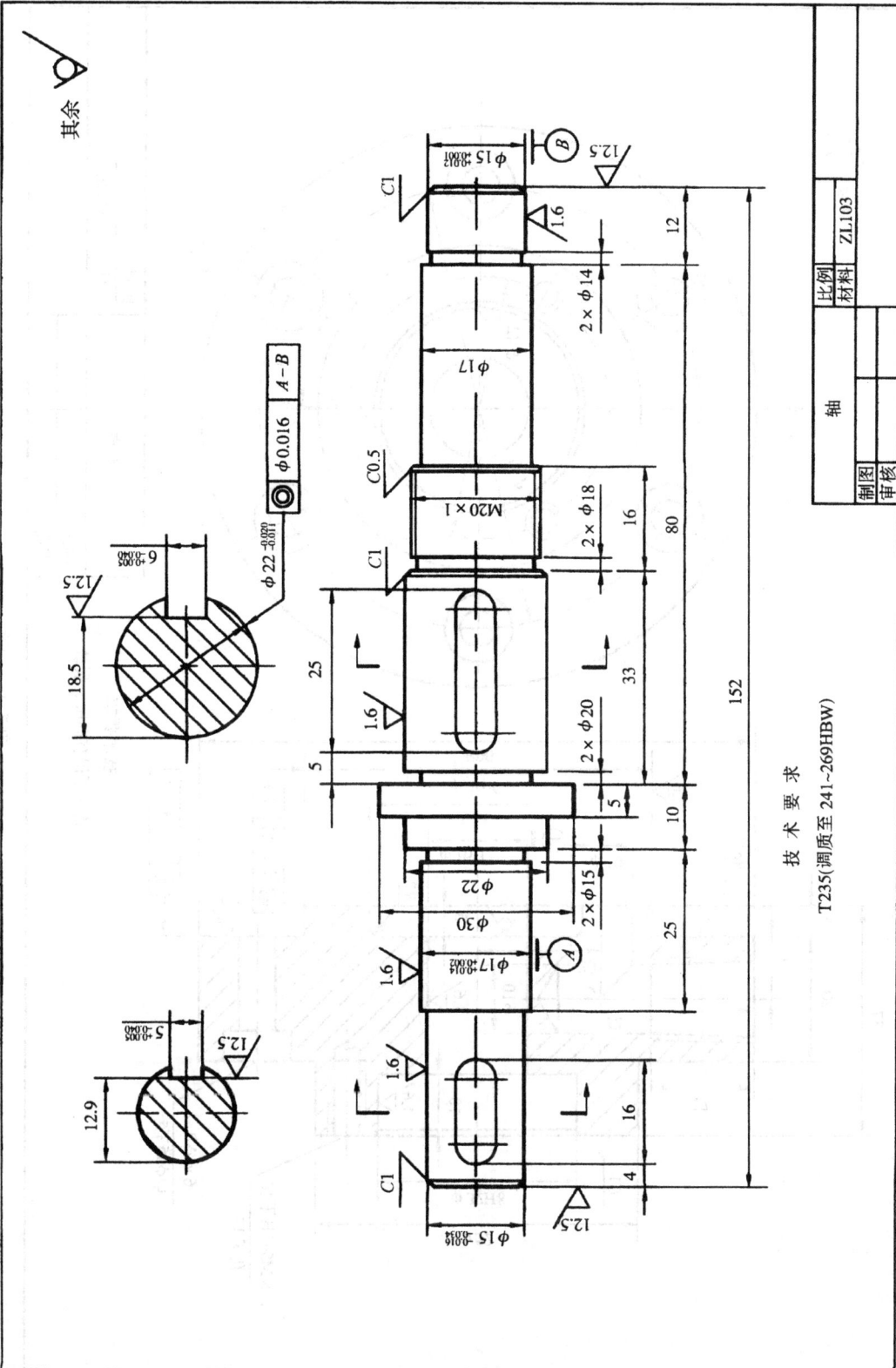

其余

$A-B$

$\phi0.016$ | $A-B$

$\phi22^{-0.020}_{-0.031}$

$6^{+0.005}_{-0.030}$

18.5

12.5

$5^{+0.005}_{-0.030}$

12.9

12.5

$\phi15^{+0.012}_{+0.001}$

B

12.5

1.6

$2\times\phi14$

$\phi17$

C1

C0.5

$M20\times1$

$2\times\phi18$

16

80

C1

25

1.6

$2\times\phi20$

33

5

5

10

$\phi22$

$\phi30$

$2\times\phi15$

25

1.6

$\phi17^{+0.014}_{+0.003}$

A

1.6

152

12

C1

1.6

16

4

C1

$\phi15^{+0.015}_{+0.012}$

12.5

技 术 要 求

T235(调质至 241~269HBW)

图 7-45 轴

比例

材料 | ZL103

轴

制图

审核

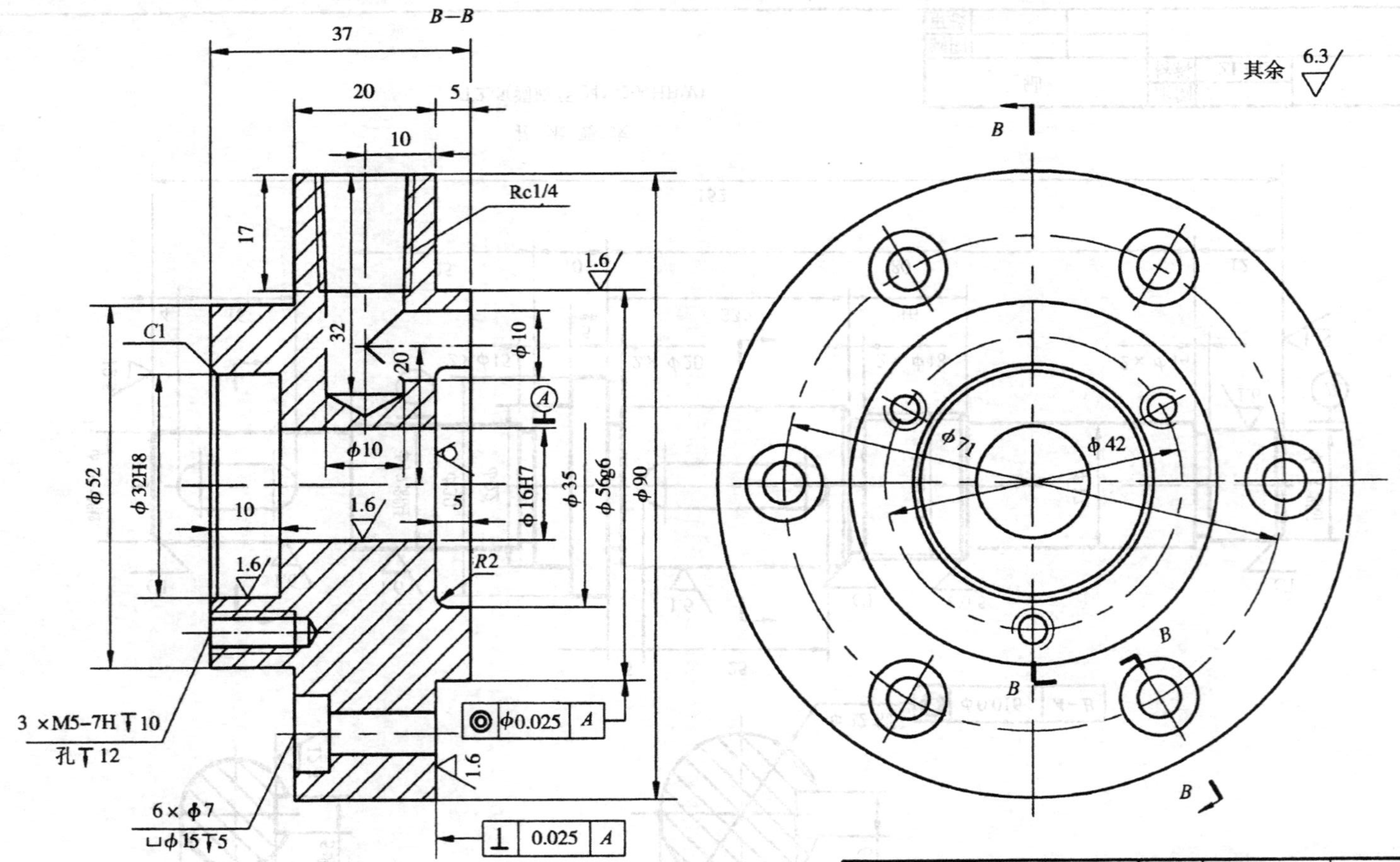

152

技术要求

铸件不得有砂眼、裂纹

图 7-46 端盖

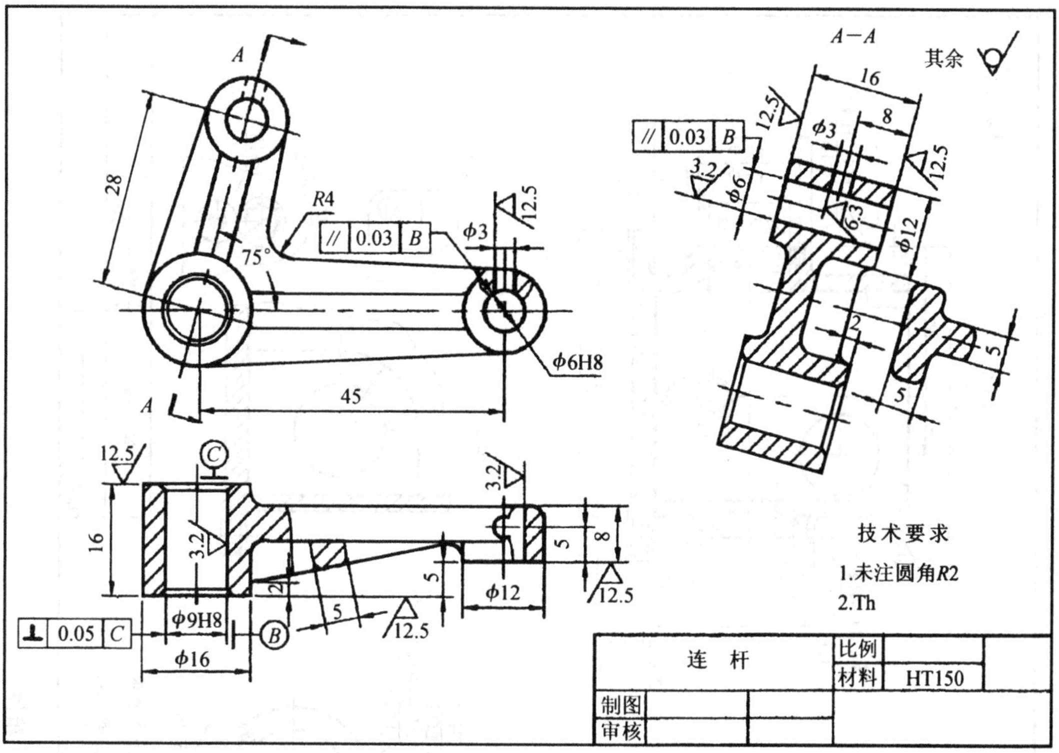

图7-47 连杆

三、叉架类零件

1. 结构分析

叉架类零件常见的有拨叉、支架、连杆等,其工作部分和安装部分之间常有倾斜结构和不同截面形状的肋板或实心杆件连接,形式多样,结构复杂,常由铸造或模锻制成毛坯,经必要的机械加工而成,具有铸锻圆角、拔模斜度、凸台、凹坑等常见结构,如图7-47 所示的连杆。

2. 表达方案分析

1)主视图一般按形状特征和工作位置或自然放正位置确定。

2)一般除采用基本视图表达外,常用斜视图、斜剖视图、局部视图和断面图来表达局部结构。

3. 尺寸标注分析

1)长、宽、高 3 个方向的主要基准一般为孔的中心线、轴线、对称平面和较大的安装板底面。

2)定位尺寸较多,要注意保证主要部分的定位精度。一般要标注出孔中心线间的距离,或孔中心到平面的距离或平面到平面的距离。

3)定形尺寸一般都采用形体分析法标注,注意制模的方便性。

四、箱体类零件

1. 结构分析

箱体类零件常见的有各类箱体、阀体、泵体等。其结构复杂,主要结构是由均匀的薄壁围成,不同形状的空腔壁上有多方向的孔,起容纳和支承作用。多数是由铸造毛坯,经必要的机械加工而成,具有加强肋、凹坑、凸台、铸造圆角、拔模斜度等常见结构。如图 7-48 所示为齿轮箱箱体。

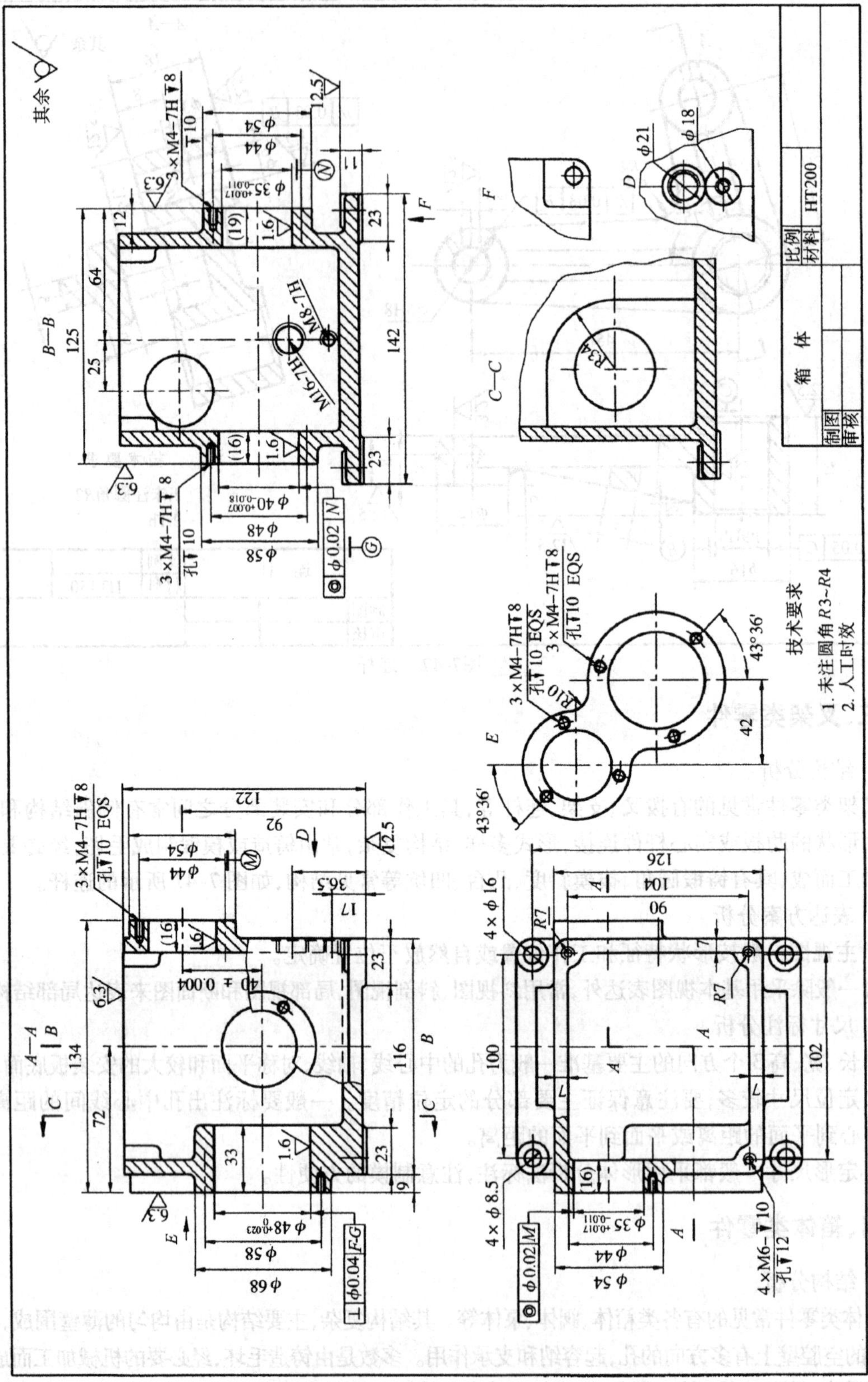

154

图 7-48 箱体

2. 表达方案分析

1）主视图主要根据构形特征和工作位置确定。

2）一般用三个以上的基本视图。表达时应特别注意处理好内外结构表达问题。

3. 尺寸标注分析

1）箱体类零件的长、宽、高三个方向的主要基准选用较大的最先加工面，如安装面、孔的定位中心线、轴线、对称平面等。

2）定位尺寸多，各孔中心线间的距离一定要直接标注。

3）定形尺寸可采用形体分析方法标注。

第六节　零件图上的技术要求

零件图上除了视图和尺寸外，还需要有制造该零件时应该达到的一些质量要求，称为技术要求。零件图上要注写的技术要求包括：①表面粗糙度；②尺寸极限；③表面形状和位置公差；④热处理及表面处理；⑤材料；⑥零件的特殊加工、检验的要求。

其中有些项目有技术标准规定，必须按规定的代号或符号注写在图上，如表面粗糙度、尺寸极限、表面形状和位置公差等。没有技术标准规定的，可用文字简明地注写在图样的空白处（一般是写在图样的下方）。

本节着重介绍制图标准中关于表面粗糙度、极限与配合、表面形状与位置公差的概念、代号及其注法等有关规定。

一、表面粗糙度

（一）表面粗糙度的概念

零件表面经加工后，看起来很光滑，若用放大镜观察，则会看到表面有明显高低不平的粗糙痕迹，如图 7-49。这种零件加工表面上所存在的较小间距和峰谷组成的微观几何特性称为表面粗糙度。

图 7-49　零件表面微小不平情况

表面粗糙度反映了零件表面的质量，它对零件的装配、工作精度、疲劳强度、耐磨性、耐蚀性和外观等都有影响。对不同的表面粗糙度需要采用不同的加工方法获得，因此，零件的表面粗糙度应根据零件表面的功用恰当选择，从而在保证机器性能要求的前提下，尽量降低生产成本。

(二)表面粗糙度的评定参数

评定表面粗糙度大小的参数有三项,即:①轮廓算术平均偏差 R_a;②微观不平度十点高度 R_z;③轮廓最大高度 R_y。

轮廓算术平均偏差是指在取样长度 l 内,轮廓偏距 y 的绝对值的算术平均值,用 R_a 表示,如图7-50。取样长度 l 指用于判别具有表面粗糙度特征的一段基准线长度;轮廓偏距 y 指在被测方向上,表面轮廓上各点到基准线距离。

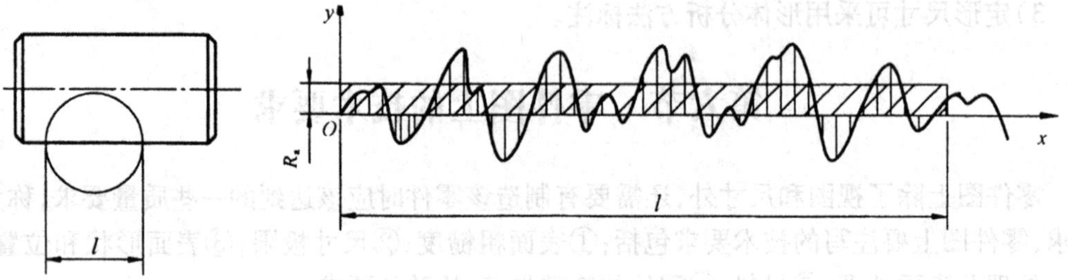

图 7-50 轮廓算术平均偏差

用公式表示为

$$R_a = \frac{1}{l}\int_0^l |y(x)|\,\mathrm{d}x$$

或近似为

$$R_a \approx \frac{1}{n}\sum_{i=1}^n |y_i|$$

轮廓算术平均偏差 R_a 的标准数值见表7-4。

表 7-4 轮廓算术平均偏差 R_a 的数值　　　　　　　　（单位:μm）

100	(10.0)	(1.00)	0.100	(0.010)
(80)	(8.0)	0.80	(0.080)	(0.0080)
(63)	6.3	(0.63)	(0.063)	—
50	(5.0)	(0.50)	0.050	—
(40)	(4.0)	0.40	(0.040)	—
(32)	3.2	(0.32)	(0.032)	—
25	(2.5)	(0.25)	0.025	—
(20)	(2.0)	0.20	(0.020)	—
(16.0)	1.60	(0.160)	(0.016)	—
12.5	(1.25)	(0.125)	0.012	—

注:括号内的数字为第二系列,一般应优先选用第一系列(不带括号的数字)。

表 7-5 给出常用 R_a 数值与旧表面光洁度等级的对照和运用。

表 7-5　新旧标准对照表

$R_a/\mu m$	表面光洁度等级	加工方法	应用说明
50	$\approx \nabla 1$	粗车、粗铣、粗刨、钻孔等	不重要的接触面或不接触面。如凸台顶面、轴的端面、倒角、螺孔的光孔表面
25	$\approx \nabla 2$		
12.5	$\approx \nabla 3$		
6.3	$\approx \nabla 4$	精车、精铣、精刨、绞孔等	较重要的接触面、转动和滑动速度不高的配合面和接触面。如轴套、齿轮端面、键及键槽工作表面
3.2	$\approx \nabla 5$		
1.6	$\approx \nabla 6$		
0.8	$\approx \nabla 7$	精绞、磨削、	抛光等要求较高的接触面,转动和滑动速度较高的配合面和接触面。如齿轮工作面、导轨表面、主轴轴颈表面、销孔表面
0.4	$\approx \nabla 8$		
0.2	$\approx \nabla 9$		
0.1	$\approx \nabla 10$	研磨、超级精密加工等	要求密封性能较好的表面,转动和滑动速度极高的配合面和接触面。如精密量具表面、气缸内表面及活塞环表面、精密机床主轴轴颈表面等
0.05	$\approx \nabla 11$		
0.025	$\approx \nabla 12$		
0.012	$\approx \nabla 13$		
0.008	$\approx \nabla 14$		

(三)表面粗糙度符号、代号

1. 符号

表面粗糙度的基本符号由两条长度不等且与被注表面成 60° 的中实线(线宽约为粗图线的 0.7 倍)组成,图样上表示的零件表面粗糙度的各种符号的含义见表 7-6。

表 7-6　表面粗糙度符号及其意义

符　号	意义及说明
	基本符号,表示表面可用任何方法获得。当不加注粗糙度参数值或有关说明(例如:表面处理、局部热处理状况等)时,仅适用于简化代号标注
	基本符号加一短划,表示表面是用去除材料的方法获得。例如:车、铣、钻、磨、剪切、抛光腐蚀、电火花加工、气割等
	基本符号加一小圆,表示表面是用不去除材料的方法获得。例如:铸、锻、冲压变形、热轧、粉末冶金等或者是用于保持原供应状况的表面(包括保持上道工序的状况)
	在上述 3 个符号的长边上均可加一横线,用于标注有关参数和说明
	在上述 3 个符号上可加一小圆,表示所有表面具有相同的表面粗糙度要求

表面粗糙度符号的画法见图 7-51。

2. 代号

在表面粗糙度符号的规定位置上标注表面粗糙度的参数值及其他有关要求,构成表面粗糙度的代号。代号中各部位的内容见图 7-52。

158

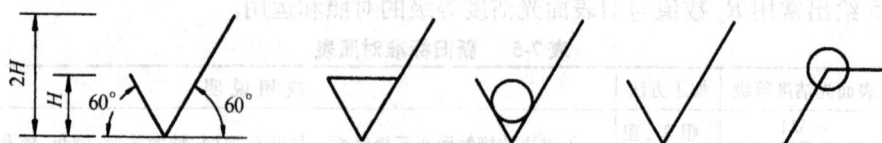

图7-51 表面粗糙度符号的画法

注:符号线宽为 d，$d = h/10$，$H = 1.4h$，h 为图样中数字字高

3. 表面粗糙度参数值的标注方法

表面粗糙度的参数值在代号中用数值
表示(单位为 μm)。国标规定:当在符号中
标注一个参数值时,为该表面粗糙度的上
限值;当标注两个参数值时,一个为上限
值,另一个为下限值;当要表示最大允许值
或最小允许值时,应在参数值后加注符号
"max"或"min"。由于 R_a 是最常用的参
数,因此数值前省略参数代号 R_a,见表7-7。
参数值 R_z 的标注需在参数值前加上相应
的参数符号。

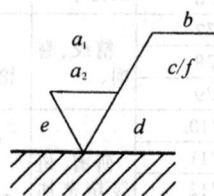

图7-52 代号中各部位的内容

a_1、a_2—粗糙度高度参数代号及其数值(μm);

b—加工要求、镀覆、涂覆、表面处理或其他说明等;

c—取样长度(mm)或波纹度(μm);

d—加工纹理方向符号;

e—加工余量(mm);

f—粗糙度间距参数值(mm)或轮廓支承长度率。

表7-7 表面粗糙度代号的标注及其意义

代　号	意　义	代　号	意　义
3.2	用任何方法获得的表面粗糙度,R_a 的上限值为3.2μm	3.2max	用任何方法获得的表面粗糙度,R_a 的最大值为3.2μm
3.2	用去除材料方法获得的表面粗糙度,R_a 的上限值为3.2μm	3.2max	用去除材料方法获得的表面粗糙度,R_a 的最大值为3.2μm
3.2	用不去除材料方法获得的表面粗糙度,R_a 的上限值为3.2μm	3.2max	用不去除材料方法获得的表面粗糙度,R_a 的最大值为3.2μm
3.2 1.6	用去除材料方法获得的表面粗糙度,R_a 的上限值为3.2μm,R_a 的下限值为1.6μm	3.2max 1.6min	用去除材料方法获得的表面粗糙度,R_a 的最大值为3.2μm,R_a 的最小值为1.6μm

(四)表面粗糙度的标注方法

1. 表面粗糙度的标注原则

表面精糙度的标注原则见表7-8。

2. 表面粗糙度的简化标注

可标注简化代号,但要在标题栏附近注明这些代(符)号的意义,见图7-53a、b。

表7-8 表面粗糙度标注原则及示例

图 例	说 明
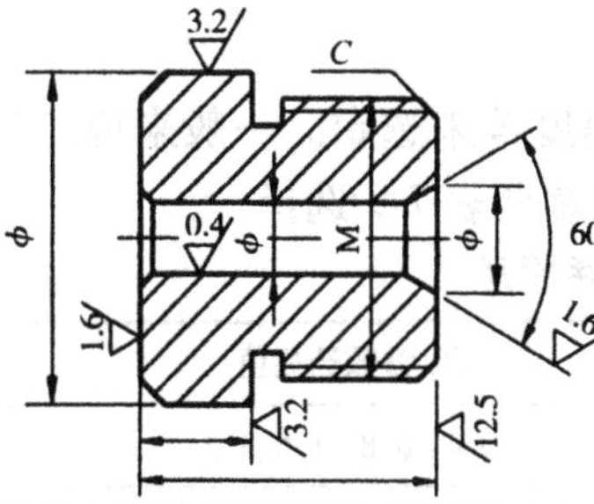	每个表面一般只标注一次。代号应注在可见轮廓线、尺寸界线、尺寸线或其延长线上 符号的尖端必须从材料外向指向被加工表面
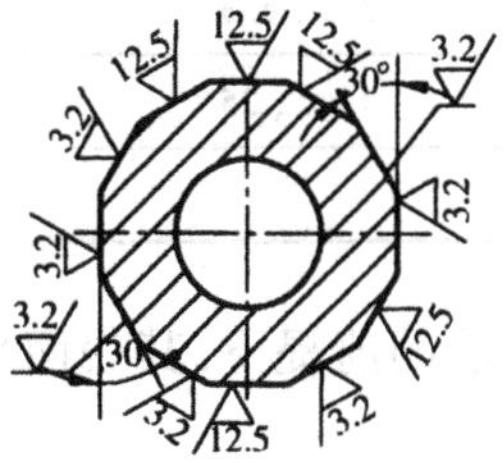	不带横线的表面粗糙度代号中数字及符号的方向,按左图规定标注
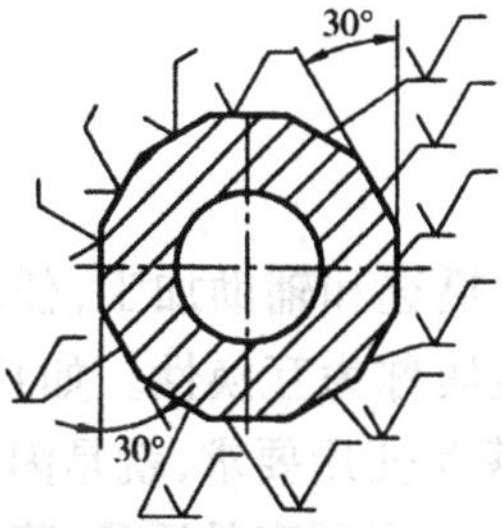	符号需带横线时,横线应和所注的轮廓平行或引出标注
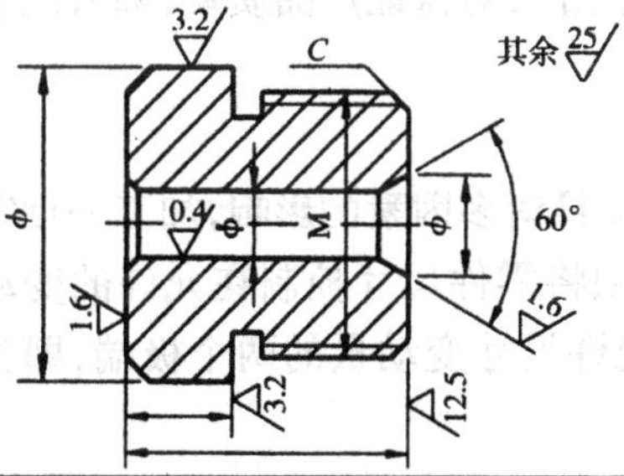	对其中使用最多的一种代号,可统一注写在图样右上角,并加注"其余"两字,代号大小为图形上注写的1.4倍 全部表面粗糙度要求相同时,可将代号统一标准在图样右上角,代号大小为图形上注写的1.4倍

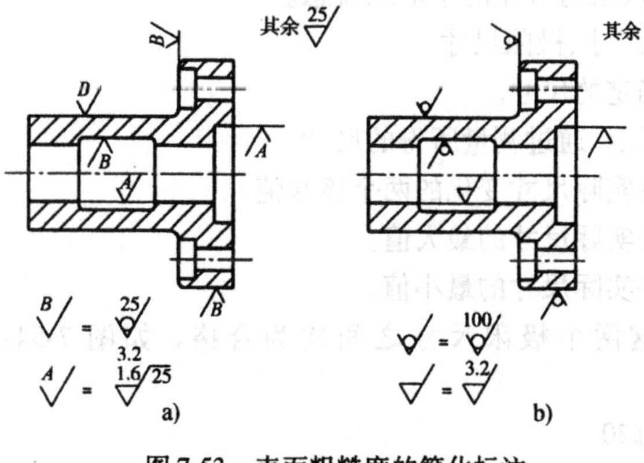

图 7-53 表面粗糙度的简化标注

(五)表面粗糙度参数值的选用

表面粗糙度参数值的选用:

1)优先采用第一系列。

2)根据零件与零件的接触状况、配合要求、相对运动速度等来选定。一般来说,工作表面比非工作表面参数值小,运动表面比静止表面参数值小,可参照表7-9选择。

表7-9 表面粗糙度参数值的选用原则

表面状况	R_a参数选用值
相对运动表面	0.4、0.8、1.6、3.2
静止接触表面	3.2、6.3
不接触表面	12.5、25
不去除材料表面	

3)根据零件加工的经济性来选定。在满足设计或使用要求的前提下,其表面粗糙度的高度参数值尽可能大,以降低加工成本。

二、极限与配合

(一)零件互换性的概念

在现代化机械生产中,要求制造出来的同一批零件,不经挑选和辅助加工,任取一个就可顺利地装到机器中去,并满足机器性能的要求,零件的这种性质称为互换性。如日常生活中,自行车、缝纫机零件坏了,买一个相同规格的零件换上,就能满足使用要求,就是因为这些零件具有互换性。零件具有互换性有利于组织协作和专业化生产,对保证产品质量,降低成本及方便装配和维修具有重要意义。

1. 极限尺寸与公差

由于零件在实际生产过程中受到机床、刀具、加工、测量诸多因素的影响,加工一批零件的实际尺寸总存在一定的误差。为保证零件的互换性,必须将零件尺寸控制在允许的变动范围内,这个允许的尺寸变动量称为尺寸公差,简称公差。允许尺寸变动量的两个极端,即为尺寸极限,简称极限。

下面介绍有关尺寸极限与公差的术语和概念。

(1)基本尺寸、实际尺寸、极限尺寸

基本尺寸:设计时确定的尺寸。

实际尺寸:零件制成后,通过测量所得的尺寸。

极限尺寸:允许零件实际尺寸变化的两个极端值。

最大极限尺寸:允许实际尺寸的最大值。

最小极限尺寸:允许实际尺寸的最小值。

实际尺寸只要在这两个极限尺寸之间均为合格。如图7-54a所示轴的直径尺寸 $\phi 20^{-0.007}_{-0.020}$,其中:

基本尺寸 $\phi 20$

最大极限尺寸 $\phi 19.993$

最小极限尺寸　　$\phi 19.980$

实际尺寸在 $\phi 19.993$ 至 $\phi 19.980$ 的闭区间内皆为合格。

（2）尺寸偏差和尺寸公差

1）尺寸偏差。某一尺寸减其基本尺寸所得的代数差。尺寸偏差有极限偏差（包括上偏差、下偏差）和实际偏差。即：

$$上偏差 = 最大极限尺寸 - 基本尺寸$$

$$下偏差 = 最小极限尺寸 - 基本尺寸$$

如图 7-54a 所示轴的尺寸偏差为

$$上偏差 = (19.993 - 20) = -0.007$$

$$下偏差 = (19.980 - 20) = -0.020$$

国家标准规定用代号 ES 和 es 分别表示孔和轴的上偏差；用代号 EI 和 ei 分别表示孔和轴的下偏差，偏差可以为正、负或零值。

实际尺寸减其基本尺寸的代数值称为实际偏差。零件尺寸的实际偏差在上、下偏差之间均为合格。

2）尺寸公差（简称公差）。允许尺寸变动的量。

$$公差 = 最大极限尺寸 - 最小极限尺寸$$

或　　　　　　　　　$$公差 = 上偏差 - 下偏差$$

如图 7-54a 所示轴的尺寸公差为

$$公差 = 19.993 - 19.980 = 0.013mm$$

$$公差 = [-0.007 - (-0.020)] = 0.013mm$$

图 7-54b 是表明基本尺寸、极限尺寸、极限偏差及公差的相互关系的示意图。为简化起见，在公差分析中，常将基本尺寸、极限偏差及公差的相互关系简化为公差带图的形式表示，见图 7-54c。

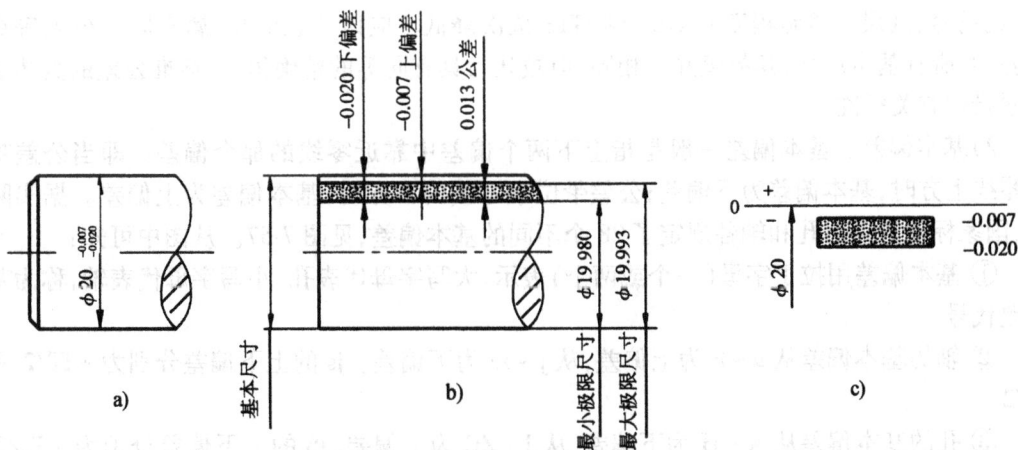

图 7-54　轴的极限尺寸与公差

3）公差带及公差带图。在公差带图中，用零线代表基本尺寸的界线（它是计算偏差的基准线）。当零线画成水平时，正偏差位于零线之上，负偏差位于零线之下。代表上、下偏差的两条直线之间的区域称为公差带。公差带图可以表示出公差大小及相对于零线的位置（在公差带图中,上、下偏差的距离应成比例,公差带的左右长度可根据需要而定。一般左低右高的斜线表示孔的公差带,用左高右低的斜线表示轴的公差带,图 7-55 表示的是孔 $\phi20_0^{+0.021}$ 和轴 $\phi20_{+0.022}^{+0.035}$ 的公差带(图中两个公差带的大小不同,相对于零线的位置也不同)。

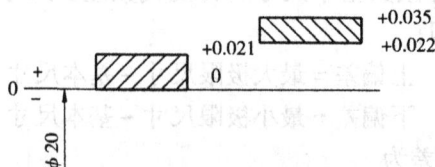

图 7-55　公差带图

(3)标准公差和基本偏差　为了便于生产,实现零件的互换性及满足不同的使用要求,国家标准《极限与配合》(GB/T 1800—1998)规定了公差带由标准公差和基本偏差两个要素组成。标准公差确定公差带的大小,而基本偏差确定公差带的位置,见图 7-56。

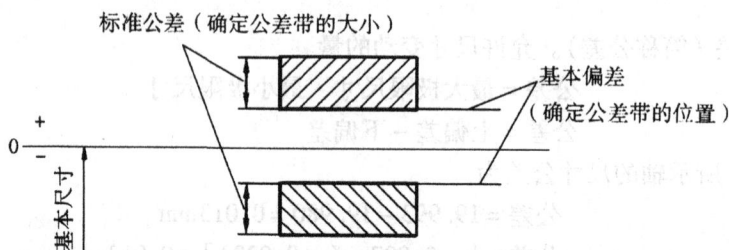

图 7-56　公差带的大小和位置

1)标准公差。标准公差的数值由基本尺寸和公差等级来确定。其中公差等级是确定尺寸精确程度的等级,标准公差分为 20 级,即 IT01,IT0,IT1,IT2,…,IT18,字母"IT"为"国际公差"的符号,其尺寸精确程度从 IT01 到 IT18 依次降低。应该注意的是,属于同一公差等级的公差,对所有基本尺寸,其数值并不相同,但被认为具有同等的精确程度,标准公差的具体数值见附录中有关标准。

2)基本偏差。基本偏差一般是指上下两个偏差中靠近零线的那个偏差。即当公差带位于零线上方时,基本偏差为下偏差;公差带位于零线的下方时,基本偏差为上偏差。据实际需要,国家标准分别对孔和轴各规定了 28 个不同的基本偏差,见图 7-57。从图中可知:

① 基本偏差用拉丁字母(一个或两个)表示,大写字母代表孔,小写字母代表轴,称为基本偏差代号。

② 轴的基本偏差从 a~h 为上偏差,从 j~zc 为下偏差。js 的上下偏差分别为 +IT/2 和 -IT/2 。

③ 孔的基本偏差从 A~H 为下偏差,从 J~ZC 为上偏差,JS 的上下偏差分别为 +IT/2 和 -IT/2 。

基本偏差系列图只表示了公差带的各种位置,所以只画出属于基本偏差的一端,另一端则是开口的,即公差带的另一端取决于标准公差(IT)的大小。

公差带代号:孔、轴的公差带代号由基本偏差代号和公差等级代号组成。

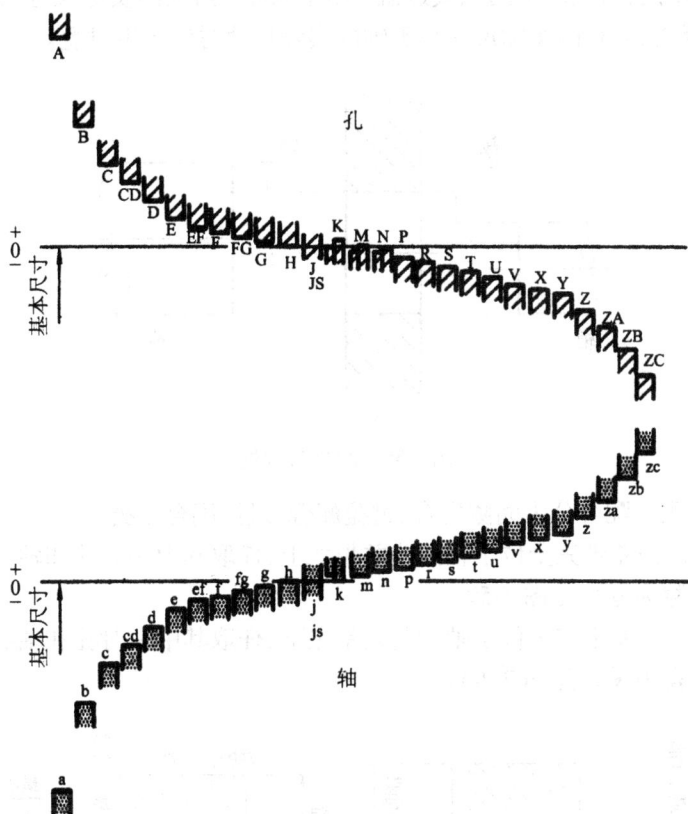

图 7-57   基本偏差系列

【例 7-2】   试说明 φ20H7 的含义。

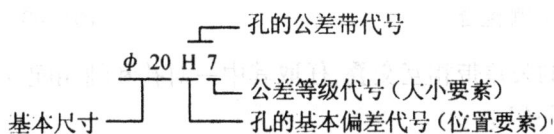

此公差带的全称是：基本尺寸为 φ20,公差等级为 7 级,基本偏差为 H 的孔的公差带。

【例 7-3】   试说明 φ20g7 的含义。

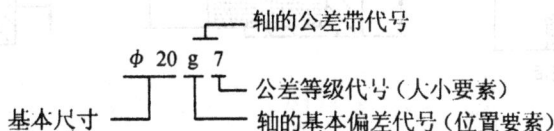

此公差带的全称是：基本尺寸为 φ20,公差等级为 7 级,基本偏差为 g 的轴的公差带。

2. 配合

基本尺寸相同的相互结合的孔和轴(或类似于孔和轴那样有包容面和被包容面的结构)
装配在一起,可以通过改变孔和轴的公差带的大小和相互位置来达到所要求的松紧程度,以满
足各种不同的使用要求。这种相互结合的孔和轴公差带之间的关系称为配合。孔和轴配合

164

时,由于实际尺寸不同,可能产生间隙或过盈,见图7-58。当孔的实际尺寸大于轴的实际尺寸时,就产生间隙,反之,当孔的实际尺寸小于轴的实际尺寸时就产生过盈。

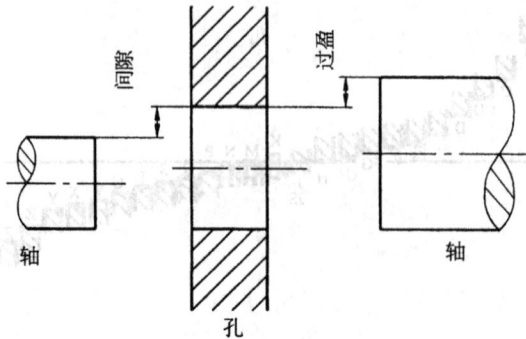

图7-58　间隙与过盈

（1）配合的种类　配合分为间隙配合、过盈配合、过渡配合三类。

间隙配合:孔的公差带完全位于轴的公差带之上,任取其中一对孔和轴都成为具有间隙的配合（包括最小间隙为零）,见图7-59。

过盈配合:孔的公差带完全位于轴的公差带之下,任取其中一对孔和轴都成为具有过盈的配合（包括最小过盈为零）,见图7-60。

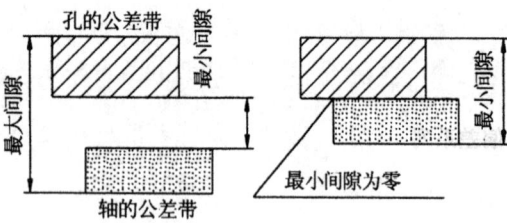

图7-59　间隙配合

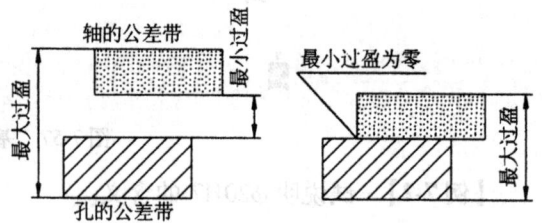

图7-60　过盈配合

过渡配合:孔和轴的公差带相互交叠,任取其中一对孔和轴相配合,可能具有间隙,也可能具有过盈的配合,见图7-61。

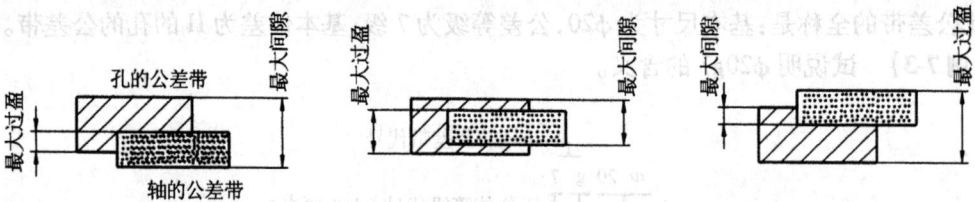

图7-61　过渡配合

（2）配合的基准制　在制造配合的零件时,其中一种零件作为基准件,它的基本偏差一定,通过改变另一种非基准件的基本偏差来获得各种不同性质配合的制度称为基准制。采用基准制可使设计、制造简化,取得较大的技术经济效益。根据生产实际需要,国家标准规定了两种常用基准制。

165

基孔制:是指基本偏差一定的孔的公差带与基本偏差不同的轴的公差带形成各种配合的一种制度,见图7-62。基孔制的孔称为基准孔,其基本偏差代号为H,下偏差为零。

基轴制:是指基本偏差一定的轴的公差带与基本偏差不同的孔的公差带形成各种配合的一种制度,见图7-63。基轴制的轴称为基准轴,其基本偏差代号为h,上偏差为零。

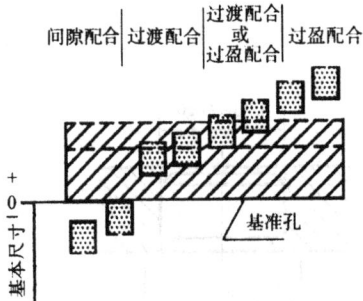

图7-62　基孔制配合　　　　　图7-63　基轴制配合

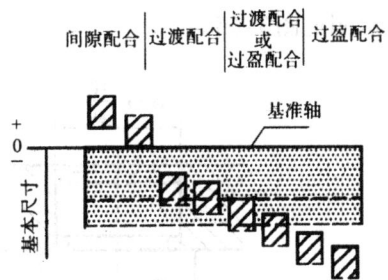

从基本偏差系列图7-57中,不难看出:基轴制(基孔制)中,a~h(A~H)用于间隙配合;j~zc(J~ZC)用于过渡配合和过盈配合。

3. 极限与配合的标注

(1)在零件图上标注尺寸极限的形式　在零件图上标注尺寸极限的形式有三种:

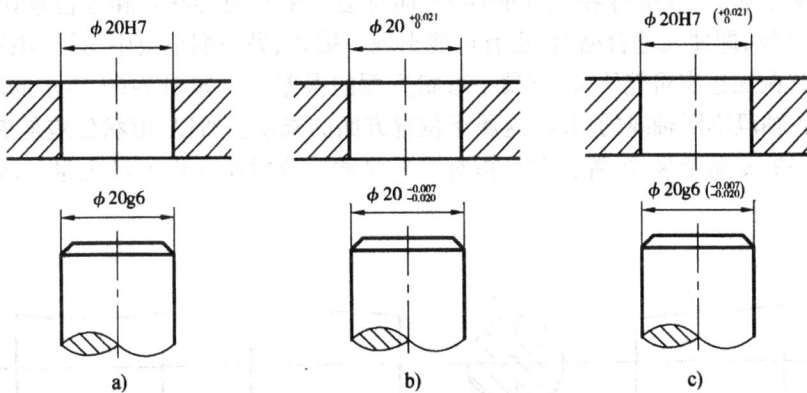

图7-64　零件图上标注尺寸极限的3种形式

1)在基本尺寸右边注出公差带代号,见图7-64a。

2)在基本尺寸右边注出极限偏差,见图7-64b。

3)在基本尺寸右边注出公差带代号和相应的极限偏差。但极限偏差应加上括号,见图7-64c。

当标注极限偏差时,上下偏差的小数点必须对齐,小数点后的位数也必须相同;当上偏差或下偏差为"零"时,用数字"0"标出(不加正、负号),并与上偏差或下偏差的小数点前的个位数对齐,偏差的数字应比基本尺寸数字小一号;当公差带相对于基本尺寸对称配置,即两个偏差绝对值相同时,偏差只需注写一次,并应在偏差与基本尺寸之间注出符合"±",且两者数字高度相同,如25±0.030。

(2)在装配图中标注配合尺寸　在装配图中,标注配合尺寸是在基本尺寸后加注配合代号。配合代号由两个相互结合的孔和轴的公差带的代号组成,用分数形式表示,分子为孔的公差带代号,分母为轴的公差带代号,标注的通用形式如下:

$$基本尺寸\frac{孔的公差带代号}{轴的公差带代号}$$

或　　　　　　　　　基本尺寸　孔的公差带代号／轴的公差带代号

标注示例见图7-65。

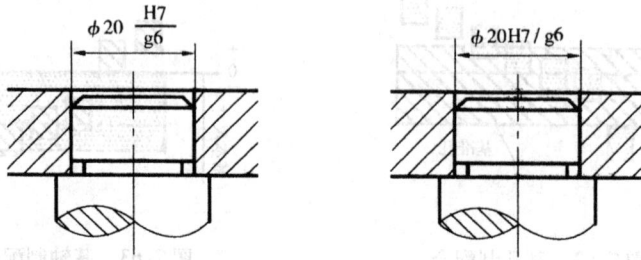

图7-65　在装配图中标注配合的方法

三、形状与位置公差的概念及标注

(一)形状和位置公差的概念

零件经加工后,不仅会存在尺寸的误差,而且会产生几何形状及相互位置误差。如图7-66所示的圆柱体,即使尺寸合格时,也有可能出现一端大、另一端小或中间粗(细)、两端细(或粗)等情况,其截面也有可能不圆,这属于形状方面的误差。再如图7-67所示的阶梯轴,加工后可能出现各轴段不同轴线的情况,这属于位置方面的误差。所以,形状公差是指对实际要素的形状所允许的变动全量,位置公差是指对实际要素的位置所允许变动全量。两者简称形位公差。

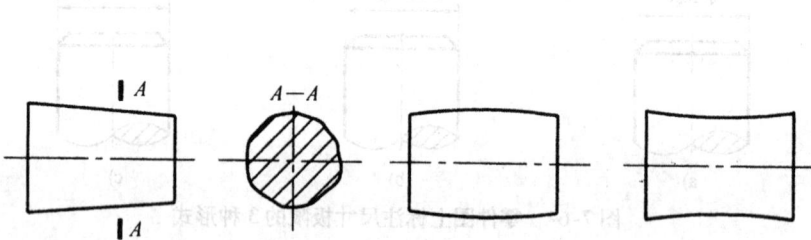

图7-66　形状误差

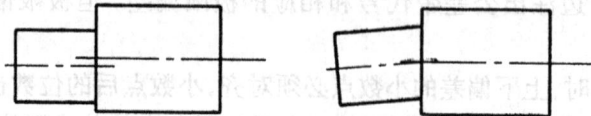

图7-67　位置误差

(二)形位公差特征项目和符号

形位公差特征项目共有14项,其中形状公差4项,形状公差或位置公差2项,位置公差8项,各特征项目符号见表7-10。

表 7-10　特征项目符号

公　差		特征项目	符　号	有或无基准要求
形　状	形　状	直线度	—	无
		平面度	▱	无
		圆　度	○	无
		圆柱度	⌀	无
形状或位置	轮廓	线轮廓度	⌒	有或无
		面轮廓度	⌓	有或无
位　置	定　向	平行度	∥	有
		垂直度	⊥	有
		倾斜度	∠	有
	定　位	位置度	⌖	有或无
		同轴(同心)度	◎	有
		对称度	≡	有
	跳　动	圆跳动	↗	有
		全跳动	⌰	有

(三)形位公差特征项目代号及标注

国家标准明确规定,在技术图样中,形位公差一般应采用代号标注,当无法采用代号标注时,允许在技术要求中用文字说明。现简单介绍形位公差代号的组成、画法及标注方法。

1. 代号的组成

形位公差特征项目代号见图7-68,它由如下内容组成:

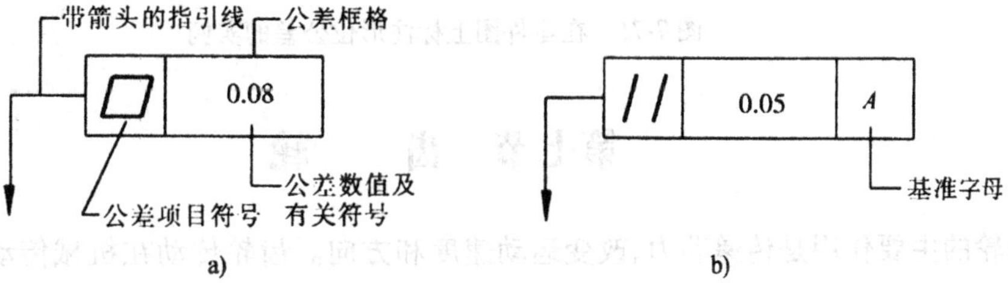

图7-68　形位公差代号
a) 形状公差代号　b) 位置公差代号

①带箭头的指引线;②公差框格;③形位公差特征项目符号、公差数值和有关符号;④如需要,用一个或多个字母表示基准要素或基准体系。

2. 代号的画法

公差框格应用细实线水平或垂直绘制,并根据需要分为两格或多格,填写内容及顺序见图 7-68,框格中的数字和字母的高度应与图样中尺寸数字的高度一致,指引线用细实线绘制。框格长度可按需要确定,见图 7-69。

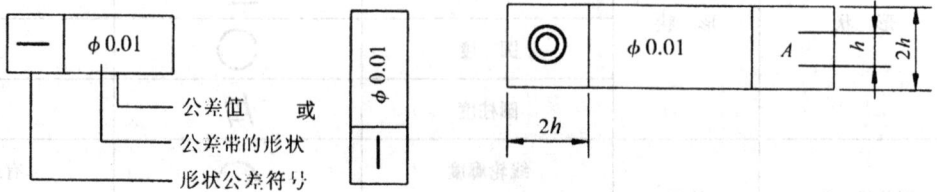

图 7-69　框格的画法

3. 形位公差的标注

基准要素的标注:当公差项目有方向或位置要求时,应标注相对于被测要素的基准符号,并在框格中示意出被测要素与基准要素之间的关系,基准符号由带小圆的大写拉丁字母与粗的短横线相连所组成,见图 7-70(圆圈直径和框格高度相等并用细实线画,拉丁字母一律水平书写)。

图 7-70　基准符号的画法

在零件图上标注形位公差的实例见图 7-71。

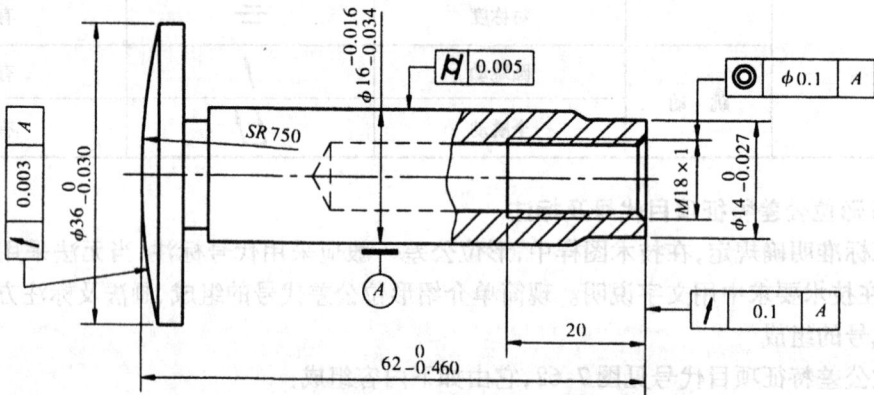

图 7-71　在零件图上标注形位公差的实例

第七节　齿　轮

齿轮的主要作用是传递动力,改变运动速度和方向。齿轮传动在机械传动中应用范围极其广泛,其常见的传动形式有:

(1)圆柱齿轮传动　用于两平行轴之间的传动,如图 7-72a 。

(2)圆锥齿轮传动　用于两垂直轴之间的传动,如图 7-72b。

(3)蜗杆、蜗轮传动　用于两交叉轴之间的传动,如图 7-72c。

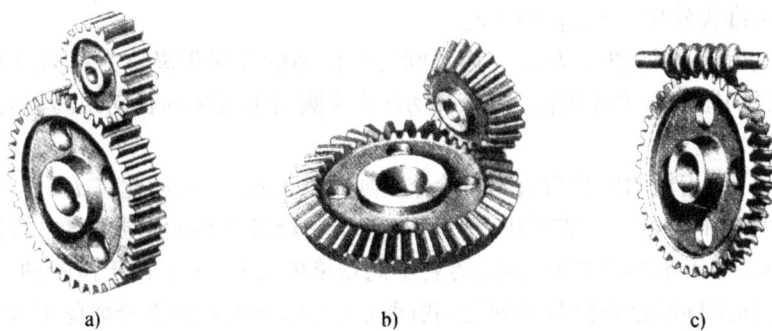

图 7-72　常见的齿轮传动形式

一、直齿圆柱齿轮

齿轮的齿廓形状有渐开线、摆线和圆弧几种，轮齿的方向又有直齿、斜齿和人字齿等。这里主要介绍渐开线直齿圆柱齿轮的各部分名称、代号和规定画法。

直齿圆柱齿轮简称直齿轮，图 7-73 所示为相互啮合的两个齿轮的一部分。从图中可以看出圆柱齿轮各部分的几何要素。

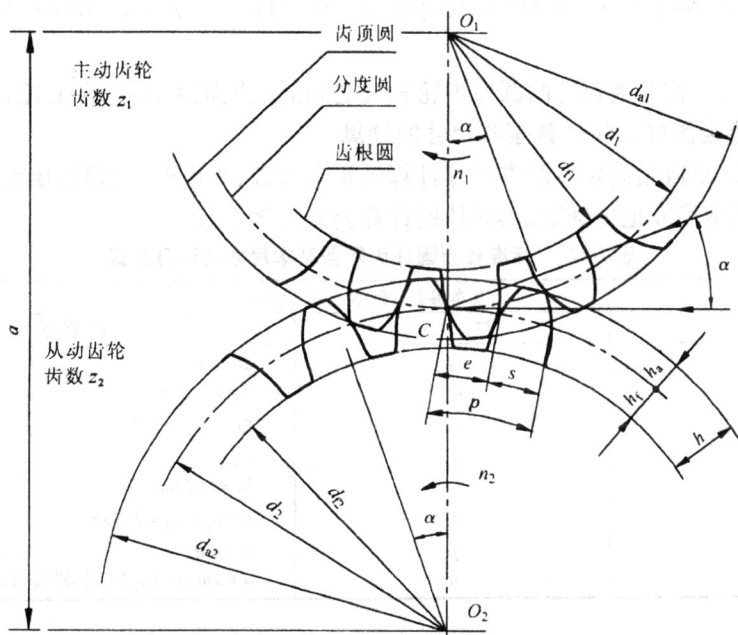

图 7-73　圆柱齿轮各部分的几何要素

（一）名称和代号

（1）节圆直径 d' 和分度圆直径 d　O_1、O_2 分别为两啮合齿轮的中心，两齿轮的轮齿啮合线与连心线 O_1O_2 的交点 C，即为节点。分别以 O_1、O_2 为圆心，O_1C、O_2C 为半径作圆，这两个圆称为齿轮的节圆，直径用 d' 表示。对单个齿轮来讲，加工齿轮时，作为齿轮轮齿分度的圆称为齿轮的分度圆，其直径用 d 表示。在标准齿轮中，$d' = d$。

（2）齿距 p、齿厚 s、槽宽 e　在节圆或分度圆上，两个相邻的齿，同侧齿面间的弧长称为齿距，用 p 表示；一个轮齿齿廓间的弧长称为齿厚，用 s 表示；一个齿槽齿廓间的弧长称为槽宽，用 e 表示。在标准齿轮中,$s=e,p=s+e$。

(3)齿高 h、齿顶高 h_a、齿根高 h_f 齿顶圆与齿根圆的径向距离称为齿高,用 h 表示;齿顶圆与分度圆的径向距离称为齿顶高,用 h_a 表示;分度圆与齿根圆的径向距离称为齿根高,用 h_f 表示, $h=h_a+h_f$。

(4)模数 m 设齿轮的齿数为 z,则齿轮分度圆周长为 $pz=\pi d$,因此有 $d=(p/\pi)z$。令 $m=p/\pi$,该值即为齿轮的模数。不难看出,模数 m 是反映轮齿大小的重要参数,模数大,轮齿大;模数小,轮齿小。加工不同模数的齿轮,需要不同规格的刀具,为了便于齿轮的设计和加工,减少刀具的数量,国家标准已将模数系列化,我国规定的标准模数的部分数值见表7-11。

表7-11 渐开线圆柱齿轮标准模数 m(GB 1357—1987)

第一系列	1, 1.25, 1.5, 2, 2.5, 3, 3.5, 4, 5, 6, 8, 10, 12, 16, 20, 25, 32
第二系列	1.75, 2.25, 2.75, (3.25), 3.5, (3.75), 4.5, 5.5, (6.5), 7, 9, (11), 14, 18, 22, 28

注:在选用模数时,应优先选用第一系列,其次选用第二系列,括号内的模数尽可能不用。

(5)压力角 α 在节点 C 处,两齿廓曲线的公法线(即齿廓的受力方向)与两节圆的公切线(即节点 C 处的瞬时运动方向)所夹的锐角,称为压力角,用 α 表示,我国采用的压力角一般为 $20°$。

(6)中心距 a 相互啮合的两圆柱齿轮轴线之间的最短距离,称为中心距,用 a 表示。

(二)标准直齿圆柱齿轮的各基本尺寸的计算

齿轮的齿数、模数是齿轮各基本尺寸计算的基本参数,当齿轮的齿数、模数和压力角一定,齿轮各部分的基本尺寸也可确定,其具体的计算公式见表7-12。

表7-12 标准直齿圆柱齿轮各基本尺寸的计算公式　　　　　(单位:mm)

基本参数:模数 m、齿数 z

名　称	符　号	计算公式
分度圆直径	d	$d=mz$
齿顶圆直径	d_a	$d_a=m(z+2)$
齿根圆直径	d_f	$d_f=m(z-2.5)$
齿顶高	h_a	$h_a=m$
齿根高	h_f	$h_f=1.25m$
齿高	h	$h=h_a+h_f=2.25m$
齿距	p	$p=m\pi$
中心距	a	$a=1m(z_1+z_2)/2$ 标准安装时

(三)圆柱齿轮的规定画法

1. 单个圆柱齿轮的画法

表示齿轮一般用两个视图,见图7-74a,或者用一个主视图和一个局部视图,见图7-74b,具体画法见图7-74a、b。规定画法:

1)齿顶圆和齿顶线用粗实线绘制。

2)分度圆和分度线用细点画线绘制。

3)齿根圆和齿根线用细实线绘制,也可省略不画。在剖视图中,齿根线应用粗实线绘制。

4)在剖视图中,当剖切平面通过齿轮的轴线时,轮齿一律按不剖绘制。

5)若为斜齿或人字齿轮,则在其投影为非圆的视图上,用三条相互平行的与齿线方向一

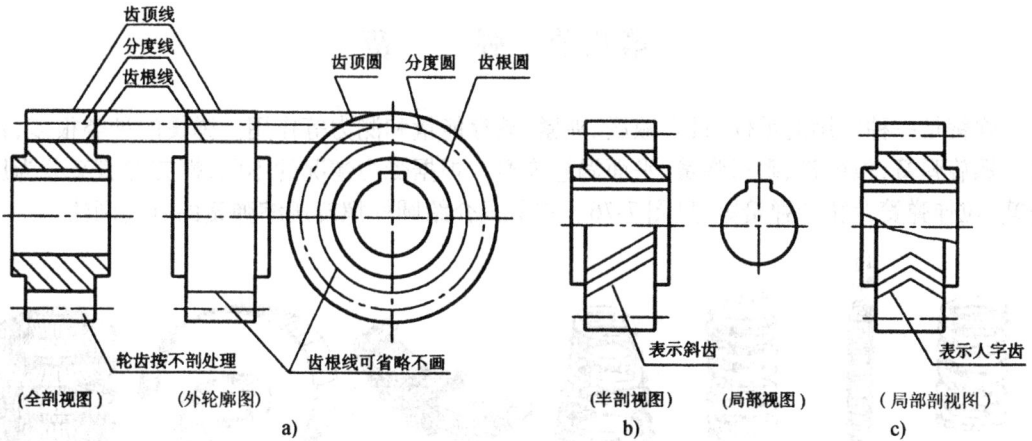

图 7-74　单个圆柱齿轮的画法

a）直齿　b）斜齿　c）人字齿

致的细实线表示（直齿不需表示），见图 7-74b、c。

齿轮轮齿以外的轮廓、轮辐和轮缘等部分的结构仍应按真实投影画出。

2. 齿轮的零件图

图 7-75 为直齿圆柱齿轮的零件图。图中轮齿部分的尺寸只注出齿顶圆、分度圆的直径和齿宽,而齿轮的模数、齿数和齿形角等参数在图样右上角的参数表中列出（参数表中列出的参数项目可根据需要增减,检验项目按功能要求而定）。齿轮其他结构的尺寸仍按一般方法标注。齿面的表面粗糙度代号注写在分度线上。

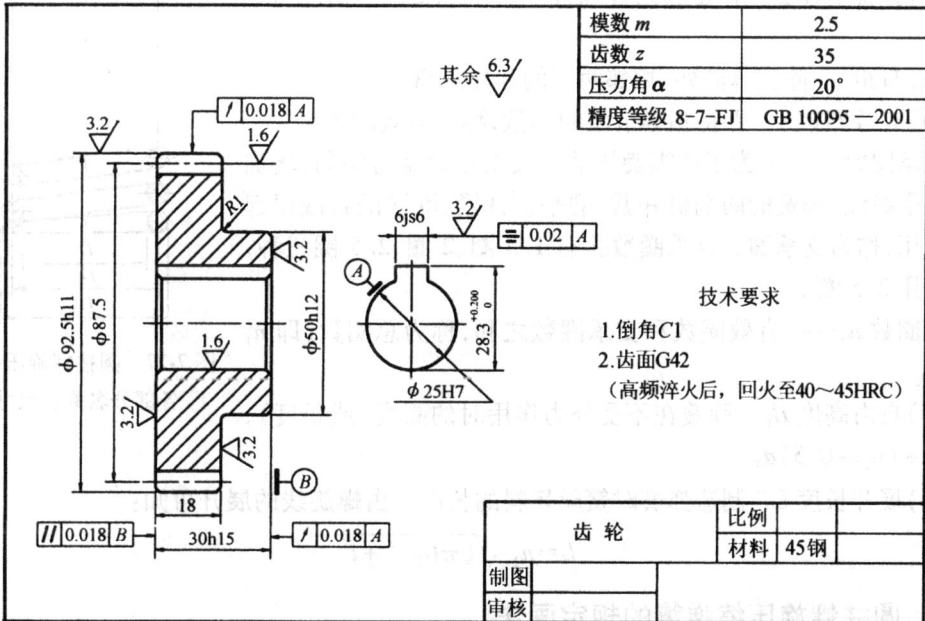

图 7-75　直齿圆柱齿轮零件图

第八节 弹 簧

弹簧是一种常用的零件,具有减震、夹紧、储存能量和测力等作用。弹簧的种类很多,常见的有螺旋弹簧、板弹簧、碟形弹簧、平面涡卷弹簧。根据受力情况的不同,螺旋弹簧又分为压缩弹簧、拉伸弹簧及扭转弹簧等,见图7-76。本节只介绍圆柱螺旋压缩弹簧的有关画法。

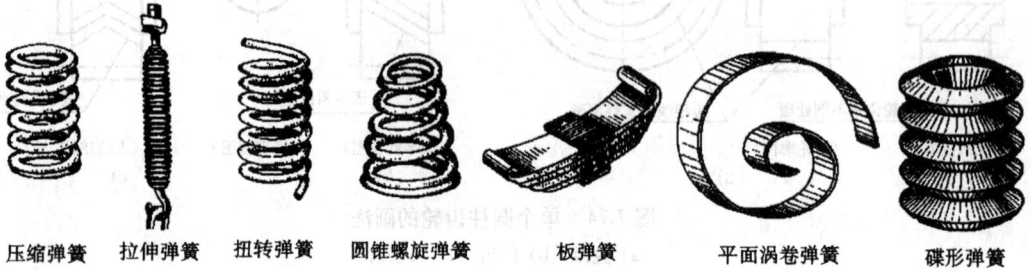

压缩弹簧　拉伸弹簧　扭转弹簧　圆锥螺旋弹簧　　板弹簧　　平面涡卷弹簧　碟形弹簧

图 7-76　常用的弹簧

一、圆柱螺旋压缩弹簧各部分的名称及尺寸关系

弹簧各部分的名称及尺寸关系见图7-77。

(1)线径 d　弹簧钢丝的直径。

(2)弹簧外径 D_2　弹簧的最大直径。

(3)弹簧内径 D_1　弹簧的最小直径,$D_1 = D_2 - 2d$。

(4)弹簧中径 D　弹簧的内径和外径的平均值,$D = D_1 + d = D_2 - d$。

(5)节距 t　除支承圈外,相邻两圈的轴向距离。

(6)有效圈数 n　保持相等节距的圈数,称为有效圈数。

支承圈数 n_2——为了使螺旋压缩弹簧工作时受力均匀,增加弹簧的平稳性,弹簧的两端要并紧、磨平。并紧、磨平的各圈仅起支撑作用,称为支承圈。支承圈数分有1.5圈、2圈、2.5圈三种,一般多用2.5圈。

总圈数 n_1——有效圈数和支承圈数之和,称为总圈数,即 $n_1 = n + n_2$。

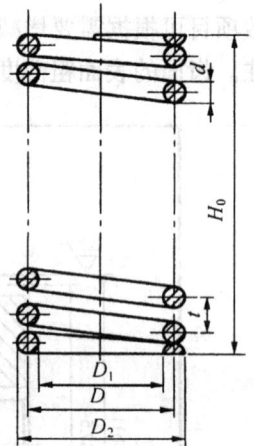

图 7-77　圆柱螺旋压缩弹簧
各部分名称及尺寸关系

(7)自由高度 H_0　弹簧在不受外力作用时的高度(或长度),$H_0 = nt + (n_2 - 0.5)d$。

(8)展开长度 L　制造弹簧时簧丝坯料的长度。由螺旋线的展开可知:

$$L \approx n_1 \sqrt{(\pi D_2)^2 + t^2}$$

二、圆柱螺旋压缩弹簧的规定画法

圆柱螺旋压缩弹簧的画法有三种:视图、剖视图和示意画法,如图7-78。

具体的规定及其他要求如下所述:

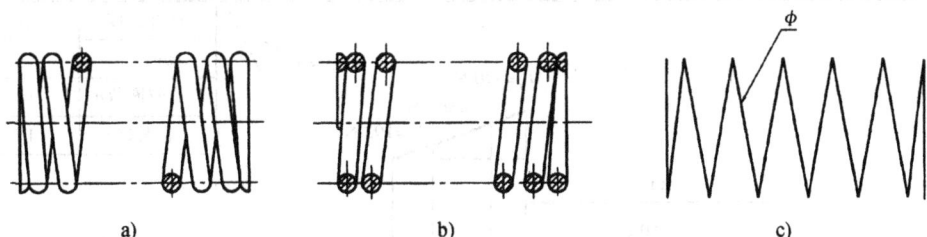

图 7-78　圆柱螺旋压缩弹簧视图的三种表示法

a)视图　b)剖视图　c)示意画法

1)弹簧在平行于轴线的投影面上的视图,其各圈的轮廓应画成直线。

2)当有效圈数较多时,允许两端只画两圈,中间部分可省略不画,长度也可适当缩短。

3)螺旋弹簧不论左旋还是右旋,在图样上均按右旋画出,旋向要求注写在技术要求里。

4)两端并紧且磨平的压缩弹簧,不论其支承圈的圈数多少及端部并紧情况如何,都可按支承圈数为 2.5、磨平圈数为 1.5 画出,见图 7-79。

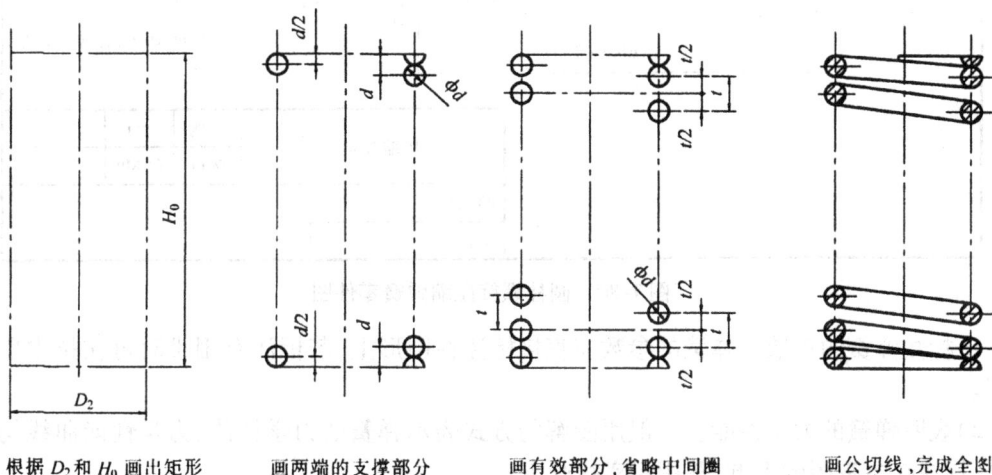

根据 D_2 和 H_0 画出矩形　　画两端的支撑部分　　画有效部分,省略中间圈　　画公切线,完成全图

图 7-79　圆柱螺旋压缩弹簧的画图步骤

三、圆柱螺旋压缩弹簧的画图步骤

下面举例说明圆柱螺旋压缩弹簧剖视图的画图步骤:

已知圆柱螺旋压缩弹簧的线径 $d=6$ mm,弹簧外径 $D_2=48$ mm,节距 $t=10$ mm,有效圈数 $n=9$,支承圈数 $n_2=2.5$,右旋。

解　先计算,后画图。

弹簧中径 $D=D_2-d=42$ mm

自由高度 $H_0=nt+(n_2-0.5)d=102$ mm

画图步骤如图 7-79 所示。

图 7-80 所示为圆柱螺旋压缩弹簧的零件图。弹簧零件图上除了要画出必要的视图外,一般还应包括如下内容:

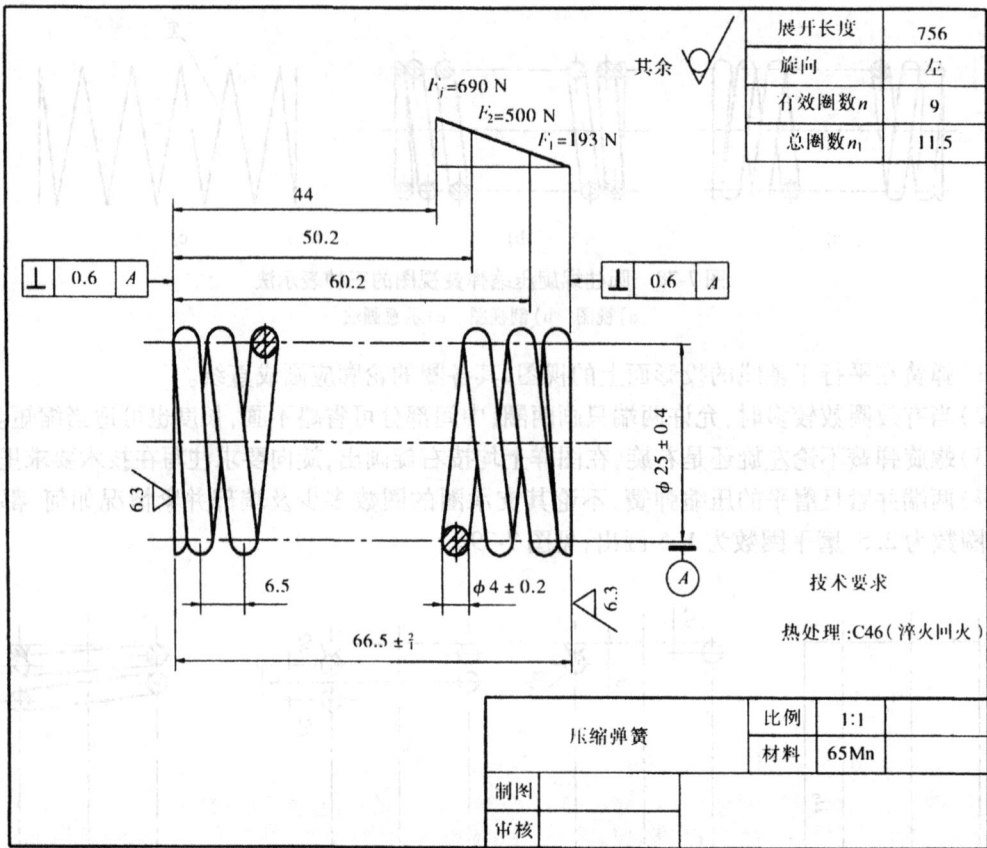

图 7-80　圆柱螺旋压缩弹簧零件图

1）标注弹簧的参数。弹簧的参数应直接标注在图形上,若标注有困难时可在技术要求中说明。

2）表明弹簧的力学性能。一般用图解的方式表示弹簧的力学性能,力学性能曲线均画成直线,标注在主视图的上方,并用粗实线画出。

3）当某些弹簧只需给定刚度要求时,允许不画力学性能图,而在技术要求中说明刚度要求。

第九节　读零件图

读零件图是指在拿到一张零件图后,对图中所表达的零件的结构形状、尺寸大小、技术要求等内容进行概括了解、具体分析和全面综合,从而理解设计意图,拟定合理的加工方案或进一步研究零件设计的合理性,以得到不断地改进和创新的过程。

一、读零件图的要求

通过对零件图的阅读,应达到如下要求:

1）了解零件的名称、材料和用途。

2）了解组成零件的各部分结构形状、特点、功用、相对位置关系及其大小。

3）了解零件的加工工艺及技术要求。

二、读零件图的方法和步骤

1. 概括了解

首先通过看标题栏,了解零件的名称、材料、比例等,并浏览全图,对所看的零件建立一个初步认识。例如属于哪一类零件、零件的外观轮廓大小、用什么材料制造、零件的大概用途等。并通过对一些相关技术资料(如装配图)的查阅和有关知识的积累,可以大致掌握零件的作用及构形特点,并进一步了解零件用途以及与其他零件的关系。

2. 表达方案分析

根据零件图中的视图布局,确定出主视图,然后围绕主视图,分析其他视图的配置情况及表达方法,特别是要弄清各种视图、剖视图、断面图的来历,包括剖切方法、剖切位置、剖切目的及彼此间的投影关系。

3. 构形及形体分析

首先根据零件的构形,用形体分析法将零件按功能分解为几个较大部分,如工作部分、连接部分、安装部分、加强和支承部分等。找出零件的每一部分结构各通过哪些视图表达,明确每一结构在各视图中的轮廓投影范围以及各部分之间的相对位置。在此基础上,仔细分析每一结构的局部细小结构和形状。在形体分析过程中,要注意机件表达方法中的一些规定画法和简化画法,以及一些具有特征内含的尺寸(如 ϕ、M、$S\phi$、SR 等)。最后,想像出零件的完整结构形状。

4. 尺寸分析

根据零件的类别及整体构形,分析长、宽、高各方向的尺寸标注基准,弄清哪些是主要基准和主要尺寸,根据尺寸标注的形式,找出各简单形体的定形尺寸和定位尺寸。

5. 技术要求分析

根据图上标注的表面粗糙度、尺寸公差、形位公差及其他技术要求,明确主要加工面及重要尺寸,以便制定合理的加工工艺方法。

6. 综合归纳

综合上面的分析,在对零件的结构形状特点、功能作用等有了全面了解之后,才能对设计者的意图有较深入的理解,从而达到读懂零件图的目的。应当指出,在读图过程中,上述各步骤常常是穿插进行的。

在读懂零件图的基础上,还可以对零件的结构设计、视图表达方案、图样画法等内容进行进一步的分析,看是否有表达不正确或可以改进的地方,并提出修改的方案。

三、读图举例

下面以一个壳体零件图的读图过程为例,说明读图的具体过程。

【例7-4】 读懂图 7-81 所示的壳体零件图。

过程如下:

1. 概括了解

从标题栏中得知该零件为壳体,材料为 HT200,属箱体类铸造零件,材料为灰铸铁,比例为1:1。该零件的轮廓大小为 101mm × 92mm × 80mm,从图形中可以看出该零件具有一般箱体类零件所具有的容纳作用,其用途应从其他有关资料中了解。

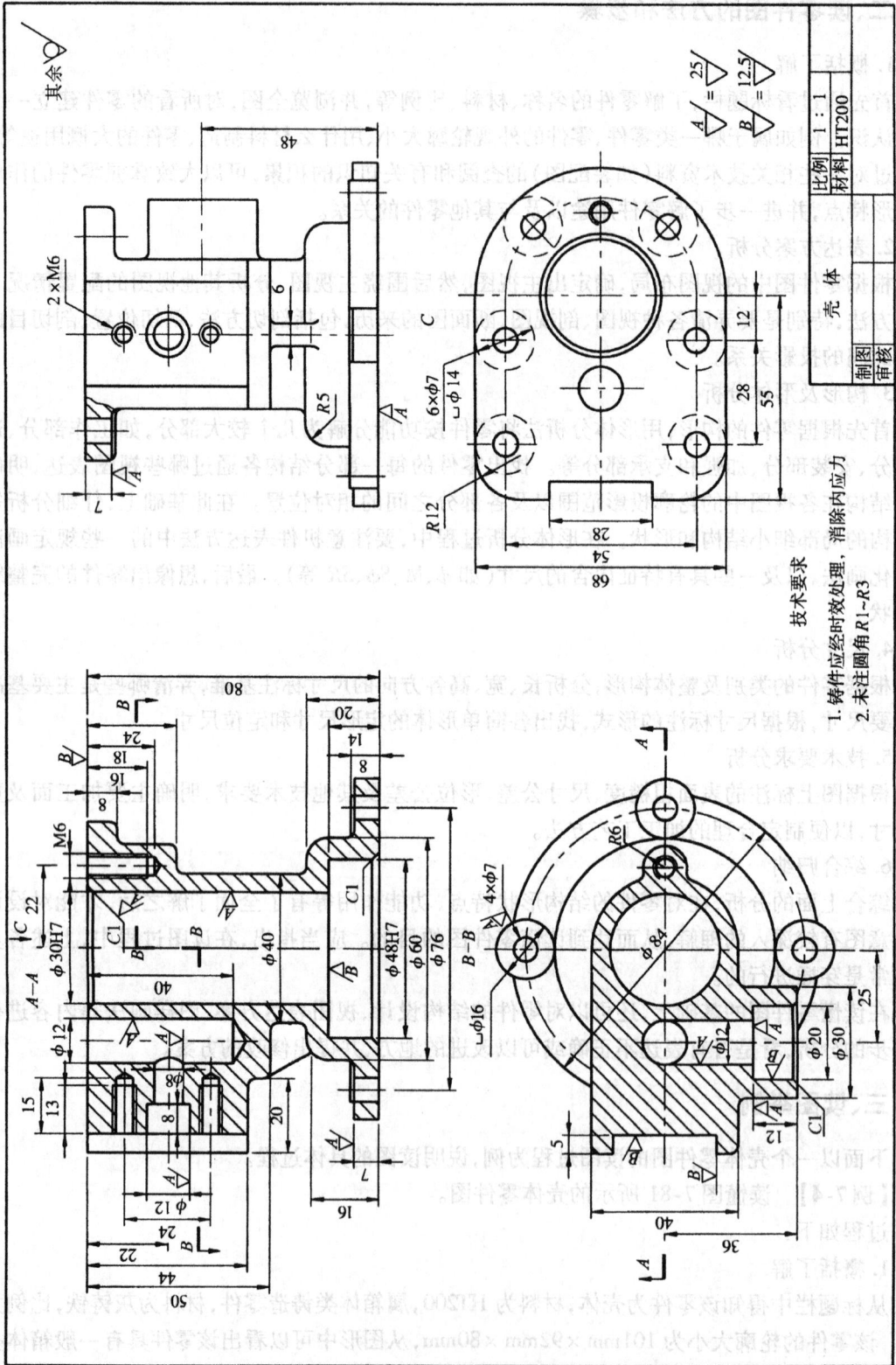

技术要求
1. 铸件应经时效处理，消除内应力
2. 未注圆角 R1~R3

图 7-81　壳体零件图

| 比例 | 1:1 |
| 材料 | HT200 |

壳 体

制图
审核

2. 分析表达方案

该壳体采用主视、俯视、左视三个基本视图和一个局部视图来表达内外形结构。

主视图采用 *A—A* 全剖视,主要表达内部结构形状;俯视图采用阶梯剖切的 *B—B* 全剖视图,同时表达内部形状和底板的形状,看图时应注意 *B—B* 剖切的准确位置;左视图主要表达外形,其上有一处用局部剖表达顶面的通孔;*C* 向局部视图,主要表达顶面形状及连接孔的位置和数量。

3. 构形分析及形体分析

从主、俯视图中看出,该壳体零件的工作部分为内腔,其中包括主体内腔(ϕ30H7 和 ϕ48H7 构成的直立阶梯孔)和其余内腔(主体内腔左侧的三垂直通孔)等。依据由内部结构定外部形状的构形原则,可看出该壳体零件的基本外形。从主、左视图及 *C* 向图可看出顶面连接部分;从主、左及俯视图可看出左侧连接部分。

从俯、左视图中看出前面连接部分。壳体的安装部分为下部的安装底板,主要在主、俯视图中表达。另外,从主、左视图中看出,该零件有一加强肋。

工作部分的形体不复杂,其难点在于看懂左边三个孔的位置关系,从主、俯视图中看出顶面孔 ϕ12 深 40,左侧阶梯孔 ϕ12、ϕ8 和前面凸缘上的 ϕ20、ϕ12 阶梯孔 3 个孔相通并相互垂直。连接部分共三处,顶面连接板厚度 8,形状见 *C* 向视图,其上有下端面锪平的 6 × ϕ7 孔和 M6 深 16 螺孔,由主视图及 *C* 向图可知这些孔的相对位置。侧面连接为凹槽,槽内有 2 × M6 螺孔。前面连接是靠 ϕ20 孔,其外部结构为 ϕ30 的圆柱形凸缘。

安装底板为圆盘形,其上有锪平 4 × ϕ16 的安装孔 4 × ϕ7,要注意锪平面在左视图中的投影。另外,主视图中还有反映加强肋断面形状的重合断面图,左视图中肋板的过渡线画法也值得注意。

至此,可想像出壳体零件的完整结构形状,图 7-82 为该零件的轴测图。

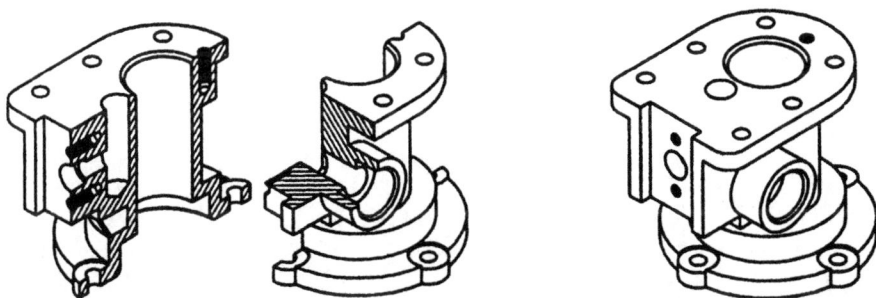

图 7-82   壳体轴测图

4. 分析尺寸及技术要求

长度方向尺寸标注的主要基准是通过主体内腔轴线的侧平面,宽度方向尺寸标注的主要基准是通过主体内腔轴线的正平面,高度方向尺寸标注的基准是壳体的下底面。从这 3 个主要基准出发,结合零件的功用,可进一步分析主要尺寸和各组成部分的定形、定位尺寸,从而完全确定该壳体的各部分尺寸大小。

从表面粗糙度标注看出,除主体内腔孔 ϕ30H7 和 ϕ48H7 的 R_a 值为 6. 3 μm 以外,其他加工面大部分的 R_a 值为 25 μm,少数是 12. 5 μm,其余为铸造表面。说明该零件对表面粗糙度要求不高。

全图只有两个尺寸具有公差要求,即 $\phi30H7$ 和 $\phi48H7$,也正是工作内腔,说明它是该零件的核心部分。

壳体材料为铸铁,为保证壳体加工后不致变形而影响工作,因此铸件应经时效处理,零件上的未注铸造圆角为 R3～R5。

思 考 题

1. 零件图的内容与作用是什么?
2. 各类零件在视图表达上的特点是什么?
3. 零件图主视图的选择原则是什么?
4. 零件图的尺寸标注应满足哪几方面的要求?
5. 极限与配合在装配图与零件图中如何标注?
6. 在零件图中如何标注表面粗糙度?

图7-22 壳体轴测图

第八章　装　配　图

装配图是表达机器或部件的图样,是进行设计、装配、检验、安装、调试和维修的重要技术文件。在设计(或测绘)机器时,首先要绘制装配图,然后再拆画零件图。装配图要反映设计意图,表达机器或部件的工作原理、性能要求、零件间的装配关系和零件的主要结构形状及必要的技术数据。

本章将介绍装配图的内容、特殊表达方法、装配结构、部件测绘、装配图画法、读装配图和拆画零件图等内容。

第一节　装配图的内容

图 8-1 所示装配图为安装在流体管道中的球阀。其具体内容如下:

(1)一组图形　表明各组成零件的相对位置和装配关系,表明部件或机器的性能和工作原理,表明各零件的主要结构等。

(2)一组必要的尺寸　表示部件或机器的规格(性能)尺寸、零件间的装配尺寸、部件或机器的安装尺寸及外形尺寸等。

(3)技术要求　说明部件或机器在装配、安装、检验、维修及使用、维修方面的要求。

(4)零件的序号、明细栏和标题栏　编写零件的序号,并将序号、名称、件数和材料等内容填写在明细栏和标题栏中。

第二节　机器或部件的表达方法

装配图以表达机器或部件的工作原理和各零件间的装配关系(包括连接关系)为主。因此,除了前面所学过的一般表达方法外,还需要一些表达机器或部件的规定画法和特殊画法。

一、规定画法

1)两个零件的接触表面或配合表面用一条线表示。不接触的两零件表面,即使间隙很小,也要画出两条线。

2)在剖视图中,为了区分不同零件,相邻两零件的剖面线必须方向相反、相错或不同间隔;对薄片零件可涂黑,如图 8-1b 中件 7。

3)对实心杆件(如轴、拉杆等)和标准件(如螺母、螺栓、垫圈、键、销等),若剖切平面通过轴线剖切时,只画出外形,如图 8-1b 中件 1、件 2。

二、特殊画法

1. 拆卸画法

为了表达被遮挡的装配关系或其他零件,可假想拆去一个或几个零件,只画出所要表达部分的视图,这种方法称为拆卸画法。如图 8-1 球阀装配图中的俯视图,是拆去两边的法兰 6 后画出的,剖视图上注明拆去零件的序号。

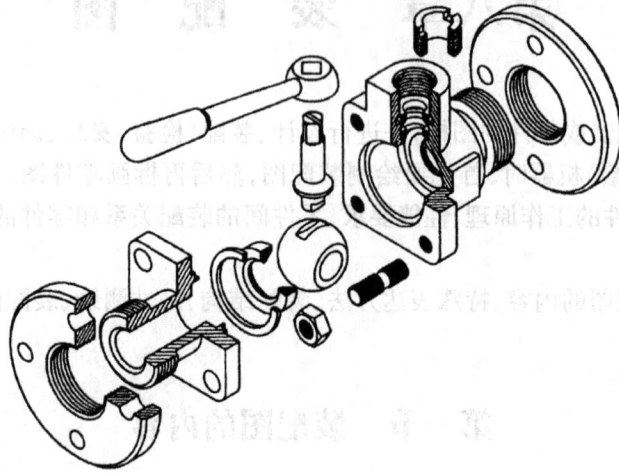

a)

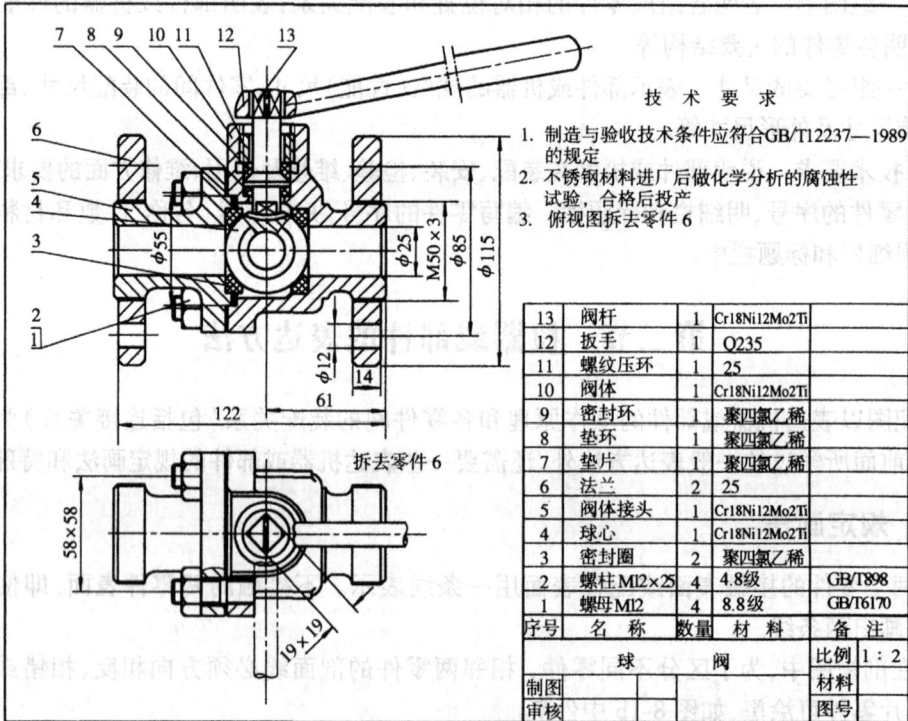

技 术 要 求

1. 制造与验收技术条件应符合GB/T12237—1989 的规定
2. 不锈钢材料进厂后做化学分析的腐蚀性 试验,合格后投产
3. 俯视图拆去零件 6

序号	名 称	数量	材 料	备 注
13	阀杆	1	Cr18Ni12Mo2Ti	
12	扳手	1	Q235	
11	螺纹压环	1	25	
10	阀体	1	Cr18Ni12Mo2Ti	
9	密封环	1	聚四氯乙稀	
8	垫环	1	聚四氯乙稀	
7	垫片	1	聚四氯乙稀	
6	法兰	2	25	
5	阀体接头	1	Cr18Ni12Mo2Ti	
4	球心	1	Cr18Ni12Mo2Ti	
3	密封圈	2	聚四氯乙稀	
2	螺柱 M12×25	4	4.8级	GB/T898
1	螺母 M12	4	8.8级	GB/T6170
序号	名 称	数量	材 料	备 注

球 阀	比例 1:2
	材料
制图	图号
审核	

b)

图 8-1 球阀

a)球阀的分解图 b)装配图

2. 沿结合面剖切画法

为了表达内部结构,可采用沿结合面剖切画法。零件的结合面不画剖面线,被剖切的零件

一般都应画出剖面线。如图 8-2 所示转子油泵装配图中的右视图就是采用沿泵盖 6 与泵体 1 的接触面剖切的剖视图,被剖切的螺栓以及泵轴 4,按规定画出剖面线,不加标记。

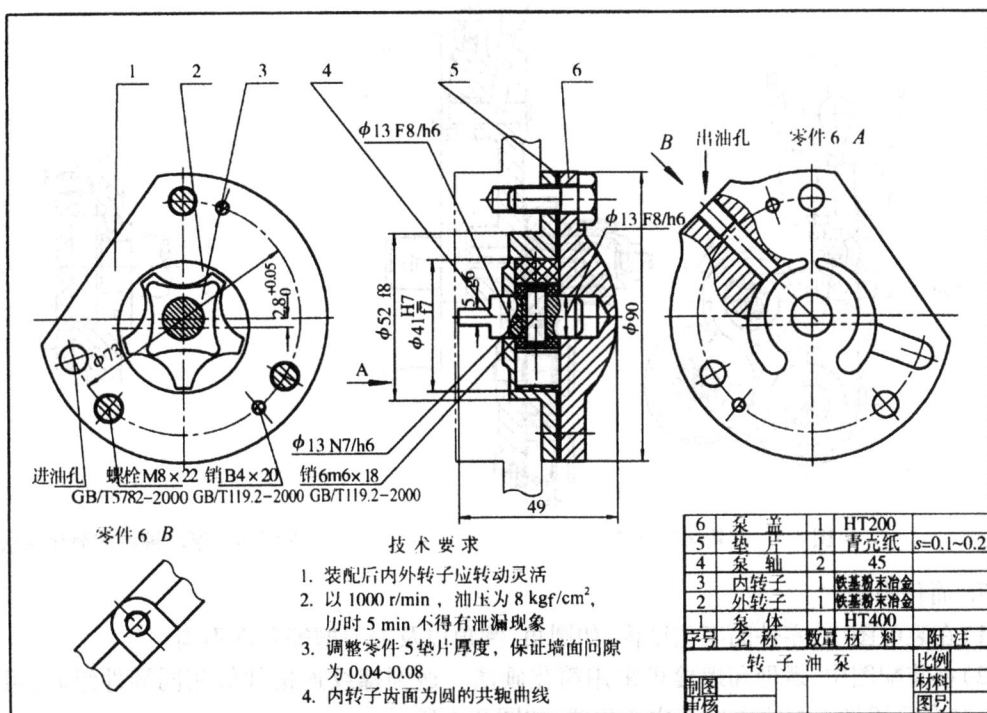

图 8-2 转子油泵装配图

3. 单独表达某个零件

为了表达主要零件的结构,可单独画出该零件的某一视图。如图 8-2 转子油泵装配图中单独画出了泵盖 6 的 A 向视图。

4. 夸大画法

遇到薄片零件、细丝弹簧、微小间隙时,无法按实际尺寸画出,或虽能如实画出,但不能明显地表达其结构(如圆锥销、锥销孔的锥度甚小时),均可采取夸大画法即把垫圈片厚度、簧丝直径、微小间隙以及锥度等适当夸大画出,如图 8-2 中垫片 5 的画法。

5. 假想画法

在装配图中,可用细双点画线画出某些零件的外形:

1)机器或部件中某些运动零件的极限位置或中间位置,可用细双点画线画出其轮廓,如图 8-1 和图 8-3 中所示。

2)与本部件有装配关系但又不属于本部件的其他相邻零、部件时,可采用假想画法,用细双点画线绘出有关零件的投影轮廓,如图 8-2 所示。

6. 展开画法

用于表达某些重叠装配关系。如多级传动变速箱,为了表示齿轮的传动顺序和装配关系,可假想将空间轴系按其传动顺序展开在一个平面上,画成剖视图,这种画法称为展开画法。如图 8-3 所示的挂轮架装配图就是采用展开画法画出的。

A-A展开

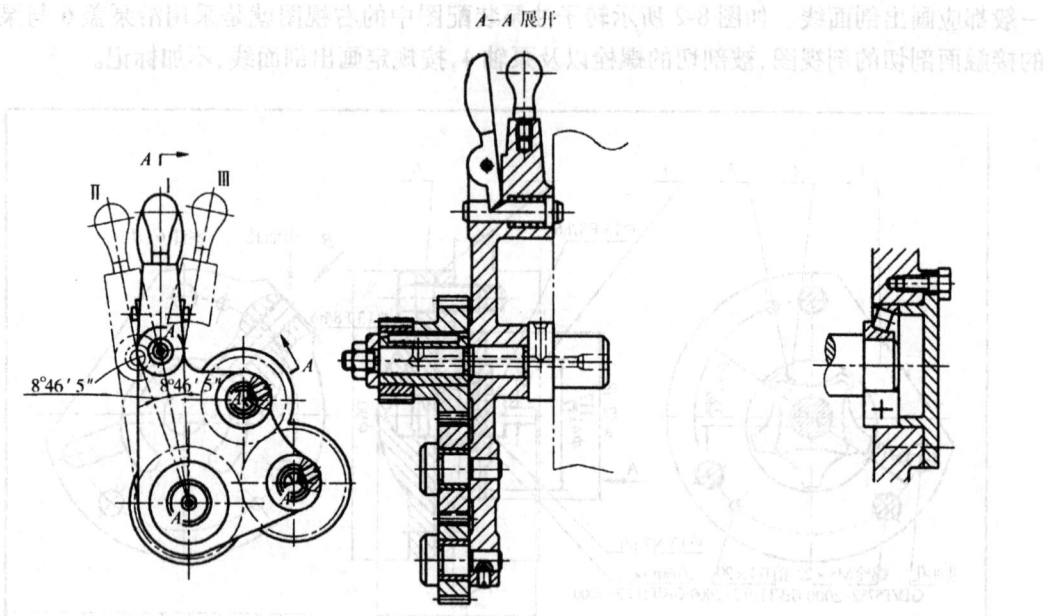

图8-3 挂轮架装配图

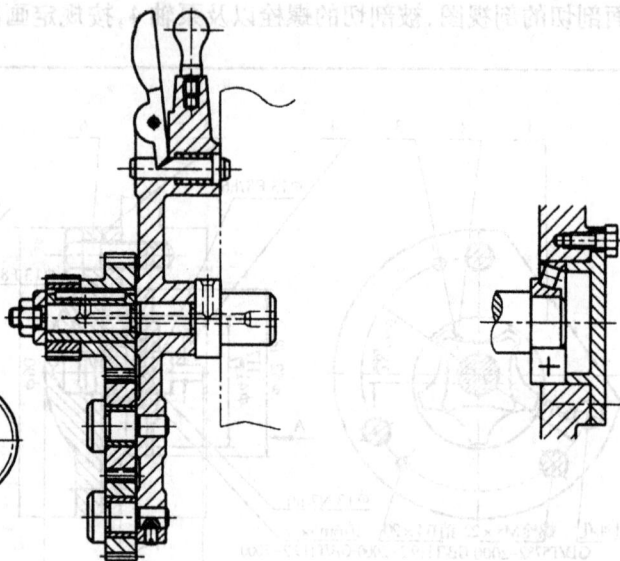

图8-4 滚动轴承的简化画法

7. 简化画法

1）在装配图中，零件的工艺结构，如圆角、倒角以及退刀槽等允许不画。

2）在装配图中，螺母和螺栓可采用简化画法。遇到螺纹连接件等相同零件组时，可只画一处，其余只用细点画线画出其中心位置，如图8-4所示。

3）在剖视图中，表示滚动轴承时，允许画出对称图形的一半，另一半只画出轮廓，并用粗实线画出滚子的示意图，如图8-4所示。

第三节　装　配　结　构

在设计和绘制装配图的过程中，应重视装配结构的合理性，以保证机器或部件的性能，方便零件的加工和装拆。确定合理的装配结构主要考虑以下几点：

一、装配结构的合理性

1. 单向接触一次性

两零件在同一方向的接触面只能有一个，否则难以满足装配要求，如图8-5所示。

2. 孔边倒角或轴肩切槽

为了保证零件间相邻两接触面良好接触，两相邻接触面的相交处不能接触，可将孔边加工出适当倒角（或圆角）；或将轴肩处加工出槽，如图8-5、图8-6所示。

3. 注意制造与装拆方便。

如图8-7～8-12所示。

二、其他装配结构

1. 防松装置

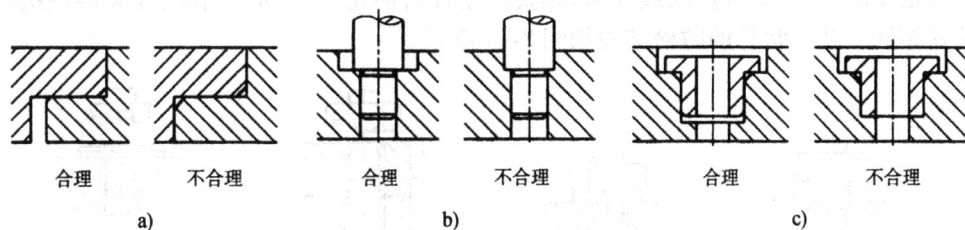

合理　　　　不合理　　　　合理　　　　不合理　　　　合理　　　　不合理

a)　　　　　　　　　　　b)　　　　　　　　　　　c)

图 8-5　接触面画法

a)长度方向　　b)半径方向　　c)轴线方向

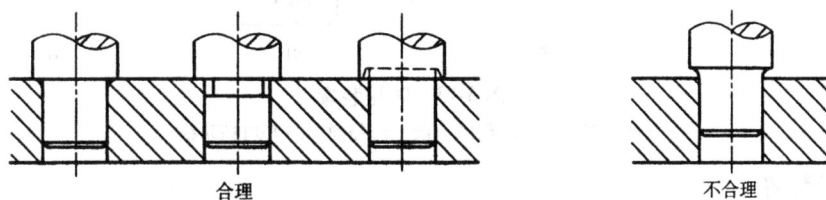

合理　　　　　　　　　　　　　　　不合理

图 8-6　倒角与切槽

不合理　　　　合理

图 8-7　轴上安装滚动轴承

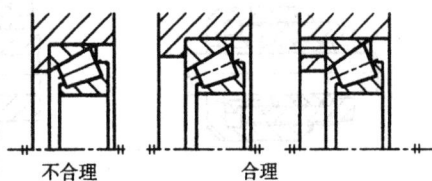

不合理　　　　合理

图 8-8　箱体孔内安装滚动轴承

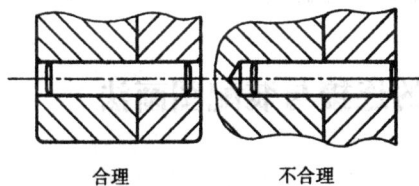

合理　　　　不合理

图 8-9　销连接结构

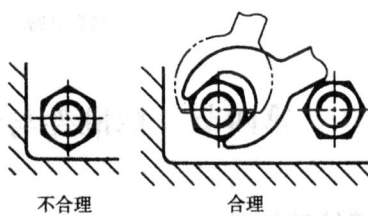

不合理　　　　合理

图 8-10　留出扳手活动空间

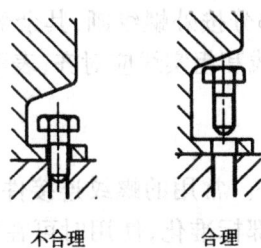

不合理　　　　合理

图 8-11　留出螺钉装、拆空间

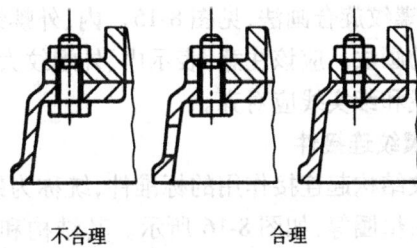

不合理　　　　合理

图 8-12　加手孔或改用双头螺柱

机器运动时,由于受到震动或冲击,螺纹连接件可能发生松动。因此,在某些机构中需要设计防松结构。几种常见的防松结构如图8-13所示。

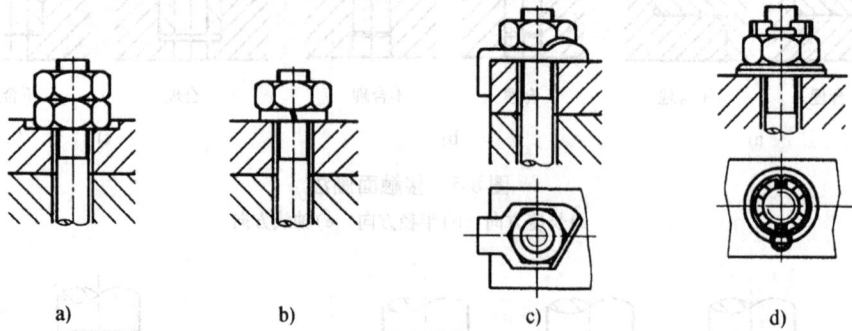

图 8-13　防松装置

a)轴线方向　b)轴线方向　c)径向　d)开口销防松

2.密封装置

机器中需要润滑或防漏的机件应进行密封。常见的密封方法如图8-14所示。

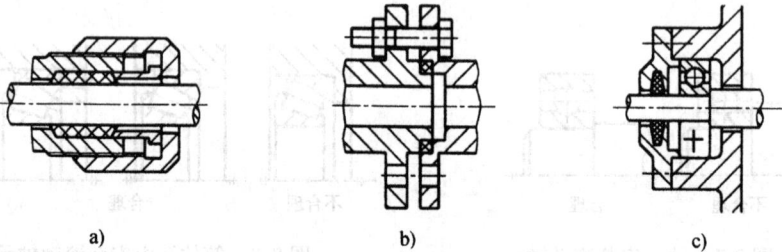

图 8-14　密封装置

a)填料盒密封　b)橡胶圈密封　c)毡圈密封

第四节　标准件与常用件的连接与装配图画法

一、螺纹连接件

(一)螺纹连接的画法

内、外螺纹旋合画法,见图8-15。内、外螺纹的旋合部分按外螺纹画,其余部分仍按内、外螺纹各自的画法。应该注意,表示内、外螺纹大径的细实线和粗实线应对齐;表示内、外螺纹小径的粗实线和细实线应对齐。

(二)螺纹连接件

有螺纹结构起连接作用的标准件,统称为螺纹连接件。常用的螺纹连接件有螺栓、螺柱、螺钉、螺母、垫圈等,如图8-16所示。其结构和尺寸已全部标准化,使用时可在紧固件的国家标准中选取。表8-1列举了一些常用的螺纹连接件及规定标记示例。

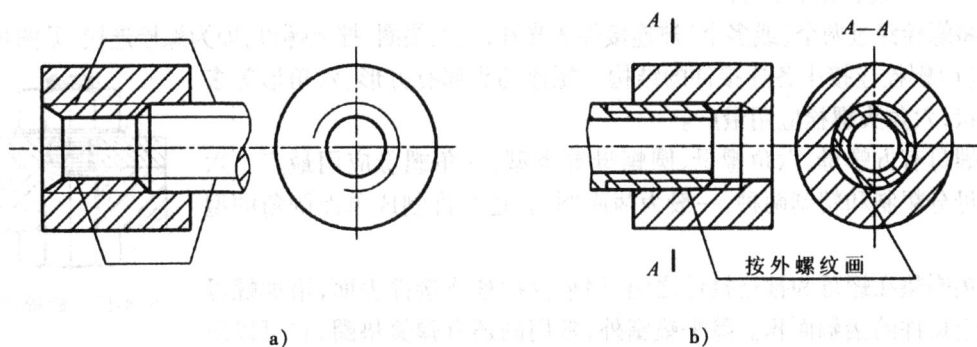

图 8-15 内、外螺纹连接的画法

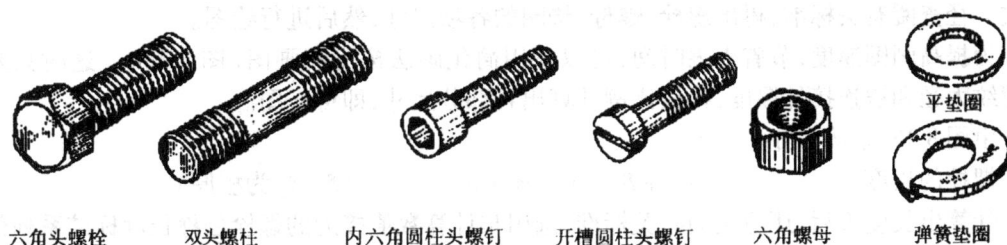

a)   b)

按外螺纹画

图 8-16 常见的螺纹连接件

六角头螺栓   双头螺柱   内六角圆柱头螺钉   开槽圆柱头螺钉   六角螺母   弹簧垫圈

平垫圈

表 8-1 常用螺纹连接件的规定标记示例

名称及视图	规定标记示例	名称及视图	规定标记示例
六角头螺栓	螺栓 GB/T5782—2000 M12×50	开槽锥端紧定螺钉	螺钉 GB/T71—1985 M12×40
双头螺柱	螺柱 GB/T899—1988 M12×50	1型六角螺母	螺母 GB/T6170—2000 M16
开槽盘头螺钉	螺钉 GB/T67—2000 M10×45	平垫圈	垫圈 GB/T97.1—2002 16
十字槽沉头螺钉	螺钉 GB/T819.1—2000 M10×40	弹簧垫圈	垫圈 GB/T93—1987 20

1. 螺栓连接及其画法

将螺栓穿过两个(或多个)被连接件的光孔,套上垫圈,拧上螺母,即为螺栓连接,见图8-17。

(1)螺栓连接中各连接件的结构　螺栓的头部有方形、六角形等多种形状,六角头螺栓应用最广。

螺母有方螺母、六角螺母、圆螺母等类型,六角螺母应用最广。六角螺母分粗制和精制两种,一般为两面倒角,也允许制成单面倒角的型式。

垫圈垫在螺母和被连接件之间,用来保护被连接件表面,增加螺母与被连接件的接触面积。除平垫圈外,常用的还有弹簧垫圈,它可以防止振动引起的螺母松动。

图 8-17　螺栓连接

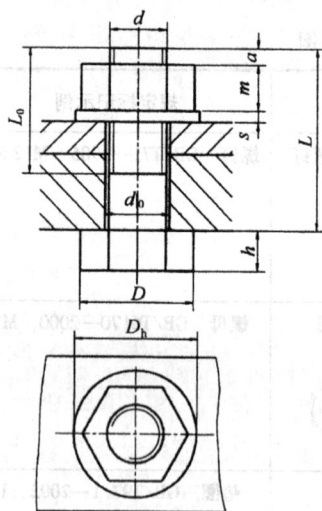

(2)螺栓连接的画法　画螺栓连接时,需要已知螺栓型式、大径和被连接件厚度,再根据螺纹大径查阅有关标准,得出螺栓、螺母、垫圈的各项尺寸,然后进行绘图。

为提高画图速度,节省查表时间,可以采用简化画法按比例画图(图8-18)。这时只要知道螺纹大径和被连接件厚度,再按比例计算出各部分尺寸,即可作图。

由图8-18可以看出:

螺栓的长度　　　　$L = \delta_1 + \delta_2 + s + m + a$　　　　(δ_1、δ_2 为板厚)

计算出长度 L 后,还应查阅有关标准,选用与计算数值接近的螺栓公称长度标准系列值。

图8-19是为表达紧固件的具体结构按比例的画法。

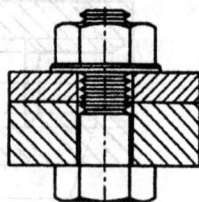

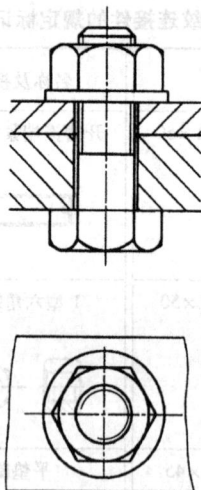

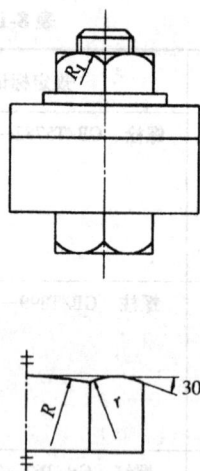

$$a = 0.3d$$
$$m = 0.8d$$
$$s = 0.15d$$
$$h = 0.7d$$
$$d_0 = 1.1d$$
$$D = 2d$$
$$D_h = 2.2d$$
$$R = 1.5d$$
$$R_1 = d$$

r 由作图定

图 8-18　螺栓连接的简化画法　　　　　图 8-19　螺栓连接的比例画法

2. 螺柱连接及其画法

用于不能使用螺栓连接的场合,如被连接件之一太厚,不宜钻成通孔,可采用螺柱连接。这种连接在拆卸时只需拧下螺母即可,不会损坏内螺纹。

螺柱两端都制有螺纹,一端用以旋入被连接件的螺孔内,称为旋入端;另一端用来安装螺母,称为紧固端,如图8-20所示。

（1）螺柱的类型　　根据被旋入零件材料的不同,螺柱旋入端长度 b_m 有几种不同形式,见表 8-2。

螺柱有 A 型和 B 型两种型式,还有旋入端与紧固端长度相等的等长双头螺柱。

表 8-2　旋入端长度

被旋入零件材料	旋入端长度 b_m	标　准　号
钢或青铜	$L_1 = d$	GB/T 897 – 1988
铸　铁	$L_1 = 1.25d$	GB/T 898 – 1988
强度介于铸铁与铝之间	$L_1 = 1.5d$	GB/T 899 – 1988
铝	$L_1 = 2d$	GB/T 900 – 1988

（2）螺柱连接的画法　　图 8-21 是螺柱连接的比例画法,与螺栓连接相比,只是旋入端画法不同。

螺柱的长度 $L = \delta + s + m_{max} + a$,查阅标准,选取接近的公称长度。其中 δ 为连接板厚度。

3. 螺钉连接及其画法

螺钉连接按其作用可分为两类:

1）连接用螺钉常用于被连接零件之一较厚,不宜钻成通孔,且受力较小,不经常拆卸的场合,如图 8-22a 所示。

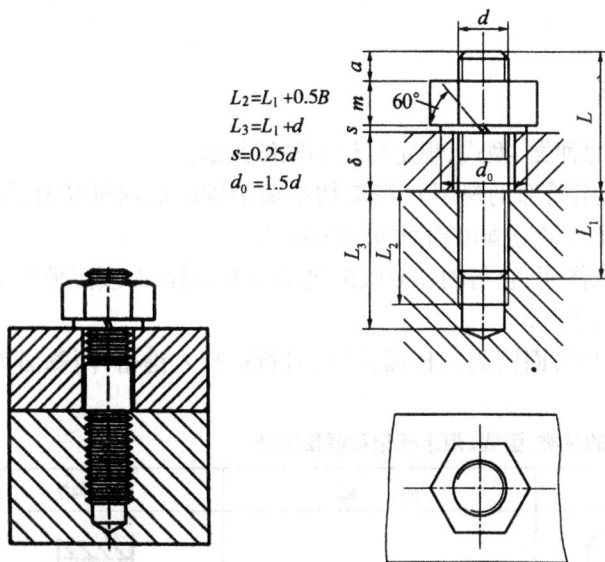

$$L_2 = L_1 + 0.5B$$
$$L_3 = L_1 + d$$
$$s = 0.25d$$
$$d_0 = 1.5d$$

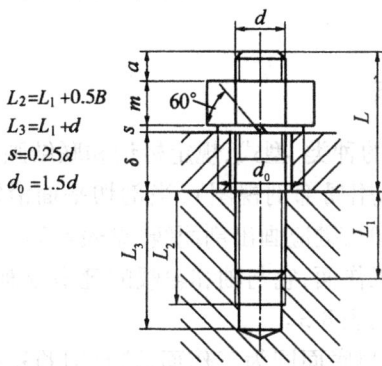

图 8-20　螺柱连接　　　　图 8-21　螺柱连接的比例画法　　　　图 8-22　螺钉连接

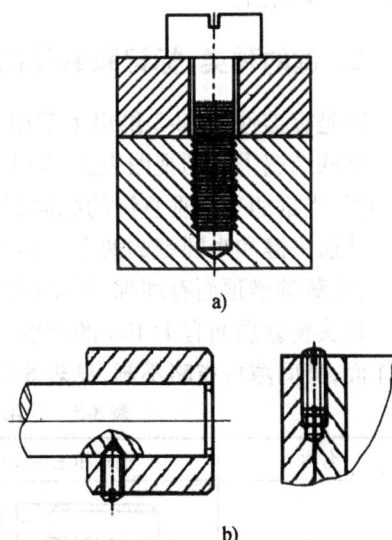

a) 连接用　b) 紧定用

2）紧定用螺钉常用于防止两配合零件发生相对运动的场合,如图 8-22b 所示。

图 8-23 所示为开槽圆柱头、开槽沉头、内六角圆柱头螺钉连接的比例画法。

螺钉旋入长度 L_1 与相应螺柱旋入端长度 b_m 相同,螺钉的长度 $L = \delta + L_1$,δ 为连接板厚度,取相近公称长度。为了简化螺孔的画法,连接图中的螺孔画成与钻孔深度相同,但螺孔深度不应包括螺尾在内,见图 8-23。

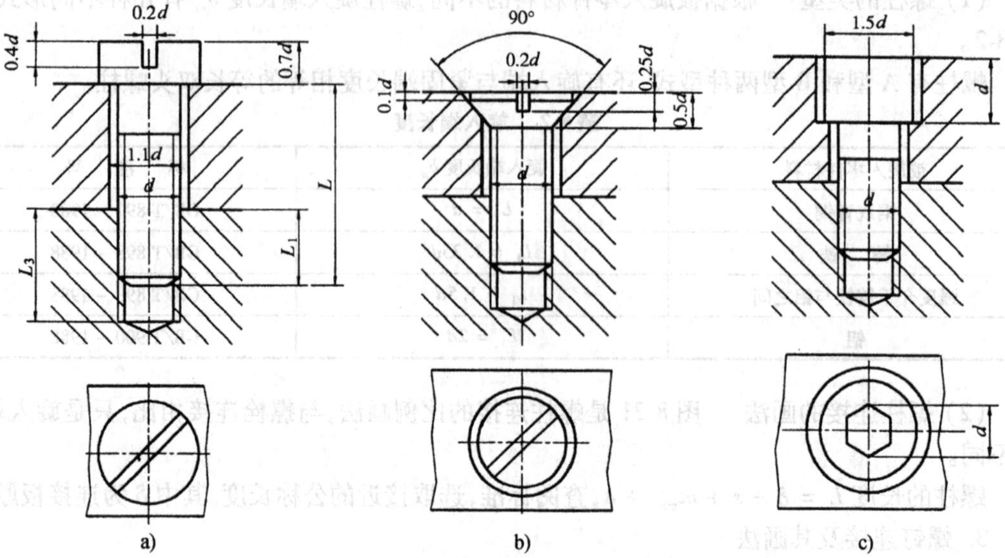

图 8-23　部分螺钉连接及其比例画法

a)开槽圆柱头螺钉　b)开槽沉头螺钉　c)内六角圆柱头螺钉

　　螺钉头部一字槽的投影小于或等于 2 mm 时,可涂黑,在垂直于轴线的视图上,应按与水平成 45°角画出。

二、键的种类、标记和联结画法

　　键是标准件,表 8-3 给出了常用键的种类、型式、规定标记和联结画法。

　　键联结图采用剖视图表达(轴上采用局部剖视图),当剖切平面沿键的纵向剖切时,键按不剖画;当剖切平面垂直键的纵向剖切时,键应画出剖面线,见表 8-3。

　　普通平键和半圆键的两个侧面是工作面,它与轴和轮毂的键槽侧面接触,而顶面是非工作面,与轮毂键槽顶面有间隙,联结画法见表 8-3。

　　钩头楔键顶面有 1:100 的斜度,它与底面同为工作面,联结时将键打入键槽;两侧面为非工作面,其间隙可省略不画,见表 8-3。

表 8-3　常用键的种类、型式、规定标记和联结画法

名称	型式和主要尺寸	标　记	联结画法
普通平键	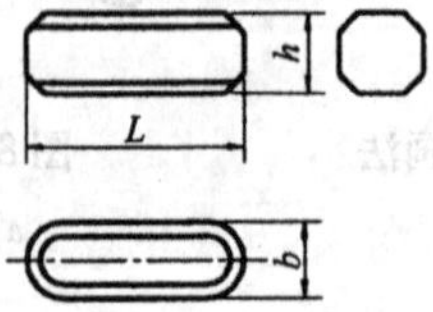	GB/T 1096—2003　键 $b \times h \times L$	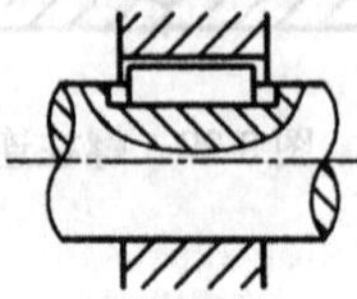
半圆键	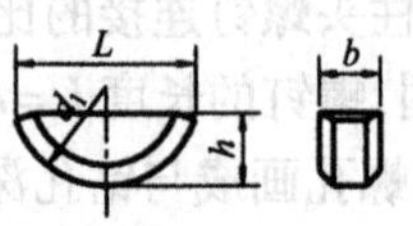	GB/T 1099.1—2003　键 $b \times h \times d$	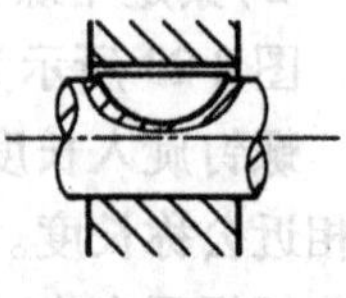

（续）

名称	型式和主要尺寸	标　记	联结画法
钩头楔键	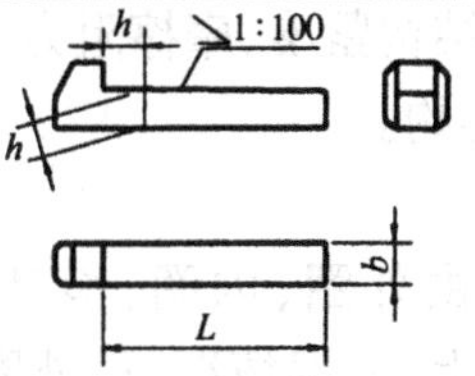	键 $b \times L$ GB/T 1565—2003	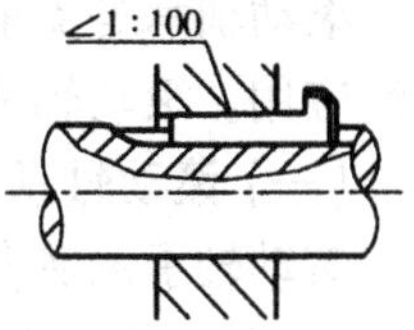

三、销连接

在机器或部件中,销主要用于两零件间的连接和定位。常用的有圆柱销、圆锥销、开口销等,它们都是标准件。其主要规格尺寸是公称直径 d 和有效长度 l。圆锥销的公称直径是指小端直径,标准锥度为 $1:50$。选用时可从有关的标准中查阅。表8-4 为常用销的图例与规定标记及连接的画法。

用销连接或定位的零件,销和孔有一定的装配要求。为了保证销连接的配合质量,被连接的两零件的销孔必须在装配时一起加工,通常是先钻孔,后铰孔。因此,在零件图上对销孔标注尺寸时,除了标注公称直径外,还需用文字在零件图上注明"与件××配作"。

表8-4　销的型式、规定标记和连接画法

名称	主要尺寸	标　记	连接画法
圆柱销	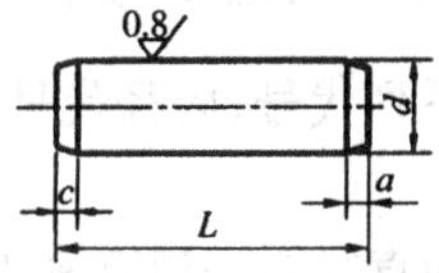	销 GB/T 119.1—2000　$dm6 \times L$	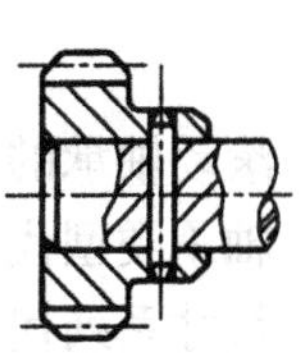
圆锥销	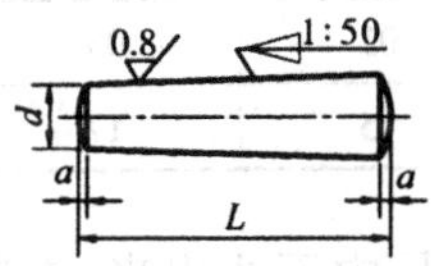	销 GB/T 117—2000　$d \times L$	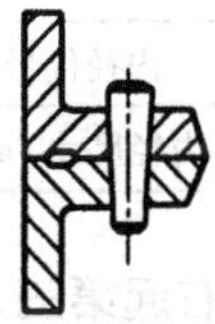
开口销	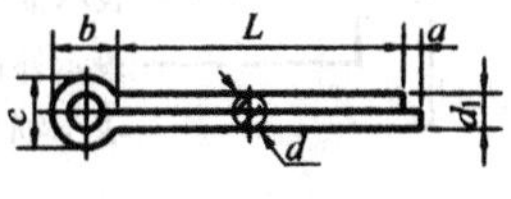	销 GB/T 91—2000 $d \times L$	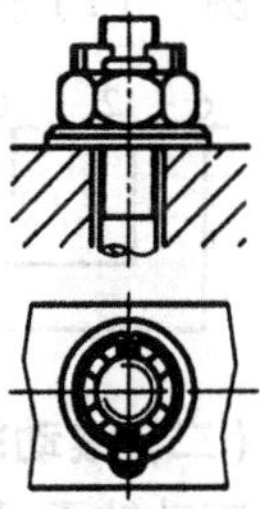

四、滚动轴承

滚动轴承是支承旋转轴的组件。由于滚动轴承结构紧凑,摩擦阻力小,因此在各种机器中广泛应用。滚动轴承是标准件,需要时可根据型号选购。

(一) 滚动轴承的类型与代号

滚动轴承的种类很多,但结构大致相似,一般由外圈、内圈、滚动体和保持架组成,如图 8-24。其外圈装在机座的孔内,内圈套在转动的轴上。一般情况下,外圈固定不动,内圈随轴转动。

滚动轴承按其受力情况可分为三类:

(1) 向心轴承　　主要承受径向载荷,如图 8-24a 所示。

(2) 推力轴承　　主要承受轴向载荷,如图 8-24b 所示。

(3) 向心推力轴承　　同时承受径向载荷和轴向载荷,如图 8-24c 所示。

a)　　　　　　　　　　　b)　　　　　　　　　　　c)

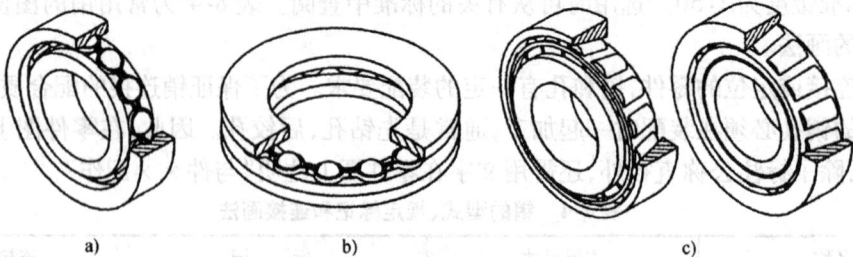

图 8-24　滚动轴承

a) 深沟球轴承　b) 推力轴承　c) 圆锥滚子轴承

滚动轴承的基本代号由轴承类型代号、尺寸系列代号、内径代号构成。

轴承类型代号用数字或拉丁字母表示。

尺寸系列代号由轴承的宽(高)度系列代号和直径系列组合来表示,轴承公称内径的内径代号,当内径在 10 ~ 480 mm 范围内,一般在最右边用两位数字表示,表示方法见表 8-5。

表 8-5　轴承公称内径的内径代号

内径代号	00	01	02	03	04 以上
内径尺寸 /mm	10	12	15	17	将代号数字乘以 5

右起第三、四位数字为尺寸系列代号,0 在代号中不注出来,右起第五位数字一般表示轴承类型。

例　(1) 轴承基本代号 6208　　　　　　(2) 轴承基本代号 57207

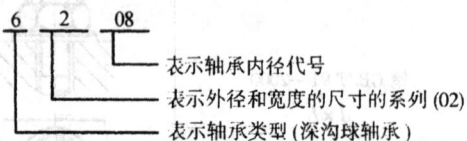

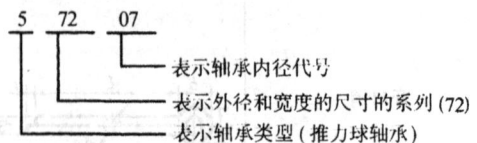

6　2　08

—— 表示轴承内径代号
—— 表示外径和宽度的尺寸的系列 (02)
—— 表示轴承类型 (深沟球轴承)

5　72　07

—— 表示轴承内径代号
—— 表示外径和宽度的尺寸的系列 (72)
—— 表示轴承类型 (推力球轴承)

(二) 滚动轴承的画法

滚动轴承是标准件,一般不画零件图。在装配图中,也不必完全按其真实尺寸画出,而是先根据轴承代号查阅轴承标准,找出外径 D、内径 d 和宽度等与连接有关的尺寸,决定出轴承的实际轮廓,然后,在此轮廓内按照规定画法绘制(GB/T 4459.7—1998)。

在装配图中,需要详细地表达滚动轴承的主要结构时,可采用规定画法;若只需简单地表达滚动轴承的主要结构时,可采用特征画法。在同一幅图中,应采用同一种画法。常用滚动轴承的画法见表8-6。

表8-6   常用滚动轴承的画法

轴承类型	主要尺寸	规定画法	特征画法
深沟球轴承 60000	D、d、B		
推力球轴承 50000	D、d、H		
圆锥滚子轴承 30000	D、d T、B、C		

滚动轴承端视图的画法见图8-25。

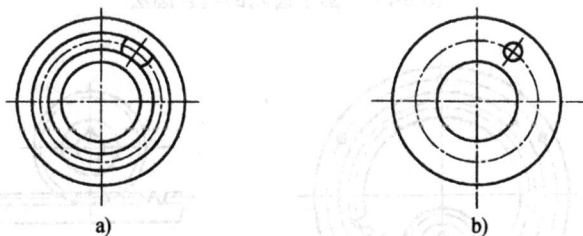

图8-25   滚动轴承端视图的画法

a) 简化画法   b) 特征画法

五、弹簧在装配图中的规定画法

弹簧在装配图中的画法有以下规定:

1）装配图中，被弹簧挡住的结构一般不画出，可见部分应从弹簧外轮廓线或从簧丝断面的中心线画起，见图8-26a。

2）装配图中的簧丝直径在图形上 ≤ 2mm 时，允许用示意图绘制，见图8-26b。若弹簧被剖切，簧丝直径在图形上 ≤ 2mm 时，其簧丝剖面可用涂黑表示，见图8-26c。

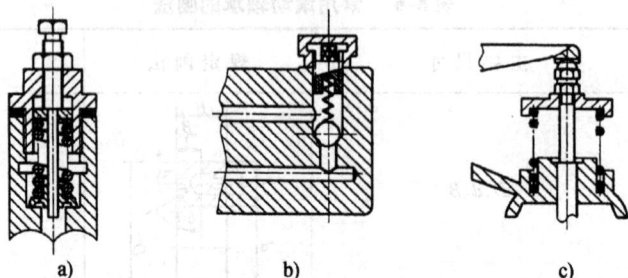

图 8-26　装配图中弹簧画法

六、圆柱齿轮啮合的画法

（1）外形画法　　两个齿轮啮合的端视图，在啮合区内两节圆（在标准情况下，节圆即分度圆）应相切；齿顶圆均画成粗实线（图8-27a），也可省略不画（图8-27d）。

在非圆视图中，啮合区的齿顶线不画，节线画成粗实线（图8-27c）。

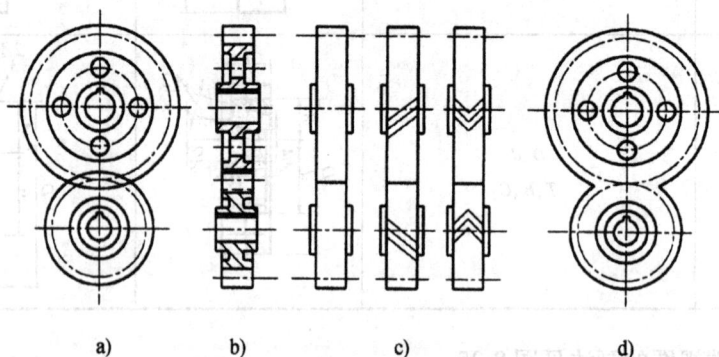

图 8-27　圆柱齿轮的啮合画法

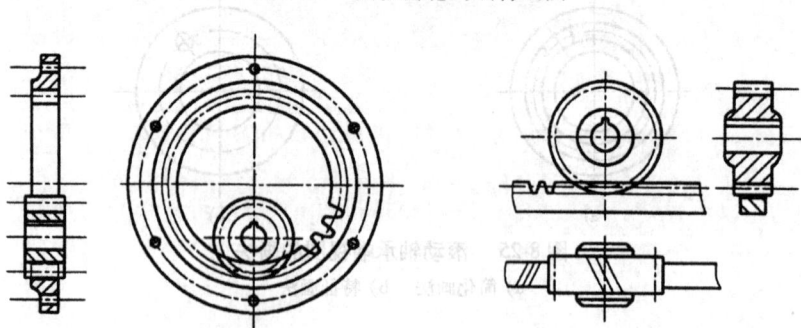

图 8-28　圆柱齿轮的内啮合画法　　　　图 8-29　齿轮齿条的啮合画法

（2）剖视画法　　当剖切平面通过两啮合齿轮轴线时，啮合区的分度线用细点画线表示；

齿顶线一个齿轮用粗实线表示,另一个轮齿被遮挡部分用细虚线表示(图 8-27b),也可省略不画。当剖切平面不通过啮合齿轮的轴线时,齿轮一律按不剖绘制。

两圆柱齿轮内啮合的画法见图 8-28。齿轮齿条啮合的画法见图 8-29。

第五节　装配图中的尺寸标注

装配图和零件图的作用不同,对尺寸标注的要求也不同,仅需标注以下几类尺寸:

1. 规格或性能尺寸

它反映机器或部件的性能和规格,这类尺寸在设计时应首先确定。如图 8-1b 球阀的管口直径 $\phi 25$。

2. 装配尺寸

(1)配合尺寸　它是表示两个零件之间配合性质的尺寸,由基本尺寸和孔与轴的公差带代号所组成。

如图 8-2 中 $\phi 13 \dfrac{F8}{h6}$ 和 $\phi 41 \dfrac{H7}{f7}$ 等。

(2)相对位置尺寸　它是保证零件间重要相对位置的尺寸。如图 8-2 中定位销的定位尺寸 $\phi 73$,图 8-1 中螺栓的安装孔 $\phi 85$ 等。

3. 外形尺寸

它表示机器或部件外形轮廓的大小,即总长、总宽和总高。为包装、运输、机器安装以及厂房设计提供依据。如图 8-2 中转子油泵部件的总长、总宽、总高尺寸分别为 49、$\phi 90$。

4. 安装尺寸

是机器或部件安装在地基上或其他机器上所需要的尺寸。如图 8-1b 中螺栓的安装孔 $\phi 85$、$\phi 12$。

5. 其他重要尺寸

它是在设计过程中经计算确定或选定的尺寸,但又没包括在以上四种尺寸之中。这种尺寸在拆画零件图时,是不能改变的。如运动零件的极限尺寸和主要零件的重要尺寸等,如图 8-2 偏心距 $2.8^{+0.05}_{0}$。

第六节　装配图零、部件序号和明细栏

为了便于图样管理、生产准备、进行装配和阅读装配图,必须对机器或部件的各组成部分(零、部件等)编注序号和代号,并填写明细栏。

一、序号

1. 一般规定

1)装配图中每个零、部件均需编写一个序号。

2)同一个装配图中相同的零、部件只编写一个序号。

3)装配图中零、部件的序号应与明细栏中的序号一致。

2. 序号的编排方法

1）装配图中零、部件的序号有三种表示方法,如图 8-30a 所示。在指引线的水平线(细实线)上或圆(细实线)内注写序号时,序号字高比该装配图中所注的尺寸数字高度大一号或两号。在指引线附近注写序号时,序号字高要比装配图中所注尺寸数字高度大两号。

指引线应自所指部分的可见轮廓内引出,并在末端画一圆点,若所指部分(很薄的零件或涂黑的剖面)不便画圆点时,可在指引线末端画出箭头指向该部分轮廓,如图 8-30 中件 5 所示。

指引线彼此不能相交,当通过有剖面线区域时,指引线不应与剖面线平行。必要时,指引线可画成折线,但只可曲折一次,如图 8-30 中件 1。

2）一组紧固件以及装配关系清楚的零件组,可采用公共指引线,如图 8-30b 中件 2、3、4。

3）同一装配图中编注序号的形式应一致。

4）装配图中的序号应按水平或铅垂方向顺时针或逆时针排列。

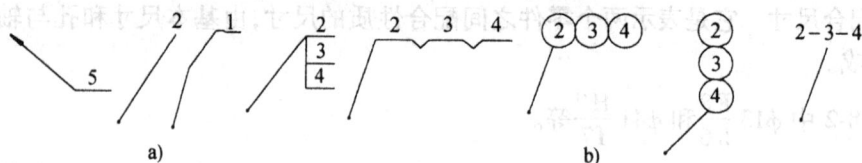

图 8-30　序号的编注形式

二、明细栏

明细栏是全部零件(或部件、组件)的详细目录,其内容一般有:序号、代号、名称、数量、材料以及备注等。图样上的标题栏和明细栏可根据国标绘制。在制图作业中,建议采用附录中的标题栏和明细栏格式。

明细栏在填写时,必须与图中所注的序号一致,并注意以下规定:

1）明细栏画在标题栏上方,序号应自下而上顺序填写,位置不够时可在标题栏左侧接着填写。

2）对于标准件,在"名称"栏内,还应填写出除了标准号以外的其余内容,例如"螺钉 M12 × 1.5"。对于齿轮、弹簧等具有重要参数的零件,还应将它们的参数(如齿轮的模数、齿数、压力角等)写入(也可以将这些参数写在备注栏内)。

3）"材料"栏内填写该零件所用材料的名称或牌号。

4）"备注"栏内填写有关的工艺说明,如零件的热处理、表面处理等要求或其他说明。

第七节　装配图的画法

现在,我们以图 8-1a 所示的球阀为例,讨论画装配图的方法。

1. 了解部件的装配关系和工作原理

仔细观察和分析实物或装配示意图(图 8-31 所示为球阀装配示意图),可以了解各零件间的装配关系及机器或部件的工作原理。图 8-1 所示的球阀,由阀体、阀芯、阀杆等零件和一些标准件所组成。当球阀装在管路中,只要转动手柄,便可转动阀芯并实现管路中流体断流或畅通。关于零件间的装配关系及其相互的作用,这里就不详述了。

2. 确定视图表达方案

装配图视图选择应能清楚地表达机器或部件的工作原理和性能。这些特征通过各零件的相对位置、装配连接关系以及零件的主要结构形状来体现。所以在选择表达方案时，应首先选择主视图，然后选择其他视图。

（1）主视图的选择　主视图的选择应满足下列要求：

1）按机器或部件的工作位置放置。若工作位置倾斜，则将它放正，使主要装配关系（即主要装配干线），主要安装面处于特殊位置。

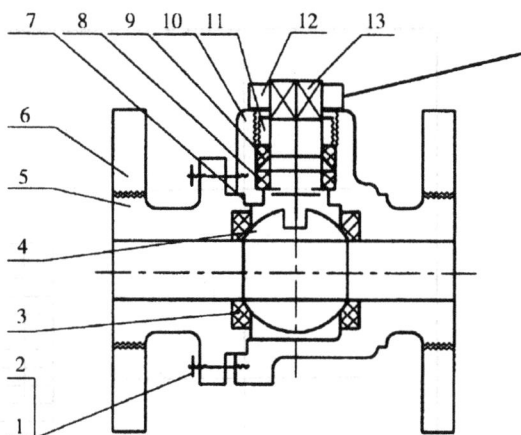

图 8-31　球阀装配示意图

2）有利于表达部件的工作原理和结构特征。

3）有利于表达主要零件的相对位置和装配关系。

（2）其他视图的选择　选择其他视图时，要分析机器或部件中还有哪些工作原理、装配关系和主要零件的主要结构没有表达清楚，然后补选其他视图。一般情况下，每个零件至少在某一个视图中出现一次，以便了解其位置和进行编号。对某些影响机器或部件工作性能的重要零件，必要时应将其形状表达清楚。

最后，对不同的表达方案进行分析、比较、调整，选择既能满足上述基本要求，又便于读图和绘图的表达方案。图 8-1b 所示球阀装配图的表达方案即是按上述步骤确定的。

3. 画装配图的步骤

1）根据视图表达方案，选取适当比例，画好图框、确定标题栏和明细栏的位置。

2）布置视图，画出各视图的基准线及其主要零件的轮廓。布图的方法与画零件图相同，布图时，还要注意为标注尺寸和编写序号等留有足够空间。

3）画其他零件。一般从主视图入手，几个视图配合进行。画剖视图时，以装配干线为准，由内向外逐个画出各个零件，它的优点是按装配顺序逐步向外扩展，层次分明，可避免多画被挡住的不可见轮廓线。有时也可由外向里画，优点是便于从整体的合理布局出发，画出主要零件的结构形状，则其他部分易于确定。

球阀装配图的画图步骤如图 8-32 所示。图 8-32a、b、d、e 表示的是由外向内先画出主要零件结构形状的装配图画法。图 8-32a、c、d、e 表示的是按装配顺序由内向外逐步扩展的装配图画法。

4）标注必要的尺寸。

5）画剖面线。

6）检查底稿，编写零件序号和加深。

7）填写明细栏、标题栏和技术要求。

完成后的球阀装配图如图 8-1 所示。

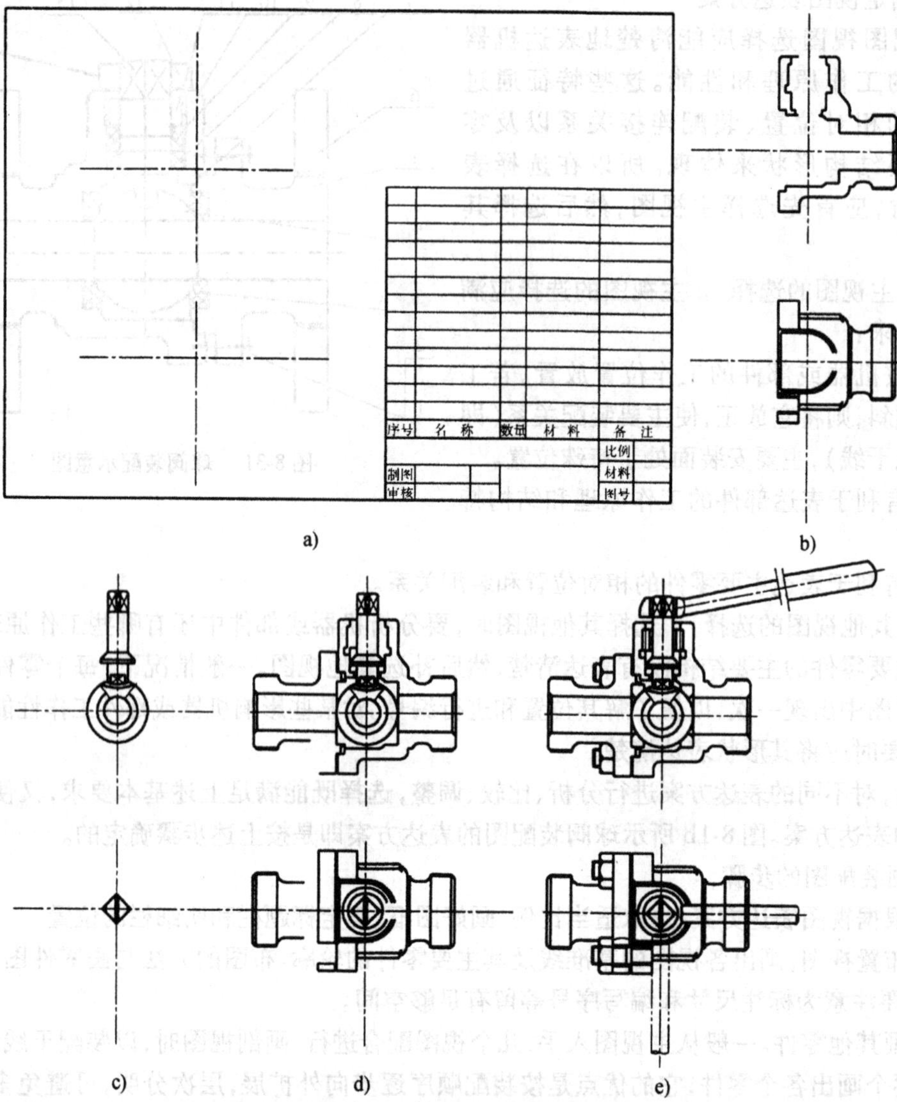

图 8-32　画球阀装配图的步骤

第八节　读装配图和拆画零件图

熟练的阅读装配图是工程技术人员必备的能力。

阅读装配图,即从装配图中了解各零件的装配关系以及主要零件的结构形状,从而分析出机器或部件的工作原理和性能,有时尚需绘制它们的零件图。

一、读装配图的方法步骤

读装配图通常按下述步骤进行。下面以蝴蝶阀为例来说明(图 8-33)。

技 术 要 求

1. 齿轮齿杆应转动自如
2. 阀门阀体密封性好

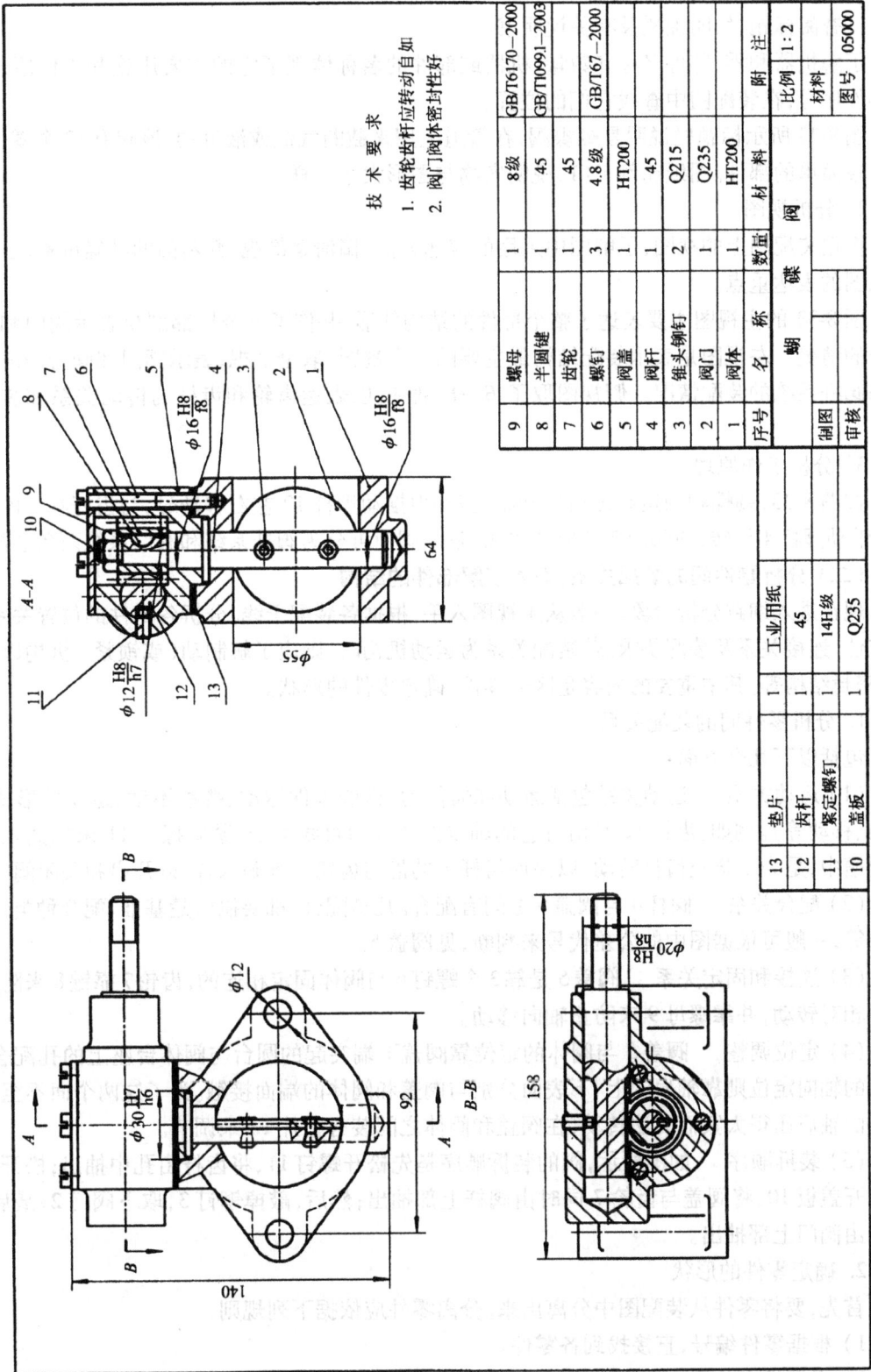

序号	名 称	数量	材 料	附 注
9	螺母	1	8级	GB/T6170—2000
8	半圆键	1	45	GB/T1099.1—2003
7	齿轮	1	45	
6	螺钉	3	4.8级	GB/T67—2000
5	阀盖	1	HT200	
4	阀杆	1	45	
3	锥头铆钉	2	Q215	
2	阀门	1	Q235	
1	阀体	1	HT200	

13	垫片	1	工业用纸
12	齿杆	1	45
11	紧定螺钉	1	14H级
10	盖板	1	Q235

蝴 蝶 阀

	比例	1:2
制图	材料	
审核	图号	05000

图 8-33 蝴蝶阀

A—A

$\phi 16 \frac{H8}{f8}$ $\phi 12 \frac{H8}{h7}$ $\phi 55$ 64

$\phi 12$ $\phi 30 \frac{H7}{h6}$ 92 140 158 $\phi 20 \frac{H7}{f6}$

B—B

（一）概括了解

1. 查阅标题栏、明细栏及有关说明书

了解机器和零、部件名称和数量,机器或部件的名称体现了它的主要用途和工作原理;对照零件序号,在装配图中查找它们的位置。

图 8-33 所示标题栏说明是蝴蝶阀,在管道上用来截断气流或液流的。该阀有 13 个零件,是一个较简单的部件。图纸比例 1:1,说明实物与图形大小一样。

2. 分析视图

根据装配图上的视图,了解图中采用的表达方法,搞清楚剖视、截断面的准确位置,了解每个视图的表达重点。

图 8-33 的主视图主要表达了整个部件的结构外形,并作了一个局部剖视表示阀门和阀杆配合的情况。左视图是表示装配结构最主要的一个视图,取全剖视,表示阀门和阀盖的内部结构和阀杆系统的装配情况。俯视图取了 *B—B* 剖视,以表达齿轮和齿杆的传动关系和装配情况。

3. 分析工作原理

如图 8-33,蝴蝶阀的运动由齿杆开始,当外力推动齿杆 12 左右移动时,与齿杆啮合的齿轮 7 就带动阀杆 4 旋转,使阀门 2 开启和关闭。整个阀门可分为阀杆系统和阀门系统两条装配线。

（二）分析零件间的装配关系,深入了解部件的结构

现在进入细致分析阶段。一般从主视图入手,根据各装配干线,分析各零件的位置关系,包括定位、连接关系及装配要求。若装配关系为运动机构时,则应了解制动(或锁紧)机构以及润滑、密封结构等。其中重要的内容是区分零件,确定零件的形状。

1. 分析零件间的装配关系

包括以下几个方面:

（1）运动关系　运动关系包括运动如何传动、哪些零件运动、哪些不动、运动的形式(如转动、移动等)。例如,齿杆 12 是沿着它的轴线作往复的直线运动。紧固螺钉 11 末端插入齿杆的键槽中,是为了防止齿杆转动,以保证齿杆上的齿与齿轮 7 准确啮合,以开启和关闭阀门 2。

（2）配合关系　阀杆 4 与阀盖 5 之间有配合。凡是配合,都要搞清楚基准、配合种类、公差等级等,一般可根据图中的公差代号来判断,见阀盖 5。

（3）连接和固定关系　阀盖 5 是靠 3 个螺钉 6 与阀体固定相连的,齿轮 7 靠键 8 来防止与阀杆相对转动,并靠螺母 9 来防止轴向移动。

（4）定位调整　阀盖 5 与阀体的定位靠阀盖下端突起的圆台与阀体台座上的孔配合。而阀杆的轴向定位则靠轴肩的上、下表面分别与阀盖和阀体的端面接触。为了这两个面不至于将阀杆的轴肩压得太紧而无法转动,在阀盖和阀体之间装有垫片 13 来调节。

（5）装拆顺序　如图所示,阀的装拆顺序是先松开螺钉 11,将齿杆由孔中抽出;松开螺钉 6,打开盖板 10,将阀盖与齿轮 7 同时由阀杆上部抽出;然后,敲掉铆钉 3,取下阀门 2;最后,将阀杆由阀门上部抽出。

2. 确定零件的形状

首先,要将零件从装配图中分离出来。分离零件应依据下列规则:

1）根据零件编号,直接找到各零件。

2）根据投影关系,在相关视图中读出零件。

3）根据各零件剖面线方向和间隔,分清零件轮廓的范围。

4）根据常见结构的规定画法识别各零件,如油杯、轴承等。

5）利用一般零件有对称性的特点和相互连接零件的接触面大致相同的特点,分析零件的结构特点。

经上述分析,大部分零件的形状已经清楚。对于蝴蝶阀而言,阀体零件的主体结构是圆柱形。为了安装,左右都要有一个突起(主视图的细虚线部分),上面打有安装用的螺孔,为了增加这部分的强度,前后都有肋板,阀体的前后端面形成了带有圆角的菱形。

为了安装阀杆和阀盖,在主体圆柱的上下均有凸台,下面的凸台比较简单,而上面的凸台因被阀盖挡住,不能从图上直接看出它的形状,但可以根据(5)及零件构形方面的知识,确定阀盖和阀体的端面形状应是一样的。再参照几个视图,即可得知,凸台的形状如图 8-34 所示。

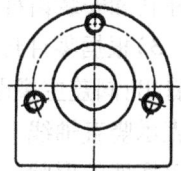

图 8-34　阀体上端面

(三)归纳总结

在对装配关系和主要零件结构形状分析的基础上,结合图中的尺寸、技术要求,对装配图作全面分析,进而对整台机器有一个完整的了解,见图 8-35。

二、由装配图拆画零件图

根据装配图拆画零件图(简称拆图)是一项重要的生产准备工作。应在读懂装配图的基础上进行。

1. 拆画零件图步骤

(1)确定视图表达方案　由于零件图与装配图表达的内容与目的不同,因此,拆画零件图时,可以参考,但不能照搬装配图的表达方案。应对所拆零件的作用及结构形状作全面分析,并根据零件视图的表达要求,重新安排视图。如图 8-36 所示阀盖零件图,补充了 C 向局部视图,以便明确表达阀盖下部凸台的形状。

(2)画图形　对分离出来的零件,应按照投影关系,准确地画出各个投影图,并补画出装配图中省略的工艺结构,如倒角、圆角、退刀槽等。

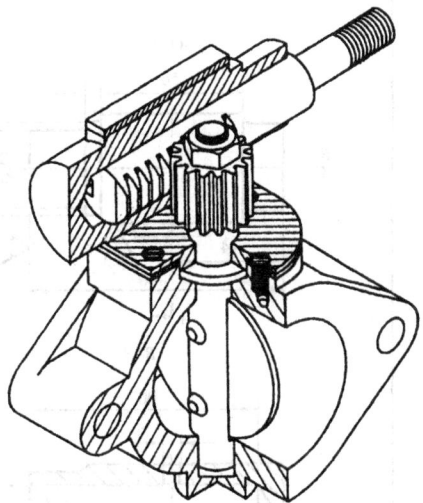

图 8-35　蝴蝶阀立体图

(3)注写尺寸　零件图的尺寸一般应从装配图中直接量取。要注意尺寸数字的圆整和标准化。为了完整、合理地标注尺寸,还要注意下述问题:

1)装配图上已注出的尺寸,可在相关的零件图上直接注出。

2)与标准件有关的尺寸,如螺纹、销孔等,要查找有关手册。

3)应计算的尺寸,如齿轮的分度圆等尺寸,计算以后,再标注。

4)标准结构的尺寸,如倒角、退刀槽、沉孔等,要查找有关手册。

(4)确定表面粗糙度　零件上各表面的粗糙度是根据其作用和要求确定的。一般来说,接触面和配合表面的粗糙度的数值要小,有密封、耐蚀、美观要求的表面粗糙度数值也要小。加工的自由表面粗糙度数值较大,一般 R_a 可取 12.5 μm 或 25 μm。

(5)填写技术要求　技术要求直接影响零件的加工质量和使用要求,正确制订技术要求,涉及许多专业知识,可参考有关资料和相近产品的图样进行练习。

2. 拆图举例

下面以拆画蝴蝶阀的阀盖为例(见图 8-36)说明拆画零件图的步骤。

1)在蝴蝶阀的装配图上(见图 8-33),按照投影关系找到阀盖的全部投影。

2)根据投影和与阀盖相连接零件的形状,分析阀盖的形状。可以看出,阀盖的主要形状是由图 8-33 所示的竖直柱体和轴线水平的圆柱体组合而成的,其内腔由安装阀杆、齿轮的竖直圆柱孔和安装齿杆的水平圆柱孔构成。

3)根据零件形状及其在装配体上的作用,选取适当的视图、剖视、断面图等。由图 8-36 可以看出:阀盖主视图选取的是与装配图一致的外轮廓图,俯视图表示其内形。左视图 A—A 剖视表示竖直轴线上孔的结构及其与轴线水平的齿杆孔相交的情况,同时用 C 向局部视图表示阀盖底面的形状。

4)根据选定的视图表达方案,画零件图。画图步骤此处略。

阀盖零件图如图 8-36 所示。

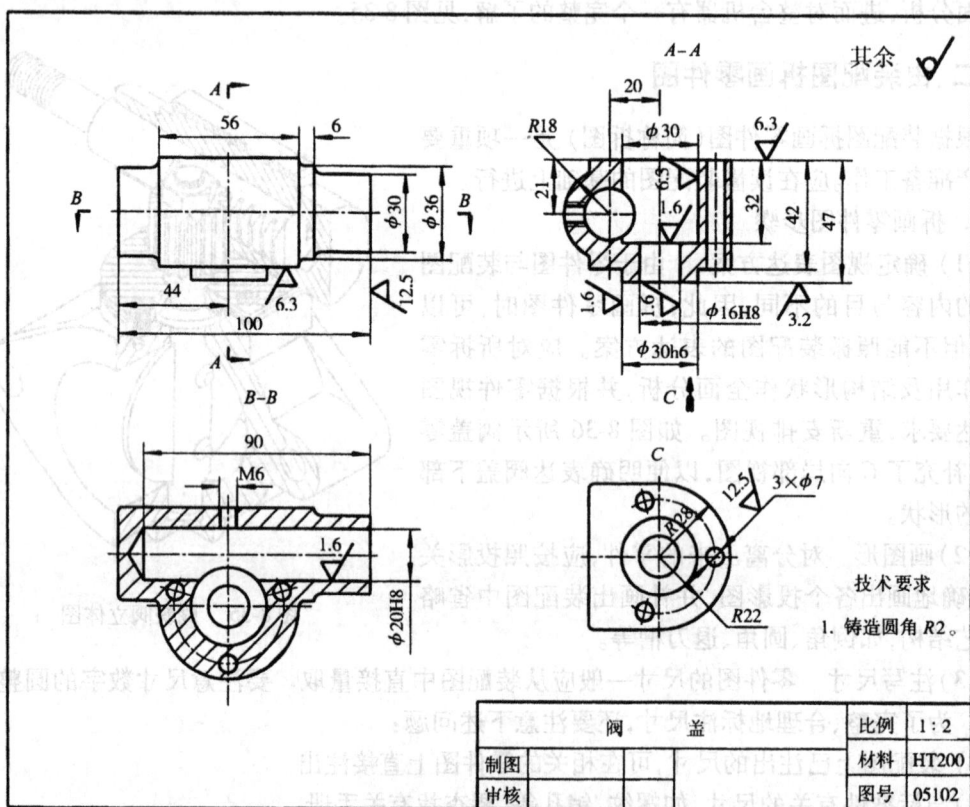

图 8-36 阀盖零件图

思 考 题

1. 装配图的内容有哪些?
2. 装配图有哪些规定画法?哪些特殊画法?

3. 装配结构有哪些?

4. 螺纹连接件连接的画法。

5. 销、键连接的画法。

6. 齿轮啮合的画法。

7. 装配图中标注哪几类尺寸?

8. 试说明读装配图的方法步骤。

9. 试说明由装配图拆画零件图的方法步骤。

第九章 投影变换

前几章讨论了点、直线、平面在 H、V 和 W 三个基本投影面中各种位置的投影特性,当直线和平面平行于投影面时,其投影反映实长和实形;当直线和平面垂直于投影面时,其投影有积聚性,都便于解题;一般位置直线和平面的投影则没有这些特性。为使一般位置直线或平面获得上述投影特性,可变换空间元素对投影面的相对位置,这种方法称为投影变换。投影变换的方法有变换投影面法和旋转法两种,下面介绍变换投影面法。

第一节 换面法的基本概念

变换投影面法是保持空间几何元素的位置不动,而建立新的直角投影面体系,使几何元素在新投影面体系中处于有利于解题的位置,然后用正投影法获得几何元素的新投影。如图 9-1 表示一铅垂面 $\triangle ABC$,为了求出它的实形,可选取新投影面 V_1 代替 V 面,这时 $V_1 \mathbin{/\mkern-3mu/} \triangle ABC$,所以 $\triangle ABC$ 在 V_1 面上的投影 $\triangle a_1'b_1'c_1'$ 就能反映实形。又根据正投影原理,新投影面体系 V_1/H 必须是直角体系。由此可知,新投影面的选择应符合下列两个条件:

1)新投影面必须垂直一个原有的投影面。

2)新投影面对空间几何元素应处于有利于解题的位置。

下面分别研究点、直线、平面在更换投影面时,新、旧投影的变换关系和作图方法。

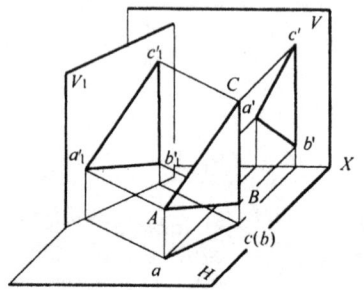

图 9-1 用 V_1 面代替 V 面

第二节 点的投影变换

一、点的一次换面

点是一切形体的基本几何元素,掌握点的换面规律,是进行其他几何元素换面的基础。

1. 换 V 面

如图 9-2a 所示,空间点 A 在原投影面体系 V/H 中的两个投影为 a 和 a',现在取一铅垂面 V_1 来代替 V 面作为新的正投影面,以形成新的两投影面体系 V_1/H,V_1 和 H 两面的交线 X_1 为新投影轴。在新体系中,由点 A 向 V_1 面作垂线,其垂足 a_1' 即为点 A 新的正面投影。由于 H 面没有变换,所以点 A 在 H 面的投影 a 位置不变。再使 V_1 面绕新轴旋转到与 H 面重合(所选择的旋转方向应使图形不重叠),则 a 和 a_1' 两点一定在 X_1 轴的同一垂线上,从而得到新的两面投影图,如图 9-2b 所示。根据正投影原理可知,$a_1'a \perp X_1$,这是新投影与被保留的旧投影间的“对正”关系。

由于新旧两投影面体系具有公共的水平面 H,因此空间点 在这两个体系中到 H 面的距离

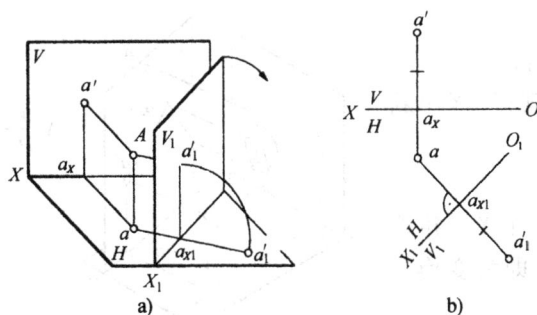

图 9-2 换 V 面

（Z 坐标）相同，$a'a_X = Aa = a'_1 a_{X1}$，即换 V 面时，高度不变，这是新投影与被替换的旧投影间的"坐标"关系。

根据上述投影变换规律，只要定出新投影轴 X_1 的位置，由 V/H 体系中的（a, a'）便可求出 V_1/H 体系中的投影（a, a'_1）。

作图步骤：

1）定出新投影轴 X_1；

2）过点 a 作 $aa'_1 \perp X_1$；

3）取 $a'_1 a_{X1} = a'a_X$，a'_1 即为所求的新投影。

2. 换 H 面

有必要时，也可由 H_1 面替换 H 面（$H_1 \perp V$），建立新的 V/H_1 体系，如图 9-3 所示。换 H 面时，新旧投影的关系与换面时是类似的，即

$a'a_1 \perp X_1$；

$a_1 a_{X1} = Aa' = aa_X$。

作图步骤：

1）定出新投影轴 X_1；

2）过点 a' 作 $a'a_1 \perp X_1$；

3）取 $a_1 a_{X1} = aa_X$。

综上所述可得点的换面规律：

1）点的新投影和不变投影的连

图 9-3 换 H 面

线垂直于新投影轴；

2）点的新投影到新投影轴的距离等于被替换的旧投影到旧投影轴的距离。

以上在更换投影面时，都是将原来的两个投影面 H、V 更换一个而保留另一个，所以称为更换一次投影面。

二、点的两次换面

用换面法解题，有时变换一次不能满足解题要求，需变换两次或多次才能达到解题的目的。如图 9-4 表示顺次变换两次投影面求点的新投影的方法，其原理和作图方法与变换一次投影面时完全相同。但必须注意：投影面要交替变换，不能同时变换两个投影面，否则不能按点的投影规律来求出新投影。图 9-4 所示为把 V/H 体系经过 V_1/H 体系再更换为 V_1/H_2 体系（有时更换也可以 $V/H \rightarrow V/H_1 \rightarrow V_2/H_1$ 的顺序）的情况。图 9-4b 给出了点的二次换面作图

步骤：

1）定出新投影轴 X_1；

2）根据点的换面规律，求出新投影 a'_1；

3）作新投影轴 X_2；

4）过 a'_1 作 $a'_1a_2 \perp X_2$，并取 $a_2a_{x2} = aa_{x1}$，得出 a_2，a_2 即为变换二次后的新投影。

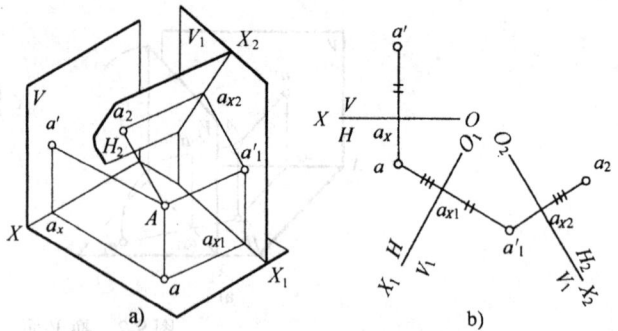

图 9-4 点的两次换面

第三节 四个基本问题

以上讨论了换面法的基本原理和点的投影变换规律，这里再讨论把一般位置直线和平面变为特殊位置。这是解题时经常要遇到的问题，这类问题共有 4 个：①把一般位置直线变换为投影面平行线；②把一般位置直线变换为投影面垂直线；③把一般位置平面变换为投影面垂直面；④把一般位置平面变换为投影面平行面。

一、把一般位置直线变换为投影面平行线

为使一般位置直线变为投影面平行线，可作一新投影面平行于直线。如图 9-5a 所示，作铅垂面 $V_1 /\!/ AB$。在新的投影面体系 V_1/H 中，根据投影面平行线的特性，新投影 $a'_1b'_1$ 反映实长，新轴 X_1 必定平行于保留的旧投影 ab。因此，作投影图的步骤如下：

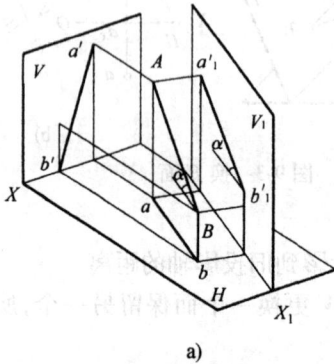

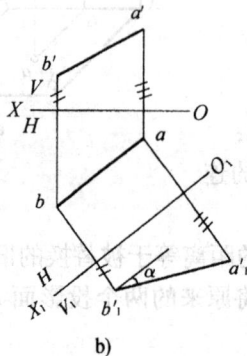

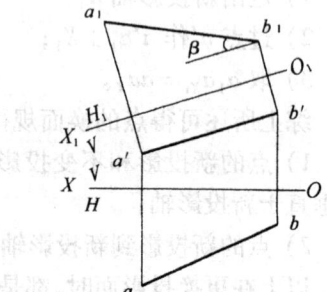

a)   b)

图 9-5 换 V 面求实长和 α 角

图 9-6 换 H 面求实长和 β 角

1）在适当位置作 $X_1 /\!/ ab$（距离任意），如图 9-5b 所示；

2）按点的变换规律作 a'_1 和 b'_1；

3）连接 $a'_1b'_1$，即为 AB 在 V_1 面上的新投影，此时，$a'_1b'_1 = AB$，且 $a'_1b'_1$ 与 X_1 轴的夹角 α 即为 AB 与 H 面的夹角。

图 9-6 给出了用换面法求线段 AB 实长和 β 角的作图方法，在更换 H 面后，使一般位置直

线 AB 变换为新投影面的平行线。首先取新轴 X_1 平行于 $a'b'$,然后求其在 V/H_1 体系中的新投影 a_1b_1。此时 a_1b_1 反映直线 AB 的真长,a_1b_1 与 X_1 轴间的夹角即为直线 AB 与 V 面的夹角 β。

由此可知,若求直线的真长及其与投影面的夹角,可用更换一次投影面来解决。

二、把一般位置直线变换为投影面垂直线

要把一般位置直线变为投影面垂直线,显然,只换一次投影面是不行的。如图 9-7a 所示,若在 V/H 体系中选新投影面 H_2 直接垂直于一般位置直线 AB,则新投影面 H_2 也是一般位置平面,它和原体系中的任一投影面不垂直,因此不能构成新的投影面体系。

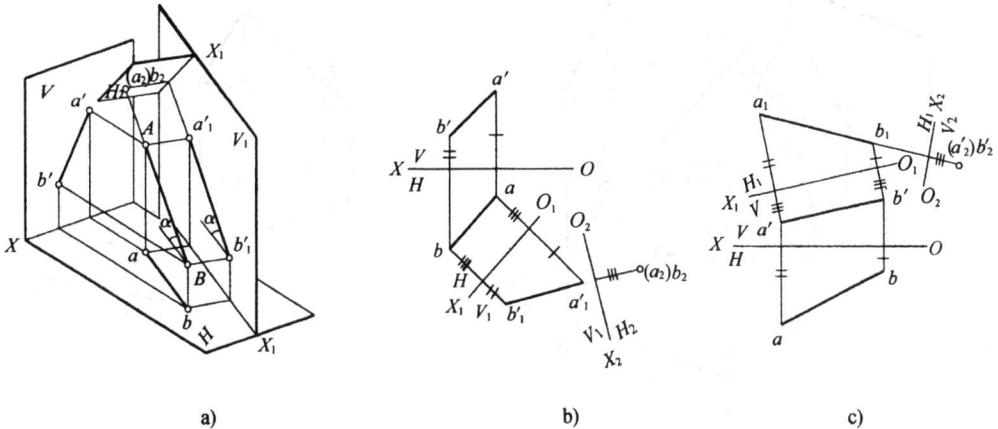

图 9-7 直线的两次换面

如果所给的是一条投影面平行线,要变为投影面垂直线,则更换一次投影面即可。如图 9-8所示,由于 AB 为正平线,因此所作垂直于直线 AB 的新投影面 H_1 必垂直于原体系中的 V 面,这样 AB 在 V/H_1 体系中变为新投影面垂直线。其投影图作法见图 9-8b,根据投影面垂直线的投影性质,取 $X_1 \perp a'b'$,然后求出 AB 在 H_1 面上的新投影 a_1b_1,a_1b_1 必重合为一点。

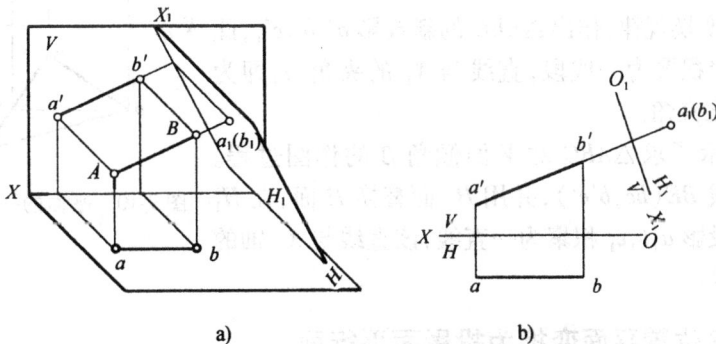

图 9-8 将投影面平行线变换为投影面垂直线

所以,把一般位置直线变为投影面垂直线,必须更换两次投影面,见图 9-7a。第一次把一般位置直线变为投影面平行线;第二次再把投影面平行线变为投影面垂直线。图 9-7b 表示先变换 V 面,再变换 H 面投影图的作法;图 9-7c 表示先变换 H 面,然后变换 V 面的投影图作法。

三、把一般位置平面变换为投影面垂直面

图 9-9a 表示一般位置平面△ABC,把它变为投影面垂直面的情况。由几何知识可知:如果平面内有一直线垂直于另一平面,则该两平面互相垂直。因此,只要在一般位置平面内取一直线,将该直线变换为新投影面的垂直线,则平面也随之变换为该投影面的垂直面。由前述直线的变换可知:投影面平行线只需一次变换即可成为投影面垂直线。因此,可在平面内取一条投影面平行线,将它变换为新投影面垂直线,则平面即变为新投影面垂直面。

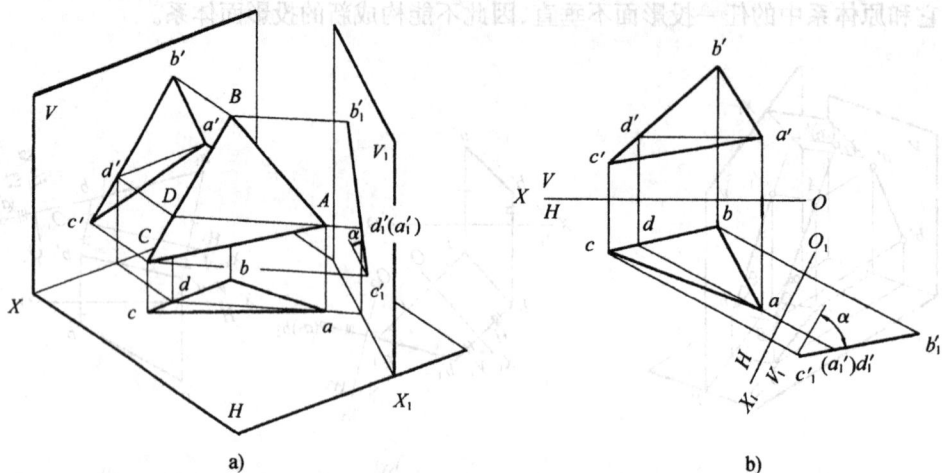

图 9-9　一般位置平面变换为投影面垂直面

作图步骤(见图 9-9b):

1) 在△ABC 内作一条水平线 AD,其投影为 ad、(a'd' // X);

2) 作 $X_1 \perp ad$;

3) 按点的变换规律,作出△ABC 的新投影 $a'_1 b'_1 c'_1$,此时 $a'_1 b'_1 c'_1$ 必定积聚为一线段,直线与 X_1 的夹角 α,即为△ABC 与 H 面之夹角。

图 9-10 表示了求△ABC 对 V 面倾角 β 的作图过程。图中作了正平线 BE(be,b'e'),并用 H_1 面替换 H 面,在 H_1 面上△ABC 的投影 $a_1 b_1 c_1$ 积聚为一直线,该直线与 X_1 轴的夹角 β 即为所求。

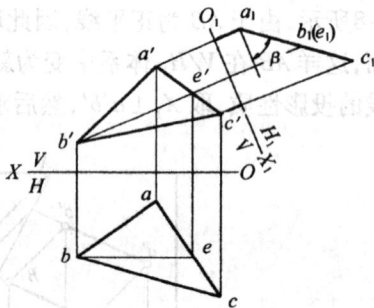

图 9-10　平面的一次换面(求 β 角)

四、把一般位置平面变换为投影面平行面

1. 投影面垂直面变换为投影面平行面

如果平面是投影面垂直面,若将它变换为投影面平行面,则只需一次换面,如图 9-11a 已知△ABC 为一正垂面,若将它变换成为新投影面的平行面,则所选的平行于△ABC 的新投影面,也一定垂直于 V 面。作图时先作 X_1 平行于△ABC 的正面投影,再求出△ABC 在 H_1 面的新投影△$a_1 b_1 c_1$,此时△$a_1 b_1 c_1$ 反映了△ABC 的实形。图 9-11b 表示了把铅垂面△ABC 变换成 H/V_1 体

系中的 V_1 面的平行面的作图,新投影轴 X_1 平行于 abc,$\triangle a'_1b'_1c'_1$ 反映 $\triangle ABC$ 实形。

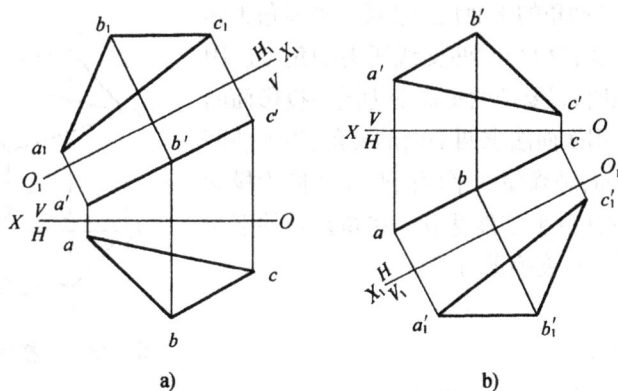

图 9-11　将垂直面变换为平行面(求实形)

2. 一般位置平面变换为新投影面的平行面

如果要把一般位置平面(如图 9-11 中的 $\triangle ABC$)变换为新投影面的平行面,只更换一次投影面是不可能的。因为若直接取一平行于 $\triangle ABC$ 的平面为新投影面,则该投影面也必为一般位置平面,而与原有的哪一个投影面都不能构成相互垂直的两投影面体系。由此可知,要把一般位置平面变换为投影面平行面,必须更换两次投影面,即先把 $\triangle ABC$ 变成一个新投影面的垂直面,再把它变成另一个新投影面的平行面。

图 9-12 所示为把 $\triangle ABC$ 变为投影面平行面的作图过程。第一次变为投影面垂直面,作法同图 9-9、图 9-10;第二次变为投影面平行面,如图 9-12a,根据投影面平行面的投影性质,取 $X_2 /\!/ a'_1c'_1b'_1$,作出 $\triangle ABC$ 三顶点在 H_2 面上的新投影 $a_2b_2c_2$,则 $\triangle a_2b_2c_2$ 便反映三角形 ABC 的实形。若仅求实形,换面顺序是无关的,但如果要求 α 角,则换面顺序应当为 $V/H \to V_1/H$;若要求 β 角,则换面顺序应为 $V/H \to V/H_1$,作图步骤如图 9-12a、b,不再详述。

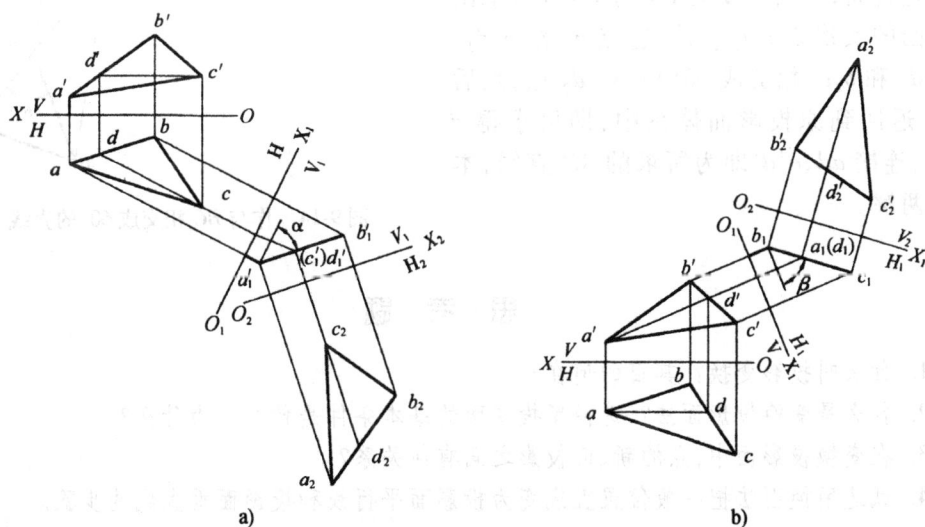

图 9-12　平面的二次换面

【例9-1】 求两平面间的夹角 θ（图9-13）。

两平面的夹角以二面角的平面角来度量。平面角为两平面同时与第三平面垂直相交时两交线所夹的角度。因此,用换面法求两面角时,只要把两平面变为同一投影面的垂直面即可。图9-13用换面法求两平面的夹角,为了使两平面同时垂直于投影面,必须使两平面的交线变换为投影面垂直线,这要经过两次变换才能达到。在题设条件下交线 MN 为正平线,只需一次变换即可。

作图:

1）作轴 $X_1 \perp m'n'$；

2）在 V/H_1 中求出 f_1、g_1、m_1、(n_1)；

3）$\angle f_1 m_1 g_1$ 即为所求 θ。

图9-13　用换面法求两平面的夹角

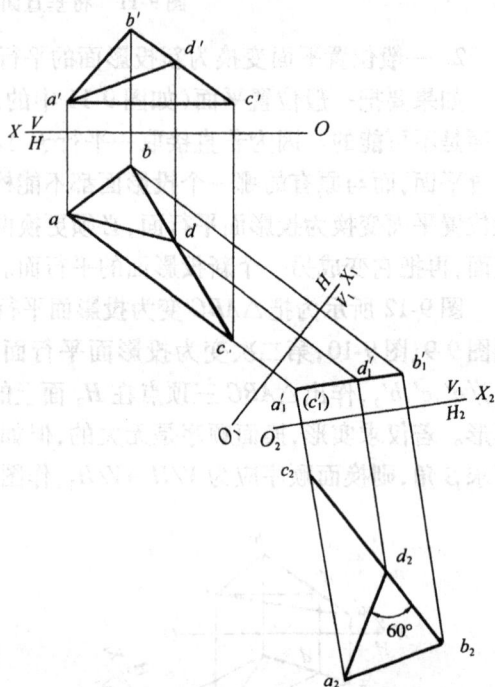

【例9-2】 已知△ABC,试过点 A 在△ABC 平面内作一直线 AD,使 AD 与 BC 相交成60°角（图9-14）。

【解】 欲在△ABC 平面内作出所求的直线,需先求出该平面的实形。图中△ABC 是一个一般位置平面,可按上述基本作图问题四,先把△ABC 变为投影面垂直面,然后再变为投影面平行面,从而求得△ABC 的实形。

在图9-14中,第一次换面是利用△ABC 平面内已有的水平线 AC,使△ABC 变为 V_1 面的垂直面,然后再变为 H_2 的平行面,求出该平面的实形△$a_2 b_2 c_2$ 后,过点 a_2 作 $a_2 d_2$,使 $a_2 d_2$ 和 $b_2 c_2$ 相交成60°角,得 d_2 点,然后把 d_2 返回到原投影面体系中,即可求得 d 及 d',连接 ad、a'd' 即为所求的 AD 直线,本题有两解。

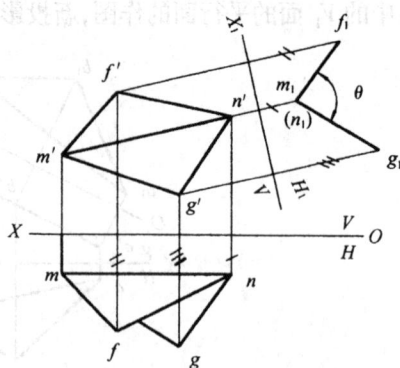

图9-14　作与 BC 相交成60°的直线 AD

思 考 题

1. 什么叫投影变换? 其目的何在?

2. 什么是变换投影面法? 选择新投影面的基本条件是什么? 为什么?

3. 在变换投影面中,点的新、旧投影之间有何关系?

4. 试述用换面法把一般位置直线变为投影面平行线和投影面垂直线的步骤。

5. 试述用换面法把一般位置平面变为投影面垂直面和投影面平行面的步骤。

第十章　AutoCAD 简介及基本操作

AutoCAD 是美国 Autodesk 公司开发的著名计算机辅助设计软件,是当今世界上得到众多用户首肯的优秀计算机辅助设计软件之一。它是一个通用的交互式绘图软件包,具有高级用户界面。其内部嵌入了扩充的 AutoLISP 语言,自 R11.0 起又提供了 *C* 语言编程开发环境 ADS,便于进行二次开发,使 AutoCAD 能更有效地为用户服务。

本教材主要介绍如何应用 AutoCAD 2004 绘制工程图样。有关 AutoCAD 的详细讲解,需查阅 AutoCAD 操作手册和有关参考书。

第一节　AutoCAD 2004 简介

一、AutoCAD 2004 中文版工作界面

安装并启动 AutoCAD 2004 后,就进入了绘图环境,如图 10-1 所示。下面分别简要介绍 AutoCAD 2004 中文版用户界面的组成部分。

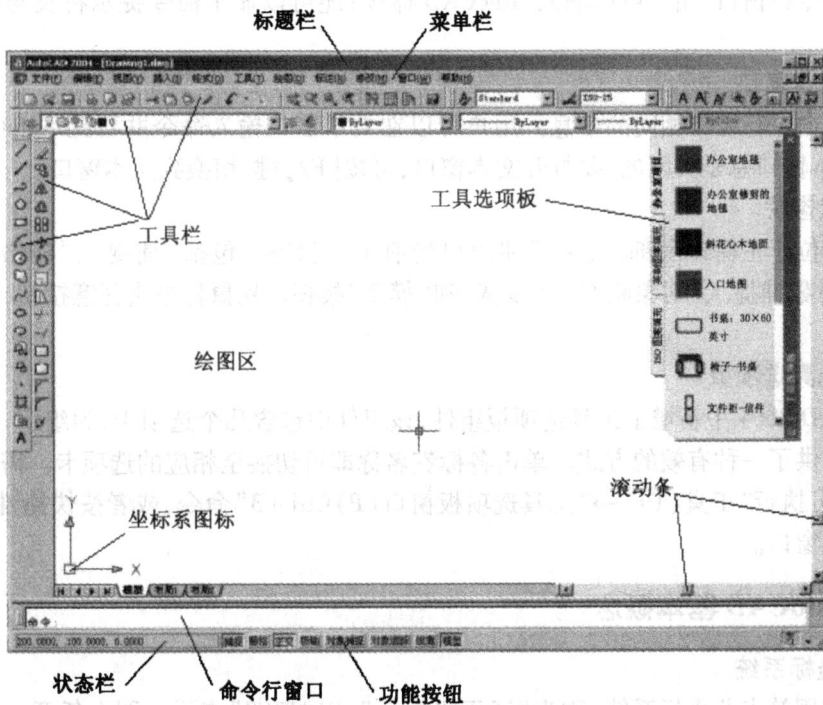

图 10-1　AutoCAD 2004 中文版用户界面

（一）标题栏

出现于应用程序窗口的上部，显示的是当前正在进行编辑操作的图形文件名。

（二）菜单栏

AutoCAD 2004 的菜单包括菜单栏、上下文跟踪菜单（即单击鼠标右键弹出的快捷菜单）。

（三）工具栏

工具栏是另外一种调用 AutoCAD 命令的方式，它包含许多图标表示的按钮，单击这些图标按钮就可以调用相应的 AutoCAD 命令。

AutoCAD 2004 常用工具条有：

（1）标准工具条　提供两种类型的命令和操作，第一类用于 AutoCAD 和其他 Windows 应用程序之间传递和共享数据；第二类命令和工具包括重新绘制当前画面命令、控制缩放和平移命令、重复及取消其他命令和控制绘图坐标系统命令。

（2）对象属性工具条　主要有两个列表框，其中包括生成 AutoCAD 层和线型及颜色设置的工具，还有查询工具，可以查询长度、区域和一般属性等信息。

（3）编辑工具条和绘图工具条　提供常用的编辑和绘图命令。

（4）目标捕捉工具条　能捕捉到实体上的特殊点，如线段的端点、中点、垂足等。

（四）绘图区

AutoCAD 界面上最大的空白窗口，也称视图窗口，用于绘制和显示图形。

（五）命令行窗口

通过命令行窗口，用户可以输入 AutoCAD 命令；还可以显示命令提示符及与命令有关的其他信息。

（六）文本窗口

包含与命令行窗口相同的信息。用户可以在文本窗口输入命令并看到 AutoCAD 的信息和提示，文本窗口总是关闭的，要打开文本窗口，可按【F2】键，切换到文本窗口。

（七）状态栏

状态栏位于主窗口底部，用来反馈用户当前工作状态。包括"捕捉"、"栅格"、"正交"、"极轴"、"对象捕捉"、"对象跟踪"、"线宽"和"模型"按钮。用鼠标单击任意按钮，可以切换当前状态。

（八）工具选项板

AutoCAD 2004 中新增了工具选项板组件，该组件中包含几个选项卡，为组织、共享及放置块等对象提供了一种有效的方式。单击各标签名称即可切换至相应的选项卡。需要使用工具选项板时，可执行"工具（T）"→"工具选项板窗口（P）Ctrl + 3"命令，或者按快捷键 Ctrl + 3，都可以打开该窗口。

二、AutoCAD 基本概念

（一）坐标系统

一般使用笛卡儿坐标系统，称为"通用坐标系"，以"WCS"表示。图上任意一点的位置可用(x,y)坐标表示，初始状态下，坐标原点$(0,0)$通常设在图形区左下角。

用户还可以定义一个任意的坐标系，称为"用户坐标系"，以"UCS"表示，其原点可在"WCS"内任意点的位置上，其坐标轴可随用户的选择任意旋转和倾斜。

（二）绘图单位

AutoCAD 的屏幕图形尺寸采用图形单位，而输出设备实际画出的图可取任何长度单位，如：mm、in、m 或 km 等。这样输出图形与屏幕图形就有了一种比例关系，用户在作图时可定义比例因子，以使图形按需要的单位输出。

（三）绘图极限

绘图极限是指当前图形的绘图界线，用来防止在该区域外定义点或放置图形。绘图前可根据所画图的大小，用"LIMITS"命令设置绘图极限。

（四）实体

实体是 AutoCAD 系统预定的图形单元。点、直线、圆与圆弧、文本等是最常用的基本实体；多义线、实心圆环、阴影线图案、尺寸标注等是常用的复杂实体。

三、命令输入

AutoCAD2004 的命令可通过键盘、下拉菜单、快捷菜单、图标工具等方法输入。下面以圆弧绘制为例进行说明，要求依次给出圆弧的起始点、终止点及半径。

（一）键盘输入

出现"命令："提示时，可从键盘上键入命令名，按回车键完成输入，以下我们用符号"↓"表示回车。

命令:arc↓　　　　　　　　　　　　　　　发出绘制圆弧命令
指定圆弧的起点或[圆心（C）]:3,8↓　　　　给出圆弧起始点坐标
指定圆弧的第二个点[圆心（C）/端点（E）]:e↓　选择圆弧终止点选项
指定圆弧的端点:7,10↓　　　　　　　　　　给出圆弧终止点坐标
指定圆弧的圆心或[角度（A）/方向（D）/半径（R）]:r↓　选择圆弧半径选项
指定圆弧的半径:2.5↓　　　　　　　　　　　给出圆弧半径

说明：

1）命令名或参数的输入均需用回车键确认。

2）斜杠"/"是命令选项的分隔符，选择某一选项时，只需输入该选项前面的大写字

3）尖括号"< >"内是缺省项或参数的缺省值。

（二）菜单输入

AutoCAD 菜单系统是树结构，由根菜单各选项可派生出一级或二级分菜单。

1. 下拉菜单

1）通过鼠标将光标移动到下拉菜单的"绘图（D）"选项上，按下鼠标左键，出现"绘图（D）"选项的下级菜单。

2）移动光标到选项"圆弧（A）"，按下鼠标左键，出现"圆弧（A）"选项的下一级菜单。

3）移动光标到选项"起点、端点、半径（R）"，按下鼠标左键。

4）按提示输入参数，即可完成命令输入。

2. 快捷菜单

可在绘图区域的空白处右击或者按住 Shift 键、Ctrl 键右击鼠标，都会弹出相应的快捷菜单，如图 10-2 所示。

重复圆弧（R）→分别指定圆弧的起点、端点、半径。

（三）图标工具

在绘图工具栏中用鼠标选择图标▨工具，并按下鼠标左键，则相当于用键盘从命令行发出"圆弧"命令。

四、坐标点输入

1. 绝对坐标法

用键盘输入 x 和 y 坐标来确定某点位置，格式为：x,y。

2. 相对坐标法

由键盘输入点的相对坐标，格式为：@ dx,dy。

例如当前点的坐标为(3,6)，若输入相对坐标为@3,-2,则所指点为(6,4)。

3. 极坐标法

由键盘输入点的极坐标，格式为：@ 距离＜角度。

4. 用定标设备定标

用鼠标或数字化仪的光标器操作屏幕上的光标，移到合适的位置，按拾取键，则光标所在处的坐标便输入到机器内。

5. 用捕捉功能来指定一个特征点

利用"OSNAP"命令、目标捕捉工具条等方法确定要捕捉的特征点类型（如：端点、中点、交点、圆心等），然后将光标移到捕捉目标上确认，即捕捉到该特征点。

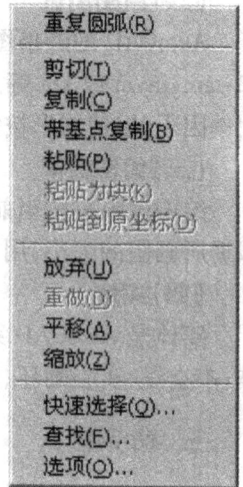

| 重复圆弧(R) |
| 剪切(T) |
| 复制(C) |
| 带基点复制(B) |
| 粘贴(P) |
| 粘贴为块(K) |
| 粘贴到原坐标(D) |
| 放弃(U) |
| 重做(D) |
| 平移(A) |
| 缩放(Z) |
| 快速选择(Q)… |
| 查找(F)… |
| 选项(O)… |

图 10-2　快捷菜单

第二节　绘图环境设置

用 AutoCAD 绘图的一般过程为：设置绘图环境，用 AutoCAD 绘图命令画图，用 AutoCAD 编辑命令对图形进行编辑、修改、标注尺寸，存盘和退出。

在计算机上绘制工程图，某些部分类似于我们在绘图纸上手工绘图，必须给定单位格式和精度、图纸大小、比例尺等，AutoCAD 提供了一些特殊工具，例如，可以利用图层更加方便地管理图纸上的图形元素，设置栅格、捕捉，更加精确地拾取点元素。下面我们用从命令行输入命令的方式讲述绘图环境设置。

一、设置格式和精度

本例设置的坐标为十进制数，精确至小数点后面两位，角度也为十进制，且精确至整数。角度度量以逆时针方向为正。

命令：units↓

（出现如图 10-3 所示的"图形单位"对话框）

设置完成对话框中的各项内容，单击确定。

二、设置图幅大小

设置 A3 的图纸，图纸横放，尺寸为 420×297。

命令：limits↓　　　　　　　　　　　　　　　　（设置绘图极限）

指定左下角点或[开(ON)/关(OFF)]<0.00,0.00>↓　　　　（左下角极限坐标取(0,0)）

指定右上角点<420.00,297.00>：

420,297↓　　　　　（右上角极限坐标）

命令：zoom↓　　　　（图形显示缩放）

[全部(A)/中心点(C)/动态(D)/范围(E)/上一个(P)/比例(S)/窗口(W)]<实时>：A↓（把"limits"命令所确定的图纸范围全部显示在屏幕上）

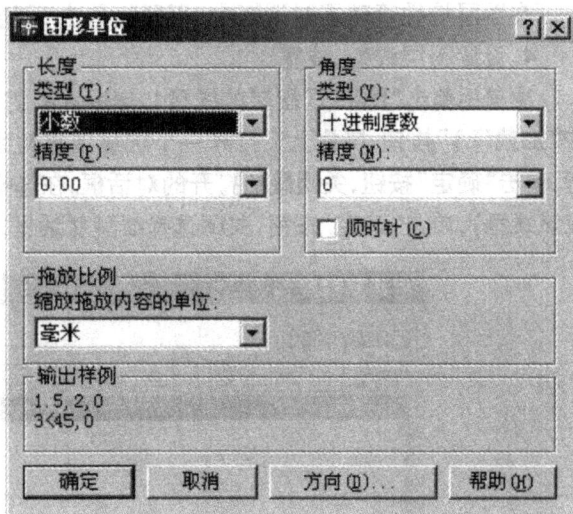

三、绘图辅助工具

1.栅格

由一组具有一定间距的点组成的矩形框,点与点的间距可以任意设定。栅格不是图形的一部分,只是起视觉参考作用,也不会被绘图机输出。

命令：grid↓

指定栅格间距(X)或[开(ON)/关(OFF)/捕捉(S)/纵横向间距(A)]<10.00>：10↓　　　　　　　　　（网格间距为10个单位）

图 10-3　图形单位对话框

说明：如果栅格在水平及垂直方向间距相等,只需输入一个数值作为间距值,如果水平与垂直间距不相等,可以输入字母"A"或"a",然后根据提示输入水平间距和垂直间距。

2.捕捉

捕捉命令可使屏幕上的光标十字线和输入坐标被锁定于最靠近的栅格点或整点,也就是输入坐标是不连续的,它的最小间距可以任意设定。

命令：snap↓

指定捕捉间距或[开(ON)/关(OFF)/纵横向间距(A)/旋转(R)/样式(S)/类型(T)]<10.00>：1↓　　　　　　　　　　　　　（捕捉间距为1个单位）

3.正交

命令：ortho↓

输入模式[开(ON)/关(OFF)]<关>：on↓

注：可使用功能键 F7、F8、F9 或功能按钮（参看图 10-1）分别控制 Grid, Ortho, Snap,使它们分别处于打开或关闭状态。

四、设置图层和线型

用 AutoCAD 画图时,通常将文字、不同的线型设置在不同的图层上,并用不同的颜色表示。

1.单击工具栏中的█图标或从命令行输入图层命令

命令：layer↓

此时将打开图层特性管理器对话框。

2.建立新图层

用鼠标单击"新建(N)"按钮,将在图框中"0"层下增加一个"图层1"图层。

3.设置图层颜色

在图层特性管理器对话框中,用鼠标单击"图层1"图层的颜色框,打开调色板,选择颜色。

4.设置图层线型、线宽

用鼠标单击"图层1"图层的线型 Continuous,打开选择线型对话框(如图 10-4 所示),鼠标单击"加载(L)"按钮,屏幕上又打开一个加载或重载线型对话框(如图 10-5 所示),选择需要的线型,单击"确定"按钮,关闭最新打开的对话框,在选择线型对话框中选择刚加载的线型(用鼠标选取该线型),单击"确定"按钮,关闭选择线型对话框,完成"图层1"图层的线型设置。

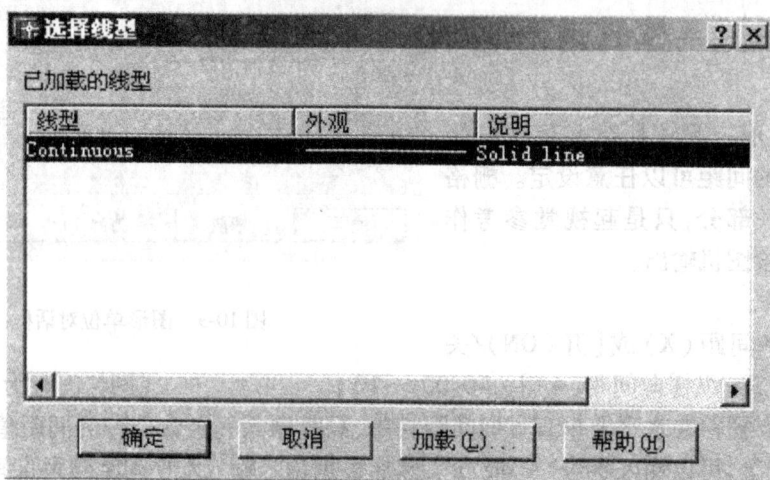

图 10-4　选择线型对话框

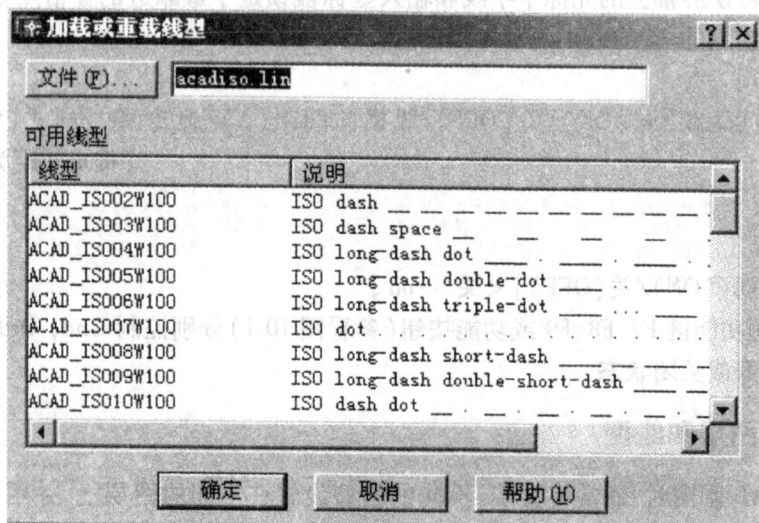

图 10-5　加载或重载线型对话框

用鼠标单击"图层1"图层的线宽——默认,打开线宽对话框,选择需要的线宽,单击"确定"按钮,完成"图层1"的线宽设置。

5.建立其他图层并设置其属性

其他图层的设置步骤同"图层 1"图层,设置完成后,该图的图层特性管理器对话框如图 10-6 所示。

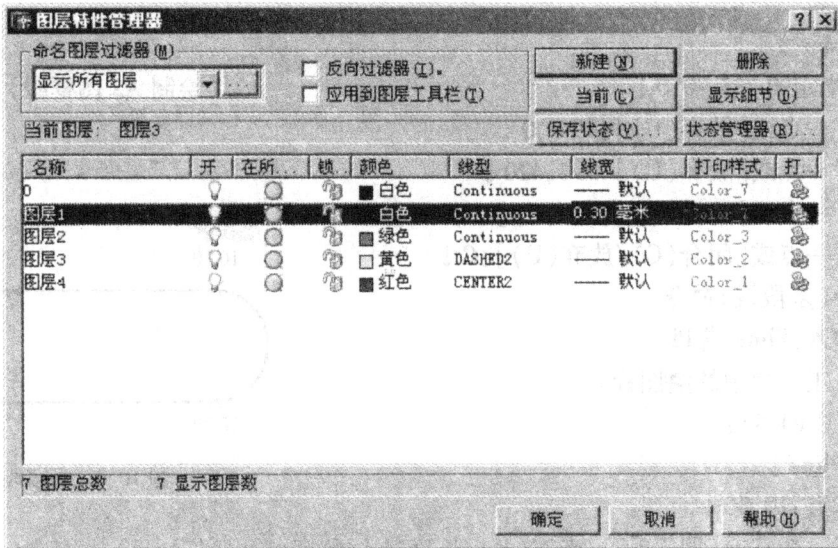

图 10-6　图层特性管理器对话框

五、设置线型比例

命令:ltscale↓　　　　　　　　　(改变线型比例,以适应不同比例图形的需要)

输入新线型比例因子 <1.0000 >:5↓

　　　　　　　　　(总的线型比例系数,5 表示原定义的线型尺寸扩大 5 倍)

第三节　常用绘图命令与编辑命令

一、常用绘图命令

绘图工具栏(图 10-7)是执行绘图命令最常用的方法,执行命令更快捷,单击其上的按钮,即可直接执行相应的命令。

图 10-7　绘图工具栏

1. Line(直线)命令

键盘输入:Line 或 L

或单击工具栏中的 ✏ 图标

举例:

命令:Line↓

_Line 指定第一点:0,0↓　　　　　　　　　　　（绘制 A2 图框线）

指定下一点或[放弃(U)]:594,0↓

指定下一点或[放弃(U)]:594,420↓

指定下一点或[闭合(C)/放弃(U)]:0,420↓

指定下一点或[闭合(C)/放弃(U)]:C↓

2. Pline(多段线)命令

键盘输入:Pline 或 Pl

或单击工具栏中的 ➷ 图标

举例(图 10-8):

命令:Pline↓

指定起点:10,30↓

指定下一个点或[圆弧(A)/半宽(H)/长度(L)/放弃(U)/宽度(W)]:30,30↓

指定下一点或[圆弧(A)/闭合(C)/半宽(H)/长度(L)/放弃(U)/宽度(W)]:A↓

指定圆弧的端点或

[角度(A)/圆心(CE)/闭合(CL)/方向(D)/半宽(H)/直线(L)/半径(R)/第二个点(S)/放弃(U)/宽度(W)]:30,20↓

指定圆弧的端点或

[角度(A)/圆心(CE)/闭合(CL)/方向(D)/半宽(H)/直线(L)/半径(R)/第二个点(S)/放弃(U)/宽度(W)]:L↓

指定下一点或[圆弧(A)/闭合(C)/半宽(H)/长度(L)/放弃(U)/宽度(W)]:10,20↓

指定下一点或[圆弧(A)/闭合(C)/半宽(H)/长度(L)/放弃(U)/宽度(W)]:A↓

指定圆弧的端点或

[角度(A)/圆心(CE)/闭合(CL)/方向(D)/半宽(H)/直线(L)/半径(R)/第二个点(S)/放弃(U)/宽度(W)]:10,30↓↓

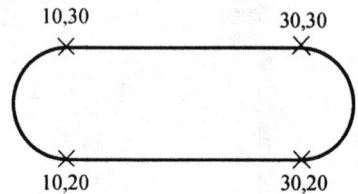

图 10-8 画多段线

3. Circle(圆)命令

键盘输入:Circle 或 C

或单击工具栏中的 ⊙ 图标

举例 1:

命令:Circle↓

_circle 指定圆的圆心或[三点(3P)/两点(2P)/相切、相切、半径(T)]:3P↓

指定圆上的第一个点:50,20↓

指定圆上的第二个点:60,30↓

指定圆上的第三个点:50,40↓

举例 2(图 10-9):

命令:Circle↓

_circle 指定圆的圆心或[三点(3P)/两点(2P)/相切、相切、半径(T)]:TTR↓

指定对象与圆的第一个切点:(选取 P1 点)

指定对象与圆的第二个切点:(选取 P2 点)

指定圆的半径<10.0000>:6↓

4. Arc(圆弧)命令

键盘输入:Arc 或 A

或单击工具栏中的◢图标

举例:

命令:Arc↓

_Arc 指定圆弧的起点或[圆心(C)]:　　　　　　　　　　(指定圆弧的起点)

指定圆弧的第二个点或[圆心(C)/端点(E)]:　　　　　(指定圆弧的第二个点)

指定圆弧的端点:　　　　　　　　　　　　　　　　　(指定圆弧的第三个点)

5. Rectang(矩形)命令

键盘输入:Rectang 或 Rec

或单击工具栏中的▭图标

举例:

命令:Rectang↓

指定第一个角点或[倒角(C)/标高(E)/圆角(F)/厚度(T)/宽度(W)]:0,0↓

指定另一个角点或[尺寸(D)]:420,297↓

6. Text 命令

键盘输入:Text

举例:

命令:Text↓

当前文字样式:Standard　当前文字高度:2.0000

指定文字的起点或[对正(J)/样式(S)]:　　　　(在绘图区中,选择合适位置,单击鼠标)

指定高度<2.0000>:10↓

指定文字的旋转角度<0>:0↓

输入文字:%%C120↓

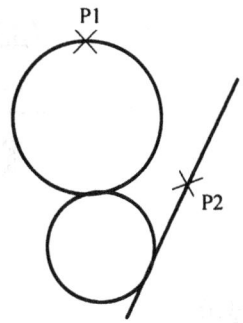

图 10-9　画公切圆

二、常用编辑命令

修改工具栏(图 10-10)是执行编辑命令最常用的方法,执行命令更快捷,单击其上的按钮,即可直接执行相应的命令。

1. 对象选择

对图形中的对象进行编辑,首先要选择被编辑的对象,AutoCAD 提供了多种选择对象的方法。当输入一条编辑命令时,系统提示:

选择对象:

此时十字光标变成拾取框,如何选择对象,我们介绍几种常用的方法:

(1)点选方式　点选是默认的选择方式,它是用拾取框直接选择对象,选中的目标以高亮

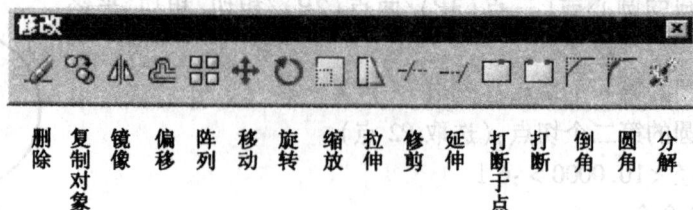

图 10-10　修改工具栏

显示。

（2）窗口方式　在命令行键入 W 或 Windows 。用两点作为矩形的两对角点,所确定的范围称为窗口,围在窗口范围内的对象被选中,但与窗口交叉的对象不包括在内。

（3）交叉方式　在命令行键入 C 或 Crossing 。与窗口方式相似,但选中的对象不仅包括窗口内的,而且还包括与窗口边界交叉的对象。

（4）上一个方式　在命令行键入 P 。若要对同一个选择集进行多次编辑操作,可使用上一个选择集方式再次选取前一个选择集。

（5）最后一个方式　在命令行键入 L 。选取的对象是在当前屏幕上最后生成的一个,是可见的。

2. Erase（删除）命令

用于擦除绘图区域内指定的对象,命令输入方式：

　　键盘输入：Erase 或 E

　　或单击工具栏中的▨图标

3. Move（移动）命令

　　键盘输入：Move 或 M

　　或单击工具栏中的✛图标

　　举例（图 10-11 平移图形）：

　　命令：Move↓

　　选择对象：W↓

　　指定第一个角点：(拾取 P1 点)

　　指定对角点：(拾取 P2 点)

　　选择对象：↓

　　指定基点或位移：(捕捉 P3 点)

　　指定位移的第二点或 <用第一点作位移> ：(拾取 P4 点)

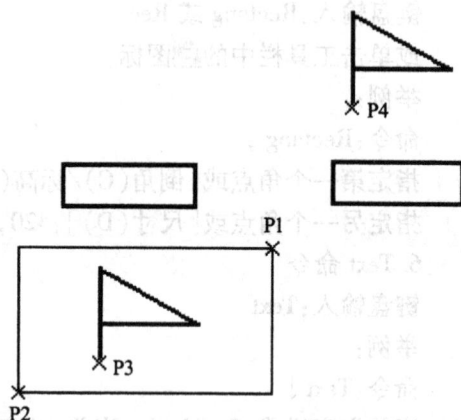

图 10-11　平移图形

4. Trim（修剪）命令

　　键盘输入：Trim 或 TR

　　或单击工具栏中的▨图标

　　举例（图 10-12 修剪对象）：

　　命令：Trim↓

　　当前设置：投影 = UCS,边 = 无

　　选择剪切边……

选择对象:C↓

指定第一个角点:(选取 P1 点)

指定对角点:(选取 P2 点)

选择对象:↓

选择要修剪的对象,按住 Shift 键选择要延伸的对象,或[投影（P）/边（E）/放弃（U）]:(选取 P3 点)

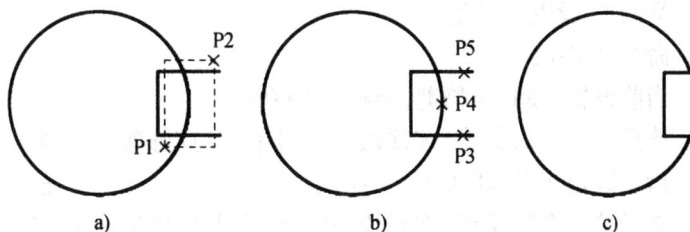

图 10-12　修剪对象

选择要修剪的对象,按住 Shift 键选择要延伸的对象,或[投影（P）/边（E）/放弃（U）]:(选取 P4 点)

选择要修剪的对象,按住 Shift 键选择要延伸的对象,或[投影（P）/边（E）/放弃（U）]:(选取 P5 点)

选择要修剪的对象,按住 Shift 键选择要延伸的对象,或[投影（P）/边（E）/放弃（U）]:↓

5. Mirror(镜像)命令

键盘输入:Mirror 或 Mi

或单击工具栏中的图标

举例:

命令:Mirror↓

选择对象:　　　　　　　　　　　　　　（选择要镜像的实体）

选择对象:↓

指定镜像线的第一点:　　　　　　　　　（在镜像线上取一点）

指定镜像线的第二点:　　　　　　　　　（在镜像线上再取另一点）

是否删除源对象?[是（Y）/否（N）]<N>:↓　　（保留源对象）

6. Break(打断)命令

键盘输入:Break 或 Br

或单击工具栏中的图标

举例 1(如图 10-13 打断):

命令:Break↓

_Break 选择对象:　　　　　　　　　　（用鼠标选取 P1 点）

指定第二个打断点或[第一点（F）]:　　　（用鼠标选取 P2 点）

图 10-13　打断

举例 2 :

命令:Break↓

_Break 选择对象:　　　　　　　　　　（用鼠标选取 P1 点）

指定第二个打断点或[第一点（F）]:F↓

指定第一个打断点:　　　　　　　　　　（重新用鼠标选取第一个打断点）

指定第二个打断点:　　　　　　　　　　（用鼠标选取第二个打断点）

7. Fillet(圆角)命令

键盘输入:Fillet 或 F

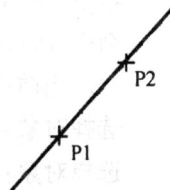

或单击工具栏中的 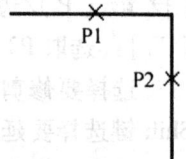 图标

举例1(设置半径值):

命令:Fillet↓

当前设置:模式=修剪,半径=0.0000

选择第一个对象或[多线段(P)/半径(R)/修剪(T)/多个(U)]:R↓

指定圆角半径<0.0000>:10↓　　　　　　　　　　(设置圆角的半径值为10)

选择第一个对象或[多线段(P)/半径(R)/修剪(T)/多个(U)]:↓

举例2(倒圆角,半径为10,如图10-14):

命令:Fillet↓

当前设置:模式=修剪,半径=10.0000

选择第一个对象或[多线段(P)/半径(R)/修剪(T)/多个(U)]:

　　　　　　　　　　　　　　　　　　　　　(选取P1点)

选择第二个对象:　　　　　　　　　　　　　(选取P2点)

图10-14　倒圆角

8. Offset(偏移)命令键盘输入:Offset 或 O

或单击工具栏中的 图标

举例(图10-15):

命令:Offset↓

指定偏移距离或[通过(T)]<通过>:10↓

选择要偏移的对象或[退出]:　　　　　　　　(选取P1点)

指定点以确定偏移所在一侧:　　　　　　　　(单击P2点或P3点)

选择要偏移的对象或[退出]:↓

图10-15　偏移

9. Rotate(旋转)命令键盘输入:Rotate 或 Ro

或单击工具栏中的 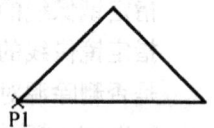 图标

举例(图10-16):

命令:Rotate↓

UCS 当前的正角方向:ANGDIR=逆时针 ANGBASE=0

选择对象:　　　　　　　　　　　　　　　　(选择图示三角形)

图10-16　旋转

选择对象:↓

指定基点:　　　　　　　　　　　　　　　　(选取P1点)

指定旋转角度或[参照(R)]:90↓

第四节　尺寸标注

尺寸标注是工程图纸的重要组成部分,它描述了图纸上的一些重要的几何信息。图形的主要作用是表达物体的形状,物体各部分的真实大小和它们之间的相对位置只能通过尺寸确定。尺寸是制造零件、装配、安装及检验的重要依据。

一、尺寸标注的类型

图10-17 显示了几种常用的尺寸标注类型。AutoCAD 2004 为用户提供了 3 种基本类型的

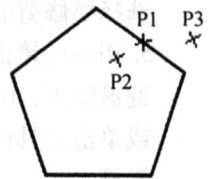

尺寸标注:线性标注、径向尺寸标注和角度标注。

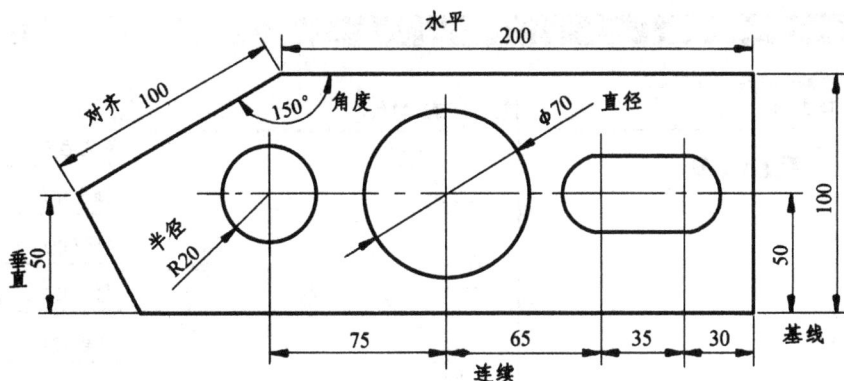

图 10-17　尺寸标注的类型

1. 线型标注

（1）水平标注　用于标注水平方向的尺寸。

（2）垂直标注　用于标注垂直方向的尺寸。

（3）对齐标注　用于标注与指定两点连线或所选直线平行的尺寸。

（4）基线标注　用于标注由某一点开始多个平行的尺寸。

（5）连续标注　用于标注多个首尾相连的尺寸。

2. 径向尺寸标注

（1）直径标注　用于标注圆或圆弧的直径尺寸。

（2）半径标注　用于标注圆或圆弧的半径尺寸。

3. 角度标注

用来标注图纸上的角度尺寸。

二、"标注"工具栏

执行"视图"/"工具栏"命令，弹出一个"工具栏"对话框，选择"标注"即可打开"标注"工具栏，如图 10-18 所示。

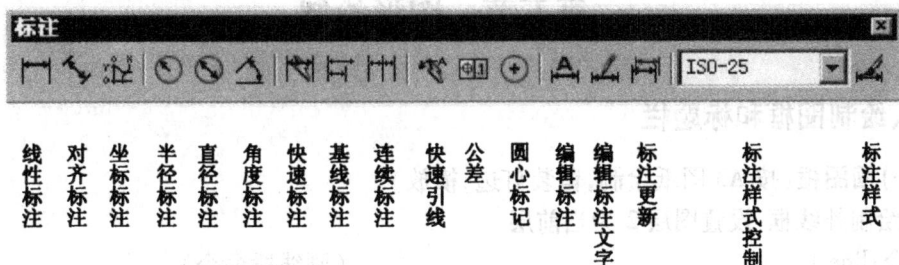

图 10-18　"标注"工具栏

三、标注样式管理器

设置标注样式是在标注样式对话框中进行的，选择"格式"/"标注样式"命令，即可打开

"标注样式管理器"对话框,如图 10-19 所示。

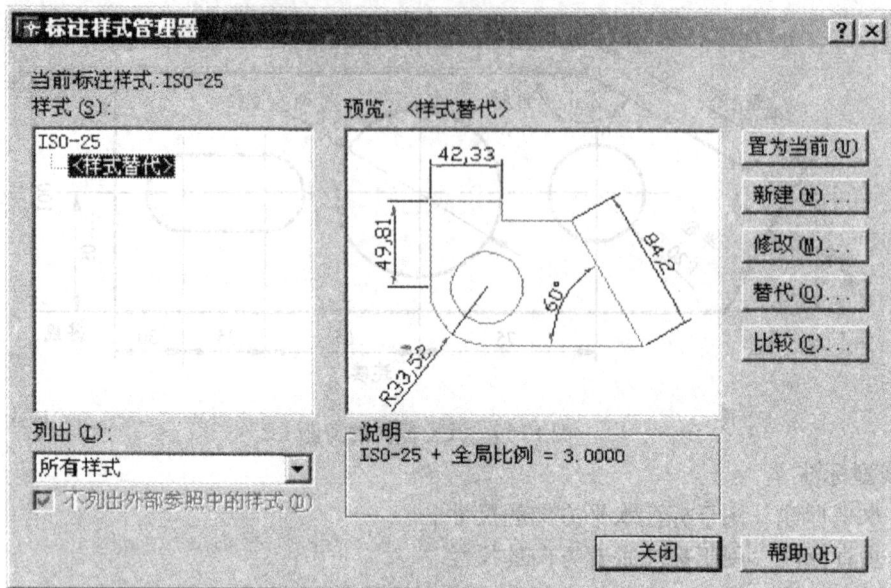

图 10-19　标注样式管理器对话框

该对话框左侧的样式列表区列出了当前可用的尺寸类型,预览区显示了当前尺寸标注的预览效果。其他按钮的含义如下:

置为当前:将选定尺寸标注类型设置为当前尺寸标注类型。

新建:单击该按钮可创建新尺寸标注类型。

修改:单击该按钮可修改选定的尺寸标注类型。

替代:单击该按钮可设置选定样式的替代样式,用来替代当前尺寸标注样式中的相应设置,这样不会改动当前所选样式中的设置。

比较:单击该按钮可打开"比较标注样式"对话框,用户可利用该对话框对当前已创建的样式进行比较并查看各自的特性。

第五节　图形绘制

一、绘制图框和标题栏

(一)画图框(按 A3 图纸绘制,留装订边,横放)

1. 绘制外线框:设置图层 2 为当前层

命令:line↓　　　　　　　　　　　　　　　　(画线段命令)

_line 指定第一点:0,0↓　　　　　　　　　　　(给出外线框左下角坐标)

指定下一点或[放弃(U)]:420,0↓　　　　　　(给出外线框右下角坐标)

指定下一点或[放弃(U)]:420,297↓　　　　　(给出外线框右上角坐标)

指定下一点或[闭合(C)／放弃(U)]:0,297↓　(给出外线框左上角坐标)

指定下一点或[闭合(C)／放弃(U)]:C↓　　　(封闭外线框)

2. 绘制内线框:设置图层 1 为当前层

命令:line↓ （画线段命令）

_line 指定第一点:25,5↓ （给出内线框左下角坐标）

指定下一点或[放弃(U)]:415,5↓ （给出内线框右下角坐标）

指定下一点或[放弃(U)]:415,292↓ （给出内线框右上角坐标）

指定下一点或[闭合(C)／放弃(U)]:25,292↓ （给出内线框左上角坐标）

指定下一点或[闭合(C)／放弃(U)]:C↓ （封闭内线框）

(二)画标题栏

为简化起见,对前面已讲述过的命令,在今后的使用中,不再给出 AutoCAD 响应提示,而只是用仿命令组文件的形式给出命令及输入参数。

1. 画标题栏外框,设置图层 1 为当前层

line:275,5↓　　275,37↓　　415,37↓

2. 标题栏内分隔线,设置图层 2 为当前层

line:275,21↓　　415,21↓

line:330,5↓　　330,37↓

line:290,5↓　　290,21↓

line:315,5↓　　315,21↓

line:275,13↓　　330,13↓

line:380,21↓　　380,37↓

line:330,29↓　　380,29↓

line:345,21↓　　345,37↓

line:360,21↓　　360,37↓

(三)写标题栏内文字

设置图层 2 为当前层:

单击工具栏中的图标,命令行提示:

指定第一角点:　　（把鼠标移到标题栏中,在需要写文字的线框左下角,单击）

指定对角点或[高度(H)/对正(J)/行距(L)/旋转(R)/样式(S)/宽度(W)]:

　　　　　　　　（拖动鼠标,在需要写文字的线框右上角,单击）

出现文字格式和标尺对话框,如图 10-20 所示,可以设定样式、字体和字高。书写文字完成后,单击对话框中的确定。

图 10-20　文字格式和标尺对话框

将上面的设置作为样板图保存下来,文件名为"A3.dwg",以后使用 A3 横放图纸时可调出使用。

二、平面图形的绘制

下面介绍如何运用 AutoCAD 2004 绘制平面图形——路徽，如图 10-21 所示，由于路徽左右完全对称，所以我们可先画出图形的一半，再用镜像(mirror)命令画出另一半。

（一）设置图层，画图框和标题栏

1. 图层设置

参看图 10-6 。本例选择 A4 图纸，竖放。

2. 在图层 1 内，画外框线

单击工具栏中的 ■（矩形）图标，命令行提示：

指定第一个角点或[倒角(C)/标高(E)/圆角(F)/厚度(T)/宽度(W)]:0,0↓

指定另一个角点或[尺寸(D)]:210,297↓

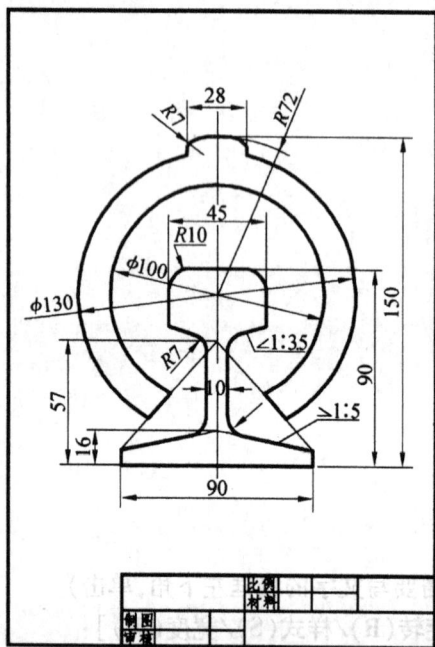

图 10-21 路徽

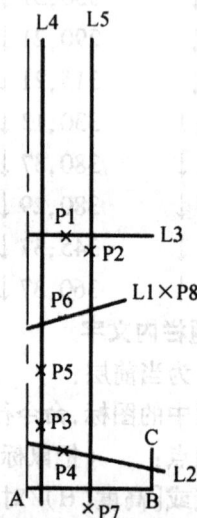

图 10-22 画中心线及确定其他图线位置

3. 在图层 2 内，画内框线

单击工具栏中的 ■（矩形）图标，命令行提示：

指定第一个角点或[倒角(C)/标高(E)/圆角(F)/厚度(T)/宽度(W)]:10,10↓

指定另一个角点或[尺寸(D)]:200,287↓

（二）画中心线及确定其他图线位置（如图 10-22 所示）

将图层 4 设置为当前层：

Line:105,250↓   105,85↓   （画中心线）

将图层 1 设置为当前层：

Line:105,90↓   150,90↓   150,105↓   （画线 AB、BC）

Line:105,147↓   @35,10↓   （画线 L1）

Line:105,106↓　@50,-10↓　　　　　　　（画线 L2）

Line:110,250↓　110,85↓　　　　　　　（画线 L4）

Line:127.5,250↓　127.5,85↓　　　　　　（画线 L5）

单击工具栏中的▓图标(偏移)：

指定偏移距离或[通过(T)]<10.0000>:90↓　　（画线 L3）

选择要偏移的对象或<退出>:在 AB 上任取一点

指定点以确定偏移所在一侧:在 AB 的上方任取一点

选择要偏移的对象或<退出>:↓

(三)对已画出图线编辑,画出图 10-23 所示图形(命令中点的选择如图 10-22 所示)

单击工具栏中的▓图标(圆角)：

当前设置:模式=修剪,半径=0.0000

选择第一个对象或[多线段(P)/半径(R)/修剪(T)/多个(U)]:R↓
　　　　　　　　　　　　（设置半径 R10）

指定圆角半径<0.0000>:10↓

选择第一个对象或[多线段(P)/半径(R)/修剪(T)/多个(U)]:↓

命令:fillet↓　　　　　（画 R10 的圆弧）

当前设置:模式=修剪,半径=10.0000

选择第一个对象或[多线段(P)/半径(R)/修剪(T)/多个(U)]:

用鼠标选取 L3 上标记点 P1

选择第二个对象:用鼠标选取 L5 上标记点 P2

命令:fillet↓　　　　　（画 R10 的圆弧）

当前设置:模式=修剪,半径=10.0000

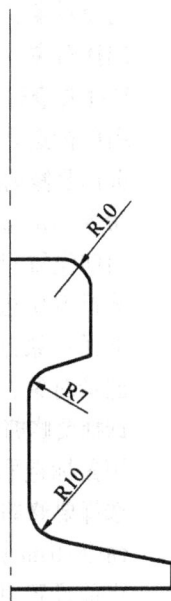

图 10-23　图形

选择第一个对象或[多线段(P)/半径(R)/修剪(T)/多个(U)]:

用鼠标选取 L4 上标记点 P3

选择第二个对象:用鼠标选取 L2 上标记点 P4

命令:fillet↓

当前设置:模式=修剪,半径=10.0000

选择第一个对象或[多线段(P)/半径(R)/修剪(T)/多个(U)]:R↓　　（设置半径 R7）

指定圆角半径<10.0000>:7↓

选择第一个对象或[多线段(P)/半径(R)/修剪(T)/多个(U)]:↓

命令:fillet↓　　　　　　　　　　　（画 R7 的圆弧）

当前设置:模式=修剪,半径=7.0000

选择第一个对象或[多线段(P)/半径(R)/修剪(T)/多个(U)]:用鼠标选取 L1 上标记点 P6

选择第二个对象:用鼠标选取 L4 上标记点 P5

单击工具栏中的▓图标(修剪)：(对 L2 及 BC 上多余部分进行修剪)

当前设置:投影=UCS,边=无

选择剪切边……

选择对象:在 L2 上任取一点

选择对象：↓

选择要修剪的对象,或按住 Shift 键选择要延伸的对象,或[投影(P)/边(E)/放弃(U)]：
在 BC 上(L2 之上,靠近 C 点)任取一点

选择要修剪的对象,或按住 Shift 键选择要延伸的对象,或[投影(P)/边(E)/放弃(U)]：↓

命令：trim↓

当前设置：投影 = UCS,边 = 无

选择剪切边……

选择对象：用鼠标选取 BC

选择对象：↓

选择要修剪的对象,或按住 Shift 键选择要延伸的对象,或[投影(P)/边(E)/放弃(U)]：
用鼠标选取 L2 上 BC 右侧的点

选择要修剪的对象,或按住 Shift 键选择要延伸的对象,或[投影(P)/边(E)/放弃(U)]：↓

命令：trim↓

当前设置：投影 = UCS,边 = 无

选择剪切边……

选择对象：用鼠标选取 L5 下部分

选择对象：↓

选择要修剪的对象,或按住 Shift 键选择要延伸的对象,或[投影(P)/边(E)/放弃(U)]：
用鼠标选取 L1(L5 右侧)

选择要修剪的对象,或按住 Shift 键选择要延伸的对象,或[投影(P)/边(E)/放弃(U)]：↓

命令：trim↓

当前设置：投影 = UCS,边 = 无

选择剪切边……

选择对象：用鼠标选取 L1

选择对象：↓

选择要修剪的对象,或按住 Shift 键选择要延伸的对象,或[投影(P)/边(E)/放弃(U)]：
用鼠标选取 L5(L1 以下)

选择要修剪的对象,或按住 Shift 键选择要延伸的对象,或[投影(P)/边(E)/放弃(U)]：↓

(四)画外围圆弧(如图 10-24 所示)

将图层 1 设置为当前层：

单击工具栏中的◎图标(画 R72 圆)：

_circle 指定圆的圆心或[三点(3P)/两点(2P)/相切、相切、半径(T)]：105,168↓
(R72 圆心坐标)

指定圆的半径或[直径(D)]：72↓　　　　　　　(输入圆半径)

命令：circle↓　　　　　　　　　　　　　(画 φ130 圆)

_circle 指定圆的圆心或[三点(3P)/两点(2P)/相切、相切、半径(T)]：cen↓
(与 R72 圆同心)

把鼠标移到 R72 圆上的 P9 点,单击

指定圆的半径或[直径(D)] < 72.0000 > :d↓　　(用直径确定圆的大小)

指定圆的直径＜144.0000＞:130↓　　　　　　　　（输入直径值）

用画 φ130 圆同样的方法画出 φ100 的圆,并画直线 L6、倒顶部圆角 R7,操作步骤如下:

命令:circle↓

_circle 指定圆的圆心或[三点(3P)/两点(2P)/相切、相切、半径(T)]:cen↓

　　　　　　　　　　　　　　　　　　（与 R72 圆同心）

把鼠标移到 R72 圆上的 P9 点,单击

指定圆的半径或[直径(D)]＜65.0000＞:d↓　　　（用直径确定圆的大小）

指定圆的直径＜130.0000＞:100↓　　　　　　　（输入直径值）

Line:119,250↓　　119,210↓　　　　　　　　　（画直线 L6）

Fillet:用鼠标选取 P9 点,用鼠标选取 P10 点,（执行该命令后画出顶部的 R7 圆弧,而直线 L6 上部被修剪,如图 10-22 所示）。

为了便于对路徽的顶部进行编辑修改,将该部分放大,如图 10-25 所示。

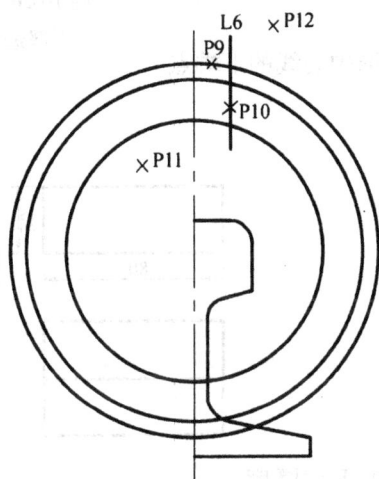

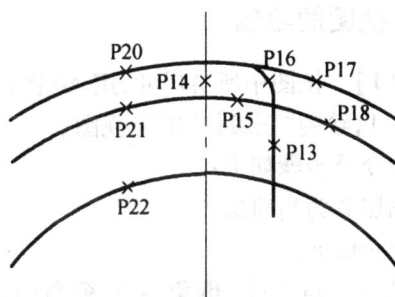

图 10-24　画外围圆弧　　　　　　图 10-25　路徽顶部放大图
　　　　　　　　　　　　　　　　　　　　（对图形进行缩放）

命令:Zoom↓

[全部(A)/中心点(C)/动态(D)/范围(E)/上一个(P)/比例(S)/窗口(W)]＜实时＞:W↓

指定第一个角点:用鼠标单击 P11 点

指定对角点:选取 P12 点

以下命令组中点的选取如图 10-25 所示。

Trim:选 P13点　选 P14点↓　选 P15点↓

Trim:选 P16点　选 P14点↓　选 P17点↓

Trim:选 P18点↓　选 P13点↓

Trim:选 P14 点↓　选 P20 点　选 P21点　选 P22 点↓

恢复前一次的图形显示状态,如图 10-26 所示。

命令:Zoom↓

[全部(A)/中心点(C)/动态(D)/范围(E)/上一个(P)/比例(S)/窗口(W)]＜实时＞:P↓

　　　　　　　　　　　　　　　　　　（恢复前一次的图形显示状态）

对路徽下部进行修剪,操作如下:

Line:105,147↓　打开对象捕捉,选取 P 23 点↓　（画 P 26 P 23 两点所在直线）

Trim:选 P 24 点　选 P 25 点　选 P 26 点↓　选 P 27 点　选 P 28 点
　　　选 P 29 点　选 P 26 点↓

此时,右半边图形已画出,用镜像命令画出左半部分图形。

单击工具栏中的 图标(镜像):

选择对象:c↓

指定第一个角点:选取 P 30 点

指定对角点:选取 P 31 点

选择对象:↓

指定镜像线的第一点:选取中心线上任一点(打开对象捕捉,选取中心线的上端点)

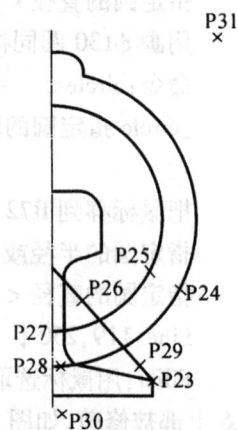

图 10-26　对路徽
下部进行修剪

指定镜像线的第二点:选取中心线上任一点(选取中心线的下端点)

是否删除源对象?〔是(Y)/否(N)〕<N>:↓

最后用 save 命令将图形保存下来。

三、三视图的绘制

【例 10-1】　按图中所给尺寸,用 A4 图幅,
比例 1:1,绘制"三棱柱"的三视图。

画图命令及步骤如下:

设置图层 2 为当前层:

命令:Rectang↓

指定第一个角点或〔倒角(C)/标高(E)/圆角(F)/厚度
(T)/宽度(W)〕:0,0↓

指定另一个角点或〔尺寸(D)〕:297,210↓　　（画 A4 图纸外框线）

设置图层 1 为当前层:

命令:Rectang↓

指定第一个角点或〔倒角(C)/标高(E)/圆角(F)/厚度(T)/宽度(W)〕:25,5↓

指定另一个角点或〔尺寸(D)〕:292,205↓　　（画 A4 图纸内框线）

Line:152,5↓　@0,32↓　@140,0↓　　　　（画标题栏）

Line:70,140↓　@80,0↓　@0,30↓　@ -80,0↓ C↓　　　（画主视图）

Line:70,85↓　@0,25↓　@80,0↓　@0, -25↓　@ -80,0↓　@0, -25↓
　　@80,0↓　@0,25↓↓　　　　　（画俯视图）

Line:170,140↓　@50,0↓　@ -25,30↓ C↓　　　（画左视图）

绘制的三棱柱的三视图如图 10-27 所示。

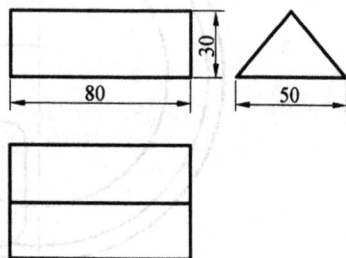

图 10-27　三棱柱的三视图

四、剖视图的绘制

下面以图 10-28 剖视图为例,介绍 AutoCAD2004 画剖视图的步骤。

1. 画出 A4 图纸的图框线

外框线细实线(图层 2 为当前层):

Rectang:0,0↓　　210,297↓

内框线粗实线(图层 1 为当前层):

Rectang:10,10↓　　200,287↓

画标题栏,参看本章第四节中的一、"绘制图框和标题栏"。

2. 画中心线,确定画图位置

设置图层 4 为当前层。

画主要的中心线:

Line:125,178↓　　125,216↓↓

Line:125,162↓　　125,114↓↓

Line:63,140↓　　147,140↓↓

Line:114,202↓　　136,202↓↓

确定俯视图中各圆的圆心,即画中心线:

Line:75,120↓　　75,140↓↓

Line:75,145↓　　75,155↓↓

Line:95,125↓　　95,135↓↓

Line:95,140↓　　95,160↓↓

Line:70,150↓　　80,150↓↓

Line:84,150↓　　106,150↓↓

Line:65,130↓　　85,130↓↓

Line:90,130↓　　100,130↓↓

Line:75,178↓　　75,194↓↓

Line:95,178↓　　95,194↓↓

3. 画主、俯视图中的 11 个圆

设置图层 1 为当前层。

Circle:125,202↓ 8↓

Circle:125,202↓ 4↓

Circle:125,140↓ 20↓

Circle:125,140↓ 12↓

Circle:125,140↓ 8↓

Circle:75,150↓ 3↓

Circle:95,150↓ 8↓

Circle:95,150↓ 4↓

Circle:75,130↓ 8↓

Circle:75,130↓ 4↓

Circle:95,130↓ 3↓

4. 用 Line 命令画直线,结果如图 10-29 所示

Line:125,160↓　　65,160↓　　65,120↓　　116,120↓↓

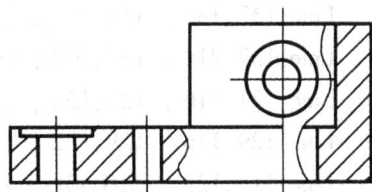

图 10-28　剖视图

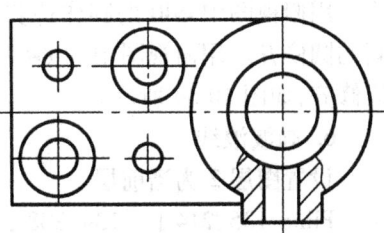

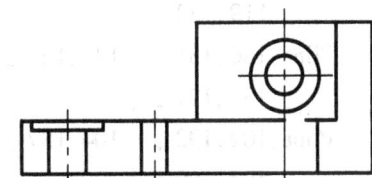

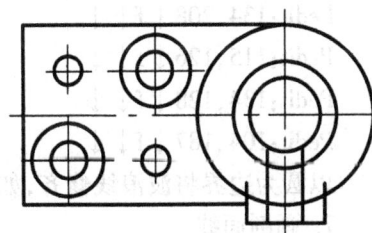

图 10-29　画直线结果

Line:145,180↓　145,214↓　105,214↓　105,192↓↓
Line:125,192↓　65,192↓　65,180↓　145,180↓↓
Line:92,180↓　92,192↓↓
Line:98,180↓　98,192↓↓
Line:71,180↓　71,190↓↓
Line:79,180↓　79,190↓↓
Line:67,192↓　67,190↓　83,190↓　83,192↓↓
Line:133,180↓　133,192↓↓
Line:137,214↓　137,192↓130,192↓↓
Line:121,116↓　121,132↓↓
Line:129,116↓　129,132↓↓
Line:116,125↓　116,116↓134,116↓134,125↓↓

5. 修剪

用俯视图中 φ40 的圆作边界,将内侧的线段和线段之间的圆修齐。用俯视图中的 φ40 的圆作边界,将内侧的直线修齐,如图 10-30 所示。

6. 画波浪线

设置图层 2 为当前层。
Pline:135,214↓　134,208↓　136,202↓
　　　134,196↓　130,192↓　131,180↓↓
Pline:111,123↓　115,126↓　115,129↓
　　　119,132↓↓
Pline:130,131↓　134,128↓　134,125↓
　　　137,121↓↓
Pline:102,192↓　104,187↓　102,183↓
　　　104,180↓↓
Pedit:134,208↓f↓↓
Pedit:115,126↓f↓↓
Pedit:134,128↓f↓↓
Pedit:104,187↓f↓↓

以圆为边界将波浪线修齐,如图 10-31 所示。

图 10-30 修剪结果

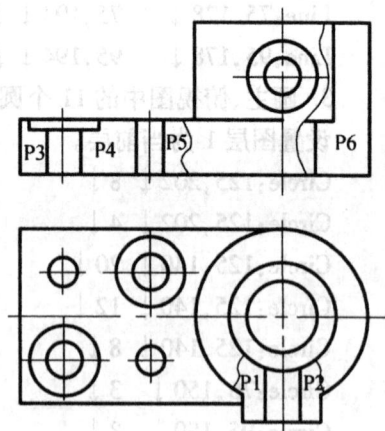

图 10-31 修文波浪线

7. 画剖面线

单击工具栏中的 ▨ 图标(图案填充):出现图 10-32 边界图案填充对话框。在"图案"栏内,单击"图案"按钮,弹出一个"填充图案选项板"对话框,选择一种图案,本例选择 ANSI31,并单击"确定"按钮。在"边界图案填充"栏内单击"拾取点"按钮,此时命令行提示:选择内部点,单击图 10-31 中的 P1、P2、P3、P4、P5、P6 ,回车,结束填充区域的选择,单击"确定"按钮,完成图案填充,如图 10-28 所示。

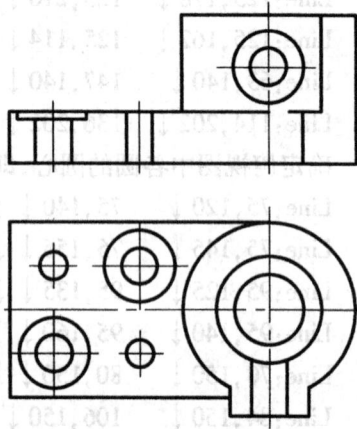

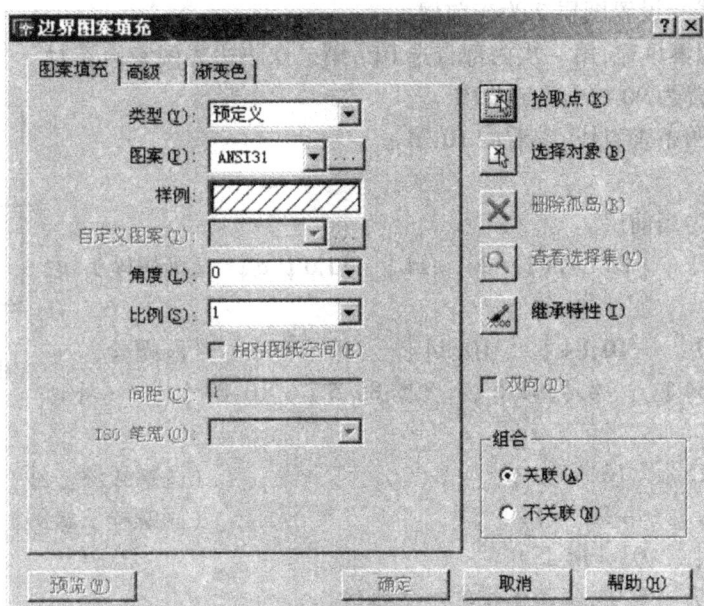

图 10-32　边界图案填充对话框

五、简单装配图的绘制

【例 10-2】　用 M20 的六角头螺栓连接厚度分别为 30mm 和 30mm 的两块钢板（图 10-33 螺栓连接）。

1. 画中心线,确定画图位置

设置图层 4 为当前层。

Line：75,2↓　　75,110↓↓

2. 画出二块钢板

(1)确定用户坐标系(简化作图)

命令：UCS↓　N(新建坐标系)↓　75,20↓

(将此点设为用户坐标系的原点)

(2)画三条水平线　设置图层 1 为当前层。

Line：-31,60↓ 31,60↓↓

Line：-31,30↓ 31,30↓↓

Line：-31,0↓ 31,0↓↓

(3)画四条垂直线(其中两块钢板上孔的直径：$d0 = 1.1d$)

Line：-31,0↓　-31,60↓↓

Line：-11,0↓　-11,60↓↓

Line：11,0↓　　11,60↓↓

Line：31,0↓　　31,60↓↓

两侧的线是为画剖面线准备的。

(4)修剪 Trim　用内侧的两条垂直线作剪切边,将孔内的横线剪掉。

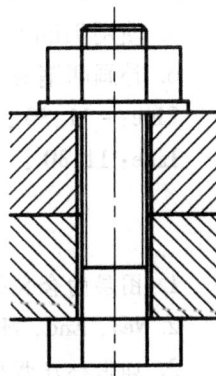

图 10-33　螺栓连接

（5）画剖面线　设置图层 2 为当前层。

用 ANSI31 图案填充，第一次内部点选 P1，第二次将边界图案填充对话框中的角度设置为 90，内部点选 P2。

擦除外侧的两条垂直线，参看图 10-34。

3. 画螺栓

设置图层 1 为当前层。

Pline：－20,0↓　　－20,－14↓　20,－14↓　20,0↓ c↓（画螺栓头，取厚度为 0.7d）

Pline：－10,0↓　　－10,84↓　　10,84↓　　10,0↓↓（画螺栓）

Pline：－10,84↓　　－8.5,85.5↓　8.5,85.5↓　10,84↓↓（补画倒角线）

Pline：－10,15↓　10,15↓↓（画螺纹终止线）

Pline：－10,0↓　　－10,－14↓↓（画螺栓头棱线）

Pline：10,0↓　10,－14↓↓

设置图层 2 为当前层，画两条细实线的螺纹。

Line：－8.5,15↓－8.5,85.5↓↓

Line：8.5,15↓　8.5,85.5↓↓

4. 画垫圈、螺母

画螺母，取厚度为 0.8d，画垫圈，直径为 2.2d，厚度为 0.15d。

设置图层 1 为当前层。

Line：－22,60↓　－22,63↓　　22,63↓　　22,60↓↓（画垫圈）

Line：－10,60↓ 10,60↓↓

Line：－20,63↓　－20,79↓　20,79↓　20,63↓↓（画螺母）

5. 使用 Trim 修剪垫圈、螺母内的多余线

6. 补画两钢板之间，螺栓不能遮挡的图线

Line：－11,30↓　－10,30↓↓

Line：11,30↓　10,30↓↓

思　考　题

1. 图层的含义是什么？ByLayer 是什么意思？

2. Nea, End, Mid, Cen, Int, Tan, Per 是绘图命令吗？能否单独使用？

3. 如何标注带极限偏差的尺寸？

4. 练习本章介绍的各种绘图、修改和尺寸标注命令的用法，体会各选项的含义。

5. 根据你的专业特点，设计并绘制一个图形。

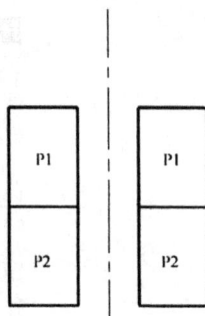

图 10-34　剪掉孔内横线

附　　录

附录A　国家标准的基本规定

《技术制图》、《机械制图》国家标准是工程技术人员必须熟练掌握、严格遵守的准则。本附录介绍最基本、最常用的部分国家标准。

国家标准简称"国标",代号为"GB",斜杠后的字母表示标准属性,其后的数字为标准号,由顺序和发布的年代号组成,如表示比例的标准代号为:GB/T 14690—1993,其中 T 表示推荐性标准。

一、图纸幅面及格式（GB/T 14689—1993 等效采用 ISO5457—1980）

1. 图纸幅面

绘制图样时,应优先采用附表 A-1 中规定的基本幅面。

附表 A-1　图纸幅面　　　　　　　（单位:mm）

幅面代号	A0	A1	A2	A3	A4
$B \times L$	841×1189	594×841	420×594	297×420	210×297
e	20			10	
c	10			5	
a	25				

2. 图框格式

图框格式分为不留装订边和留装订边两种。如附图 A-1 所示,周边尺寸 a、c、e 见附表 A-1。

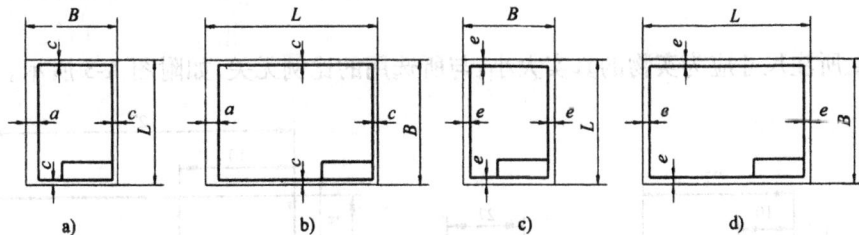

附图 A-1　图框的格式

3. 标题栏

每张图纸必须画出标题栏,装配图还应有明细栏。标题栏的格式和尺寸由 GB 10609.1—1989 规定,学生的制图作业可采用简化格式,如附图 A-2 所示。

附图 A-2　简化的标题栏

二、比例（GB/T 14690—1993 等效采用 ISO 5455—1979）

比例指图样中图形与其实物相应要素的线性尺寸之比。比例应在附表 A-2 规定的系列中选取，一般应采用原值比例。

附表 A-2　比例

种类		比例
优先采用	原值比例	1:1
	放大比例	5:1　　2:1 $5 \times 10^n:1$　$2 \times 10^n:1$　$1 \times 10^n:1$
	缩小比例	1:2　　1:5　　1:10 $1:2 \times 10^n$　$1:5 \times 10^n$　$1:1 \times 10^n$
必要时采用	放大比例	4:1　　　　2.5:1 $4 \times 10^n:1$　$2.5 \times 10^n:1$
	缩小比例	1:1.5　　　1:2.5　　　1:3　　　1:4　　　1:6 $1:1.5 \times 10^n$　$1:2.5 \times 10^n$　$1:3 \times 10^n$　$1:4 \times 10^n$　$1:6 \times 10^n$

注：n 为正整数

绘制同一机件的各个视图应采用相同的比例，当某个视图需要采用不同的比例时，必须另行标注。

图样上所注尺寸应为实物的真实大小，与所选用的比例无关，如附图 A-3 所示。

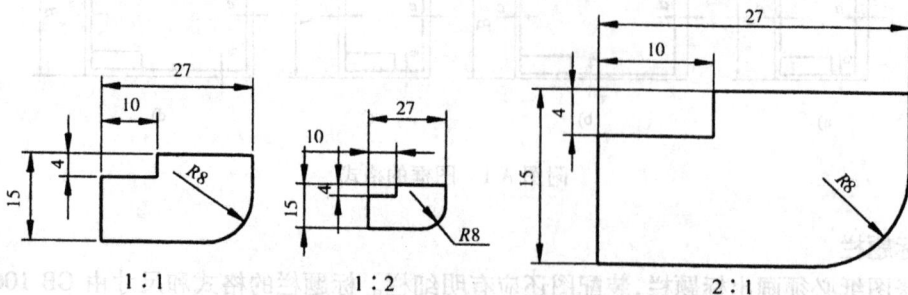

附图 A-3　用不同比例画出的同一机件的图形

三、字体（GB/T 14691—1993）

用于图样中标注或说明的字体包括汉字、数字及字母等。

图样中书写的字体必须做到：字体端正、笔画清楚、排列整齐、间隔均匀。

字体的号数，即字体的高度（用 h 表示），其尺寸系列为 1.8、2.5、3.5、5、7、10、14、20mm。如需书写更大的字，其高度应按 $\sqrt{2}$ 的比率递增。

1. 汉字

汉字应书写成长仿宋体，并采用国务院正式公布推行的简化汉字。汉字高度不应小于 3.5mm，字宽一般为 $h/\sqrt{2}$。书写汉字时应做到：横平竖直，注意起落，结构均匀，填满方格。

汉字示例：

字体端正 笔画清楚 排列整齐 间隔均匀

装 配 时 作 斜 度 深 沉 最 大 小 球 厚 直 网 纹 均 布 水 平 镀 抛
光 视 图 旋 向 转 前 后 表 面 展 开 两 端 中 心 孔 键 销 锥 齿 轮

2. 字母和数字

字母和数字分为 A 型和 B 型。A 型字体的笔画宽度为字高的 1/14，B 型字体的笔画宽度为字高的 1/10。在同一图样上，只允许选用一种型式的字体。

字母和数字可写成斜体和正体。斜体字头向右倾斜，与水平线约成 75°角。

用作指数、分数、极限偏差、注脚等的数字及字母，一般采用小一号字体。

（1）拉丁字母

大写斜体

大写正体

小写斜体

小写正体

（2）阿拉伯数字

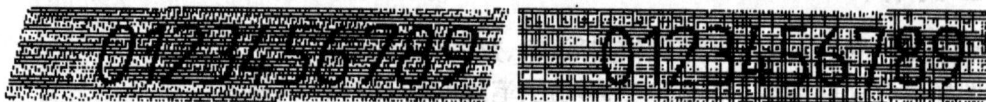

斜体　　　　　　　　　　　　　正体

四、图线（GB/T 17450—1998 及 GB 4457.4—2002）

1. 图线的型式、尺寸及应用

GB/T 17450 中规定了 15 种基本线型,即:实线、虚线、间隔画线、点画线、双点画线、三点画线、点线、长画短画线、长画双短画线、画点线、双画单点线、画双点线、双画双点线、画三点线、双画三点线。其代码为 01～15。

其线型的宽度分为粗线、中粗线和细线,宽度比率为 4:2:1。如果只采用两种图线,其线宽之比为 2:1。制图中一般常用的粗实线宽度 d 为 0.7mm 和 1mm。

机械制图中常用图线的名称、型式、宽度及用途如附表 A-3 所示。附图 A-4 为应用示例。

附表 A-3　图线的型式及应用

图线名称	图线型式	图线的宽度	图线常用应用举例
粗实线	———	d	可见轮廓线
细实线	———	$d/2$	尺寸线和尺寸界线;剖面线;重合断面的轮廓线;螺纹的牙底线及齿轮的齿根线;引出线;可见过渡线
细虚线	- - -	$d/2$	不可见轮廓线;不可见过渡线
细点画线	- · - · -	$d/2$	轴线;对称中心线;节圆及节线
细双点画线	- ·· - ·· -	$d/2$	假想轮廓线;极限位置轮廓线;轨迹线
波浪线	∿∿	$d/2$	断裂处的边界线
双折线	—/—/—	$d/2$	断裂处的边界线
粗虚线	- - -	d	允许表面处理后的表示线
粗点画线	- · - · -	d	限定范围表示线

2. 图线画法

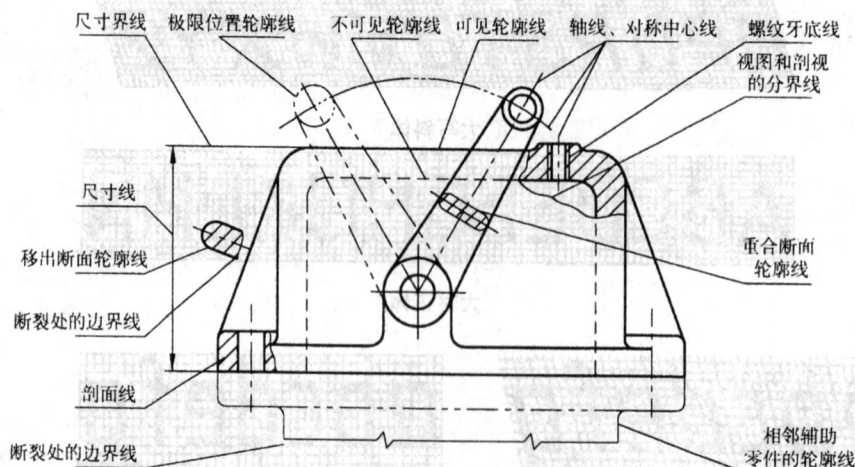

附图 A-4　各种线型应用示例

1)同一图样中同类图线的宽度应基本一致。虚线、长画短画线及长画双短画线的线段长度和间隔应各自大致相等。

2)圆的对称中心线,画法如附图 A-5a 所示。

3)两条平行线之间的距离应不小于粗实线宽度的两倍,其最小距离不得小于0.7mm。

4)细虚线及各图线相交的画法如附图 A-5b 所示。

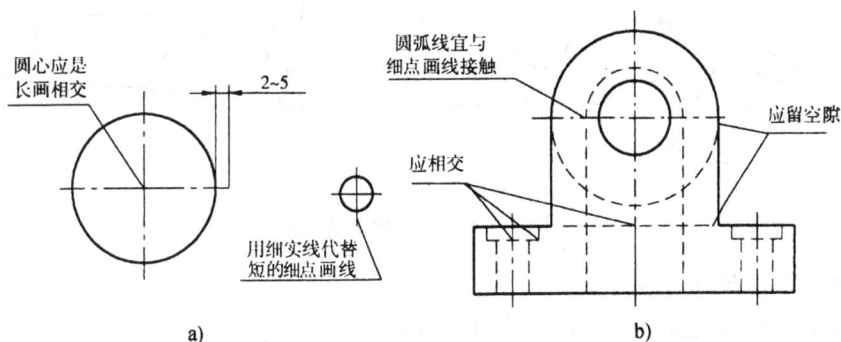

附图 A-5　图线画法

a)圆的中心线画法　b)细虚线连接处画法

五、尺寸注法(GB4458.4—2003 及 GB/T16675.2—1996)

1. 基本规则

1)机件的真实大小以图样上所注的尺寸数值为依据,与图形的大小及绘图的准确度无关。

2)图样中的尺寸以毫米为单位时不需标注计量单位的代号或名称,如采用其他单位,则必须注明相应的计量单位的代号或名称,如60°(度),m(米)等。

3)图样中所标注的尺寸为该图样所示机件的最后完工尺寸,否则应另加说明。

4)机件的每一尺寸一般只标注一次,并应标注在反映该结构最清晰的图形上。

2. 尺寸组成

一个完整的尺寸,一般包括尺寸界线、尺寸数字及尺寸线的终端,如附图A-6所示。

尺寸线的终端形式有箭头和斜线两种,如附图 A-7所示。箭头多用于机械图样,同一张图中所有箭头大小要基本一致,在地方不够的情况下,允许用圆点代替箭头。终端的另一种形式是斜线,斜线用细实线绘制。当尺寸线的终端采用斜线形式时,尺寸线与尺寸界线必须

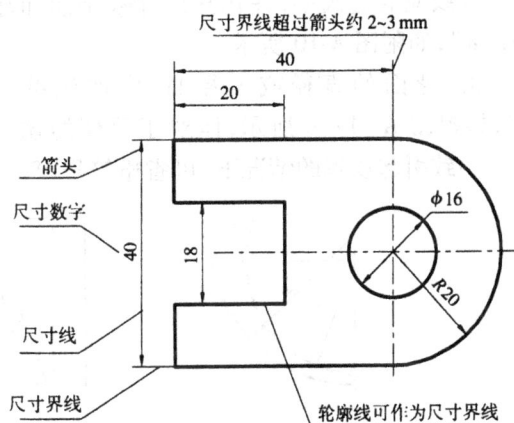

附图 A-6　尺寸的组成及标注

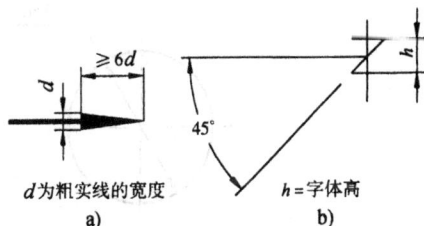

附图 A-7　尺寸线的终端

a)箭头　b)斜线

相互垂直。

尺寸数字不允许被任何图线通过,否则,必须将该图线断开。注法示例如附图 A-8 所示。

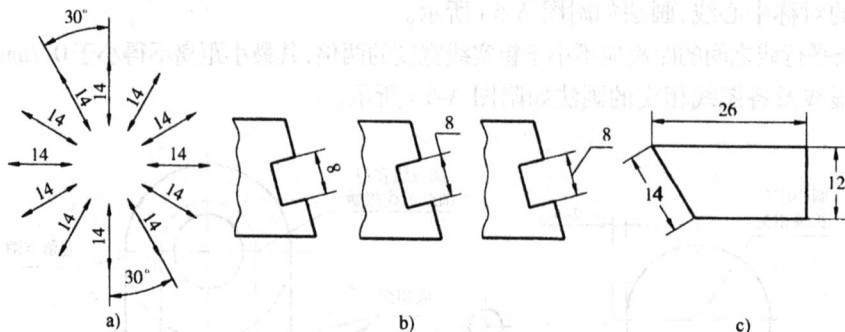

附图 A-8　尺寸数字的方向

3. 几种常见的尺寸标注形式

圆及大于半圆的圆弧应标注其直径,并在其尺寸数字前加注符号"ϕ",如附图 A-9 所示。

小于、等于半圆的圆弧一般应标注半径尺寸,尺寸线应通过圆心,并在其尺寸数字前加注符号"R",如附图 A-10 所示。

标注球面的直径或半径时,应加注符号"S",如附图 A-11a、b 所示,但对于手柄的端部等,在不致引起误解的情况下,可省略符号"S",如附图 A-11c 所示。

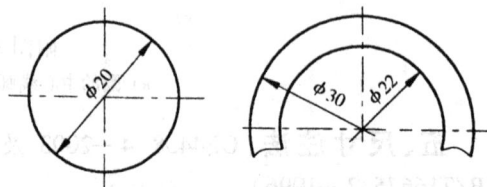

附图 A-9　圆及大于半圆的圆弧尺寸标注

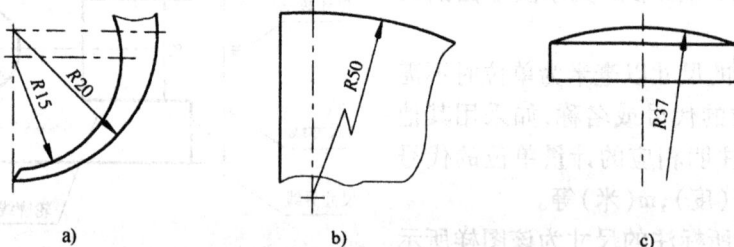

附图 A-10　小于半圆的圆弧尺寸标注

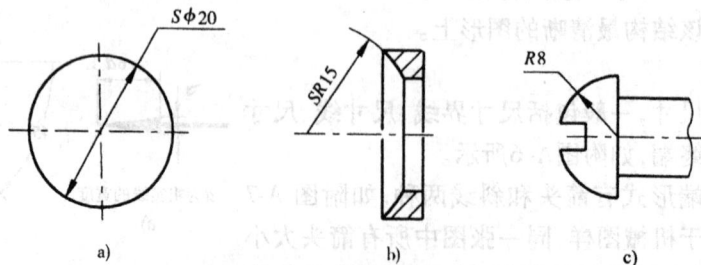

附图 A-11　球面的尺寸标注

角度尺寸标注如附图 A-12 所示。

弦长、弧长的标注如附图 A-13 所示。

小尺寸标注可按附图 A-14 形式标注。

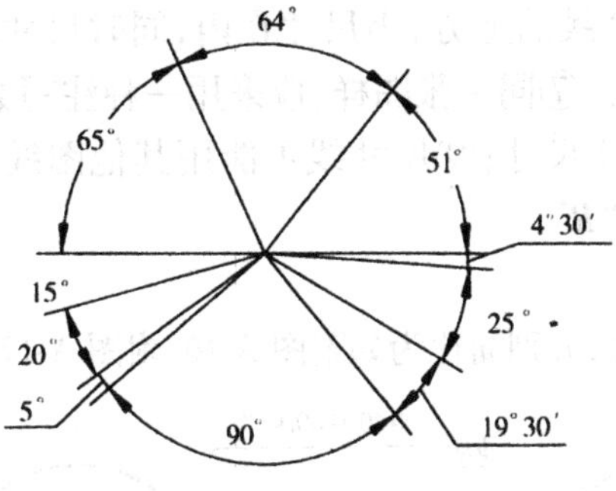

附图 A-12　角度的尺寸标注

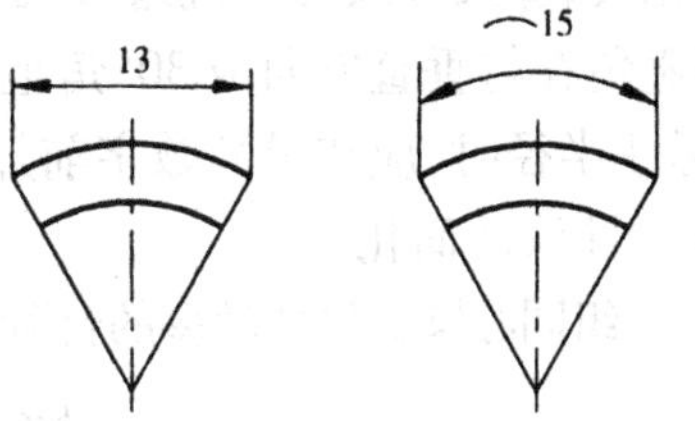

附图 A-13　弦长和弧长的尺寸标注

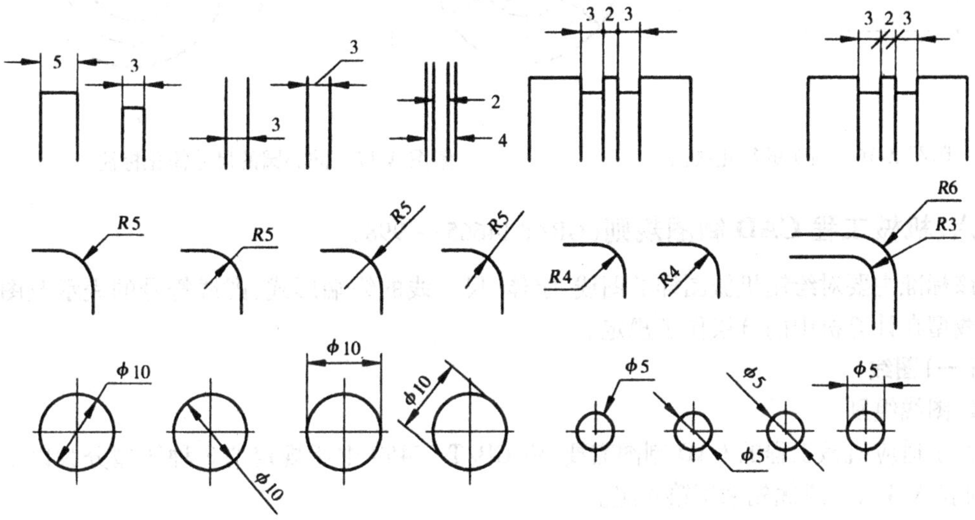

附图 A-14　小尺寸标注

4. 尺寸标注正误对比举例

如附图 A-15 所示。

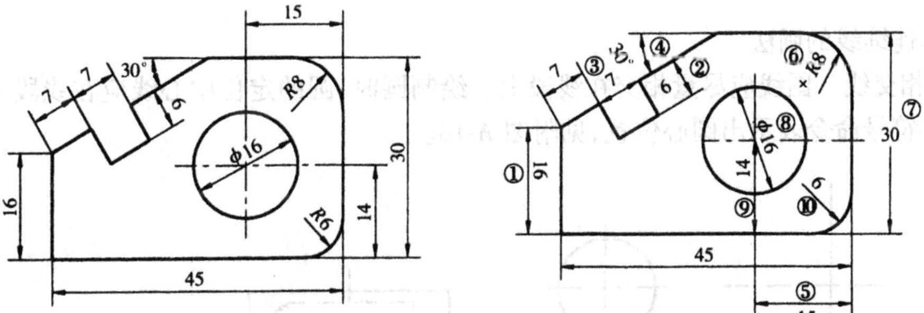

附图 A-15　平面图形尺寸标注的正误对比

a)正确　b)错误

图中,①②尺寸数字的方向不符合规定;③尺寸线不得画在轮廓线的延长线上;④角度的数字应一律水平书写;⑤尺寸数字应注写在尺寸线的上方,小尺寸在内,同时尺寸线与尺寸界线应避免相交;⑥尺寸线方向应通过圆弧的圆心;⑦同一张图样,应采用一种注写数字的方法;⑧尽可能避免在与垂直方向成30°角范围内标注尺寸;⑨尺寸线不能用其他图线代替或与其重合;⑩标注半径时,应在尺寸数字前加注符号"*R*"。

5. 尺寸注法的简化

箭头、一组同心圆或尺寸较多的台阶孔的尺寸,分别简化为如附图 A-16、附图 A-17 所示。

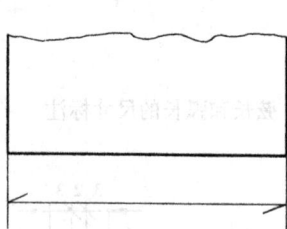

附图 A-16　箭头的简化画法

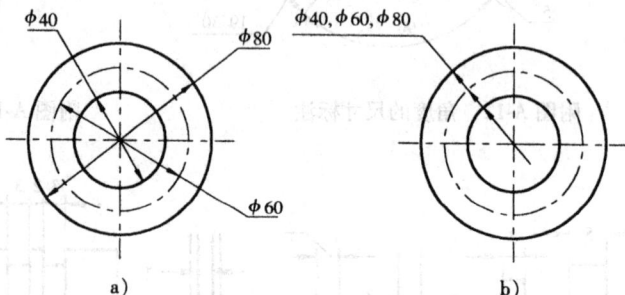

附图 A-17　同心圆的尺寸简化标注

六、机械工程 CAD 制图规则（GB/T 14665—1998）

该标准主要对绘制机械图样的图线、字体、尺寸线的终端形式,图线符号的表示及图样中各种线型在计算机中的分层作了规定。

(一)图线

1. 图线组别

为了适应机械工程的 CAD 制图需要,将 GB/T 17450 中所规定的 8 种线型分为以下几组(见附表 A-4),一般优先采用第 4 组。

附表 A-4　图线组别

组别	1	2	3	4	5	一般用途
线宽/mm	2.0	1.4	1.0	0.7	0.5	粗实线、粗点画线
	1.0	0.7	0.5	0.35	0.25	波浪线、双折线、细虚线、细点画线、细双点画线、细实线

2. 非连续线的画法

(1)相交线　图线应尽量相交在线段上。绘制圆时,圆的定位中心线应在线段上相交,或使用圆心符号命令表示出圆心位置,见附图 A-18。

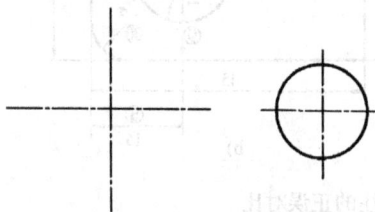

附图 A-18　相交线的画法

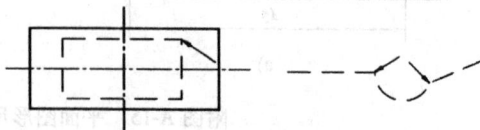

附图 A-19　接触与连接线

(2)接触与连接线和转弯线的画法　图线在接触与连接或转弯时应尽可能在线段上相连,见附图 A-19。

3. 图线的颜色

屏幕上显示图线,一般应按附表 A-5 中提供的颜色显示,并要求相同类型的图线应采用同样的颜色。

附表 A-5　图线的颜色

图线类型		屏幕上的颜色
粗实线	A	绿色
细实线	B	白色
波浪线	C	白色
双折线	D	
细虚线	F	黄色
细点画线	G	红色
粗点画线	I	棕色
双点画线	K	粉色

(二)字体

机械工程的 CAD 制图所使用的字体,应按 GB/T 13362.4 ~ 5 中的要求,字体与图纸幅面之间的选用关系参见附表 A-6。

附表 A-6　字体

图幅 字体 h	A0	A1	A2	A3	A4
汉字	5			3.5	
字母与数字					

h = 汉字、字母和数字的高度

数字、字母一般应以斜体输出,汉字在输出时一般采用正体。

(三)尺寸线的终端形式

机械工程的 CAD 制图所使用的尺寸线的终端形式(箭头)有附图 A-20 所示几种供选用,其具体尺寸比例一般参照 GB4458.4 中的有关规定。

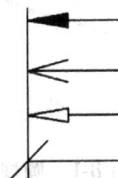

附图 A-20　尺寸线的终端形式

附录 B　绘图工具和仪器的使用方法

一、图板、丁字尺、三角板

画法略。

二、铅笔

绘图常用 B、HB、H、2H 的绘图铅笔。字母 B、H 表示铅芯的软硬，B 越多表示铅芯越软，H 越多表示铅芯越硬。根据图线粗细不同，使用铅笔的软硬也不同。一般多用 H 或 2H 的铅笔打底稿，用 H 或 HB 的铅笔来写字，用 HB 或 B 的铅笔来描深图线。

铅笔的铅芯可削成圆锥状或矩形，锥形用于写字和画细实线，矩形用于画粗实线。另外，铅笔在使用时要经常在砂纸上修磨，以保持笔的使用宽度。

三、圆规和分规

1. 圆规

圆规有两条腿，一条腿具有肘形关节，可装置不同的插脚，另一条为固定腿，装有钢针。

圆规两腿并拢时，圆规的针尖略长于铅芯，这样才能画小圆，并避免在画图中出现打滑现象。当画较大的圆时，圆规的针角和铅芯均应保持与纸面垂直，如附图 B-1 所示。

圆规铅笔芯应比绘图铅笔芯软一号。当画底稿时，圆规针脚上的针用普通针尖；描深时，应换用带支承面的小针尖，以避免针尖插入图板过深。

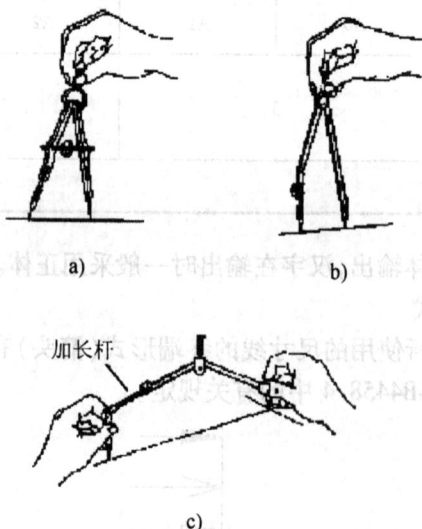

加长杆

附图 B-1　圆规的用法
a) 画小圆　b) 画较大的圆　c) 用加长杆画大圆

2. 分规

分规是用来量取和分割线段的工具。分规的两个针尖应调整得一样长,并使两针尖合拢时能成为一点。附图 B-2·所示是分规试分线段的用法。

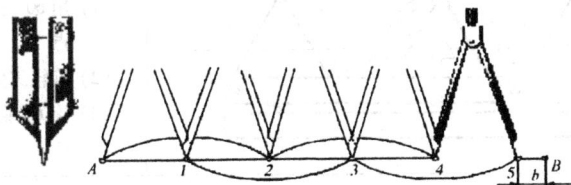

附图 B-2　用试分法等分线段

四、比例尺

常见比例尺如附图 B-3 所示。

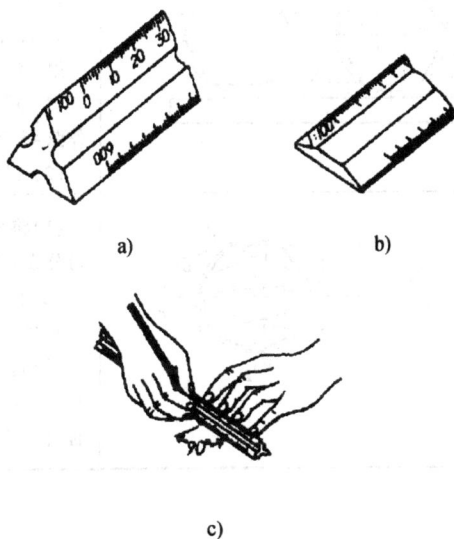

a)　　　　　　　b)

c)

附图 B-3　比例尺
a)三棱式　b)板式　c)用比例尺量尺寸

比例尺上都标明了刻度的比例,每一种刻度常用于不同的比例。如比例尺上 1:2 的比例,可用于 1:20 的比例,也可用于 1:200 的比例。

用比例尺可直接得出绘图尺寸,省去计算的麻烦。

附录 C　几何作图

一、等分圆周及正多边形的画法

等分圆周,然后,依次连接各等分点可绘出正多边形。其方法和步骤如附表 C-1 所示。

附表 C-1　正多边形画法

等　分		作　图　步　骤	说　　明
三等分	内接正三角形	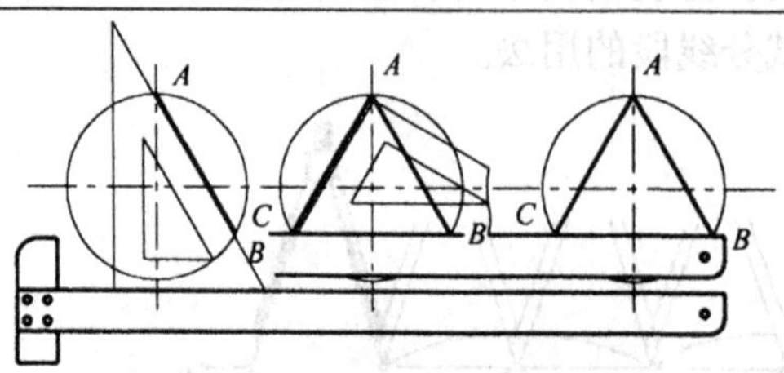	(1) 用60°三角板过 A 点画60°斜线交 B 点 (2) 旋转三角板,同法画60°斜线交 C 点 (3) 连 BC 则得正三角形
五等分	内接正五边形	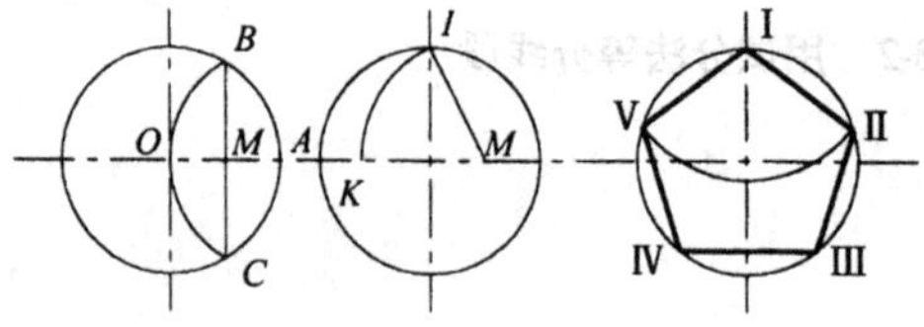	(1) 以 A 点为圆心,OA 为半径,画弧交圆于 B、C,连 BC 得 OA 中点 M (2) 以 M 为圆心,MI 为半径画弧得交点 K (3) 用 IK 长自 I 起截圆周得点 II、III、IV、V,依次连接,即得五边形
六等分	内接正六边形	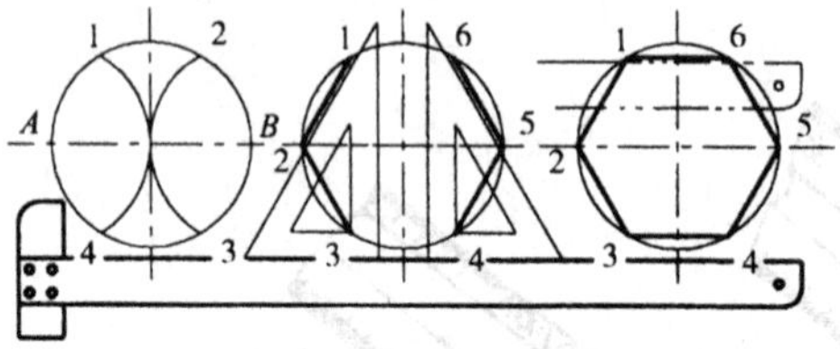	第一法: 以 A 或 B 为圆心,原圆半径为半径,截圆于 1、2、3、4,即得圆周六等分 第二法: (1) 用60°三角板自 2 作弦 21,右移自 5 作弦 45,旋转三角板作 23、65 两弦 (2) 以丁字尺连接 16、34,即得正六边形
七等分	以内接正七边形为例	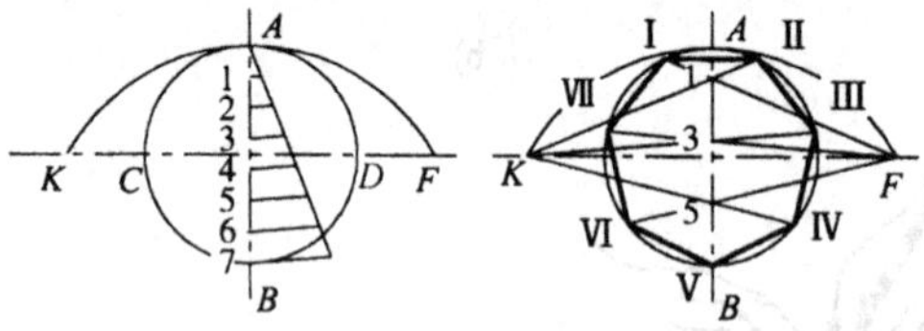	(1)将直线 AB 分为七等分(若作 n 边形,可分成 n 等分) (2) 以 B 为圆心,AB 为半径,画弧交 CD 延长线于 K 及 F 点 (3) 自 K 和 F 与直径上奇数点(或偶数点)连线,延长至圆周,即得各分点 I、II、III、IV、V、VI、VII

二、斜度和锥度

1. 斜度

斜度是指一直线(或平面)对另一直线(或平面)的倾斜程度。其大小用它们夹角的正切来表示,但制图中常用 $1:n$ 的形式表示,即斜度 $= \tan\alpha = H:L = 1:L/H = 1:n$。斜度符号中斜线的方向应与斜度方向一致。斜度符号及标注方法如附图 C-1 所示。

根据已知斜度作图,其方法如附图 C-2 所示。

1)画基准线,从末端作垂线取一个单位长,在基准线上取 10 个相同的单位长,两端点连线得已知斜度的直线。

2)过已知点作斜度线的平行线。

3)根据其他给出尺寸完成槽钢断面的作图。

2. 锥度

锥度是指正圆锥体底圆直径与其高度之比,或圆锥台两底圆直径之差与其高度之比。如

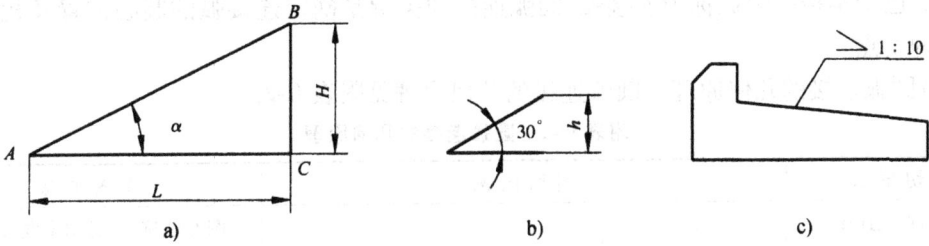

附图 C-1　斜度及其符号

a）斜度的表示　b）斜度符号　c）斜度的标注

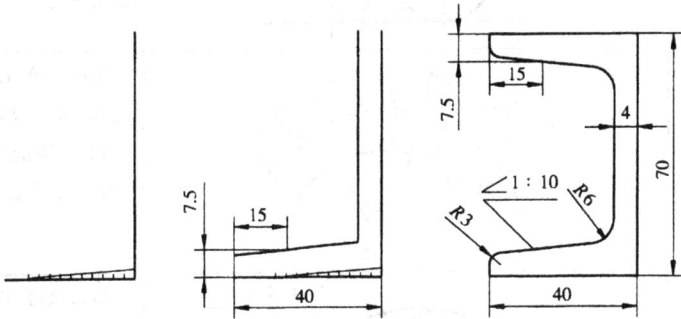

附图 C-2　斜度作图示例

附图 C-3 所示，锥度 $= D/L = (D-d)/l = 2\tan\alpha$，其中 α 为锥顶角之半。在图样中一般用 $1:n$ 的形式表示锥度的大小。锥度符号的方向应与锥度方向一致，同时该符号应配置在基准线上，基准线应通过引出线与圆锥的轮廓线相连且与圆锥的轴线平行。已知圆锥台大端直径 $\phi30\mathrm{mm}$，锥台高度 45mm，锥度为 $1:2.5$，其作图过程见附图 C-4。

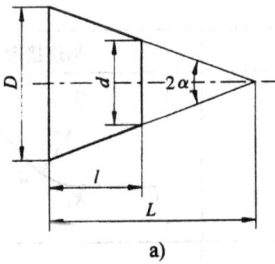

附图 C-3　锥度及其符号

a）锥度的表示　b）锥度符号

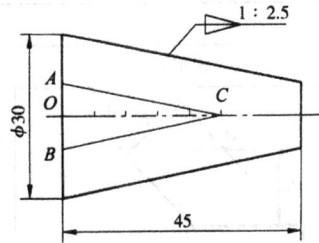

附图 C-4　锥度的作图及标注示例

1）以锥台大端为底，以锥轴为高作 $AB:OC = 1:2.5$ 的等腰三角形。

2）过 $\phi30\mathrm{mm}$ 两端点分别作两腰的平行线，即为锥度线。

三、圆弧连接及平面曲线的画法

1. 圆弧连接

用已知半径的圆弧光滑地连接（即相切）两条已知线段（直线或圆弧）的作图方法称为圆

弧连接。已知半径的圆弧称为连接弧,圆弧连接的关键是确定连接弧的圆心位置及找到连接弧两端的切点。

(1)圆弧连接的几何原理　圆弧连接的几何原理见附表 C-2。

附表 C-2　圆弧连接的几何原理

相切形式	相切图例	作图方法
圆弧与直线连接(已知直线 L 和圆心 O 到直线 L 的距离)	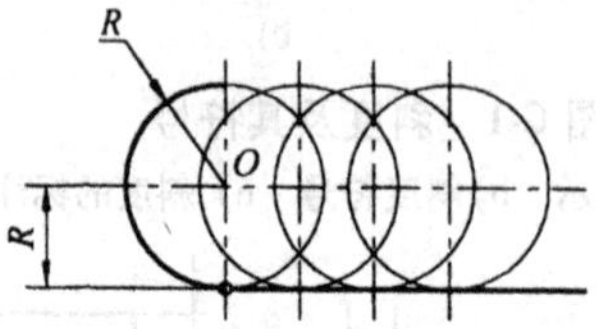	圆心轨迹:与已知直线 L 相距为 R 的平行线 切点:自圆心 O 作已知直线 L 垂线的垂足
两圆外切(已知一圆的圆心 O_1、半径 R_1 和另一圆的半径 R_2)	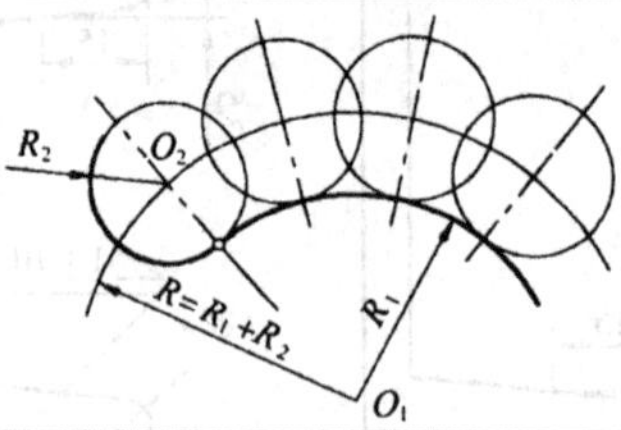 $R=R_1+R_2$	圆心轨迹:以 O_1 为圆心,两半径之和(R_1+R_2)为半径的同心圆 切点:两圆心的连线 O_1O_2 与已知圆弧的交点
两圆内切(已知一圆的圆心 O_1、半径 R_1 和另一圆的半径 R_2)	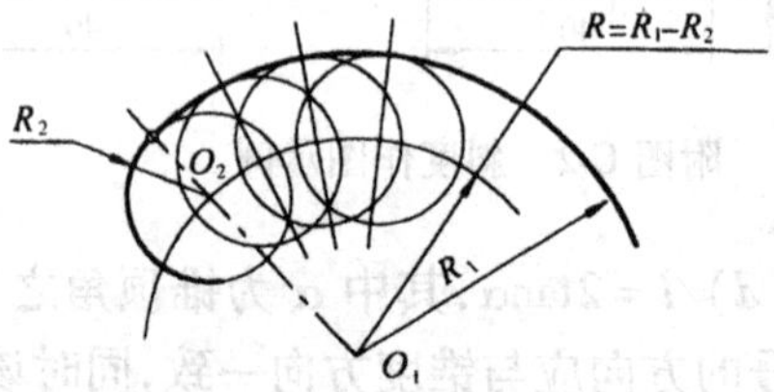 $R=R_1-R_2$	圆心轨迹:以 O_1 为圆心,两半径之差(R_1-R_2)为半径的同心圆 切点:两圆心的连线 O_1O_2 的延长线与已知圆弧的交点

(2)圆弧连接的几种情况　具体作图方法见附表 C-3。

附表 C-3　各种连接的作图方法

连接要求	作图方法和步骤		
	求圆心	求切点 K_1K_2	画连接圆弧
连接相交两直线	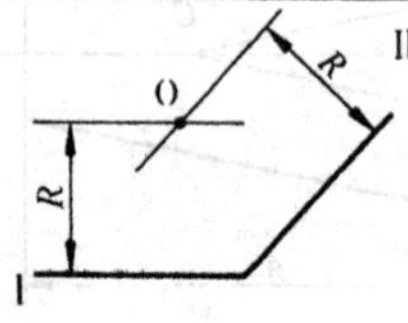	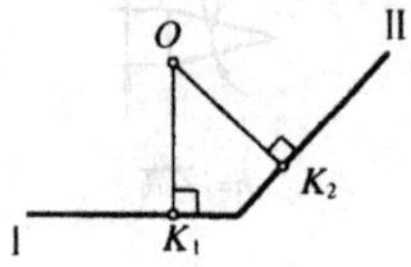	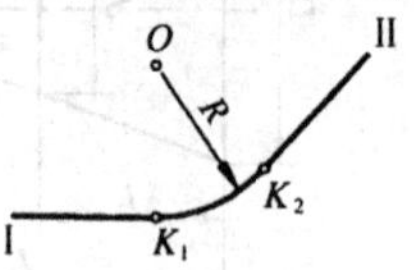
连接一直线和一圆弧	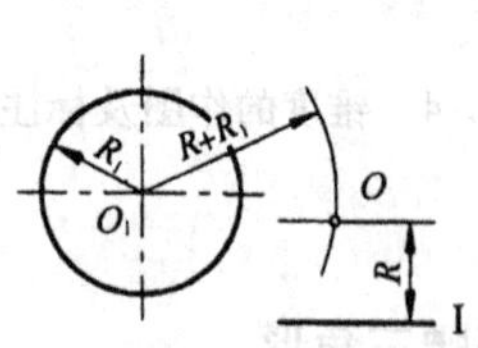	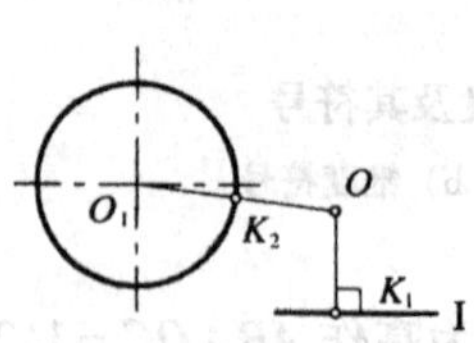	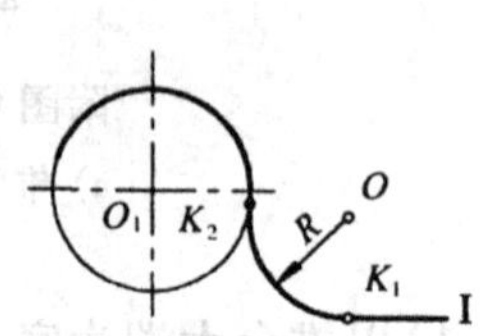
外接两圆弧	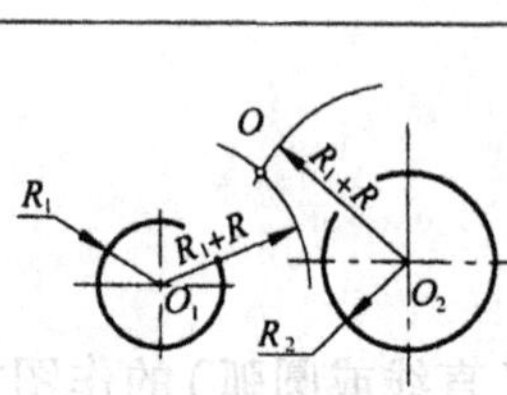	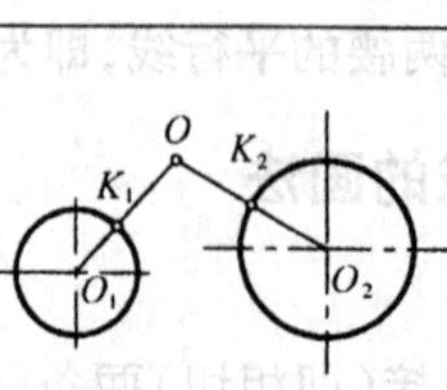	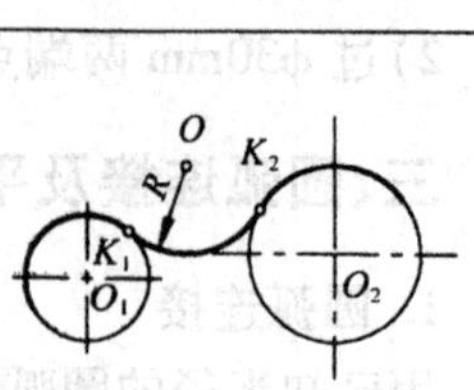

（续）

连接要求	作图方法和步骤		
	求圆心	求切点 K_1K_2	画连接圆弧
内接两圆弧			
内接外接两圆弧			

2. 平面曲线

工程上常用的平面曲线除圆以外,还有椭圆、抛物线、双曲线、阿基米德螺旋线、渐开线和摆线等,统称非圆曲线。由于这些曲线上相邻两点的曲率半径不同,所以不能用圆规直接作图,而是根据运动规律求出若干点,然后用曲线板光滑地连接起来。这里只介绍椭圆画法。

（1）同心圆法（精确画法） 已知椭圆的长、短轴 AB、CD,用同心圆法作椭圆如附图 C-5a 所示,其步骤如下:

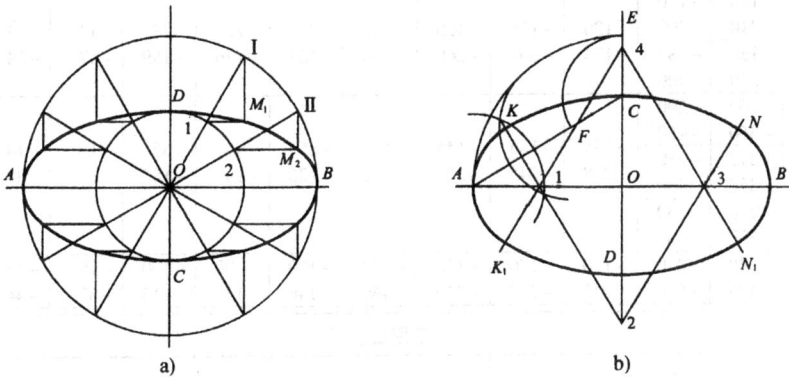

附图 C-5 椭圆的画法
a）同心圆法 b）四心近似法

1)分别以长、短轴为直径作两同心圆。

2)过圆心 O 作一系列放射线,交大圆于Ⅰ、Ⅱ、Ⅲ、…各点,交小圆于1、2、3、…各点。

3)过Ⅰ、Ⅱ、Ⅲ、…各点作铅垂线,过1、2、3、…各点作水平线,相应交于 M_1、M_2、M_3、…各点。

4)连接 M_1、M_2、M_3、…各点及 A、B、C、D 各点即完成椭圆的作图。

（2）四心近似法（近似画法） 已知椭圆长、短轴 AB、CD,用四心近似法作椭圆如附图 C-5b 所示,其步骤如下:

1)过 O 作长轴 AB 及短轴 CD。

2)连 A、C,以 O 为圆心,OA 为半径作圆弧与 OC 的延长线交于 E 点,再以 C 为圆心,CE 为半径作圆弧与 AC 交于 F 点,即 $CF = OA - OC$。

3)作 AF 的垂直平分线交长、短轴于1、2两点,并定出1、2两点对圆心 O 的对称点3、4。

4) 各以 1、3 和 2、4 为圆心 1A 和 2C 为半径画圆弧,所作的 4 个圆弧相切于 K、K_1、N、N_1 而组成一近似椭圆。

附录 D 极限与配合

附表 D-1 轴的极限偏差(摘自 GB/T 1800.4—1999)

基本尺寸 /mm		常用公差带												
		c			d				e			g		
大于	至	9	10	11	8	9	10	11	7	8	9	5	6	7
10	18	−95 −138	−95 −165	−95 −205	−50 −77	−50 −93	−50 −120	−50 −160	−32 −50	−32 −59	−32 −75	−6 −14	−6 −17	−6 −24
18	30	−110 −162	−110 −194	−110 −240	−65 −98	−65 −117	−65 −149	−65 −195	−40 −61	−40 −73	−40 −92	−7 −16	−7 −20	−7 −28
30	40	−120 −182	−120 −220	−120 −280	−80 −119	−80 −142	−80 −180	−80 −240	−50 −75	−50 −89	−50 −112	−9 −20	−9 −25	−9 −34
40	50	−130 −192	−130 −230	−130 −290										
50	65	−140 −214	−140 −260	−140 −330	−100 −146	−100 −174	−100 −220	−100 −290	−60 −90	−60 −106	−60 −134	−10 −23	−10 −29	−10 −40
65	80	−150 −224	−150 −270	−150 −340										
80	100	−170 −257	−170 −310	−170 −390	−120 −174	−120 −207	−120 −260	−120 −340	−72 −107	−72 −126	−72 −159	−12 −27	−12 −34	−12 −47
100	120	−180 −267	−180 −320	−180 −400										
120	140	−200 −300	−200 −360	−200 −450	−145 −208	−145 −245	−145 −305	−145 −395	−85 −125	−85 −148	−85 −185	−14 −32	−14 −39	−14 −54
140	160	−210 −310	−210 −370	−210 −460										
160	180	−230 −330	−230 −390	−230 −480										
180	200	−240 −355	−240 −425	−240 −530	−170 −242	−170 −285	−170 −355	−170 −460	−100 −146	−100 −172	−100 −215	−15 −35	−15 −44	−15 −61

基本尺寸 /mm		常用公差带												
		f					h							
大于	至	5	6	7	8	9	5	6	7	8	9	10	11	12
10	18	−16 −24	−16 −27	−16 −34	−16 −43	−16 −59	0 −8	0 −11	0 −18	0 −27	0 −43	0 −70	0 −110	0 −180
18	30	−20 −29	−20 −33	−20 −41	−20 −53	−20 −72	0 −9	0 −13	0 −21	0 −33	0 −52	0 −84	0 −130	0 −210
30	50	−25 −36	−25 −41	−25 −50	−25 −64	−25 −87	0 −11	0 −16	0 −25	0 −39	0 −62	0 −100	0 −160	0 −250
50	80	−30 −43	−30 −49	−30 −60	−30 −76	−30 −104	0 −13	0 −19	0 −30	0 −46	0 −74	0 −120	0 −190	0 −300
80	120	−36 −51	−36 −58	−36 −71	−36 −90	−36 −123	0 −15	0 −22	0 −35	0 −54	0 −87	0 −140	0 −220	0 −350
120	180	−43 −61	−43 −68	−43 −83	−43 −106	−43 −143	0 −18	0 −25	0 −40	0 −63	0 −100	0 −160	0 −250	0 −400
180	200	−50 −70	−50 −79	−50 −96	−50 −122	−50 −165	0 −20	0 −29	0 −46	0 −72	0 −115	0 −185	0 −290	460

（续）

基本尺寸/mm		常用公差带												
		p		r			s			t			u	
大于	至	6	7	5	6	7	5	6	7	5	6	7	6	7
10	18	+29 +18	+36 +18	+31 +23	+34 +23	+41 +23	+36 +28	+39 +28	+46 +28	–	–	–	+44 +33	+51 +33
18	24	+35 +22	+43 +22	+37 +28	+41 +28	+49 +28	+44 +35	+48 +35	+56 +35	–	–	–	+54 +41	+62 +41
24	30									+50 +41	+54 +41	+62 +41	+61 +48	+69 +48
30	40	+42 +26	+51 +26	+45 +34	+50 +34	+59 +34	+54 +43	+59 +43	+68 +43	+59 +48	+64 +48	+73 +48	+76 +60	+85 +60
40	50									+65 +54	+70 +54	+79 +54	+86 +70	+95 +70
50	65	+51 +32	+62 +32	+54 +41	+60 +41	+71 +41	+66 +53	+72 +53	+83 +53	+79 +66	+85 +66	+96 +66	+106 +87	+117 +87
65	80			+56 +43	+62 +43	+73 +43	+72 +59	+78 +59	+89 +59	+88 +75	+94 +75	+105 +75	+121 +102	+132 +102
80	100	+59 +37	+72 +37	+66 +51	+73 +51	+86 +51	+86 +71	+93 +71	+106 +71	+106 +91	+113 +91	+126 +91	+146 +124	+159 +124
100	120			+69 +54	+76 +64	+89 +54	+94 +79	+101 +79	+114 +79	+110 +104	+126 +104	+139 +104	+166 +144	+179 +144
120	140	+68 +43	+83 +43	+81 +63	+88 +63	+103 +63	+110 +92	+117 +92	+132 +92	+140 +122	+147 +122	+162 +122	+195 +170	+210 +170
140	160			+83 +65	+90 +65	+105 +65	+118 +100	+125 +100	+140 +100	+152 +134	+159 +134	+174 +134	+215 +190	+230 +190
160	180			+86 +68	+93 +68	+108 +68	+126 +108	+133 +108	+148 +108	+164 +146	+171 +146	+186 +146	+235 +210	+250 +210
180	200	+79 +50	+96 +50	+97 +77	+106 +77	+123 +77	+142 +122	+151 +122	+168 +122	+186 +166	+195 +166	+212 +166	+265 +236	+282 +236

基本尺寸/mm		常用公差带												
		js			k			m			n			p
大于	至	5	6	7	5	6	7	5	6	7	5	6	7	5
10	18	+4 −4	+5.5 −5.5	+9 −9	+9 +1	+12 +1	+19 +1	+15 +7	+18 +7	+25 +7	+20 +12	+23 +12	+30 +12	+26 +18
18	30	+4.5 −4.5	+6.5 −6.5	+10 −10	+11 +2	+15 +2	+23 +2	+17 +8	+21 +8	+29 +8	+24 +15	+28 +15	+36 +15	+31 +22
30	50	+5.5 −5.5	+8 −8	+12 −12	+13 +2	+18 +2	+27 +2	+20 +9	+25 +9	+34 +9	+28 +17	+33 +17	+42 +17	+37 +26
50	80	+6.5 −6.5	+9.5 −9.5	+15 −15	+15 +2	+21 +2	+32 +2	+24 +11	+30 +11	+41 +11	+33 +20	+39 +20	+50 +20	+45 +32
80	120	+7.5 −7.5	+11 −11	+17 −17	+18 +3	+25 +3	+38 +3	+28 +13	+35 +13	+48 +13	+38 +23	+45 +23	+58 +23	+52 +37
120	180	+9 −9	+12.5 −12.5	+20 −20	+21 +3	+28 +3	+43 +3	+33 +15	+40 +15	+55 +15	+45 +27	+52 +27	+67 +27	+61 +43
180	200	+10 −10	+14.5 −14.5	+23 −23	+24 +4	+33 +4	+50 +4	+37 +17	+46 +17	+63 +17	+51 +31	+60 +31	+77 +31	+70 +50

附表 D-2　孔的极限偏差（μm）（摘自 GB/T 1800.4—1999）

基本尺寸/mm		常用公差带												
		C	D				E		F				G	
大于	至	11	8	9	10	11	8	9	6	7	8	9	6	7
10	18	+205 / +95	+77 / +50	+93 / +50	+120 / +50	+160 / +50	+59 / +32	+75 / +32	+27 / +16	+34 / +16	+43 / +16	+59 / +16	+17 / +6	+24 / +6
18	30	+240 / +110	+98 / +65	+117 / +65	+149 / +65	+195 / +65	+73 / +40	+92 / +40	+33 / +20	+41 / +20	+53 / +20	+72 / +20	+20 / +7	+28 / +7
30	40	+280 / +120	+119 / +80	+142 / +80	+180 / +80	+240 / +80	+89 / +50	+112 / +50	+41 / +25	+50 / +25	+64 / +25	+87 / +25	+25 / +9	+34 / +9
40	50	+290 / +130												
50	65	+330 / +140	+146 / +100	+170 / +100	+220 / +100	+290 / +100	+106 / +60	+134 / +60	+49 / +30	+60 / +30	+76 / +30	+104 / +30	+29 / +10	+40 / +10
65	80	+340 / +150												
80	100	+390 / +170	+174 / +120	+207 / +120	+260 / +120	+340 / +120	+126 / +72	+159 / +72	+58 / +36	+71 / +36	+90 / +36	+123 / +36	+34 / +12	+47 / +12
100	120	+400 / +180												
120	140	+450 / +200	+208 / +145	+245 / +145	+305 / +145	+395 / +145	+148 / +85	+185 / +85	+68 / +43	+83 / +43	+106 / +43	+143 / +43	+39 / +14	+54 / +14
140	160	+460 / +210												
160	180	+480 / +230												
180	200	+530 / +240	+242 / +170	+285 / +170	+355 / +170	+460 / +170	+172 / +100	+215 / +100	+79 / +50	+96 / +50	+122 / +50	+165 / +50	+44 / +15	+61 / +15

基本尺寸/mm		常用公差带												
		H							JS			K		
大于	至	6	7	8	9	10	11	12	6	7	8	6	7	8
10	18	+11 / 0	+18 / 0	+27 / 0	+43 / 0	+70 / 0	+110 / 0	+180 / 0	+5.5 / −5.5	+9 / −9	+13 / −13	+2 / −9	+6 / −12	+8 / −19
18	30	+13 / 0	+21 / 0	+33 / 0	+52 / 0	+84 / 0	+130 / 0	+210 / 0	+6.5 / −6.5	+10 / −10	+16 / −16	+2 / −11	+6 / −15	+10 / −23
30	50	+16 / 0	+25 / 0	+39 / 0	+62 / 0	+100 / 0	+160 / 0	+250 / 0	+8 / −8	+12 / −12	+19 / −19	+3 / −13	+7 / −18	+12 / −27
50	80	+19 / 0	+30 / 0	+46 / 0	+74 / 0	+120 / 0	+190 / 0	+300 / 0	+9.5 / −9.5	+15 / −15	+23 / −23	+4 / −15	+9 / −21	+14 / −32
80	120	+22 / 0	+35 / 0	+54 / 0	+87 / 0	+140 / 0	+220 / 0	+350 / 0	+11 / −11	+17 / −17	+27 / −27	+4 / −18	+10 / −25	+16 / −38
120	180	+25 / 0	+40 / 0	+63 / 0	+100 / 0	+160 / 0	+250 / 0	+400 / 0	+12.5 / −12.5	+20 / −20	+31 / −31	+4 / −21	+12 / −28	+20 / −43
180	200	+29 / 0	+46 / 0	+72 / 0	+115 / 0	+185 / 0	+290 / 0	+460 / 0	+14.5 / −14.5	+23 / −23	+36 / −36	+5 / −24	+13 / −33	+22 / −50

（续）

基本尺寸/mm		常用公差带													
		M			N			P		R		S		U
大于	至	6	7	8	6	7	8	6	7	6	7	6	7	7
10	18	-4 -15	0 -18	+2 -25	-9 -20	-5 -23	-3 -30	-15 -26	-11 -29	-20 -31	-16 -34	-25 -36	-21 -39	-26 -44
18	24	-4 -17	0 -21	+4 -29	-11 -24	-7 -28	-3 -36	-18 -31	-14 -35	-24 -37	-20 -41	-31 -44	-27 -48	-33 -54
24	30													-40 -61
30	40	-4 -20	0 -25	+5 -34	-12 -28	-8 -33	-3 -42	-21 -37	-17 -42	-29 -45	-25 -50	-38 -54	-34 -59	-51 -76
40	50													-61 -86
50	65	-5 -24	0 -30	+5 -41	-14 -33	-9 -39	-4 -50	-26 -45	-21 -51	-35 -54	-30 -60	-47 -66	-42 -72	-76 -106
65	80									-37 -56	-32 -62	-53 -72	-48 -78	-91 -121
80	100	-6 -28	0 -35	+6 -48	-16 -38	-10 -45	-4 -58	-30 -52	-24 -59	-44 -66	-38 -73	-64 -86	-58 -93	-111 -146
100	120									-47 -69	-41 -76	-72 -94	-66 -101	-131 -166
120	140									-56 -81	-48 -88	-85 -110	-77 -117	-155 -195
140	160	-8 -33	0 -40	+8 -55	-20 -45	-12 -52	-4 -67	-36 -61	-28 -68	-58 -83	-50 -90	-93 -118	-85 -125	-175 -215
160	180									-61 -86	-53 -93	-101 -126	-93 -133	-195 -235
180	200	-8 -37	0 -46	+9 -63	-22 -51	-14 -60	-5 -77	-41 -70	-33 -79	-68 -97	-60 -106	-113 -142	-105 -151	-219 -265

附表 D-3　标准公差数值（摘自 GB/T 1800.3—1999）

基本尺寸/mm		公 差 等 级												
		IT1	IT2	IT3	IT4	IT5	IT6	IT7	IT8	IT9	IT10	IT11	IT12	IT13
大于	至	μm												
10	18	1.2	2	3	5	8	11	18	27	43	70	110	180	270
18	30	1.5	2.5	4	6	9	13	21	33	52	84	130	210	330
30	50	1.5	2.5	4	7	11	16	25	39	62	100	160	250	390
50	80	2	3	5	8	13	19	30	46	74	120	190	300	460
80	120	2.5	4	6	10	15	22	35	54	87	140	220	350	540
120	180	3.5	5	8	12	18	25	40	63	100	160	250	400	630
180	250	4.5	7	10	14	20	29	46	72	115	185	290	460	720
250	315	6	8	12	16	23	32	52	81	130	210	320	520	810

附表 D-4　轴的基本偏差数值(μm)(摘自 GB/T 1800.3—1999)

基本偏差	上 偏 差 (es)									下 偏 差 (ei)			
	a	b	c	cd	d	e	f	g	h	j		k	
公差等级	所有等级									5~6	7	4~7	≤3 / >7
基本尺寸/mm													
>10~18	-290	-150	-95	–	-50	-32	-16	-6	0	-3	-6	+1	0
>18~30	-300	-160	-110	–	-65	-40	-20	-7	0	-4	-8	+2	0
>30~40	-310	-170	-120	–	-80	-50	-25	-9	0	-5	-10	+2	0
>40~50	-320	-180	-130		-80	-50	-25	-9	0	-5	-10	+2	0
>50~65	-340	-190	-140		-100	-60	-30	-10	0	-7	-12	+2	0
>65~80	-360	-200	-150		-100	-60	-30	-10	0	-7	-12	+2	0
>80~100	-380	-220	-170		-120	-72	-36	-12	0	-9	-15	+3	0
>100~120	-410	-240	-180		-120	-72	-36	-12	0	-9	-15	+3	0
>120~140	-460	-260	-200		-145	-85	-43	-14	0	-11	-18	+3	0
>140~160	-520	-280	-210	–	-145	-85	-43	-14	0	-11	-18	+3	0
>160~180	-580	-310	-230		-145	-85	-43	-14	0	-11	-18	+3	0
>180~200	-660	-340	-240		-170	-100	-50	-15	0	-13	-21	+4	0

基本偏差	下 偏 差 (ei)												
	m	n	p	r	s	t	u	v	x	y	z	za	zb
公差等级	所有等级												
基本尺寸/mm													
>10~14	+7	+12	+18	+23	+28	–	+33	–	+40	–	+50	+64	+90
>14~18	+7	+12	+18	+23	+28	–	+39	–	+45	–	+60	+77	+108
>18~24	+8	+15	+22	+28	+35	–	+41	+47	+54	+63	+73	+98	+136
>24~30	+8	+15	+22	+28	+35	+41	+48	+55	+64	+75	+88	+118	+160
>30~40	+9	+17	+26	+34	+43	+48	+60	+68	+80	+94	+112	+148	+200
>40~50	+9	+17	+26	+34	+43	+54	+70	+81	+97	+114	+136	+180	+242
>50~65	+11	+20	+32	+41	+53	+66	+87	+102	+122	+144	+172	+226	+300
>65~80	+11	+20	+32	+43	+59	+75	+102	+120	+146	+174	+210	+274	+360
>80~100	+13	+23	+37	+51	+71	+91	+124	+146	+178	+214	+258	+335	+445
>100~120	+13	+23	+37	+54	+79	+104	+144	+172	+210	+254	+310	+400	+525
>120~140	+15	+27	+43	+63	+92	+122	+170	+202	+248	+300	+365	+470	+620
>140~160	+15	+27	+43	+65	+100	+134	+190	+228	+280	+340	+415	+535	+700
>160~180	+15	+27	+43	+68	+108	+146	+210	+252	+310	+380	+465	+600	+780
>180~200	+17	+31	+50	+77	+122	+166	+236	+284	+350	+425	+520	+670	+880

附表 D-5　孔的基本偏差数值(μm)（摘自 GB/T 1800.3—1999）

基本偏差	下 偏 差 EI						上 偏 差 ES							
	C	D	E	F	G	H	J			K	M		N	
公差等级	所 有 等 级						6	7	8	≤8	≤8	>8	≤8	>8
基本尺寸/mm														
>10~18	+95	+50	+32	+16	+6	0	+6	+10	+15	−1 +Δ	−7 +Δ	−7	−12 +Δ	0
>18~30	+110	+65	+40	+20	+7	0	+8	+12	+20	−2 +Δ	−8 +Δ	−8	−15 +Δ	0
>30~40	+120	+80	+50	+25	+9	0	+10	+14	+24	−2 +Δ	−9 +Δ	−9	−17 +Δ	0
>40~50	+130													
>50~65	+140	+100	+60	+30	+10	0	+13	+18	+28	−2 +Δ	−11 +Δ	−11	−20 +Δ	0
>65~80	+150													
>80~100	+170	+120	+72	+36	+12	0	+16	+22	+34	−3 +Δ	−13 +Δ	−13	−23 +Δ	0
>100~120	+180													
>120~140	+200	+145	+85	+43	+14	0	+18	+26	+41	−3 +Δ	−15 +Δ	−15	−27 +Δ	0
>140~160	+210													
>160~180	+230													
>180~200	+240	+170	+100	+50	+15	0	+22	+30	+47	−4 +Δ	−17 +Δ	−17	−31 +Δ	0

基本偏差	上 偏 差 ES									Δ			
	P	R	S	T	U	V	X	Y	Z				
公差等级	>7									4	5	6	7
基本尺寸/mm													
>10~14	−8	−23	−28	−	−33	−	−40	−	−50	2	3	3	7
>14~18						−39	−45	−	−60				
>18~24	−22	−28	−35	−	−41	−47	−54	−63	−73	2	3	4	8
>24~30				−41	−48	−55	−64	−75	−88				
>30~40	−26	−34	−43	−48	−60	−68	−80	−94	−112	3	4	5	9
>40~50				−54	−70	−81	−97	−114	−136				
>50~65	−32	−41	−53	−66	−87	−102	−122	−144	−172	3	5	6	11
>65~80		−43	−59	−75	−102	−120	−146	−174	−210				
>80~100	−37	−51	−71	−91	−124	−146	−178	−214	−258	4	5	7	13
>100~120		−54	−79	−104	−144	−172	−210	−254	−310				
>120~140	−43	−63	−92	−122	−170	−202	−248	−300	−365	4	6	7	15
>140~160		−65	−100	−134	−190	−228	−280	−340	−415				
>160~180		−68	−108	−146	−210	−252	−310	−380	−465				
>180~200	−50	−77	−122	−166	−236	−284	−350	−425	−520	4	6	9	17

附表 D-6　基孔制优先、常用配合（摘自 GB/T 1801—1999）

基准孔	轴											
	c	d	f	g	h	js	k	m	n	p	r	s
	间　隔　配　合					过　渡　配　合			过　盈　配　合			
H6			H6/f5	H6/g5	H6/h5	H6/js5	H6/k5	H6/m5	H6/n5	H6/p5	H6/r5	H6/s5
H7			H7/f6	H7/g6*	H7/h6*	H7/js6	H7/k6*	H7/m6	H7/n6*	H7/p6*	H7/r6	H7/s6*
H8			H8/f7*	H8/g7	H8/h7*	H8/js7	H8/k7	H8/m7	H8/n7	H8/p7	H8/r7	H8/s7
H8		H8/d8	H8/f8		H8/h8							
H9	H9/c9	H9/d9*	H9/f9		H9/h9*							
H10	H10/c10	H10/d10			H10/h10							
H11	H11/c11*	H11/d11			H11/h11*							
H12					H12/h12							

注:1. H6/n5 ,H7/p6 在基本尺寸小于或等于 3mm 和 H8/r7 在小于或等于 100mm 时,为过渡配合。

　　2. 标注 * 的配合为优先配合。

附表 D-7　基轴制优先、常用配合（摘自 GB/T 1801—1999）

基准轴	孔											
	C	D	F	G	H	JS	K	M	N	P	R	S
	间　隔　配　合					过　渡　配　合			过　盈　配　合			
h5			F6/h5	G6/h5	H6/h5	Js6/h5	K6/h5	M6/h5	N6/h5	P6/h5	R6/h5	S6/h5
h6			F7/h6	G7/h6*	H7/h6*	Js7/h6	K7/h6*	M7/h6	N7/h6*	P7/h6*	R7/h6	S7/h6*
h7			F8/h7*		H8/h7	Js8/h7	K8/h7	M8/h7	N8/h7			
h8		D8/h8	F8/h8		H8/h8							
h9		D9/h9*	F9/h9		H9/h9*							
h10		D10/h10			H10/h10							
h11	C11/h11*	D11/h11			H11/h11*							
h12					H12/h12							

注:标注 * 的配合为优先配合。

附录 E 螺纹及螺纹紧固件

一、螺纹

1. 普通螺纹（摘自 GB/T 193—2003）

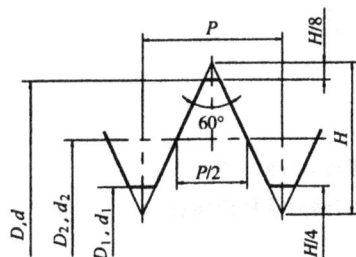

$$H = \frac{\sqrt{3}}{2}P$$

标记示例

公称直径为 24mm、螺距为 3mm 的粗牙右旋普通螺纹：M24

公称直径为 24mm、螺距为 1.5mm 的细牙左旋普通螺纹：M24 × 1.5—LH

细牙普通螺纹螺距与小径的关系　　　　（单位:mm）

螺 距 P	小径 D_1、d_1	螺 距 P	小径 D_1、d_1	螺 距 P	小径 D_1、d_1
0.35	$d-1+0.621$	1	$d-2+0.918$	2	$d-3+0.835$
0.5	$d-1+0.459$	1.25	$d-2+0.647$	3	$d-4+0.752$
0.75	$d-1+0.188$	1.5	$d-2+0.376$	4	$d-5+0.670$

注:表中的小径按 $D_1 = d_1 = d - 1.25H$, $H \approx 0.866P$ 计算得出。

直径与螺距系列、基本尺寸　　　　（单位:mm）

公称直径 D、d 第一系列	公称直径 D、d 第二系列	螺距 P 粗牙	螺距 P 细牙	粗牙小径 D_1、d_1	公称直径 D、d 第一系列	公称直径 D、d 第二系列	螺距 P 粗牙	螺距 P 细牙	粗牙小径 D_1、d_1
3		0.5	0.35	2.459	20		2.5	2,1.5,1	17.294
	3.5	0.6		2.850					
4		0.7		3.242		22	2.5	2,1.5,1	19.294
	4.5	0.75	0.5	3.688	24		3	2,1.5,1	20.752
5		0.8		4.134		27	3	2,1.5,1	23.752
6		1	0.75	4.917	30		3.5	3,2,1.5,1	26.211
8		1.25	1,0.75	6.647		33	3.5	3,2,1.5	29.211
10		1.5	1.25,1,0.75	8.376	36		4	3,2,1.5	31.670
12		1.75	1.5,1.25,1	10.106		39	4		34.670
	14	2	1.5,1.25*,1	11.835	42		4.5		37.129
						45	4.5	4,3,2,1.5	40.129
16		2	1.5,1	13.835	48		5		42.587
	18	2.5	2,1.5,1	15.294		52	5		46.587
					56		5.5	4,3,2,1.5	50.046

注:1. 优先选用第一系列,括号内尺寸尽可能不用。第三系列未列入。

2. 中径 D_2、d_2 未列入。

* 仅用于发动机后火花塞。

2. 梯形螺纹（摘自 GB/T 5796—2005）

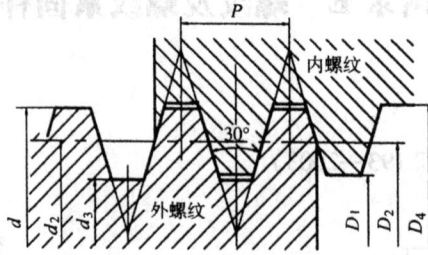

标记示例

公称直径为 40mm、螺距为 7mm 的单线右旋梯形螺纹：Tr40 × 7

公称直径为 40mm、导程为 14mm、螺距为 7mm 的双线左旋梯形螺纹：

Tr40 × 14（P7）LH

直径与螺距系列、基本尺寸　　　　　　　　　　　（单位：mm）

公称直径 d		螺距 P	中径 $d_2 = D_2$	大径 D_4	小 径		公称直径 d		螺距 P	中径 $d_2 = D_2$	大径 D_4	小 径	
第一系列	第二系列				d_3	D_1	第一系列	第二系列				d_3	D_1
8		1.5	7.25	8.30	6.20	6.50	20		4	18.00	20.50	15.50	16.00
	9	1.5	8.25	9.30	7.20	7.50			3	20.50	22.50	18.50	19.00
		2	8.00	9.50	6.50	7.00		22	5	19.50	22.50	16.50	17.00
10		1.5	9.25	10.30	8.20	8.50			8	18.00	23.00	13.00	14.00
		2	9.00	10.50	7.50	8.00			3	22.50	24.50	20.50	21.00
	11	2	10.00	11.50	8.50	9.00	24		5	21.50	24..50	18.50	19.00
		3	9.50	11.50	7.50	8.00			8	20.00	25.00	15.00	16.00
12		2	11.00	12.50	9.50	10.00			3	24.50	26.50	22.50	23.00
		3	10.50	12.50	8.50	9.00		26	5	23.50	26.50	20.50	21.00
	14	2	13.00	14.50	11.50	12.00			8	22.00	27.00	17.00	18.00
		3	12.50	14.50	10.50	11.00			3	26.50	28.50	24.50	25.00
16		2	15.00	16.50	13.50	14.00	28		5	25.50	28.50	22.50	23.00
		4	14.00	16.50	11.50	12.00			8	24.00	29.00	19.00	20.00
	18	2	17.00	18.50	15.50	16.00			3	28.50	30.50	26.50	29.00
		4	16.00	18.50	13.50	14.00		30	6	27.00	31.00	23.00	24.00
20		2	19.00	20.50	17.50	18.00			10	25.00	31.00	19.00	20.00

3. 55° 非密封管螺纹（摘自 GB/T 7307—2001）

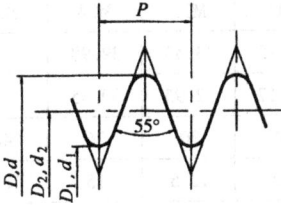

标记示例

螺纹尺寸代号为 3/4 的
55° 非密封管螺纹：

G 3/4

（单位：mm）

螺纹名称	每25.4mm 中的螺纹牙数 n	螺距 P	螺纹直径		螺纹名称	每25.4mm 中的螺纹牙数 n	螺距 P	螺纹直径	
			大径 D、d	小径 D_1、d_1				大径 D、d	小径 D_1、d_1
1/4	19	1.337	13.157	11.445	1 1/4	11	2.309	41.910	38.952
3/8	19	1.337	16.662	14.950	1 1/2	11	2.309	47.803	44.845
1/2	14	1.814	20.955	18.631	1 3/4	11	2.309	53.746	50.788
5/8	14	1.814	22.911	20.587	2	11	2.309	59.614	56.656
3/4	14	1.814	26.441	24.117	2 1/4	11	2.309	65.710	62.752
7/8	14	1.814	30.201	27.877	2 1/2	11	2.309	75.184	72.226
1	11	2.309	33.249	30.291	2 3/4	11	2.309	81.534	78.576
1 1/8	11	2.309	37.897	34.939	3	11	2.309	87.884	84.926

二、常用紧固件

1. 螺栓

六角头螺栓 —A 级和 B 级
GB/T 5782—2000

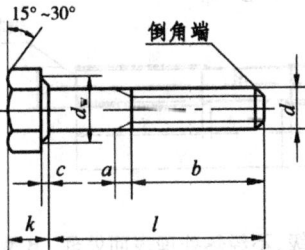

六角头螺栓 — 全螺纹 —A 级和 B 级
GB/T 5783—2000

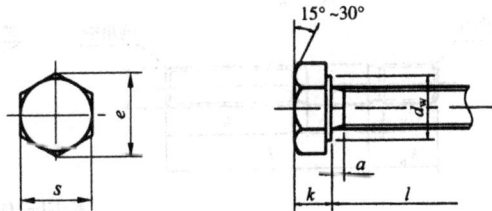

标记示例

螺纹规格 d = M12，公称长度 l = 80mm，性能等级为 8.8 级，表面氧化，A 级的六角头螺栓：

螺栓 GB/T 5782 M12 × 80

若为全螺纹，则表示为

螺栓 GB/T 5783 M12 × 80

（单位:mm）

螺纹规格 d			M6	M8	M10	M12	M16	M20	M24	M30
e_{min}	产品等级	A	11.05	14.38	17.77	20.03	26.75	33.53	39.98	50.85
		B	10.89	14.20	17.59	19.85	26.17	32.95	39.55	
S_{max} = 公称			10	13	16	18	24	30	36	46
k 公称			4	5.3	6.4	7.5	10	12.5	15	18.7
c		max	0.5	0.6	0.6	0.6	0.8	0.8	0.8	0.8
		min	0.15	0.15	0.15	0.15	0.2	0.2	0.2	0.2
d_w min	产品等级	A	8.9	11.6	14.6	16.6	22.5	28.2	33.6	42.7
		B	8.7	11.4	14.4	16.4	22	27.7	33.2	
GB 5782 —2000	b 参考	$l \leqslant 125$	18	22	26	30	38	46	54	66
		$125 < l \leqslant 200$	—	28	32	36	44	52	60	72
		$l > 200$	—	—	—	—	7	65	73	85
	a		5	6.25	7.5	8.75	10	12.5	15	17.5
	l 公称		30 ~ 60	35 ~ 80	40 ~ 100	45 ~ 120	55 ~ 160	65 ~ 200	80 ~ 240	90 ~ 300
GB 5783 —2000	α_{max}		3	3.75	4.5	5.25	6	7.5	9	10.5
	l 公称		12 ~ 60	16 ~ 80	20 ~ 100	25 ~ 100	35 ~ 100	40 ~ 100	40 ~ 100	40 ~ 100

注:1. d_w 表示支撑面直径。

2. 本表仅摘录画装配图所需尺寸。

3. 在 GB/T 5782 中，螺纹规格 d = M30 和 M36 的 A 级产品，e、d_w 无数值 。

4. 螺栓 l 的长度系列为:6,8,10,12,16,20,25,30,35,40,45,50,55,60,65,70 ~ 160(10 进位),180 ~ 360(20 进位),其中 55,65 的螺栓不是优化数值 。

5. 无螺纹部分的杆部直径可按螺纹大径画出。

6. 末端倒角可画成 45°，端面直径小于等于螺纹小径 。

2. 双头螺柱

双头螺柱(b_m = 1d)GB/T 897—1988 ,双头螺柱(b_m = 1.25d)GB/T 898—1988

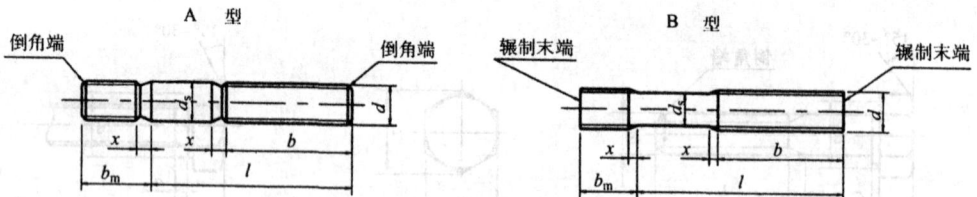

标记示例

两端均为粗牙普通螺纹，d = 10mm、l = 50mm、性能等级为 4.8 级、不经热处理表面处理 、B 型 、b_m = 1 d 的双头螺柱:

螺柱　　GB/T 897　　M10 × 50

旋入机体一端为粗牙普通螺纹，旋入螺母一端为螺距 P = 1mm 的细牙螺纹，d = 10mm，l = 50mm，性能等级为 4.8 级，不经表面处理，A 型 、b_m = 1d 的双头螺柱:

螺柱　　GB/T 897　　AM10—M10 × 1 × 50

两端均为粗牙普通螺纹，d = 10mm，l = 50mm，性能等级为 4.8 级，不经表面处理、B 型 、b_m = 1.25d 的双头螺柱:

螺柱　　GB/T 898　　M10 × 50

（单位：mm）

螺纹规格	b_m 公称		d_s		X	b	l 公称
d	GB 897—1988	GB 898—1988	max	min	max		
M5	5	6	5	4.7		10	16 ~ (22)
						16	25 ~ 50
M6	6	8	6	5.7		10	20,(22)
						14	25,(28),30
						18	(32) ~ (75)
M8	8	10	8	7.64		12	20,(22)
						16	25,(28),30
						22	(32) ~ 90
M10	10	12	10	9.64		14	25,(28)
						16	30 ~ (38)
						26	40 ~ 120
						32	130
M12	12	15	12	11.57	2.5 P	16	25 ~ 30
						20	(32) ~ 40
						30	45 ~ 120
						36	130 ~ 180
M16	16	20	16	15.57		20	30 ~ (38)
						30	40 ~ 50
						38	60 ~ 120
						44	130 ~ 200
M20	20	25	20	19.48		25	35 ~ 40
						35	45 ~ 60
						46	(65) ~ 120
						52	130 ~ 200

注：1. P 表示螺距。

2. l 的长度系列：16,(18),20,(22),25,(28),30,(32),35,(38),40,45,50,(55),60,(65),70,(75),80,(85),90, (95),100 ~ 200(10 进位)。括号内的数值尽可能不用。

3. 螺钉

开槽圆柱头螺钉（GB/T 65—2000）

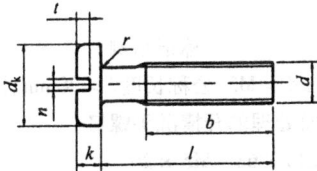

标记示例

螺纹规格 $d = $ M 5、公称长度 $l = 20$mm、性能等级为 4.8 级、不经表面处理的开槽圆柱头螺钉：

螺钉　GB/T 65　M 5 × 20

（单位：mm）

螺纹规格 d	M3	M4	M5	M6	M8	M10
P(螺距)	0.5	0.7	0.8	1	1.25	1.5
b	25	38	38	38	38	38
d_k	5.5	7	8.5	10	13	16
k	2	2.6	3.3	3.9	5	6
n	0.8	1.2	1.2	1.6	2	2.5
r	0.1	0.2	0.2	0.25	0.4	0.4
t	0.85	1.1	1.3	1.6	2	2.4
公称长度 l	4 ~ 30	5 ~ 40	6 ~ 50	8 ~ 60	10 ~ 80	12 ~ 80
l 系列	5,6,8,10,12,(14),16,20,25,30,35,40,45,50,(55),60,(65),70,(75),80					

注：1. 公称长度 $l \leqslant 40$mm 的螺钉，制出全螺纹。

2. 括号内的规格尽可能不采用。

开槽盘头螺钉（GB/T 67—2000）

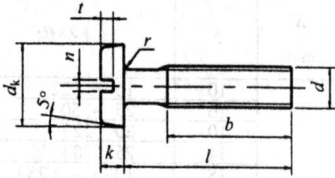

标记示例

螺纹规格 d = M5、公称长度 l = 20mm、性能等级为 4.8 级、不经表面处理的开槽盘头螺钉：

螺钉 GB/T 67　M5 × 20

（单位:mm）

螺纹规格 d	M1.6	M2	M2.5	M3	M4	M5	M6	M8	M10
P（螺距）	0.35	0.4	0.45	0.5	0.7	0.8	1	1.25	1.5
b	25	25	25	25	38	38	38	38	38
d_k	3.2	4	5	5.6	8	9.5	12	16	20
k	1	1.3	1.5	1.8	2.4	3	3.6	4.8	6
n	0.4	0.5	0.6	0.8	1.2	1.2	1.6	2	2.5
r	0.1	0.1	0.1	0.1	0.2	0.2	0.25	0.4	0.4
t	0.35	0.5	0.6	0.7	1	1.2	1.4	1.9	2.4
公称长度 l	2 ~ 16	2.5 ~ 20	3 ~ 25	4 ~ 30	5 ~ 40	6 ~ 50	8 ~ 60	10 ~ 80	12 ~ 80
l 系列	2,2.5,3,4,5,6,8,10,12,(14),16,20,25,30,35,40,45,50,(55),60,(65),70,(75),80								

注:1. 括号内的规格尽可能不采用。

　2. M1.6 ~ M3 的螺钉,公称长度 l ≤ 30mm 的,制出全螺纹。

　　 M4 ~ M10 的螺钉,公称长度 l ≤ 40mm 的,制出全螺纹。

开槽沉头螺钉（GB/T 68—2000）

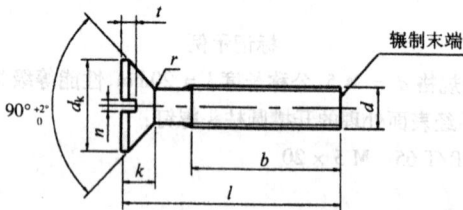

辗制末端

标记示例

螺纹规格 d = M5、公称长度 l = 20mm、性能等级为 4.8 级,不经表面处理的开槽沉头螺钉：

螺钉　GB/T 68　M5 × 20

（单位:mm）

螺纹规格 d	M1.6	M2	M2.5	M3	M4	M5	M6	M8	M10
P（螺距）	0.35	0.4	0.45	0.5	0.7	0.8	1	1.25	1.5
b	25	25	25	25	38	38	38	38	38
d_k	3.6	4.4	5.5	6.3	9.4	10.4	12.6	17.3	20
k	1	1.2	1.5	1.65	2.7	2.7	3.3	4.65	5
n	0.4	0.5	0.6	0.8	1.2	1.2	1.6	2	2.5
r	0.4	0.5	0.6	0.8	1	1.3	1.5	2	2.5
t	0.5	0.6	0.75	0.85	1.3	1.4	1.6	2.3	2.6
公称长度 l	2.5 ~ 16	3 ~ 20	4 ~ 25	5 ~ 30	6 ~ 40	8 ~ 50	8 ~ 60	10 ~ 80	12 ~ 80
l 系列	2.5,3,4,5,6,8,10,12,(14),16,20,25,30,35,40,45,50,(55),60,(65),70,(75),80								

注:1. 括号内的规格尽可能不采用。

　2. M1.6 ~ M3 的螺钉,公称长度 l ≤ 30mm 的,制出全螺纹。

　　 M4 ~ M10 的螺钉,公称长度 l ≤ 45mm 的,制出全螺纹。

开槽半沉头螺钉（GB/T 69—2000）

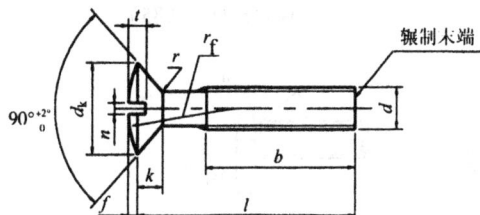

标记示例

螺纹规格 d = M5、公称长度 l = 20mm、性能等级为4.8级、不经表面处理的开槽半沉头螺钉：

螺钉　GB/T 69　M5×20

（单位：mm）

螺纹规格 d	M1.6	M2	M2.5	M3	M4	M5	M6	M8	M10
P（螺距）	0.35	0.4	0.45	0.5	0.7	0.8	1	1.25	1.5
b	25	25	25	25	38	38	38	38	38
d_k	3.6	4.4	5.5	6.3	9.4	10.4	12.6	17.3	20
$f \approx$	0.4	0.5	0.6	0.7	1	1.2	1.4	2	2.3
k	1	1.2	1.5	1.65	2.7	2.7	3.3	4.65	5
n	0.4	0.5	0.6	0.8	1.2	1.2	1.6	2	2.5
r	0.4	0.5	0.6	0.8	1	1.3	1.5	2	2.5
$r_f \approx$	3	4	5	6	9.5	9.5	12	16.5	19.5
t	0.8	1	1.2	1.45	1.9	2.4	2.8	3.7	4.4
公称长度 l	2.5~16	3~20	4~25	5~30	6~40	8~50	8~60	10~80	12~80
l 系列	2.5,3,4,5,6,8,10,12,(14),16,20,25,30,35,40,45,50,(55),60,(65),70,(75),80								

注：1. 括号内的规格尽可能不采用。

　　2. M1.6~M3 的螺钉，公称长度 $l \leqslant 30$mm 的，制出全螺纹。

　　M4~M10 的螺钉，公称长度 $l \leqslant 45$mm 的，制出全螺纹。

内六角圆柱头螺钉（GB/T 70.1—2000）

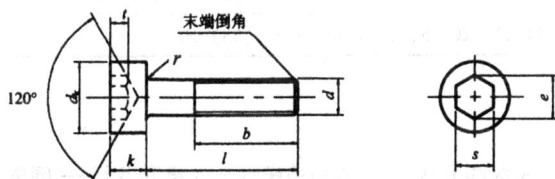

标记示例

螺纹规格 d = M5、公称长度 l = 20mm、性能等级为12.9级、表面氧化的内六角圆柱头螺钉：

螺钉　GB/T 70.1　M5×20 – 12.9

（单位：mm）

螺纹规格 d	M3	M4	M5	M6	M8	M10	M12	M14	M16	M20
P（螺距）	0.5	0.7	0.8	1	1.25	1.5	1.75	2	2	2.5
b　参考	18	20	22	24	28	32	36	40	44	52
d_k	5.5	7	8.5	10	13	16	18	21	24	30
k	3	4	5	6	8	10	12	14	16	20
t	1.3	2	2.5	3	4	5	6	7	8	10
s	2.5	3	4	5	6	8	10	12	14	17
e	2.87	3.44	4.58	5.72	6.86	9.15	11.43	13.72	16.00	19.44
r	0.1	0.2	0.2	0.25	0.4	0.4	0.6	0.6	0.6	0.8
公称长度 l	5~30	6~40	8~50	10~60	12~80	16~100	20~120	25~140	25~160	30~200
	20	25	25	30	35	40	45	55	55	65
$l \leqslant$ 表中数值时，制出全螺纹										
l 系列	5,6,8,10,12,(14),(16),20,25,30,35,40,45,50,(55),60,(65),70,80,90,100,110,120,130,140,150,160,180,200									

注：括号内的规格尽可能不采用。

开槽锥端紧定螺钉
（GB/T 71—1985）

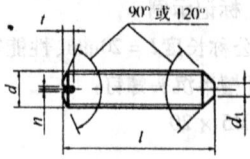

开槽平端紧定螺钉
（GB/T 73—1985）

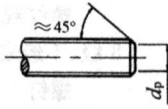

开槽长圆柱端紧定螺钉
（GB/T 75—1985）

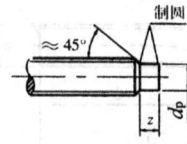

标记示例

螺纹规格 d = M5、公称长度 l = 12mm、性能等级为 14H 级、表面氧化的开槽长圆柱端紧定螺钉：

螺钉　GB/T 75　M5 × 12

（单位：mm）

螺纹规格 d		M1.6	M2	M2.5	M3	M4	M5	M6	M8	M10	M12
P（螺距）		0.35	0.4	0.45	0.5	0.7	0.8	1	1.25	1.5	1.75
n		0.25	0.25	0.4	0.5	0.6	0.8	1	1.2	1.6	2
t		0.74	0.84	0.95	1.05	1.42	1.63	2	2.5	3	3.6
d_t		0.16	0.2	0.25	0.3	0.4	0.5	1.5	2	2.5	3
d_p		0.8	1	1.5	2	2.5	3.5	4	5.5	7	8.5
z		1.05	1.25	1.5	1.75	2.25	2.75	3.25	4.3	5.3	6.3
l	GB/T 71—1985	2 ~ 8	3 ~ 10	3 ~ 12	4 ~ 16	6 ~ 20	8 ~ 25	8 ~ 30	10 ~ 40	12 ~ 50	14 ~ 60
	GB/T 73—1985	2 ~ 8	2 ~ 10	2.5 ~ 12	3 ~ 16	4 ~ 20	5 ~ 25	6 ~ 30	8 ~ 40	10 ~ 50	12 ~ 60
	GB/T 75—1985	2.5 ~ 8	3 ~ 10	4 ~ 12	5 ~ 16	6 ~ 20	8 ~ 25	10 ~ 30	10 ~ 40	12 ~ 50	14 ~ 60
l 系列		2,2.5,3,4,5,6,8,10,12,(14),16,20,25,30,35,40,45,50,(55),60									

注：l 为公称长度，括号内的规格尽可能不采用。

4. 螺母

六角螺母—C 级
（GB/T 41—2000）

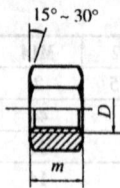

1 型六角螺母—A 级和 B 级
（GB/T 6170—2000）

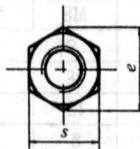

六角薄螺母—A 级和 B 级—倒角
（GB/T 6172.1—2000）

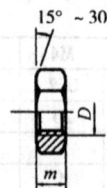

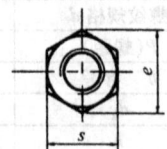

标记示例

螺纹规格 D = M12、性能等级为 5 级、不经表面处理、C 级的 1 型六角螺母：

螺母　GB/T 41 M12

螺纹规格 D = M12、性能等级为 8 级、不经表面处理、A 级的 1 型六角螺母：

螺母　GB/T 6170 M12

（单位：mm）

	螺纹规格 D	M4	M5	M6	M8	M10	M12	M16	M20	M24	M30	M36
e	GB/T 41—2000		8.63	10.89	14.20	17.59	19.85	26.17	32.95	39.55	50.85	60.79
	GB/T 6170—2000	7.66	8.79	11.05	14.38	17.77	20.03	26.75	32.95	39.55	50.85	60.79
	GB/T 6172.1—2000	7.66	8.79	11.05	14.38	17.77	20.03	26.75	32.95	39.55	50.85	60.79
s	GB/T 41—2000		8	10	13	16	18	24	30	36	46	55
	GB/T 6170—2000	7	8	10	13	16	18	24	30	36	46	55
	GB/T 6172.1—2000	7	8	10	13	16	18	24	30	36	46	55
m	GB/T 41—2000		5.6	6.1	7.9	9.5	12.2	15.9	18.7	22.3	26.4	31.5
	GB/T 6170—2000	3.2	4.7	5.2	6.8	8.4	10.8	14.8	18	21.5	25.6	31
	GB/T 6172.1—2000	2.2	2.7	3.2	4	5	6	8	10	12	15	18

注：A 级用于 $D \leqslant 16$，B 级用于 $D > 16$。

型六角螺母—A 级和 B 级（GB/T 6175—2000）

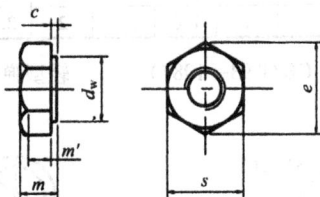

标记示例

螺纹规格 D = M12、性能等级为 9 级、不经表面处理、A 级的 2 型六角螺母：

螺母　GB/T 6175 M12

（单元：mm）

螺纹规格 D	M5	M6	M8	M10	M12	M16	M20	M24	M30	M36
e	8.79	11.05	14.38	17.77	20.03	26.75	32.95	39.55	50.85	60.79
s	8	10	13	16	18	24	30	36	46	55
c	0.5	0.5	0.6	0.6	0.6	0.8	0.8	0.8	0.8	0.8
d_w	6.9	8.9	11.6	14.6	16.6	22.5	27.7	33.2	42.7	51.1
m	5.1	5.7	7.6	9.3	12.00	16.4	20.3	23.9	28.6	34.7

5. 垫圈

小垫圈—A级　平垫圈—A级
（GB/T 848—2002）（GB/T 97.1—2002）

平垫圈 倒角型—A级
（GB/T 97.2—2002）

标记示例

标准系列、公称规格8 mm、性能等级为200HV级、不经表面处理的平垫圈：

垫圈　GB/T 97.1—8

（单位：mm）

螺纹规格 d		M3	M4	M5	M6	M8	M10	M12	M14	M16	M20	M24	M30	M36
d_1	GB/T 848—2002	3.2	4.3	5.3	6.4	8.4	10.5	13	15	17	21	25	31	37
	GB/T 97.1—2002	3.2	4.3	5.3	6.4	8.4	10.5	13	15	17	21	25	31	37
	GB/T 97.2—2002			5.3	6.4	8.4	10.5	13	15	17	21	25	31	37
d_2	GB/T 848—2002	6	8	9	11	15	18	20	24	28	34	39	50	60
	GB/T 97.1—2002	7	9	10	12	16	20	24	28	30	37	44	56	66
	GB/T 97.2—2002			10	12	16	20	24	28	30	37	44	56	66
h	GB/T 848—2002	0.5	0.5	1	1.6	1.6	1.6	2	2.5	2.5	3	4	4	5
	GB/T 97.1—2002	0.5	0.8	1	1.6	1.6	2	2.5	2.5	3	4	4	5	5
	GB/T 97.2—2002			1	1.6	1.6	2	2.5	2.5	3	4	4	5	5

标准型弹簧垫圈（GB/T 93—1987）　　　轻型弹簧垫圈（GB/T 859—1987）

标记示例

规格16 mm、材料为65Mn、表面氧化的标准型弹簧垫圈：

垫圈　GB/T 93 16

（单位：mm）

螺纹规格 d		M4	M5	M6	M8	M10	M12	(M14)	M16	(M18)	M20	M24	M30
	d	4.1	5.1	6.1	8.1	10.2	12.2	14.2	16.2	18.2	20.2	24.5	30.5
H	GB/T 93—1987	2.2	2.6	3.2	4.2	5.2	6.2	7.2	8.2	9	10	12	15
	GB/T 859—1987	1.6	2.2	2.6	3.2	4	5	6	6.4	7.2	8	10	12
$S(b)$	GB/T 93—1987	1.1	1.3	1.6	2.1	2.6	3.1	3.6	4.1	4.5	5	6	7.5
S	GB/T 859—1987	0.8	1.1	1.3	1.6	2	2.5	3	3.2	3.6	4	5	6
$m \leqslant$	GB/T 93—1987	0.55	0.65	0.8	1.05	1.3	1.55	1.8	2.05	2.25	2.5	3	3.75
	GB/T 859—1987	0.4	0.55	0.65	0.8	1	1.25	1.5	1.6	1.8	2	2.5	3
b	GB/T 859—1987	1.2	1.5	2	2.5	3	3.5	4	4.5	5	5.5	7	9

注：1. 括号内的规格尽可能不采用。

2. m 应大于零。

附录F 键与销

一、键

平键和键槽的剖面尺寸(GB/T 1095—2003)

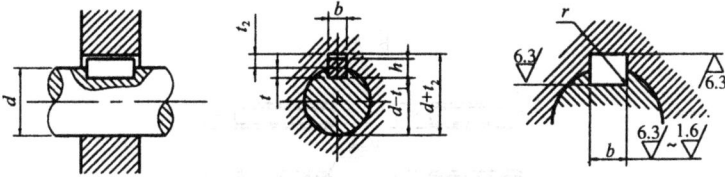

（单位:mm）

键		键 槽										
键尺寸 $b \times h$	基本 尺寸	宽 度 b					深 度				半径 r	
		偏 差					轴 t_1		毂 t_2			
		正常联结		紧密 联结	松联结							
		轴 N_9	毂 JS_9	轴和毂 P_9	轴 H_9	毂 D_{10}	公 称	偏 差	公 称	偏 差	最 小	最 大
2×2	2	-0.004 -0.029	± 0.0215	-0.006 -0.031	$+0.025$ 0	$+0.060$ $+0.020$	1.2	$+0.1$ 0	1	$+0.1$ 0	0.08	0.16
3×3	3						1.8		1.4			
4×4	4	0 -0.030	± 0.015	-0.012 -0.042	$+0.030$ 0	$+0.078$ $+0.030$	2.5		1.8			
5×5	5						3.0		2.3		0.16	0.25
6×6	6						3.5		2.8			
8×7	8	0 -0.036	± 0.018	-0.015 0.051	$+0.036$ 0	$+0.098$ $+0.040$	4.0		3.3			
10×8	10						5.0		3.3			
12×8	12	0 -0.043	± 0.0125	-0.018 -0.061	$+0.043$ 0	$+0.120$ $+0.050$	5.0	$+0.2$ 0	3.3	$+0.2$ 0	0.25	0.40
14×9	14						5.5		3.8			
16×10	16						6.0		4.3			
18×11	18						7.0		4.4			
20×12	20	0 -0.052	± 0.026	-0.022 0.074	$+0.052$ 0	$+0.149$ $+0.065$	7.5		4.9		0.40	0.60
22×14	22						9.0		5.4			
25×14	25						9.0		5.4			
28×16	28						10.0		6.4			

普通平键的尺寸(GB/T 1096—2003)

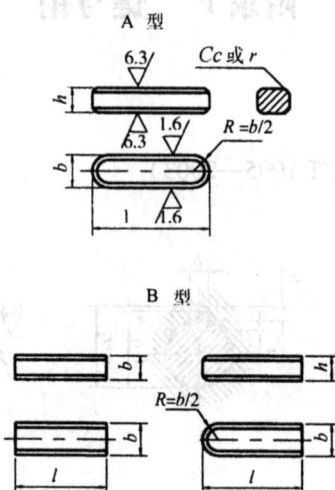

A 型

B 型

$R=b/2$

标记示例

圆头普通平键(A 型)、$b = 18\text{mm}$、$h = 11\text{mm}$、$L = 100\text{mm}$：GB/T 1096 键　$18 \times 11 \times 100$

方头普通平键(B 型)、$b = 18\text{mm}$、$h = 11\text{mm}$、$L = 100\text{mm}$：GB/T 1096 键　B$18 \times 11 \times 100$

单圆头普通平键(C 型)、$b = 18\text{mm}$、$h = 11\text{mm}$、$L = 100\text{mm}$：GB/T 1096 键　C$18 \times 11 \times 100$

(单位：mm)

b	3	4	5	6	8	10	12	14	16	18	20	22
h	3	4	5	6	7	8	8	9	10	11	12	14
C 或 r	0.16 ~ 0.25		0.25 ~ 0.40			0.40 ~ 0.60					0.60 ~ 0.80	
L	6 ~ 36	8 ~ 45	10 ~ 56	14 ~ 70	18 ~ 90	22 ~ 110	28 ~ 140	36 ~ 160	45 ~ 180	50 ~ 200	56 ~ 220	63 ~ 250
L 系列	6,8,10,12,14,16,18,20,22,25,28,32,36,40,45,50,56,63,70,80,90,100,110,125,140,160,180,200, 220,250,280											

二、销

圆柱销(GB/T 119.1—2000)

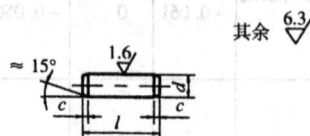

其余 6.3

标记示例

公称直径为 10mm、公差为 m6、长 50mm 的圆柱销：

销　GB/T 119.1　10m6 × 50

（单位：mm）

d	3	4	5	6	8	10	12	16	20	25	30	40	50
$c \approx$	0.5	0.63	0.80	1.2	1.6	2.0	2.5	3.0	3.5	4.0	5.0	6.3	8.0
长度范围 l	8~30	8~40	10~50	12~60	14~80	18~95	22~140	26~180	35~200	50~200	60~200	80~200	95~200
l（系列）	6,8,10,12,14,16,18,20,22,24,26,28,30,32,35,40,45,50,55,60,65,70,75,80,85,90,95,100,120,140,160,180,200												

圆锥销（GB/T 117—2000）A 型

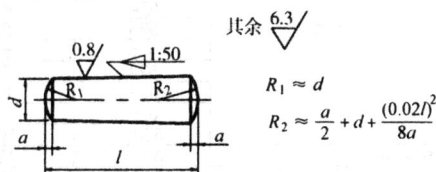

其余 $\sqrt{6.3}$

$R_1 \approx d$

$R_2 \approx \dfrac{a}{2} + d + \dfrac{(0.02l)^2}{8a}$

标记示例

公称直径为 10mm、长 60mm 的 A 型圆锥销：

销　GB/T 117　10 × 60

（单位：mm）

d	3	4	5	6	8	10	12	16	20	25	30	40
$a \approx$	0.4	0.5	0.63	0.8	1	1.2	1.6	2	2.5	3	4	5
长度范围 l	12~45	14~55	18~60	22~90	22~120	26~160	32~180	40~200	45~200	50~200	55~200	60~200
l（系列）	6,8,10,12,14,16,18,20,22,24,26,28,30,32,35,40,45,50,55,60,65,70,75,80,85,90,95,100,120,140,160,180,200											

开口销（GB/T 91—2000）

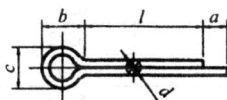

$a_{min} = \dfrac{1}{2} a_{max}$

标记示例

公称规格 d = 5mm、长度 l = 50mm 的开口销：

销　GB/T 91 5 × 50

（单位：mm）

d（公称）		1.2	1.6	2	2.5	3.2	4	5	6.3	8	10	12
c	max	2	2.8	3.6	4.6	5.8	7.4	9.2	11.8	15	19	24.8
	min	1.7	2.4	3.2	4	5.1	6.5	8	10.3	13.1	16.6	21.7
$b \approx$		3	3.2	4	5	6.4	8	10	12.6	16	20	26
a_{max}		2.5				3.2		4			6.3	
长度范围 l		8~26	8~32	10~40	12~50	14~65	18~80	22~100	30~120	40~160	45~200	70~200
l（系列）		4,5,6,8,10,12,14,16,18,20,22,24,26,28,30,32,36,40,45,50,55,60,65,70,75,80,85,90,95,100,120,140,160,180,200										

注：销孔的公称直径等于 d（公称）。

附录 G   滚动轴承

深沟球轴承（GB/T 276—1994）

60000 型

轴承型号	尺寸/mm		
	d	D	B
轻(2)系列（宽度系列:窄0）			
623	3	10	4
624	4	13	5
625	5	16	5
626	6	19	6
627	7	22	7
628	8	24	8
629	9	26	8
6200	10	30	9
6201	12	32	10
6202	15	35	11
6203	17	40	12
6204	20	47	14
62/22	22	50	14
6205	25	52	15
62/28	28	58	16
6206	30	62	16
62/32	32	65	17
6207	35	72	17
6208	40	80	18
6209	45	85	19
6210	50	90	20
6211	55	100	21
6212	60	110	22
中(3)系列（宽度系列:窄0）			
634	4	16	5
635	5	19	6
636	6	22	7
637	7	26	9
638	8	28	9
639	9	30	10
6300	10	35	11
6301	12	37	12
6302	15	42	13
6303	17	47	14
6304	20	52	15
63/22	22	56	16
6305	25	62	17
63/28	28	68	18
6306	30	72	19
63/32	32	75	20
6307	35	80	21
6308	40	90	23
6309	45	100	25
6310	50	110	27
6311	55	120	29
6312	60	130	31
6313	65	140	33
314	70	150	35
315	75	160	37
316	80	170	39
317	85	180	41
6318	90	190	43

轴承型号	尺寸/mm		
	d	D	B
特轻(1)系列（宽度系列:正常0）			
606	6	17	6
607	7	19	6
608	8	22	7
609	9	24	7
6000	10	26	8
6001	12	28	8
6002	15	32	9
6003	17	35	10
6004	20	42	12
60/22	22	44	12
6005	25	47	12
60/28	28	52	12
6006	30	55	13
60/32	32	58	13
6007	35	62	14
6008	40	68	15
6009	45	75	16
6010	50	80	16
6011	55	90	18
6012	60	95	18
重(4)系列（宽度系列:窄0）			
6403	17	62	17
6404	20	72	19
6405	25	80	21
6406	30	90	23
6407	35	100	25
6408	40	110	27
6409	45	120	29
6410	50	130	31
6411	55	140	33
6412	60	150	35
6413	65	160	37
6414	70	180	42
6415	75	190	45
6416	80	200	48
6417	85	210	52
6418	90	225	54
6419	95	240	55
6420	100	250	58
6421	105	260	60
6422	110	280	65

圆锥滚子轴承（GB/T 297—1994）

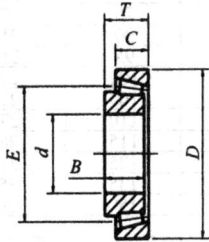

30000 型

轴承型号	尺寸/mm					
	d	D	T	B	C	E
30310	50	110	29.25	27	23	90.633
30311	55	120	31.50	29	25	99.146
30312	60	130	33.50	31	26	107.769
30313	65	140	36.00	33	28	116.846
30314	70	150	38.00	35	25	125.244
30315	75	160	40.00	37	31	134.097
30316	80	170	42.5.	39	33	143.174
30317	85	180	44.50	41	34	150.433
30318	90	190	46.50	43	36	159.061
30319	95	200	49.50	45	38	165.864
22 系列						
32203	17	40	17.25	16	14	31.170
32204	20	47	19.25	18	15	35.810
32205	25	52	19.25	18	16	41.331
32206	30	62	21.25	20	17	48.982
32207	35	72	24.25	23	19	57.087
32208	40	80	24.75	23	19	64.715
32209	45	85	24.75	23	19	69.610
32210	50	90	24.75	23	19	69.610
32211	55	100	26.75	25	21	82.837
32212	60	110	29.75	28	24	90.236
32213	65	120	32.75	31	27	99.484
32214	70	125	33.25	31	27	103.765
32215	75	130	33.25	31	27	108.932
32216	80	140	35.25	33	28	117.466
32217	85	150	38.50	36	30	124.970
32218	90	160	42.50	40	34	132.615
32219	95	170	45.50	43	37	140.259
23 系列						
32303	17	47	20.25	19	16	36.090
32304	20	52	22.25	21	18	39.518
32305	25	62	25.25	24	20	48.637
33306	30	72	28.75	27	23	55.767
32307	35	80	32.75	31	25	62.829
30308	40	90	35.25	33	27	69.253
32309	45	100	38.25	36	30	78.330
32310	50	110	42.25	40	33	86.263
32311	55	120	45.50	43	35	94.316
32312	60	130	48.50	46	37	102.939
31313	65	140	51.00	48	39	111.768
32314	70	150	54.00	51	42	119.724
32315	75	160	58.00	55	45	127.887
32316	80	170	61.50	58	48	136.504
32317	85	180	63.50	60	49	144.223
32318	90	190	67.50	64	53	151.701
32319	95	200	71.50	67	55	160.318

轴承型号	尺寸/mm					
	d	D	T	B	C	E
02 系列						
30203	17	40	13.25	12	11	31.418
30204	20	47	15.25	14	12	37.304
30205	25	52	16.25	15	13	41.135
30206	30	62	17.25	16	14	49.990
30207	35	72	18.25	17	15	58.844
30208	40	80	19.75	18	16	65.730
30209	45	85	20.75	19	16	70.440
30210	50	90	21.75	20	17	75.078
30211	55	100	22.75	21	18	84.197
30212	60	110	23.75	22	19	91.876
30213	65	120	24.75	23	20	101.934
30214	70	125	26.25	24	21	105.748
30215	75	130	27.25	25	22	110.408
30216	80	140	28.25	26	22	119.169
30217	85	150	30.50	27	24	126.685
30218	90	160	32.50	30	26	134.901
30219	95	170	34.50	32	27	143.385
03 系列						
30302	15	42	14.25	13	11	33.272
30303	17	47	15.25	14	12	37.420
30304	20	52	16.25	15	13	41.318
30305	25	62	18.25	17	15	50.637
30306	30	72	20.75	19	16	58.287
30307	35	80	22.75	21	18	65.769
30308	40	90	25.25	23	20	72.703
30309	45	100	27.25	25	22	81.780

注：本表仅摘录部分内容，未全处请查阅 GB/T 297—1994。

推力球轴承(GB/T 301—1995)

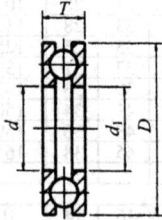

50000 型

轴承型号	尺寸/mm			
	d	d_1 最小	D	H
轻(2)系列				
5206	30	32	52	16
5207	35	37	62	18
5208	40	42	68	19
5209	45	47	73	20
5210	50	52	78	22
5211	55	57	90	25
5212	60	62	95	26
5213	65	67	100	27
5214	70	72	105	27
5215	75	77	110	27
5216	80	82	115	28
5217	85	88	125	31
5218	90	93	135	35
5220	100	103	150	38
中(3)系列				
5304	20	22	47	18
5305	25	27	52	18
5306	30	32	60	21
5307	35	37	68	24
5308	40	42	78	26
5309	45	47	85	28
5310	50	52	95	31
5311	55	57	105	35
5312	60	62	110	35
5313	65	67	115	36
5314	70	72	125	40
5315	75	77	135	44
5316	80	82	140	44
5317	85	88	150	49
5318	90	93	155	50
5320	100	103	170	55
重(4)系列				
5405	25	27	60	24
5406	30	32	70	28
5407	35	37	80	32
5408	40	42	90	36
5409	45	47	100	39
5410	50	52	110	43
5411	55	57	120	48
5412	60	62	130	51
5413	65	68	140	56
5414	70	73	150	60
5415	75	78	160	65
5416	80	83	170	68
5417	85	88	180	72
5418	90	93	190	77
5420	100	103	210	85

轴承型号	尺寸/mm			
	d	d_1 最小	D	T
特轻(1)系列				
5100	10	11	24	9
5101	12	13	26	9
5102	15	16	28	9
5103	17	18	30	9
5104	20	21	35	10
5105	25	26	42	11
5106	30	32	47	11
5107	35	37	52	12
5108	40	42	60	13
5109	45	47	65	14
5110	50	52	70	14
5111	55	57	78	16
5112	60	62	85	17
5113	65	67	90	18
5114	70	72	95	18
5115	75	77	100	19
5116	80	82	105	19
5117	85	87	110	19
5118	90	92	120	22
5120	100	102	135	25
轻(2)系列				
5200	10	12	26	11
5201	12	14	28	11
5202	15	17	32	12
5203	17	19	35	12
5204	20	22	40	14
5205	25	27	47	15

附录 H 常用材料及热处理

常用材料

1. 钢

名　　　称	钢　号	应 用 举 例	说　　　明
碳素结构钢	Q195	受轻载荷机件、铆钉、螺钉、垫片、外壳、焊件	"Q"为钢的屈服点的"屈"字,汉语拼音首位字母,数字为屈服点数值(单位 MPa)
	Q215	受力不大的铆钉、螺钉、轴、轮轴、凸轮、焊件、渗碳件	
	Q235	螺栓、螺母、拉杆、钩、连杆、楔、轴、焊件	
	Q255	金属构造物中一般机件、拉杆、轴、焊件	
	Q275	重要的螺钉、拉杆、钩、楔、连杆、轴、销、齿轮	
优质碳素结构钢	08F	可塑性需好的零件:管子、垫片、渗碳件、氰化件	数字表示钢中平均碳含量的万分数,例如"45"表示平均碳含量为0.45% 数字依次增大表示抗拉强度、硬度依次增加,伸长率依次降低
	10	拉杆、卡头、垫片、焊件	
	15	渗碳件、紧固件、冲模锻件、化工贮器	
	20	杠杆、轴套、钩、螺钉、渗碳件与氰化件	
	25	轴、辊子、连接器、紧固件中的螺栓、螺母	
	30	曲轴、转轴、轴销、连杆、横梁、星轮	
	35	曲轴、摇杆、拉杆、键、销、螺栓	
	40	齿轮、齿条、链轮、凸轮、轧辊、曲柄轴	
	45	齿轮、轴、联轴器、衬套、活塞销、链轮	
	50	活塞杆、轮轴、齿轮、不重要的弹簧	
	55	齿轮、连杆、扁弹簧、轧辊、偏心轮、轮圈、轮缘	
	60	叶片、弹簧	
	30Mn	螺栓、杠杆、制动板	锰含量 0.7% ~ 1.2% 的优质碳素钢
	40Mn	用于承受疲劳载荷零件:轴、曲轴、联轴器	
	50Mn	用于高负荷下耐磨的热处理零件:齿轮、凸轮、摩擦片	
	60Mn	弹簧、发条	
合金结构钢	15Cr	渗碳齿轮、凸轮、活塞销、离合器	1. 合金结构钢前面两位数字表示钢中碳含量的万分数 2. 合金元素以化学符号表示 3. 合金元素含量小于 1.5% 时仅注出元素符号
	20Cr	较重要的渗碳件	
	30Cr	重要的调质零件:轮轴、齿轮、摇杆、螺栓	
	40Cr	较重要的调质零件:齿轮、进气阀、辊子、轴	
	45Cr	强度及耐磨性高的轴、齿轮、螺栓	
	18CrMnTi	汽车上重要的渗碳件:齿轮	
	30CrMnTi	汽车、拖拉机上强度特高的渗碳齿轮	
	40CrMnTi	强度高、耐磨性高的大齿轮,主轴	
铸钢	ZG25	机座、箱体、支架	"ZG"表示铸钢,数字表示名义含碳量的万分数
	ZG45	齿轮、飞轮、机架	

2. 铸铁

名　　　称	牌　号	特性及应用举例	说　　　明
灰铸铁	HT100	低强度铸铁:盖、手轮、支架	"HT"表示灰铸铁,后面的数字表示抗拉强度值(MPa)
	HT150	中强度铸铁:底座、刀架、轴承座、胶带轮端盖	
	HT200	高强度铸铁:床身、机座、齿轮、凸轮、汽缸泵体、联轴器	
	HT250		
	HT300	高强度耐磨铸铁:齿轮、凸轮、重载荷床身、高压泵、阀壳体、锻模、冷冲压模	
	HT350		

272

（续）

名 称	牌 号	特性及应用举例	说 明
球墨铸铁	QT800—2 QT700—2 QT600—2	具有较高强度，但塑性低：曲轴、凸轮轴、齿轮、汽缸、缸套、轧辊、水泵轴、活塞环、摩擦片	"QT"表示球墨铸铁，其后第一组数字表示抗拉强度（MPa），第二组数字表示伸长率（%）
	QT500—5 QT420—10 QT400—17	具有较高的塑性和适当的强度，用于承受冲击负荷的零件	
可锻铸铁	KTH300—06 KTH330—08 * KTH350—10 KTH370—12 *	黑心可锻铸铁：用于承受冲击振动的零件，如汽车、拖拉机、农机铸件	"KT"表示可锻铸铁，"H"表示黑心，"B"表示白心，第一组数字表示抗拉强度值（MPa），第二组数字表示伸长率（%）
	KTB350—04 KTB380—12 KTB400—05 KTB450—07	白心可锻铸铁：韧性较低，但强度高，耐磨性、加工性好。可代替低、中碳钢及低合金钢的重要零件，如曲轴、连杆、机床附件	

注：1. KTH300—06 适用于气密性零件。
2. 有 * 号者为推荐牌号。

3. 有色金属及合金

名 称	牌号（代号）	应用举例	说 明
普通黄铜	H62	散热器、垫圈、弹簧、螺钉等	H 表示黄铜，后面数字表示平均含铜量的百分数
铸造黄铜	ZHMn58—2—2	轴瓦、轴套及其他耐磨零件	牌号的数字表示含铜、锰、铅的平均百分数
铸造锡青铜	ZQSn 5—5—5 ZQSn 6—6—3	用于承受摩擦的零件，如轴承	Q 表示青铜，其后数字表示含锡、锌、铅的平均百分数
铸造铝青铜	ZQAl 9—2 ZQAl 9—4	强度高、减磨性、耐蚀性、铸造性良好，可用于制造蜗轮、衬套和防锈零件	字母后的数字表示含铝、铁的平均百分数
铸造铝合金	ZL 201 ZL 301 ZL 401	载荷不大的薄壁零件，受中等载荷零件，需保持固定尺寸的零件	"L"表示铝，后面的数字表示顺序号
硬铝	LY 13	适用于中等强度的零件，焊接性能好	

4. 非金属材料

材料名称	牌号	用途	材料名称	牌号	用途
耐酸碱橡胶板	2030 2040	用作冲制密封性能较好的垫圈	耐油橡胶石棉板		耐油密封衬垫材料
耐油橡胶板	3001 3002	适用冲制各种形状的垫圈	油浸石棉盘根	YS 450	适用于回转轴、往复运动或阀杆上的密封材料
耐热橡胶板	4001 4002	用作冲制各种垫圈和隔热垫板	橡胶石棉盘根	XS 450	同上
酚醛层压板	3302—1 3302—2	用作结构材料及用以制造各种机械零件	毛毡		用作密封、防漏油、防震、缓冲衬垫
布质酚醛层压板	3305—1 3305—2	用作轧钢机轴瓦	软钢板纸		用作密封连接处垫片
			聚四氟乙烯	SFL-4-13	用于腐蚀介质中的垫片
尼龙 66 尼龙 1010		用以制作机械零件	有机玻璃板		适用于耐腐蚀和需要透明的零件

5. 常用热处理和表面处理

名　　称	代号及标注举例	说　　明	目　　的
退火	Th	加热—保温—随炉冷却	用来消除铸、锻、焊零件的内应力，降低硬度，以利切削加工，细化晶粒，改善组织，增加韧性
正火	Z	加热—保温—空气冷却	用于处理低碳钢、中碳结构钢及渗碳零件，细化晶粒，增加强度与韧性，减少内应力，改善切削性能
淬火	C C48（淬火回火 45～50 HRC）	加热—保温—急冷	提高机件强度及耐磨性。但淬火后引起内应力，使钢变脆，所以淬火后必须回火
调质	T T235（调质至 220～250 HB）	淬火—高温回火	提高韧性及强度。重要的齿轮、轴及丝杆等零件需调质
高频淬火	G G52（高频淬火后， 回火至50～55 HRC）	用高频电流将零件表面加热—急速冷却	提高机件表面的硬度及耐磨性，而心部保持一定的韧性，使零件既耐磨又能承受冲击，常用来处理齿轮
渗碳淬火	S-C S 0.5-C 59 （渗碳层深0.5，淬火 硬度56～62 HRC）	将零件在渗碳剂中加热，使渗入钢的表面后，再淬火回火渗碳深度0.5～2mm	提高机件表面的硬度、耐磨性、抗拉强度等适用于低碳、中碳（w_C<0.40%）结构钢的中小型零件
氮化	D D 0.3-900 （氮化深度0.3， 硬度大于850 HV）	将零件放入氨气内加热，使氮原子渗入钢表面。氮化层0.025～0.8mm，氮化时间40～50 h	提高机件的表面硬度、耐磨性、疲劳强度和耐蚀能力。适用于合金钢、碳钢、铸铁件，如机床主轴、丝杆、重要液压元件中的零件
氰化	Q Q59（氰化淬火后， 回火至56～62 HRC）	钢件在碳、氮中加热，使碳、氮原子同时渗入钢表面。可得到0.2～0.5氰化层	提高表面硬度、耐磨性、疲劳强度和耐蚀性，用于要求硬度高、耐磨的中小型、薄片零件及刀具等
时效	时效处理	机件精加工前，加热到100～150°C后，保温5～20 h（空气冷却），铸件可大然时效（露天放一年以上）	消除内应力，稳定机件形状和尺寸，常用于处理精密机件，如精密轴承、精密丝杆等
发蓝发黑	发蓝或发黑	将零件置于氧化剂内加热氧化，使表面形成一层氧化铁保护膜	防腐蚀、美化，如用于螺纹连接件
镀镍		用电解方法，在钢件表面镀一层镍	防腐蚀、美化
镀铬		用电解方法，在钢件表面镀一层铬	提高表面硬度、耐磨性和耐蚀能力，也用于修复零件上磨损了的表面
硬度	HBW（布氏硬度） HRC（洛氏硬度） HV（维氏硬度）	材料抵抗硬物压人其表面的能力依测定方法不同而有布氏、洛氏、维氏等几种	检验材料经热处理后的力学性能——硬度。HBW用于退火、正火、调质的零件及铸件。HRC用于经淬火、回火及表面渗碳、渗氮等处理的零件。HV用于薄层硬化零件

参 考 文 献

[1] 胡宜鸣,等. 画法几何与机械制图[M]. 北京:高等教育出版社,2000.

[2] 石光源,等. 机械制图[M]. 3版. 北京:高等教育出版社,1990.

[3] 陈培泽,等. 画法几何[M]. 北京:北京理工大学出版社,1998.

[4] 董国耀,等. 机械制图[M]. 北京:北京理工大学出版社,1998.

[5] 张先虎,等. 机械制图[M]. 北京:机械工业出版社,1998.

[6] 同济大学等院校机械制图编写组. 机械制图[M]. 北京:高等教育出版社,1986.

[7] 西安交通大学工程制图教研室. 画法几何及工程制图[M]. 西安:陕西科学技术出版社,1981.

[8] 东北大学机械制图教研室. 画法几何与机械制图[M]. 北京:高等教育出版社,1985.

[9] 孔宪庶,池建斌,曾明华. 画法几何与机械制图[M]. 北京:中国铁道出版社,2000.

[10] 王银春,吴胜. AutoCAD 实用教程[M]. 北京:北京理工大学出版社,2005.

[11] 曾维川,王金敏. AutoCAD2004 绘图基础[M]. 天津:天津大学出版社,2005.